Marketing nas
mídias sociais

MARKETING EM TEMPOS MODERNOS

ORGANIZADOR
Marcos Rocha

AUTORES
Marcos Rocha
Nanci Trevisan

Marketing nas **mídias sociais**

saraiva uni

saraiva EDUCAÇÃO | saraiva uni

Av. Doutora Ruth Cardoso,7221, 1º Andar
Pinheiros – São Paulo – SP – CEP: 05425-902

SAC | Dúvidas referentes a conteúdo editorial, material de apoio e reclamações:
sac.sets@somoseducacao.com.br

Direção executiva Flávia Alves Bravin
Direção editorial Renata Pascual Müller
Gerência editorial Rita de Cássia S. Puoço
Coordenação editorial Fernando Alves
Edição Ana Laura Valerio
Neto Bach
Thiago Fraga
Produção editorial Daniela Nogueira Secondo
Serviços editoriais Juliana Bojczuk Fermino

Preparação Marcela Prada Neublum
Projeto gráfico e Diagramação Negrito Produção Editorial
Revisão Queni Winters
Capa Daniela Nogueira Secondo
Impressão e acabamento Bartira

DADOS INTERNACIONAIS DE CATALOGAÇÃO NA PUBLICAÇÃO (CIP)
ANGÉLICA ILACQUA CRB-8/7057

Rocha, Marcos
Marketing nas mídias sociais / Marcos Rocha, Nanci Trevisan. – São Paulo: Saraiva Educação, 2020.
488 p. (Marketing em Tempos Modernos)

Bibliografia
ISBN 978-85-7144-086-9

1. Marketing 2. Redes sociais on-line – Marketing 3. Marketing na internet I. Título II. Trevisan, Nanci

19-2469 CDD 658.84
CDU 658.8

Índices para catálogo sistemático:
1. Marketing na internet

1ª edição

COD. OBRA 646381 CL 651836 CAE 716089

Dedicamos este livro da coleção Marketing em Tempos Modernos a todos os estudantes e profissionais de marketing que, por meio de seu trabalho, dão vida e movimento aos mercados.

MARCOS ROCHA

Sobre os autores

Marcos Donizete Ap. Rocha (Org.). Doutor e Mestre em Comunicação. Graduou-se em Administração de Empresas com ênfase em Comércio Exterior, especializou-se em Marketing Estratégico, Negociação e Relationship pela Fundação Getulio Vargas (FGV), onde também concluiu o Programa de MBA em Marketing. Em 2011, concluiu o curso de Negociação Estratégica pela Harvard University, Cambridge, Estados Unidos, onde, mais tarde, também fez o curso de Gestão de Crise. Na área de educação a distância, concluiu o programa de EAD – Docência pela FGV. Possui experiência profissional de mais de 18 anos na área de Administração, tendo ocupado diversos cargos executivos em sua trajetória profissional dentro de empresas multinacionais. Atualmente é autor universitário da Saraiva, consultor, professor universitário em programas de MBA da área de Estratégia e coordenador técnico de soluções corporativas.

Nanci Maziero Trevisan. Doutora e mestre em Comunicação pela Universidade Metodista de São Paulo (UMESP). Especialista em Administração de Marketing pela Universidade Municipal de São Caetano do Sul (USCS). Bacharel em Comunicação Social – Publicidade e Propaganda também pela UMESP. Autora de vários artigos na área de comunicação organizacional. Atua há mais de 33 anos no mercado de trabalho, sendo 19 no ensino superior em diversas instituições privadas e 2 anos em cursos de Ensino Médio, técnico em Publicidade e Propaganda, especialização em educação, ensino superior, capacitação em liderança e gestão de pessoas, entre outros. Experiência em ensino presencial e a distância. Ministra módulo de pós-graduação no Senac de Sorocaba, com a disciplina de Planejamento de Comunicação Integrada. Ministra módulos de pós-graduação na USCS, nas disciplinas Gestão e Controle em Comunicação e Ética e Limites da Comunicação, Gestão de Stakeholders. É colaboradora do blog Implantando Marketing. Tem lançados os volumes *Comportamento do Consumidor B2B* e *Comunicação Integrada de Marketing*, ambos publicados pela Coleção Marketing em Tempos Modernos. Atualmente é conteudista para educação a distância e escritora em tempo integral.

Apresentação

Não é novidade que o mundo sofreu grandes transformações neste milênio – o homem se desenvolveu e se tornou diferente em todos os sentidos. Com o desenvolvimento das economias globais, instalou-se a era da tecnologia e, consequentemente, o modo de vida mudou. Diante desse cenário, surgem as mídias digitais e sociais, que deram poder e voz ao consumidor e ao cidadão. Em tempos modernos, o consumidor escolhe e decide o que quer consumir – isso significa que não são mais as organizações que escolhem quais mensagens funcionam, mas o próprio público. Assim, o tempo da atenção deve ser conquistado e não mais apenas comprado.

Este volume da **Coleção Marketing em Tempos Modernos** tem como principal objetivo estabelecer a gestão das mídias digitais e sociais enquanto espelhos de uma sociedade em processo de profunda transformação de suas relações. Para sobreviver, é preciso compreender esse novo comportamento digital do consumidor moderno. Dessa forma, após a leitura deste livro, você terá condições de perceber como todo o processo de comunicação digital é de vital importância para o alcance dos objetivos organizacionais, gestão de marcas e relacionamento.

Marcos Rocha
Nanci Trevisan

SUMÁRIO

1

Contexto teórico e social

APRESENTAÇÃO

O fenômeno da comunicação já é, por si só, de uma complexidade multi e transdisciplinar que, por essência, é conhecível apenas por meio de múltiplos recortes e considerações. Quando se trata de abordar a comunicação envolvendo o universo digital, há que se dar um passo atrás para observarmos as transformações sob a perspectiva de como afetam nossa visão de mundo e nossas relações sociais. Este capítulo se propõe a apresentar uma breve discussão sobre comunicação e modernidade, a partir de uma abordagem mais sociológica do que mercadológica, oferecendo ao leitor maior compreensão sobre o contexto em que está inserido.

Você pensa, assombrado com a tecnologia moderna, que talvez o mundo tenha avançado significativamente em direção ao que poderíamos chamar de evolução? Não se engane, seu assombro não é maior do que sentido por quem viu o telefone pela primeira vez ou presenciou sua colheita sendo cuidada por uma máquina a vapor. Não se trata de evolução propriamente dita, embora poderia ser, se quiséssemos. A via expressa da informação apenas agiliza a circulação de produtos, serviços e ideias – que são nossas e, como tal, estão sujeitas às falhas humanas, mas exprimem de forma simples nossas conquistas e mazelas. A ferramenta é virtualmente neutra em sua essência e é em sua tangibilização no mundo real que adota contornos do bem ou do mal.

OBJETIVOS

Após a leitura deste capítulo, você terá condições de compreender os diversos enfoques da mídia, a origem e a evolução dos veículos de comunicação, bem como entenderá que as mídias digitais e as mídias sociais são, na verdade, espelhos de uma sociedade em processo de profunda transformação de suas relações, na qual a tecnologia é antes uma consequência do que uma causa, configurando-se como um suporte de linguagem midiática que expressa crenças, sonhos, valores, memórias e ideais de uma sociedade que busca arduamente encontrar seu próprio sentido.

1.1 BREVE VISÃO HISTÓRICA

Um dos aspectos mais importantes com relação às tecnologias e sua evolução é que mudam não apenas a forma como realizamos nossas tarefas e ações no mundo físico, mas também transformam nossa concepção e sentido de tempo e espaço – conceitos fundamentais para nossa percepção de nós mesmos e do mundo que nos rodeia.

Um dos aspectos mais importantes com relação às tecnologias e sua evolução é que mudam não apenas a forma como realizamos nossas tarefas e ações no mundo físico, mas também transformam nossa concepção e sentido de tempo e espaço

Gontijo[1] inicia *O livro de ouro da comunicação* destacando a oralidade como meio de comunicação primeiro que permitiu a evolução da humanidade e a construção do mundo que nos acolhe hoje. Com o desenvolvimento da escrita rudimentar e, mais tarde, a habilidade de ler e escrever, tornou-se possível registrar experiências em substratos que podem ser armazenados e levados nos

1. GONTIJO, S. *O livro de ouro da comunicação*. Rio de Janeiro: Ediouro, 2004.

inúmeros deslocamentos que a humanidade precisou realizar ao longo de sua história.

Sob esse ponto de vista, a tecnologia da informação e da comunicação não trouxe uma evolução significativa na escrita e na leitura; lemos e escrevemos como sempre fizemos (ou seja, houve *mudança*, mas não evolução). Foram os substratos nos quais a informação é registrada que se tornaram mais fáceis de carregar e mais capazes de armazenar quantidades nunca antes imaginadas de conteúdo audiovisual, ou seja, mais informação, em um espaço físico menor e com acesso mais ágil – embora isso não implique uma avaliação qualitativa do conteúdo armazenado.

Em um mundo onde a informação é tão disseminada, a exclusão torna-se uma questão drástica. Segundo a Organização das Nações Unidas para a Educação, Ciência e Cultura (UNESCO)[2], no mundo, há 774 milhões de analfabetos, sendo dois terços deste número mulheres. Só no Brasil, em 2019, são 11,3 milhões de analfabetos, de acordo com dados do Instituto Brasileiro de Geografia e Estatística (IBGE). Estes números indicam uma imensidão de pessoas privadas da possibilidade de agir ativamente na sociedade da informação.[3]

A princípio, éramos capazes de perceber a comunicação como uma relação entre emissor – quem emite a mensagem – e receptor – quem recebe a mensagem –, considerando especificamente o aspecto presencial, ou seja, há comunicação se emissor e receptor encontram-se no mesmo lugar no espaço e no tempo, exigindo simultaneidade. Gontijo[4] observa que "a humanidade evoluiu tecnologicamente e ampliou sua capacidade de sobreviver e de produzir conhecimento", tornando-se capaz de sobreviver e ampliar-se sobre o globo terrestre.

A linguagem oral e a comunicação evoluíram com o ser humano. No entanto, as percepções de mundo eram basicamente correlacionadas ao "aqui-agora", ou seja, simultaneidade dos conceitos de tempo e espaço (mesmo espaço, mesmo tempo). As pinturas rupestres permitiram que o sentido de espaço-tempo fosse estendido, ou seja, aquele

---

2. UNESCO/NAÇÕES UNIDAS BRASIL. *Analfabetismo cai, mas mulheres ainda têm menos acesso à educação*, 9 set. 2013. Disponível em: https://nacoesunidas.org/unesco-analfabetismo-cai-mas-mulheres-ainda-tem-menos-acesso-a-educacao/. Acesso em: 6 ago. 2019.
3. FERREIRA, P. Brasil ainda tem 11,3 milhões de analfabetos. *O Globo*, 19 jun.2019. Disponível em: https://oglobo.globo.com/sociedade/educacao/brasil-ainda-tem-113-milhoes-de-analfabetos-23745356. Acesso em: 10 ago. 2019.
4. GONTIJO, 2004.

que vê as pinturas na parede das cavernas sabe que foram realizadas em um tempo diferente do seu, mas ainda assim é necessário estar presente (no mesmo espaço) para poder contemplá-las.

Goody[5] afirma que a permanência dos registros escritos passou a estimular uma consciência geral sobre a diferença entre passado e presente. Para esse mesmo autor, as culturas orais tendem a esquecer o passado (amnésia estrutural) ou manter a lembrança do passado de forma muito similar ao presente.

A linguagem oral e a comunicação evoluíram com o ser humano.

O agrupamento dos homens em aldeias, depois em cidades, favoreceu a organização da escrita, assim como a escrita favoreceu a organização das questões socioeconômicas. Segundo Gontijo,[6] ao utilizarmos a escrita como forma de registro, liberamos o nosso cérebro da tarefa de armazenamento e memorização e delegamos a substratos (suportes) externos a tarefa de abrigar todo o saber humano acumulado.

O homem agora entende que há um conjunto de conhecimentos externo a ele, formado por um agrupamento de informações passadas e presentes. Fomos, assim, escrevendo à mão e ganhando autonomia, permitindo que a informação fosse transportada de um lugar a outro por outra pessoa que não aquele que a detém. A comunicação pôde acontecer em tempo e espaços diferentes, isto é, quem emite a informação e quem recebe não precisam mais estar no mesmo espaço nem no mesmo tempo.

Os rolos de papiro foram substituídos por códices, trazendo autonomia ao ser humano que passou a estudar um texto com uma das mãos e escrever com a outra, lendo e escrevendo simultaneamente. Com isso, passamos a ser mais autônomos em nosso próprio aprendizado.

O homem agora entende que há um conjunto de conhecimentos externo a ele, formado por um agrupamento de informações passadas e presentes.

A partir do século XIII (1264), com o reconhecimento oficial da Universidade de Pádua e o crescimento dos centros de estudo, surgem elementos importantes para a organização da escrita, como índices, abreviaturas, titulação, parágrafos e ordem alfabética. Esse avanço favorece ainda mais a individualidade e a autonomia do sujeito na aquisição de seu próprio

5. GOODY apud GONTIJO, 2004.
6. GONTIJO, 2004.

conhecimento. No entanto, as universidades, primordialmente ligadas à Igreja Católica Romana, acabam por centralizar o conhecimento em seus círculos.

No século XV, a prensa traz para a comunicação e a informação a portabilidade e a disseminação do conhecimento de forma mais ampla e rápida como jamais havia se visto na história da humanidade. Os primeiros livros em xilografia datam de 1400 e a tipografia de 1430. A partir disso, o indivíduo passa a ter acesso ao conhecimento de forma mais ampla, uma vez que as fronteiras se abrem.

O indivíduo passa a ter acesso ao conhecimento de forma mais ampla, uma vez que as fronteiras se abrem.

No século XVI, em 1517, com Martinho Lutero e a sua tradução da Bíblia para o alemão, o indivíduo comum passa a ter acesso à palavra de Deus por meio do Evangelho e amplia sua autonomia intelectual.

As navegações, a partir do século XVI, exploram o mundo ainda mais e dão a ele contornos geográficos mais definidos, dissolvendo mitos. Antes disso, no século anterior (1461), formaram-se os primeiros serviços postais regulares. Nossa noção de tempo (presente, passado e futuro) se expande com o uso das cartas, uma vez que se torna possível estabelecer relações sociais com indivíduos em tempos diferentes e em espaços físicos diversos, mesmo que as correspondências demorassem a chegar. Na mesma época, com o surgimento dos primeiros periódicos (jornais), passamos a observar mais regularmente coisas, pessoas e acontecimentos em lugares e tempos distintos dos nossos. O mundo foi se tornando menor.

Nos séculos XIX e XX, a invenção do telefone permitiu que, finalmente, duas pessoas tivessem uma comunicação simultânea, por meio da fala (oralidade), mesmo estando muito distantes uma da outra. Gontijo[7] afirma que "as faculdades de falar, ouvir, ver e se mover inspiraram o desenvolvimento de tecnologias voltadas para a ampliação dessas experiências". As tecnologias, como extensão de nossas individualidades, levavam agora nosso "eu", por meio da voz, a longas distâncias. Com surpresa, o ser humano comum se vê diante de uma comunicação direta com outro, em um espaço físico totalmente diferente do seu, ou seja, se podemos falar com um indivíduo de outro

7. GONTIJO, 2004.

ponto do planeta, nossa percepção da comunicação interpessoal transcende o espaço físico.

Com o rádio, no final do século XIX – a primeira transmissão ocorreu em 1900 –, passamos a compreender o sentido de sintonia. Para que houvesse comunicação, era necessário sintonizar em determinada frequência para receber a informação. O mesmo ocorre, posteriormente, com o advento da televisão; quebrando paradigmas, passamos a ver e ouvir simultaneamente situações que ocorrem em tempo (poderia ser uma imagem de algo que aconteceu no passado, uma notícia antiga) e espaço físico diferente do nosso. Nossas percepções se ampliam, mas ainda assim, sabemos que tanto em um aparelho quanto em outro, as informações e imagens têm origem em um lugar determinado, seja o estúdio de rádio ou de televisão.

Sobre o advento do digital no final do século XX, Gontijo[8] afirma que, de um sistema a outro (analógico-digital), passamos a ter uma experiência diferente no que tange à interação com a informação e, consequentemente, com a construção do conhecimento: uma experiência física e concreta e outra virtual. Segundo a autora, mais do que a tecnologia, estamos vivenciando mudanças no processo de escrever, ler, falar, ouvir, produzir e receber informação e, em última análise, pensar.

Hoje, o indivíduo comum tem a percepção dos dois ambientes: físico-tangível e virtual-intangível. A autora afirma que uma ponte havia sido construída sobre o fosso que separava, de um lado, o texto escrito nos livros, revistas, jornais e outros impressos e, do outro, o mundo audiovisual – e isso foi chamado de convergência.

Pierre Levy, filósofo que tratou da virtualização e dos espaços virtuais na segunda metade da década de 1990, explicita que o conceito de **virtual** sempre trouxe um sentido de desrealização, de implosão do espaço-tempo. De forma comum, fazia-se oposição entre real e virtual como se o virtual fosse a ausência do real, ou algo irreal. Na verdade, como afirma Levy,[9] "é virtual o que existe em potência e não em ato (...) assim, a árvore está virtualmente presente na semente". Sob essa perspectiva, virtual é algo que virá a ser, em algum momento no

---

8. GONTIJO, 2004.
9. LEVY, P. *O que é o virtual?* São Paulo: Editora 34, 1996. p. 15.

futuro, potencialmente, mas, para efeito da tecnologia digital, o que chamamos de virtual é o **desprendimento do aqui e agora.**

Mesmo não sendo tangível, tudo o que existe no ambiente virtual ou "na nuvem" não deixa de ser real. O ser humano comum é capaz de entender que existem dados, informações, serviços e produtos que existem concretamente, mesmo que não se possa tocá-los. Como exemplo, podemos citar uma empresa virtual qualquer, que não tenha unidades físicas centralizadas, mas que exista espalhada na nuvem da internet. Levy[10] observa que organizações virtuais não podem ser precisamente situadas em determinado espaço-tempo, uma vez que os elementos que a compõem são nômades, dispersos, deixando de ser pertinente sua localização físico-geográfica. Assim, a organização, pessoa, informação ou ideia virtualizada se torna "não presente", se desterritorializa, embora continue a existir concretamente. O virtual é, portanto, desterritorializante, não presente, está em qualquer lugar, em qualquer momento, em qualquer tempo. O virtual é onipresente.

O ser humano comum é capaz de entender que existem dados, informações, serviços e produtos que existem concretamente, mesmo que não se possa tocá-los.

Passamos, assim, a entender o mundo separando a unidade de tempo da unidade de lugar e a perceber a continuidade (*continuum*) de uma ação embora sua duração seja descontínua. A sincronização substitui a ideia de lugar e a interconexão, a ideia de tempo. Ou seja, sou, ajo, aprendo, existo, não mais em tempo e lugar específicos, mas à medida que há sincronia (dois indivíduos em um chat ou rede social) e interconexão (dois indivíduos em contato simultâneo). O indivíduo passa a ser um ser desterritorializado (sem território definido), presente virtualmente em todo o ciberespaço, cujo contato com outro indivíduo depende dessa sincronia (encontro) em uma interconexão (momento).

A sincronização substitui a ideia de lugar e a interconexão, a ideia de tempo.

Com o crescimento dos monitoramentos de dados e o grande banco de dados, o chamado *big data*, com notícias e gravações em áudio e vídeo, aplicativos de localização e GPS, o ser humano comum tem a sensação de que a "web" está em todos os lugares, em todos os momentos,

10. LEVY, 1996.

como o grande olho que nos observa de George Orwell. Sob esse ponto de vista, a web é onisciente.

Quando falamos da essência do indivíduo, hoje percebemos que mesmo estando na nuvem, a essência das pessoas não se desfaz. Seu Eu essencial não muda; mesmo desterritorializado, percebe-se a manifestação desse Eu em qualquer forma de contato. Hoje, pelo menos para os mais de 3,9 bilhões de pessoas conectadas na *world wide web*, de acordo com dados de 2019,[11] as informações, produtos e pessoas que estão na web existem, mesmo que não possam ser tocados. E, para nós, a existência ainda é um contínuo de contatos, de sincronias e de interconexões mediados pela tecnologia, cabendo a nós compreendermos o que isso verdadeiramente parece significar.

1.2 TECNOLOGIAS DA INFORMAÇÃO E DA COMUNICAÇÃO (TIC)

Dissertar sobre tecnologia é falar sobre tudo aquilo que, não existindo na natureza, o ser humano se esmera em inventar pelas mais diversas razões, seja para expandir seus poderes, superar limitações físicas ou tornar seu trabalho mais fácil e a vida mais agradável. De acordo com o que é proposto por Veloso,[12] a tecnologia pode ser definida como instrumento, ferramenta e equipamento, mas, também, como procedimento, método e técnica.

Dissertar sobre tecnologia é falar sobre tudo aquilo que, não existindo na natureza, o ser humano se esmera em inventar pelas mais diversas razões, seja para expandir seus poderes, superar limitações físicas ou tornar seu trabalho mais fácil e a vida mais agradável.

A perspectiva aqui proposta é olhar a tecnologia como produto histórico engendrado nas relações sociais estabelecidas pelos seres humanos, como forma de propiciar, aprimorar, estabelecer ou transformar as relações com seus semelhantes. A criação, desenvolvimento e utilização dos meios tecnológicos, quaisquer que sejam, exige dos indivíduos maior esforço intelectual, uso do pensamento e potencial criativo.

As inovações tecnológicas em si não carregam nenhum sentido puro de bem ou mal; seu uso pelos indivíduos é que determina os resultados que dali poderão advir. A sociedade da informação, de acordo com

11. AGÊNCIA BRASIL EBC. *Mais da metade da população mundial está conectada à internet, diz a ONU*, 7 dez. 2018. Disponível em: http://agenciabrasil.ebc.com.br/internacional/noticia/2018-12/mais-da-metade-da-populacao-mundial-esta-conectada-internet-diz-onu. Acesso em: 6 ago. 2019.
12. VELOSO, R. *Tecnologia da informação e comunicação*. São Paulo: Saraiva, 2012. p. 9.

Bonilla,[13] pode ser compreendida a partir de determinadas perspectivas, como mostra a Figura 1.1.

Figura 1.1
Perspectivas sobre a sociedade da informação

Marcada pelo avanço da tecnologia e das mais notáveis transformações nos processos de armazenagem e transmissão da informação	TECNOLÓGICA	ECONÔMICA	Marcada pela mensuração do tamanho e crescimento da indústria da informação
Marcada pelas transformações que vêm ocorrendo no trabalho humano	OCUPACIONAL	ESPACIAL	Marcada pelas ideias de velocidade e compressão do espaço-tempo global
Marcada pelo crescente volume de informação de um novo ambiente informacional	CULTURAL	SOCIAL	Marcada pelas modificações nas formas de intermediação das relações sociais

Fonte: BONILLA apud VELOSO, 2012, p. 15.

A tecnologia pode ser compreendida como uma forma de mediação, ou seja, tem potencial estratégico para imprimir mudanças qualitativas nas relações profissionais e pessoais que devem ser utilizadas para o desenvolvimento e realização de projetos e relações sociais que fomentem a melhoria da vida cotidiana das populações. Isso apenas não ocorre em virtude da concentração do poderio econômico e dos interesses envolvidos no domínio tecnológico como forma de legitimação de poder, supremacia e diferencial competitivo.

A tecnologia pode ser compreendida como uma forma de mediação, ou seja, tem potencial estratégico para imprimir mudanças qualitativas nas relações profissionais e pessoais

13. BONILLA apud VELOSO, 2012, p. 15.

Briggs e Burke,[14] em *Uma história social da mídia*, observam que a convergência tem sido aplicada à união das indústrias de mídia e comunicação a partir da década de 1970, não com qualquer intuito social no sentido mais humanista do termo, mas movidas por interesses comerciais que culminaram em monopólios nas indústrias da televisão, rádio, jornalismo, entretenimento, cinema e outras.

Um dos entraves que encontramos ainda hoje para uma maior expansão das conexões e inclusão digital em todas as plataformas (cabo, celular, fibra ótica, rádio, telecomunicações) está profundamente atrelado a uma infraestrutura física deficiente e carente de investimentos, especialmente porque está ficando difícil separar as searas de cada um. Além disso, há problemáticas relacionadas à legislação e ao valor de investimento *versus* formas de cobrança pelos serviços prestados.

Pensamos que a grande questão é e sempre será o controle a ser estabelecido sobre as vias expressas de informação – na troca de bits, a indústria da comunicação e das telecomunicações acostumou-se ao ganho e ao controle sobre a imensa rede de *players* que se beneficiam dessa estrutura, de emissoras de televisão a produtores de cinema, de games a novelas. Como monetizar as redes sociais e as mídias digitais é o grande desafio de todos, incluindo de jornais a grandes portais, há um conjunto de paradoxos que ainda não foi solucionado.

Kurzweil,[15] famoso por sua ideia de transcendência, que trata de analisar o crescimento exponencial da tecnologia e suas implicações, observa que "chegará o dia em que poderemos nos sentar na frente de um computador com um modelo real que simule a biologia humana e pensar em intervenções da mesma forma que se projeta uma nova aeronave".

A interação proposta pelo autor envolve genética (biotecnologia), robótica (inteligência artificial) e nanotecnologia (reprogramação da matéria e da energia a nível molecular utilizando processos de informação). Observamos que as questões inerentes à tecnologia, seus avanços, controle e uso, realmente transcendem a discussão superficial acerca de quem controla o que para imprimir nossas mais sérias preocupações com o futuro social da humanidade.

---

14. BRIGGS, A; BURKE, P. *Uma história social da mídia:* de Gutenberg e Internet. Rio de Janeiro: Jorge Zahar, 2004.
15. KURZWEIL, R. O futuro segundo Kurzweil. *Revista HSM Management*. São Paulo, p. 16, set./out., 2011.

Genética, inteligência artificial (que envolve a internet das coisas ou IOT na sigla em inglês) e nanotecnologia são apenas algumas das áreas potenciais dentro da chamada **revolução tecnológica**, termo que pode ser definido como

> um conjunto de novos conhecimentos, procedimentos, instrumentos e técnicas afins que se introduzem e difundem pelas sociedades em determinadas épocas e que impregnam a transformação dessas sociedades em direção a outros estágios, qualitativamente distintos, de seu desenvolvimento econômico e sociocultural.[16]

A definição proposta é passível de discussão, mas concordamos que a palavra revolução compreende um sentido pleno de transformação. No entanto, pensar apenas em uma sociedade calcada sobre qualquer tecnologia que seja, mesmo as TICs, consiste, como nos alerta Veloso,[17] em um "sério deslize semântico, fetichizando o papel da tecnologia na sociedade".

A palavra revolução compreende um sentido pleno de transformação.

Essa colocação é feita porque, pelo menos no contexto social em que vivemos atualmente, é necessário à movimentação de produtos e serviços pensar em continuidade na produção de capital financeiro, sem pensar em trabalho. Hoje, é efetivamente uma abstração pensar em consumo sem assalariados, por exemplo.

Assim, Veloso trata de observar que, embora a tecnologia esteja cada vez mais disseminada na sociedade contemporânea, ela ainda não centraliza a estruturação das relações sociais, mesmo que promova mudanças profundas na forma como tendem a se estabelecer.

Mattelart[18] observa que

> cada civilização, cada área histórico-geográfica constrói seu modo de apropriação e de integração das técnicas, dando origem a configurações comunicacionais múltiplas com seus diversos níveis, sejam eles econômico, social, técnico ou mentais, com suas diferentes escalas local, regional, nacional e transnacional.

---

16. TAUILLE apud VELOSO, 2012, p. 17.
17. VELOSO, 2012.
18. MATTELART apud VELOSO, 2012, p. 19.

O que cremos valer mencionar é a rapidez com que as TICs estenderam suas configurações de forma mais ou menos homogênea e globalizada. Em virtude desse contexto, Gonçalves e Medina Filho[19] expressam a necessidade de recuar e olhar para tudo isso com certo distanciamento. Nosso aprendizado se dá ao observarmos as novas configurações que se apresentam, as novas relações culturais, midiáticas e subjetivas que vêm redimensionando e reprojetando o papel dos cidadãos, do estado e das organizações.

Além disso, merecem atenção as formas descentralizadas de produção, distribuição e acesso à informação e aos bens de consumo, bem como as novas formas de gestão da comunicação, a mudança nas arquiteturas organizacionais, o maior poder de negociação e o questionamento dos públicos diversos. Assim, os problemas na área de comunicação e das relações sociais não podem restringir-se a questões tecnicistas, instrumentais. As tecnologias da informação e da comunicação não implicam apenas novos meios de comunicação e troca de informação, mas uma mudança na forma como organizações e pessoas se comunicam e se relacionam.

As tecnologias da informação e da comunicação não implicam apenas novos meios de comunicação e troca de informação, mas uma mudança na forma como organizações e pessoas se comunicam e se relacionam.

1.3 MÍDIA, CULTURA E COMUNICAÇÃO – MÚLTIPLAS PERSPECTIVAS

A compreensão sobre os complexos processos de mediação das relações sociais pelas ferramentas digitais é, hoje, uma das preocupações dos pesquisadores na área de comunicação. Muitos estudos partem da premissa da interferência decisiva da mídia nas relações sociais contemporâneas, citando produção e reprodução de padrões midiáticos, grau de penetração em todos os níveis organizacionais e individuais, mudança da percepção da realidade espaço-temporal e necessidade de adaptação cada vez mais rápida e constante.

---

19. GONÇALVES, F.; MEDINA FILHO, A. L. *Comunicação, organização e cultura digital*. Rio de Janeiro: EdUERJ, 2015.

A humanidade sempre foi pródiga em imaginar como será o futuro. De 2001 – Uma Odisseia no Espaço *a* Startrek, *de* Maze Runner *a* O Exterminador do Futuro, *expressamos continuamente visões de esperança ou caos, permitindo-nos imaginar todos os futuros possíveis, mas, no dia a dia, precisamos lidar com as mudanças em curso que têm transformado nossa forma de realizar atividades. Cabe a nós, nesse contexto, entendermos de que forma a (r)evolução digital transforma aquilo que somos como seres humanos e como isso pode construir um futuro realmente melhor para todos.*

Em *Esthétique Communautaire*, Michel Maffesoli[20] fala que a estética comunitária, por repetir-se em padrões inerentes a dada sociedade (comunidade), revela-se importante pelo aspecto estruturante advindo do costume estável, onde o espírito de redundância do mito, que ora parece um *déjà vu* inquietante, é onde, na verdade, por meio das criações cotidianas e repetições, o homem encontra sentido e segurança, em virtude da familiaridade com os fenômenos diários nos quais o aperfeiçoamento individual e coletivo é fruto de um progresso constante, sem fim.

Juan Droguett[21] propõe um novo modo de ser humano em *Vertigem pendular e mídia: cultura dos meios de comunicação*. Para o autor, a contribuição dos meios de comunicação na dissolução de um ponto de vista central colabora para a afluência de realidades diversas, relatadas por meio de pontos de vista diferentes, que geram uma multiplicidade de visões advindas de plataformas diferentes de comunicação, incluindo as mídias sociais. Desse modo, deixa de haver uma única concepção de mundo, a verdade monopolizada pela mídia, e a visão central deixa de ser instrumento de dominação ideológica.

Os meios de comunicação, por sua lógica de mercado, têm efeito libertador, sendo a liberdade compreendida como uma emancipação, um fazer-se presente. Droguett[22] ressalta que "viver esta multiplicidade significa fazer a experiência da liberdade". Ressaltamos a atualidade dessa discussão, na medida em que a *world wide web*, por meio dos fenômenos recentes das mobilizações sociais e das próprias redes sociais, capitalizam e exponenciam essa emancipação.

Os meios de comunicação, por sua lógica de mercado, têm efeito libertador, sendo a liberdade compreendida como uma emancipação, um fazer-se presente.

A preocupação com o ensino e a educação dos jovens mergulhados nas tecnologias atuais é sentida na exposição de Alfonso López Quintás em *Cómo formar hoy a la juventude em creatividad y valores*.[23] O autor nos fala sobre a perspectiva da educação dos sentidos em consonância à liberdade

---

20. DA SILVA, J. M. Interfaces: Michel Maffesoli, teórico da comunicação. *Revista Famecos*, 2004. Disponível em: http://revistaseletronicas.pucrs.br/revistapsico/ojs/index.php/revistafamecos/article/view/3283/2541. Acesso em: 6 ago. 2019.
21. DROGUETT, J. Vertigem pendular e mídia: cultura dos meios de comunicação. In: BALOGH, A. M.; ADAMI, A.; DROGUETT, J. C.; HAYDÉE, D. F. *Mídia, cultura, comunicação*. São Paulo: Arte & Ciência, 2002. p. 23.
22. DROGUETT apud BALOGH; ADAMI; DROGUETT; HAYDÉE, 2002, p. 28.
23. QUINTÁS, A. L. Cómo formar hoy a la juventude em creatividad y valores. In: BALOGH; ADAMI; DROGUETT; HAYDÉE, 2002, p. 31.

de escolha, destacando a profusão de estímulos midiáticos como um fenômeno que bloqueia a vida pessoal e conduz à desilusão, além de destacar a necessidade de construção das bases de conhecimento, distanciando-se da perspectiva egoísta da visão de mundo para a perspectiva do encontro com o outro como forma de desenvolvimento das virtudes humanas individuais.

Quintás questiona como formar, em tempos atuais, seres criativos e com valores, criticando aspectos do ensino formal, como a transmissão de conteúdos em detrimento do estímulo ao questionamento e ao pensamento crítico, e o foco no mercado de trabalho, destacando que a criatividade humana não está restrita ao exercício da profissão, mas antes, ao desenvolvimento da criatividade que propicia uma experiência de valor que corrobora a visão de Paulo Freire – a educação da liberdade em prol de uma educação libertadora –, em que o ensino ajuda a modelar a mentalidade e a estimular o discernimento, ressaltando que "o homem é um ser de encontro".[24]

Como formar, em tempos atuais, seres criativos e com valores, criticando aspectos do ensino formal?

Cultura midiática, por Lúcia Santaella, explora a inter-relação dos territórios econômico, político e cultural das formações sociais. O texto, humanista e antropológico, destaca a relação entre as culturas erudita e popular, bem como sua forma de produção e disseminação pela indústria midiática. Santaella provoca:

> Será que a cibercultura, com a convergência das mídias que ela promove, irá absorver para dentro de si toda a cultura midiática, ou será que a cultura midiática continuará a existir paralelamente a ela, ambas convivendo através de novos conflitos e alianças que, por enquanto, ainda não estamos conseguindo discernir?[25]

A autora aborda as fronteiras cada vez mais tênues, senão inexistentes, entre o erudito e o popular, já nas manifestações de sua própria produção ou apropriação de um pelo outro, na cultura das mídias e sua capacidade de interferir no produto cultural e, ainda hoje, na cultura de massas altamente impactada pela informatização, como se nota no consumo midiático baseado em múltiplas plataformas interconectadas, inter-relacionadas, de interferência mútua e convergentes. Santaella

---

24. QUINTÁS apud BALOGH; ADAMI; DROGUETT; HAYDÉE, 2002, p. 36.
25. SANTAELLA, L. Cultura midiática. In: BALOGH; ADAMI; DROGUETT; HAYDÉE, 2002, p. 55.

aborda ainda a aceleração e complexificação desses questionamentos da arte não arte, cultura não cultura, erudito-popular com o advento do digital, que acelera e amplia a própria dialética da cultura humana no sentido de "sua interação incessante entre tradição e mudança, persistência e transformação".

Caroline Eads,[26] com o texto *L'ombre du 11 septembre sur les images contemporaines*, cujo foco é o atentado de 11 de setembro sob a lente das imagens contemporâneas, trata sobre como o cinema e a televisão contribuem para construir a imagem do real. A evolução da indústria cinematográfica e suas peculiaridades, com destaque para a miscelânea entre a produção de ficção e as realistas, suscita uma discussão entre as "conotações e mitos representados pelo esquema tradicional não somente de oposição entre o bem e o mal, mas também de um contexto político, cultural e econômico".[27] Discutindo os gêneros e conteúdos dos filmes de ficção e da representação do real com foco no desenvolvimento das imagens virtuais e dramatização do cotidiano, a autora fala do "mito do terror inicial", destacando a nova geração de realizadores que valoriza a sinceridade do momento e não somente o espetáculo pelo espetáculo, na contramão dos mecanismos dominantes na grande parte do cinema comercial atual.

Em *Cultura e intertextualidade: mídia e transmutações*, Anna Maria Balogh[28] trata da intertextualidade e da possibilidade da edição transformadora do produto final no ato do consumo ou da difusão, ressaltando a flexibilidade da cultura brasileira, naturalmente aberta à permeação do outro, e destaca a voracidade da televisão em busca constante pela apropriação, reprodução, releitura e exposição de uma intertextualidade que ora se vê exacerbada pelo advento das tecnologias digitais.

A própria televisão digital e as mudanças nos hábitos dos consumidores de mídia vêm trazendo o fenômeno do esvaziamento da audiência nas emissoras tradicionais e migração para um consumo multiplataformas, onde "tudo se torna brutalmente simultâneo em termos de tempo, uma enorme colagem, ou bricolagem em termos de textos ou fragmentos de textos".[29] A autora também ressalta o fenô-

---

26. EADS, C. L'ombre du 11 septembre sur les images contemporaines. In: BALOGH; ADAMI; DROGUETT; HAYDÉE, 2002, p. 57.
27. EADS apud BALOGH; ADAMI; DROGUETT; HAYDÉE, 2002, p. 60.
28. BALOGH, A. M. Cultura e intertextualidade: mídia e transmutações. In: BALOGH; ADAMI; DROGUETT; HAYDÉE, 2002, p. 79.
29. BALOGH apud BALOGH; ADAMI; DROGUETT; HAYDÉE, 2002, p. 81.

meno da recepção pelo ponto de vista do consumo, da "competência de espectadores" inicialmente educados no consumo de enlatados norte-americanos, que assistiram ao abrasileiramento dos conteúdos e que hoje, ressaltamos, defrontam-se com a lei do audiovisual que foca a ampliação de conteúdo genuinamente nacional.

Com *Central do Brasil: o simulacro de uma nacionalidade*, Valderez Helena Gil Junqueira[30] tem como ponto de partida a análise do filme de Walter Salles, dispondo-se a uma discussão sobre a conexão entre cultura e mídia de massa na construção do que a autora chama de "simulacro de uma nacionalidade". O cerne da discussão é a falta de identidade nacional ou a construção de uma pseudoidentidade pelas referências culturais propostas pelas mídias e pela própria produção do filme, onde essa reconstrução se perde em estereótipos e clichês, afastando-se dessa identidade. Esse fenômeno pode ser verificado na construção de identidades dos diversos países do mundo por meio das produções cinematográficas, séries e *reality shows*. A autora questiona que, se essa construção admite pontos de vista diferentes e uma ideologia central (visual-narrativo-ideológica), as tecnologias digitais podem traçar um contraponto na diversidade dessas perspectivas.

A própria televisão digital e as mudanças nos hábitos dos consumidores de mídia vêm trazendo o fenômeno do esvaziamento da audiência nas emissoras tradicionais e migração para um consumo multiplataformas.

Jean Gouazé e Giovandro Ferreira, em *O discurso da informação escrita à tela: em busca das bases contratuais de leitura brasileira*,[31] trazem uma provocação mais atual: As TICs introduzem uma nova cultura? Os autores se propõem a discutir o paratexto, o modo de produção e as plataformas de consumo audiovisual em que a leitura se dá no nível do conteúdo disponibilizado. A própria tela do computador apresenta-se como um dispositivo espaço-temporal de enquadramento, pré-seletivo de acordo com a perspectiva e a prioridade de quem produz determinado conteúdo.

O enquadramento, observam os autores, já é, por si só, um recorte, seja o objetivo prévio consciente ou inconsciente, assim como os elementos nos quais há hipertextualidade. A própria seleção desses elementos estabelece a relação entre o que é oferecido e o que se espera encontrar

---

30. JUNQUEIRA, V. H. G. Central do Brasil: o simulacro de uma nacionalidade. In: BALOGH; ADAMI; DROGUETT; HAYDÉE, 2002, p. 87.
31. GOUAZÉ, J.; FERREIRA, G. O discurso da informação escrita à tela: em busca das bases contratuais de leitura brasileira. In: BALOGH; ADAMI; DROGUETT; HAYDÉE, 2002, p. 227.

em termos de conteúdo. Gouazé e Ferreira adentram a questão do conteúdo ofertado também como discurso, símbolo e linguagem, carregados de ideologia que atendem ao ponto de vista do produtor. Assim como a fotografia não é a realidade, também o texto não o é, e sofre distorções tanto de quem produz como de quem lê. A isto, os autores dão o nome de "contrato de leitura", o que se produz em consonância com o que se espera consumir no espaço de uma tela. Quando há quebra desse contrato entre produtor e leitor/receptor, perde-se o interesse e a identificação.

Ressaltam, além disso, que as tecnologias e as mudanças impactaram a perda de densidade e profundidade do texto na *world wide web* e, portanto, o contrato de leitura é diferente quando consumimos o mesmo conteúdo em plataformas diferentes. Desse modo, há expectativas diferentes dependendo da plataforma em que o conteúdo é consumido.

Yoshiura, em *Comunicação e criatividade na cultura midiática*,[32] aborda a comunicação como fenômeno complexo e abrangente, destacando que sua produção aproxima-se, contemporaneamente, dos quesitos do pensamento complexo proposto por Morin, à medida que o processo criativo se complexifica em múltiplas fontes, referências, simbologias, linguagens e plataformas digitais e analógicas de expressão.

1.4 MODERNIDADE E COMUNICAÇÃO – UMA ABORDAGEM SOCIOLÓGICA

Pensar criticamente a mídia, de forma geral, e as redes sociais, em particular, é um exercício necessário, seja enquanto organizações ou indivíduos, porque estamos constantemente buscando a construção de nossas orientações identitárias nesse emaranhado de pessoas e informações. É importante compreender, como buscamos fazer até agora, como as conquistas tecnológicas impactam o nosso fazer cotidiano e nossa forma de ver o mundo. Ao compreender tais mudanças, somos mais capazes de agir proativamente na transformação da nossa realidade.

Pensar criticamente a mídia, de forma geral, e as redes sociais, em particular, é um exercício necessário, seja enquanto organizações ou indivíduos.

Nessa etapa, trataremos especialmente dos conceitos relacionados à indústria cultural e a forma

32. YOSHIURA, E. V. Comunicação e criatividade na cultura midiática. In: BALOGH; ADAMI; DROGUETT; HAYDÉE, 2002, p. 239.

como as tecnologias digitais e sociais vêm moldando nossas relações e nossa capacidade de atuar sobre os produtos dessa indústria. Vamos abordar a questão da convergência dos meios de comunicação e plataformas digitais, buscando compreender como mudam nossa forma de pensar e agir. E, por fim, vamos compreender que a crescente exacerbação do indivíduo não é um aspecto isolado e inerente às tecnologias digitais, mas ganha destaque e ascendência com as mídias sociais.

1.4.1 Douglas Kellner e a cultura da mídia

Para Kellner,[33] os produtos da indústria cultural[34] são modeladores de paradigmas da vida cotidiana, definindo identidades e valores que permeiam nossas vidas e formam o que o autor chama de repertório cultural, do qual extraímos nossas orientações identitárias. As mídias sociais são, ao mesmo tempo, uma expressão desses repertórios culturais individuais, expressos naquilo que escolhemos produzir e compartilhar em nossas redes, mas também funcionam como canais para outro produto, novo, original, desconectado da indústria cultural, mas que a ela faz referências, e que contribui para a formação do repertório cultural de dezenas de outras pessoas.

Isso significa que aquilo que você consome, a partir do que é oferecido pela indústria cultural, forma seu repertório e sua identidade como indivíduo, mas, ao mesmo tempo, todo o conteúdo produzido por você torna-se um produto que vai contribuir com a formação de tantos outros repertórios culturais em um caleidoscópio de influências e influenciados em permanente mutação.

Aquilo que você consome, a partir do que é oferecido pela indústria cultural, forma seu repertório e sua identidade como indivíduo

As mídias sociais são, portanto, espelhos dessas orientações identitárias. Entretanto, até onde o que é produzido a partir delas reflete essas realidades? É possível admitir-se que sejam a realidade em si ou é preferível considerá-los como um simulacro da realidade?

---

33. KELLNER, D. *A cultura da mídia*. São Paulo: Edusc, 2001.

34. O termo **indústria cultural**, do alemão *Kulturindustrie*, foi criado pelos filósofos e sociólogos alemães Theodor Adorno (1903-1969) e Max Horkheimer (1895-1973), a fim de designar a situação da arte na sociedade capitalista industrial. Seus produtos envolvem música, teatro, televisão, literatura, artes plásticas, novelas, séries, cinema e todas as manifestações culturais cuja produção se assemelha à fabril e o produto artístico passa a ser uma mercadoria passível de comercialização e consumo, com foco no maior ganho financeiro possível, distanciando-se da arte como crítica à sociedade e produtora de conhecimento.

Na perspectiva proposta por Kellner, existe forte correlação entre a indústria cultural e a produção em massa, sendo essas as bases da teoria crítica proposta pela Escola de Frankfurt, quando cunhado o termo "indústria cultural", por referir-se a um modo de produção capitalista com foco na auferição do maior lucro possível. Os mecanismos da indústria cultural estão assentados sobre uma difusão ideológica que concretiza a manutenção de poder das relações vigentes, em um espaço de disputa pela prevalência ideológica por meio do que o indivíduo consome diariamente. Essa é a cultura da mídia.

O que nos cabe questionar, com a ruptura aparentemente trazida pelas mídias sociais, está expresso exatamente na possibilidade de produção individual de conteúdo desconectada dos mecanismos de funcionamento da indústria cultural. Até que ponto essa produção descentralizada de conteúdo consegue exercer um contraponto significativo nessa difusão e prevalência ideológica? Ou atua meramente como um sistema reprodutório de conteúdos sem qualquer postura crítica, perdendo sua validade como fator de ruptura e funcionando mais como um reforçador que retroalimenta a indústria cultural dominante?

Kellner afirma que o conhecimento dos mecanismos de funcionamento da indústria cultural é fundamental como forma de resistência do indivíduo que, à medida que adquire conhecimento e desenvolve sua capacidade crítica, é mais capaz de agir proativamente na melhoria da sociedade. Conhecendo a forma de manipulação, torna-se capaz de se prevenir das seduções e fortalecer sua autonomia individual. Bem, quando olhamos o crescimento das redes sociais, não é possível afirmar consistentemente que a média da população internauta tenha desenvolvido seu senso crítico. A expectativa proposta pelo pesquisador é de que o indivíduo preserve seu espaço e aumente seu poder por meio da crítica a essa cultura.

Fato inexorável é que houve sim um empoderamento das audiências antes passivas, mas daí a compreender que isso se constitui em um efetivo contraponto à cultura da mídia é, senão temerário, talvez uma verdade aplicável a uma parcela restrita de indivíduos. A indústria cultural não enfraqueceu ante o crescimento das mídias sociais, mas, antes, tomou-a como parceira, como cúmplice, em um processo de referenciamento mútuo, pouco crítico e mais afeito ao reforço dos mecanismos de produção do que sua derrocada.

A indústria cultural não enfraqueceu ante o crescimento das mídias sociais, mas, antes, tomou-a como parceira.

Kellner afirma que o indivíduo, ao tomar consciência dos mecanismos da indústria cultural, pode se posicionar contra a inevitável massificação da produção dos bens culturais e sua transformação em mercadoria na lógica do capitalismo industrial. Temos visto movimentos que comprovam, não a ação do indivíduo na tentativa de desmistificar essa indústria por meio de seu conhecimento em prol da melhora nas relações sociais e na disseminação de dada ideologia, mas sua atuação enquanto parceiro voluntário e satisfeito dessa indústria que continua a criar mecanismos de exploração financeira. São exemplos dessas ações a profunda relação entre tweets e audiência televisiva, ajustamento de tramas a partir da análise de dados das mídias sociais, desenvolvimento de conteúdo multiplataforma, direcionamento dos *reality shows* a partir dos resultados de posts, entre outros. A indústria cultural se apropria dessa realidade em benefício próprio.

O indivíduo, ao tomar consciência dos mecanismos da indústria cultural, pode se posicionar contra a inevitável massificação da produção dos bens culturais e sua transformação em mercadoria na lógica do capitalismo industrial.

A cultura da mídia continua pareada com a cultura de consumo de produtos e serviços. Com a sofisticação dos instrumentos de pesquisa e métricas, com o evento do *big data* e dos instrumentos de *analytics*, a indústria cultural é cada vez mais capaz de produzir e veicular o que agrada e entretém, de novelas a noticiários, e cada vez mais pródiga na identificação do que a audiência busca, imbricando em seus produtos os valores ideológicos de sempre.

Kellner afirma que uma teoria crítica

> decompõe as ferramentas de dominação e resistência, uma vez que o germe da mudança social está prefigurado nas estruturas da sociedade, de modo que seu conhecimento auxilia o entendimento que pode ser exercido na prática social de melhoria destas sociedades.[35]

Sob essa perspectiva, atrevemo-nos a afirmar a necessidade urgente de disseminar as bases dessa teoria crítica sob pena de sucumbirmos sob a avalanche de mesmices e tolices produzidas diariamente nas redes sociais.

É fato que, favorecido pelas tecnologias digitais, o ativismo social tem crescido muito e as informações estão mais acessíveis; por outro lado, observamos o crescimento exponencial das *fake news*. Talvez tudo isso seja

---

35. KELLNER, 2001, p 123.

um movimento dialético natural de momentos de mudança e possamos desenvolver um senso crítico mais acurado que dê conta de "reforçar as formas de resistência contra o poder da dominação hegemônica, auxiliando o progresso da democracia e da liberdade", como afirma Kellner.[36]

Em contraponto às bases teóricas propostas pela Escola de Frankfurt, Kellner faz referência aos estudos britânicos que talvez deem conta, de forma mais efetiva, do contexto pós-moderno, na medida em que entendem a cultura com o "viés gramsciniano de hegemonia e contra-hegemonia, configurando os espaços da cultura contemporânea um lugar onde vigoram relações entre concepções convergentes ao *status quo* e antagônicas a ele".[37] Essa perspectiva está mais em consonância com as necessidades atuais, destacando, como afirma o próprio autor, a interatividade entre o público e a mercadoria que ocorre em contextos históricos específicos. Cremos que vivenciamos com as redes sociais exatamente o despontar dessa interatividade. Como Kellner observa, devemos "analisar a produção cultural em sua conjuntura histórica, observando nos discursos presentes os códigos transmitidos nos seus elementos estético-formais do entretenimento que induzem posições e ideologias que surtem efeitos políticos".[38]

O ativismo social tem crescido muito, e as informações estão mais acessíveis; por outro lado, observamos o crescimento exponencial das *fake news*.

Trata-se, pois, de introduzir a perspectiva do receptor e, embora a afirmação seja de 2001, cremos adequar-se exatamente ao contexto atual: "encetar, a partir da perspectiva do observador, do receptor que interage ativamente com os textos da cultura da mídia, de como ele se apropria dos significados à sua maneira e de como estes textos produzem efeitos em si mesmos".[39] O autor evita conceber que o público produz significados isoladamente, o que fica claro ao observarmos as diversas interações nas mídias sociais, uma vez que o público produz significados entrelaçando percepções individuais, próprias da indústria cultural e apoiadas em seus pares.

Os estudos de Kellner situam-se nos anos 1980 até o começo da década de 1990, estando longe da realidade que vivenciamos hoje. Continuam válidos, no entanto, o conceito de cultura da mídia como espaço

---

36. KELLNER, 2001, p. 43.
37. KELLNER, 2013 p. 75.
38. KELLNER, 2001, p. 76.
39. KELLNER, 2001, p 82.

de disputa entre diferentes grupos, em que os produtos dessa indústria estão marcados e transcodificam angústias e sentimentos de determinadas pessoas e grupos, mas a expectativa de que esse multiculturalismo crítico possa aliar-se a lutas emancipatórias e contribua para uma ordem social mais livre, justa e igualitária, parece-nos ainda um tanto nebulosa.

Desde o período a que o livro se refere, tivemos dois fenômenos que merecem ser observados: (1) a eleição de Barack Obama, em 2008, e o uso intensivo e extensivo das redes sociais como importante componente para alcançar os resultados e (2) o fenômeno das *fake news* que contribuíram para a vitória de Donald Trump, em 2016.

O questionamento que fica é se as mídias sociais podem constituir-se em um contraponto que permita uma resistência à manipulação da mídia massiva e, mais do que isso, até que ponto há uma percepção crítica dos internautas sociais para tornar esse contraponto real. O que temos são indivíduos conscientes dessa manipulação, com uma ilusão de empoderamento e que, por livre e espontânea vontade, contribuem para a ampliação da hegemonia dos grupos dominantes.

As mídias sociais podem constituir-se em um contraponto que permita uma resistência à manipulação da mídia massiva?

O que parece profética é a constatação de Kellner quando aponta que a cultura midiática pode ser um importante elemento de transformação social em que vozes marginalizadas se façam ouvidas e onde diversas culturas encontram meios de expressão – e as redes sociais têm tornado isso concretamente possível.

Mas, por que essa discussão é relevante?

Para que possamos desenvolver um olhar crítico sobre os meios de produção da indústria cultural e do crescimento das mídias sociais. Alguns entendem que as mídias sócias, na medida em que empoderam o cidadão-consumidor, configuram-se como poderoso contraponto à hegemonia das grandes organizações de mídia, política, comunicação, entretenimento, negócios e educação, libertando o indivíduo para a construção de sua própria orientação identitária. Outros alegam que, sem o conhecimento necessário ao desenvolvimento de uma leitura crítica da realidade, o cidadão-consumidor continua mero reprodutor de quaisquer ideologias dominantes e, pior, atua voluntariamente e de bom grado na construção, reconstrução e disseminação dessa mesma ideologia que o aprisiona.

1.4.2 Henry Jenkins e a cultura da convergência

Alguns anos depois da obra de Kellner, Henry Jenkins aborda a *Cultura da convergência*[40] *a partir dos fenômenos culturais que ocorriam, como os reality shows, os filmes Matrix* e *Harry Potter*, entre outras obras. A diferença na produção e no consumo dos produtos estudados por Jenkins, em comparação com aqueles estudados por Kellner, reside, essencialmente, na exponencial participação e envolvimento do cidadão-consumidor com os meios de comunicação a partir dos anos 2000. Enquanto Kellner observou produtos culturais que tiveram na mídia tradicional sua exposição estrategicamente planejada, Jenkins se propõe a discutir como é organizada, pensada, planejada e executada a interação do público com as diversas plataformas de comunicação.

Como é organizada, pensada, planejada e executada a interação do público com as diversas plataformas de comunicação?

Tomando exemplos de produções diferentes em cinema, política, televisão e outras plataformas, Jenkins busca entender as modificações ocorridas na relação entre os meios de comunicação e o público, em virtude da possibilidade de interação advinda das tecnologias digitais, notadamente com a mobilização em comunidades virtuais, tendo como fator catalizador dessas mudanças a própria convergência entre as diversas plataformas midiáticas.

Assim como propõe Kellner, Jenkins compreende que o entendimento dessas relações e as possibilidades de interação são, potencialmente, geradoras de novas mídias e de uma sociedade mais democrática. O autor aponta que a exclusão digital é ainda um grande empecilho para a maior participação do público, ao lado da ausência de postura crítica, mas acredita que a convergência tende a ampliar-se consolidando esse novo modelo de relação entre cidadãos-consumidores e produções midiáticas. O que nos cabe questionar é: Qual o impacto que isso pode trazer, tanto para a sociedade, como para as organizações e produtores de conteúdo midiático?

Podemos afirmar que, hoje, a convergência consiste em uma realidade concreta. Para o bem ou para o mal, com maior postura crítica ou sem nenhuma, somos cidadãos-consumidores que têm certo poder de pressão.

Para o bem ou para o mal, com maior postura crítica ou sem nenhuma, somos cidadãos-consumidores que têm certo poder de pressão.

---

40. JENKINS, H. *Cultura da convergência*. 2. ed. São Paulo: Aleph, 2009.

Jenkins destaca a imprevisibilidade dessa convergência. Mídia corporativa e mídia alternativa ora colidem, ora se coadunam. Velhas plataformas midiáticas abraçam novas plataformas em um movimento de expansão vertical e horizontal dos grandes conglomerados de mídia. Os produtores de conteúdo surgem aos milhares e são constituídos tanto de organizações midiáticas e seus braços como de iniciativas individuais – o que ganha relevância não tem sempre correlação direta com poderio econômico, como ocorria antes, ou seja, mesmo sem dinheiro um produtor de conteúdo tem a oportunidade de ter a visibilidade que muitas produções com amplo suporte financeiro não conseguem alcançar. A questão é: Por que isso ocorre?

Existe hoje uma preocupação em pesquisar e trazer para a discussão a forma como consumidores, educadores e cidadãos podem se apropriar das ferramentas tecnológicas, da convergência das mídias e da liberdade de produção de conteúdo para relacionarem-se melhor com os conteúdos ofertados e fazer valer seus direitos.

O inevitável uso da convergência pela indústria midiática se dá em virtude de alguns fatores, como explorar as vantagens dos conglomerados midiáticos, criar múltiplas formas de vender o conteúdo ofertando-o em múltiplas plataformas, consolidar a fidelização do consumidor-público, ampliar as frentes de capitalização, por meio da aquisição e gestão de múltiplas plataformas midiáticas, em um movimento de intensa monopolização por parte de grandes grupos de comunicação e entretenimento. Mas, como se posiciona o cidadão-consumidor nessa realidade? Continua a ter o seu comportamento moldado sistematicamente pelos grandes grupos? Tem autonomia para exercer um contraponto? É capaz de exercer sua cidadania fazendo valer seus direitos?

A indústria midiática e o mercado afirmam que há uma mudança ocorrendo no comportamento do indivíduo enquanto cidadão-consumidor. Muitas pesquisas e artigos falam do comportamento do consumidor-digital, de pós-consumo, exaltando uma postura proativa e crítica por parte do público. Jenkins afirma que a mudança vem ocorrendo nas **comunidades de consumo** e observa que "a maior mudança talvez seja a substituição do consumo individualizado e personalizado pelo consumo como prática interligada em rede".[41] Olhando pela

41. JENKINS, 2009, p. 327.

perspectiva proposta pelo autor, qual o impacto que uma prática de consumo em rede tem sobre produtos, serviços e marcas?

A visão de Jenkins é, com certeza, mais positiva do que a proposta por Kellner sobre a indústria cultural. Além disso, o autor ressalta a **organização coletiva** como contraponto a essa indústria e não o indivíduo, destacando o maior poder de barganha alcançado pela coletividade – o que deve levar o cidadão-consumidor a organizar-se nesse contexto como forma de ganhar expressão e força e, aí sim, fazer valer seus direitos por meio de uma comunidade organizada com tal finalidade. Jenkins[42] observa que

Qual o impacto que uma prática de consumo em rede tem sobre produtos, serviços e marcas?

> as mídias corporativas reconhecem o valor e a ameaça da participação dos fãs. Produtores e anunciantes falam hoje das *lovemarks* reconhecendo a importância da participação do público em conteúdos de mídia. Os consumidores estão usando a net para se envolverem com o que admiram, entendem esse como um espaço democrático e de ações coletivas.

Convergência midiática, conceito definido por Jenkins, designa o processo cultural de construção da informação. As mídias digitais proporcionam um contexto no qual qualquer indivíduo ou coletividade, com mínima capacitação em tecnologia, é capaz de produzir e disseminar produtos culturais como vídeos, imagens, sons e outros tantos conteúdos, além de apropriar-se de conteúdo produzido pela mídia tradicional, imprimindo a ele novos significados. A convergência midiática envolve três fenômenos: convergência dos meios de comunicação, cultura participativa e inteligência coletiva.

Mais do que tecnologias, a convergência midiática envolve uma forma diferente de produção e consumo de conteúdos midiáticos, fluxos de conteúdo por meio de múltiplos suportes tecnológicos (plataformas), cooperação entre diversos mercados midiáticos e liberdade de transição do público entre os meios e plataformas de comunicação em busca da informação ou entretenimento desejado. Trata-se de uma mudança de comportamento do cidadão enquanto consumidor e produtor de conteúdo. Nesse aspecto, Jenkins e Kellner dialogam quando destacam que é no consumo de pedaços e fragmentos de informação que extraímos do fluxo midiático e na interação com os demais indivíduos

---

42. JENKINS, 2009, p. 235.

que construímos nossas orientações identitárias e somos capazes de dar significado à nossa vida cotidiana.

O fenômeno da **cultura participativa** envolve a interação do consumidor-cidadão com as formas comunicacionais, deixando de consumir passivamente os conteúdos para produzir, participar, criar e disseminar conteúdos. A cultura participativa baseia-se na apropriação de elementos pertencentes a diversos produtos midiáticos, sua recombinação e disseminação, imprimindo no resultado características próprias que a diferem do original. A convergência midiática tem na narrativa transmídia a tangibilização da cultura participativa, na medida em que essa narrativa envolve a produção de conteúdos em diferentes plataformas que estabelecem uma conexão entre o produto principal (livro, filme, quadrinhos, seriados e outros) e conteúdos paralelos que expandem a história central criando um vínculo do indivíduo com o produto original.

O fenômeno da *cultura participativa* envolve a interação do consumidor-cidadão com as formas comunicacionais, deixando de consumir passivamente os conteúdos para produzir, participar, criar e disseminar conteúdos.

A mídia corporativa, com conhecimento e compreensão desse fenômeno, tem sido cada vez mais eficiente em ofertar conteúdos em múltiplas plataformas e fornecer elementos para a criação e disseminação de conteúdos transmídia por meio de emojis, gadgets, desenhos e fragmentos da obra original que podem ser apropriados com ou sem custo. Esse fenômeno também ocorre com produtos, serviços e marcas à medida que consumidores recriam conteúdos originais de marcas (*branded content*). Seja com entretenimento, cultura ou relacionando a produtos e serviços, é certo que a convergência midiática deve fazer parte do pensamento estratégico e envolver consumo em qualquer plataforma.

Jenkins acredita que tais fenômenos devem levar os indivíduos, organizados por preferências, a tornarem-se cada vez mais atuantes e críticos em defesa de seus anseios, contribuindo para a formação de cidadãos-consumidores politicamente articulados, mais críticos e profundamente influenciadores da própria indústria cultural e de outras grandes organizações públicas e privadas.

Um dos desafios da convergência midiática que preocupa os grandes conglomerados midiáticos é a falta de controle ou o controle limitado que proporciona. Embora a participação ativa de fãs nas produções e ampliação do número de produtos correlatos oferecidos seja lucrativa e gere fidelização, a perda de controle na disseminação e na cocriação representa uma preocupação.

A convergência midiática é um conceito muito relevante, diretamente relacionado às mídias sociais. A convergência tecnológica dos meios, a transmídia, a inteligência coletiva e a cocriação ou criação colaborativa são conceitos que devem nortear a tomada de decisão com relação às estratégias de atuação nas mídias sociais.

A convergência tecnológica dos meios, a transmídia, a inteligência coletiva e a cocriação ou criação colaborativa são conceitos que devem nortear a tomada de decisão com relação às estratégias de atuação nas mídias sociais.

1.4.3 Gilles Lipovestky e o império do efêmero

Outra reflexão fundamental associada ao contexto digital e multimidiático está apoiada sobre o pensamento de Lipovetsky. Sua obra *O império do efêmero*[43] aborda fundamentalmente a moda como caminho para discutir conceitos de comportamento, cultura e consumo. A obra foi publicada no Brasil em 2009 e apresenta como proposta principal "a descontração das atitudes, gosto pela intimidade e pela expressão de si, ligados à galáxia dos valores democráticos – autonomia, hedonismo, psicologismo – impulsionados pela cultura de massa e pela moda, mais recentemente".[44]

Observa-se na sociedade contemporânea uma avidez inerente ao mercado de consumo que gera a obrigação de despender, de gastar, do esbanjamento ostentatório e uma "corrida pela estima" que, conforme o autor, não se ampliou nos países ocidentais, mas vem se manifestando em uma busca da diferença individual e inovação estética.

Ora, basta observar os conteúdos veiculados nas redes sociais para identificarmos essa cultura do esbanjamento ostentatório presente nos posts e selfies. O indivíduo anseia por reafirmar sua originalidade e, assim como na moda, as rivalidades ou antagonismos das classes sociais não são o princípio de onde decorrem as variações incessantes, mas vêm de uma nova relação do indivíduo consigo mesmo e com os outros, bem como do desejo de afirmar uma personalidade própria.

---

43. LIPOVETSKY, G. *O império do efêmero*: a moda e o seu destino nas sociedades modernas. São Paulo: Companhia das Letras, 2009.
44. CARNEIRO LEÃO, I. Z. C. Reflexões sobre *O Império do Efêmero*, de Gilles Lipovetsky. Disponível em: http://www.economiaetecnologia.ufpr.br/revista/25%20Capa/Igor%20Zanoni%20Constant%20Carneiro%20Leao.pdf. Acesso em: 7 jul. 2019. p.1.

Lipovetsky afirma que essa nova relação não é um fenômeno periférico. A consciência da própria individualidade, a vontade de expressar essa identidade singular e a celebração da identidade pessoal são o motor de uma moda centrada na "representação das pessoas e no sentimento de si".[45] Só essa revolução, segundo o autor, tende a modificar profundamente as mentalidades e valores tradicionais, desencadeando a "exaltação da unicidade dos seres e a promoção social dos signos da diferença pessoal".[46]

A consciência da própria individualidade, a vontade de expressar essa identidade singular e a celebração da identidade pessoal são o motor de uma moda centrada na "representação das pessoas e no sentimento de si".

Lipovetsky cita a proliferação de obras poéticas, autobiografias, retratos e autorretratos e acrescentamos aqui a proliferação de selfies, belfies e outras "elfies", bem como o crescente uso de ferramentas sociais como Snapchat, Instagram, Facebook e outros, ressaltando a personalização da aparência. Capas de celulares, emojis, ícones, fundos, tudo é personalizável e contribui para a exaltação dos ideais da personalidade singular. Como afirma Carneiro Leão, "a legitimidade da renovação e do presente social combinou-se com a afirmação da lógica individualista-estética como lógica da diferença e da autonomia".[47]

Outros conceitos apresentados pelo filósofo francês descrevem com clareza a onda hedonista que vivenciamos – há um rebaixamento do sentido do sublime e uma primazia dos pequenos prazeres acessíveis a todos, ao mesmo tempo em que se observa "a vitória do ideal democrático da sedução, dos sucessos rápidos, dos prazeres imediatos".[48]

Lipovetsky faz uma crítica aos valores culturais da sociedade contemporânea baseados primordialmente em prazer e liberdade individuais, exaltando o desvio e a personalidade criativa e não a perfeição do modelo – o que seria um aspecto extremamente positivo na medida em que valoriza a individualidade e a singularidade do ser, exceto quando acarreta o excesso de expressão de si em uma atitude narcisista e não inclusiva.

Outros valores hodiernos são ressaltados pelo filósofo que, a nosso ver, são positivos em termos sociais e têm impacto na forma como

45. CARNEIRO LEÃO, 2011.
46. CARNEIRO LEÃO, 2011.
47. CARNEIRO LEÃO, 2011, p. 2.
48. CARNEIRO LEÃO, 2011, p. 4.

as organizações desenvolvem e realizam seus negócios, como maior tolerância aos costumes, "alergia profunda em relação à violência e crueldade e nova sensibilidade com relação aos animais, a importância da escuta do outro, educação compreensiva e apaziguamento dos conflitos sociais".[49]

Lipovetsky cunha o termo "forma moda" para referir-se a um imperativo da indústria contemporânea, baseado na regra do efêmero e aplicado à produção e consumo de produtos e serviços. Trata-se de uma pressão constante por inovação, grande ou pequena, mas necessariamente contínua, especialmente no que tange ao design. O sucesso de um produto depende de seu design, apresentação, embalagem e acondicionamento, em detrimento até de sua funcionalidade. Nesse aspecto, Lipovestky vai ao encontro de Veblen e sua teoria do "consumo ostentatório" enquanto instituição social que se encarrega de expressar a posição social do indivíduo – fator motivacional mais contundente do que o valor de uso dos produtos e serviços.

O sucesso de um produto depende de seu design, apresentação, embalagem e acondicionamento, em detrimento até de sua funcionalidade.

Observe que essa perspectiva vai ao encontro do crescimento da ostentação em que se apoiam muitas redes sociais, uma vez que muitos indivíduos baseiam seu consumo notadamente na forma moda, na aparência de posição social a que se relacionam, em detrimento até de seu próprio bem-estar físico, econômico ou social, priorizando a ostentação de suas atividades e o consumo de produtos e serviços. As marcas, então, apropriam-se dessa característica dos objetos como signo de mobilidade e aspiração social, sob o argumento de que o imperativo da inovação constante suporta a efemeridade e a diferenciação social.

Muitos indivíduos baseiam seu consumo notadamente na forma moda, na aparência de posição social a que se relacionam, em detrimento até de seu próprio bem-estar físico, econômico ou social.

Tal posição e diferenciação social se vê distorcida no consumo em camadas sociais mais baixas e de poder aquisitivo proporcionalmente menor, mas que primam pela ostentação de seus objetos de consumo não como uma manifestação cultural e muito menos como expressão de ascendência social, mas única e exclusivamente como expoente dessa diferenciação individualista.

---

49. CARNEIRO LEÃO, 2011, p. 7.

Lipovestky afirma que o indivíduo busca por meio do consumo uma satisfação privada, cujo valor dominante é o prazer individual, distanciando-se do julgamento dos outros.

> Consumimos, através dos objetos e das marcas, dinamismo, elegância, poder, renovação dos hábitos, virilidade, feminilidade, idade, refinamento, segurança, naturalidade e assim por diante, muito além de fenômenos de vinculação social estatutária. Há uma individualização das pessoas no consumo dos objetos. Não a continuação da distância social.[50]

Sob o ponto de vista de Lipovetsky, esses são aspectos positivos da pós-modernidade, uma vez que priorizam a expressão do eu mais do que marcam uma divisão social, como ocorria anteriormente. Quanto a esse contexto, o autor discute a lógica da publicidade, classificando-a como comunicação calcada na sedução e no divertimento lúdico, afirmando que o poder da publicidade se encontra sobre as massas e que "seu modo de ação não invade o universo do minúsculo", ou seja, seu impacto é moderado e "embora vital para as empresas, é insignificante para os indivíduos em suas vidas e escolhas profundas".[51]

Vale refletir sobre esse ponto de vista quando aplicado ao crescimento das ações de *branded content* ou *product placement*. Trata-se de ações que, ao contrário da publicidade de massa, imiscuem-se no minúsculo, por meio das redes sociais, em que marcas, produtos e serviços tentam inserir-se nos meandros de nossas vidas e escolhas. Há diferenciação com relação ao ponto de vista do filósofo? Podemos afirmar que as ações de geomarketing, os aplicativos e outras ferramentas virtuais de publicidade têm uma função diferente da leitura feita por Lipovetsky?

Em outro momento, Lipovetsky afirma que

> a cultura de massa tornou-se uma máquina formidável comandada pela lei da renovação acelerada, do sucesso efêmero, da sedução, da diferença marginal. Nela, as paixonites culturais são formas sutis de transgressão, que despertam uma loucura que não incomoda, na maioria das vezes, nenhuma instituição, nenhum valor, nenhum estilo. Ela exprime uma emoção ligada à novidade reconhecível, não forma de subversão. Assim, coexiste um processo de humanização das estrelas dessa cultura, que se tornam reflexos das pessoas comuns, não mais seus modelos. Há uma democratização do estrelato.[52]

---

50. CARNEIRO LEÃO, 2011, p. 7.
51. LIPOVETSKY, 2009, p. 229.
52. CARNEIRO LEÃO, 2011, p. 9.

O consumo de mídia não enterra a razão, mas, antes, a informação liberta os espíritos dos limites de seu mundo particular, as pessoas comuns têm sua liberdade individual acentuada pela cultura de massa e pela forma moda de mercadoria em um movimento de globalização que tende a uniformizar gostos e perspectivas sobre a vida. O autor alerta que essa uniformização deva permanecer restrita ao campo do consumo por ser "mais limitada sua possibilidade de intervenção crítica sobre o capital".[53]

O consumo de mídia não enterra a razão, mas, antes, a informação liberta os espíritos dos limites de seu mundo particular.

Lipovestky afasta-se da análise do consumo e do capital como luta de classes a despeito das consequências inevitáveis, escondendo os conflitos que provocaram a crise da modernidade na economia da informação, segundo crítica de Carneiro Leão.[54] Nesse contexto, a mídia se torna aliada do poder na medida em que, na exacerbação do individual, há um declínio político das massas que nunca discute o fundamental, mas apenas aquilo que o cidadão comum pode perceber e não aquilo que ignora – o jogo de interesses presente na sociedade e nas classes políticas.

1.5 MÍDIAS DIGITAIS E SOCIAIS – CONCEITOS FUNDAMENTAIS

Tendo em vista a multiplicidade de conceitos e perspectivas que vimos até aqui, consideramos interessante sintetizar os principais conceitos que podem nortear nossos olhares sobre as mídias digitais e sociais, a partir das propostas dos diversos pesquisadores, como mostra o Quadro 1.1.

53. CARNEIRO LEÃO, 2011, p. 9.
54. CARNEIRO LEÃO, 2011, p. 10.

Quadro 1.1 Mídias digitais e sociais: conceitos fundamentais

Pesquisador/ Autor	Síntese / Conceitos
Maffesoli	• Por meio das criações cotidianas e suas repetições o homem encontra sentido e segurança.
Droguett	• Contribuição dos meios de comunicação na dissolução de um ponto de vista central. • Multiplicidade de pontos de vista, advinda de plataformas diferentes, deixando de haver uma única concepção de mundo.
Quintás	• Ensino como estímulo ao questionamento e pensamento crítico, em uma educação libertadora. • A tecnologia deve propiciar um encontro com o outro no sentido de conhecer sua concepção de existência.
Santaella	• Relação entre cultura erudita e popular, sua produção e disseminação pela indústria midiática – convergência e interferência mútua.
Eads	• A construção do real em um contraponto entre a indústria cultural e as perspectivas do indivíduo.
Balog	• Intertextualidade e possibilidade da edição transformadora do produto final – apropriação, reprodução e releitura. • Esvaziamento das audiências de mídia tradicional e migração para o consumo multiplataforma.
Junqueira	• Construção de pseudoidentidades nacionais (simulacros de nacionalidades), por meio das referências culturas propostas pelas mídias – estereótipos e clichês.
Gouazé e Ferreira	• As tecnologias da informação e da comunicação como potenciais introdutoras de uma nova cultura. • A própria construção de um site, a seleção de elementos textuais, hipertextuais e audiovisuais já se constitui, por si só, em um novo enquadramento que expressa a ideologia do produtor de conteúdo. • Estabelecimento de um contrato de leitura – o que se produz em consonância com o que se espera conseguir sob pena da perda do interesse e identificação por parte do consumidor-cidadão.
Yoshiura	• Produção da comunicação em mídias digitais se aproxima do pensamento complexo proposto por Morin, na medida em que o processo criativo de produção se complexificou em múltiplas fontes, referências, simbologias, linguagens e plataformas.

Kellner	• Produtos da indústria cultural como modeladores dos paradigmas da vida cotidiana, definindo identidades e valores. • O repertório cultural de onde extraímos nossas orientações identitárias. • Influência mútua entre a indústria cultural e os indivíduos. • Produção individual desconectada dos mecanismos da indústria cultural, mas que sofre sua influência. • A indústria cultural se apropria das manifestações em redes sociais como forma de moldar seus próprios produtos. • Interatividade entre o público e as mercadorias da indústria cultural. • Ação interativa com potencial de contribuição para uma ordem social livre, justa e igualitária.
Jenkins	• Convergência dos meios – indústria midiática e mídia alternativa convergem, bem como diferentes plataformas. • O consumo como prática interligada em rede. • Narrativa transmídia. • Forma diferente de produção e consumo de produtos midiáticos considerando múltiplos suportes tecnológicos. • Cooperação entre o mercado midiático. • Liberdade de transição do público entre meios e plataformas. • Convergência midiática – processo cultural de construção da informação. • Inteligência coletiva – conceito cunhado por Pierre Levy, define que o coletivo em ação conjunta tende a ser mais inteligente do que o indivíduo isoladamente. • Cultura participativa – interação, consumo e produção ativa de conteúdos; apropriação de conteúdos midiáticos e sua transformação em algo diferente do original.
Lipovestky	• Atitudes mais descontraídas, gosto pela intimidade e pela expressão de si (autonomia, hedonismo e psicologismo). • Valorização da diferenciação individual (personalização) – afirmação de uma personalidade própria. • Efêmero – pressão por inovação constante e contínua, especialmente no design. • Consumo ostentatório como expressão de si e não como fator de distinção de classes sociais. • Consumo para satisfação privada onde o valor dominante é o prazer individual. • Conteúdo e discussões ficam na superfície – nunca se discute o fundamental, mas o que é percebido.

Fonte: elaborado pelos autores

ESTUDO DE CASO

Vivo

Antes, assista a este vídeo:

Música, interatividade e amor são características que podem facilmente estruturar uma boa história. Esses foram os pilares utilizados pela VIVO na construção de sua campanha intitulada *Exagerado*, cujo mote foi apresentar o novo serviço de 4G, homenageando, ao mesmo tempo, os 30 anos da composição da canção de Cazuza. A campanha foi lançada estrategicamente no dia dos namorados, mais precisamente em 12 de junho de 2015.

A VIVO propôs a criação de uma campanha na qual o público pudesse participar de maneira "exagerada" – essa foi a denominação imposta pela marca ao explicar seu funcionamento, divulgado por meio da criação de um site específico. Lançada como uma campanha que buscava homenagear o músico Cazuza, a VIVO também trouxe a participação das pessoas, visando a promover o engajamento nas redes sociais, além do site, que foi a peça introdutória da campanha na internet.

A campanha destacou um endereço na web e reuniu todos os artifícios utilizados pela marca, reforçando seu propósito inicial de trabalhar a aproximação com o público por meio de ferramentas que possibilitam a interação em formato de narrativa. A plataforma de vídeo foi utilizada juntamente com o site, com acesso pelo celular e computador, com foco tanto nos compartilhamentos – no caso da versão não interativa –, como no andamento dos processos de participação – no caso da segunda opção, alinhando o celular ao computador para que a convergência entre os meios fosse possível.

O vídeo na versão não interativa foi disponibilizado no canal da VIVO no YouTube. Dentro dessa rede, a marca ainda disponibilizou outros conteúdos, como campanhas, tutorias, transmissão de eventos e a programação da VIVO TV. O canal entrou no ar em 1º de dezembro de 2005 e contava então com 126.282 inscritos e 105.361.286 visualizações em seus vídeos (em 17 de julho de 2017, contava com 201 mil visualizações).

A organização dos uploads foi feita por campanha e comerciais da VIVO, como #PegaBem, Vivo Guru, Eu Vivo Esporte, entre outros. A sessão *Exagerado* é composta por apenas um vídeo, com duração de 3 minutos e 17 segundos, contabilizando em torno de 32.159.060 visualizações, entre as marcas de "gostei" e "não gostei" – ícones disponibilizados no site para retorno sobre o conteúdo –, sendo 55.023 cliques para "gostei" e 6.045 cliques para "não gostei".

Na descrição do vídeo, a VIVO convidava as pessoas a acessar o site e conhecer a versão interativa, além de disponibilizar espaços alternativos, como programação do evento, organizado como uma espécie de tributo em homenagem a Cazuza, bem como outros vídeos com novas versões da canção *Exagerado*, feitas por grandes vozes do cenários musical. O espaço virtual criado por meio do site foi disponibilizado de tal forma que a marca, em uma tela de abertura, apresentava a campanha com a seguinte descrição: "Exagerado – A história de um cupido exagerado que espalhou amor por onde passou". Fora essa chamada, a tela também contava com um texto de apoio explicando o propósito da campanha: "Há 30 anos, um cupido chamado Cazuza escreveu o sucesso *Exagerado* e cumpriu a sua missão: viveu intensamente e espalhou amor por onde passou. O projeto Exagerado é a nossa homenagem ao Cazuza e a todos que, assim como ele, amam exageradamente a cada minuto de sua vida".

O vídeo apresentava a rotina de um cupido exagerado, protagonizado pelo ator Emílio Dantas, cuja missão era unir diversos casais das maneiras mais improváveis possíveis. Para tanto, utilizava seu celular para acompanhar os acontecimentos e tarefas, assim como para interagir e acertar diversas flechas em corações solitários. Com a trilha de Cazuza, o roteiro fazia uma releitura sobre a história que a música apresenta, basicamente fazendo menção aos fatos citados pela letra.

A ação de múltiplas telas, tanto no computador como no celular, possibilitou a interação e a criação de um universo por meio das ações realizadas pelos envolvidos na narrativa, ou seja, os usuários. Após acessar o endereço no celular e no computador, era necessário digitar um código para que a comunicação entre ambos os dispositivos estivesse disponível. Com o uso do celular, a VIVO possibilitou aos visitantes da plataforma interagir com as ações do site e recriar o roteiro já existente no vídeo. Em um primeiro momento, ao se conectar, a pessoa se colocava no lugar do cupido exagerado e passava a coordenar suas ações. Assim, sua tela se transformava na tela utilizada pelo personagem da história.

Nas redes sociais, a campanha foi disseminada no Facebook, sendo possível compartilhar o link do vídeo e publicar sua opinião na linha do tempo do usuário. No Twitter, a campanha teve dimensão um pouco maior. Com o uso de hashtags como #SoumesmoExagerado, o participante poderia compartilhar o vídeo, facilitando o acesso ao conteúdo disponibilizado pela mídia, onde há a possibilidade de filtrar as informações com base nas pesquisas realizadas, observando todas as relevâncias presentes no Twitter. O ponto alto do projeto foi o evento organizado pela marca, que aconteceu no Circo Voador, na praia do Arpoador, onde, no palco, aconteciam diversas apresentações, como shows, performances, atividades culturais etc.

Fonte: adaptado de MORAIS, C. R. B.; LARA, E. S. Retorno à monografia "A narrativa transmidiática: O público não se vê apenas como um espectador? – Uma análise da campanha Exagerado da VIVO". Disponível em: http://www.portalintercom.org.br/anais/sul2016/resumos/R50-0096-1.pdf. Acesso em: 7 jul. 2019.

VAMOS TESTAR SEUS CONHECIMENTOS?

1. Quais são as perspectivas sob as quais podemos observar a sociedade da informação? Em qual delas é possível observar os maiores impactos sobre seu dia a dia?

2. Pensar criticamente o contexto atual e as mudanças que têm ocorrido pode ajudar indivíduos e organizações a atuarem de forma mais consistente. Como você acredita que isso muda sua forma de ver e executar suas atividades profissionais, por exemplo?

3. Sintetize o conceito de cultura da mídia, proposto por Kellner.

4. A cultura da convergência, proposta por Jenkins, afeta a relação entre os meios de comunicação tradicionais e aqueles surgidos com a tecnologia digital, embora tenha outras implicações. Quais seriam elas?

5. Lipovetsky trata do efêmero e de como o indivíduo busca reafirmar sua originalidade. Como você observa esses conceitos no seu dia a dia e no das pessoas à sua volta?

2

O papel das redes sociais como ferramenta de comunicação

APRESENTAÇÃO

Estamos em meio a uma midiamorfose. Passamos muito tempo conectados a aplicativos e redes sociais, nossas relações se tornaram virtuais e globais, nossa noção de espaço e tempo está ligada a conceitos como simultaneidade e sincronia e nossa liberdade de expressão e consumo nunca foi tão grande. O maior desafio de indivíduos, produtos e marcas é encontrar caminhos para a construção de um relacionamento duradouro e transparente, baseado em valores e propósitos, nos quais haja equilíbrio entre *high tech* e *high touch* (alta tecnologia aliada ao contato pessoal).

"Sou um ser conectado com o mundo e essa conexão acontecerá por meio de diferentes equipamentos. Eu me resolvo passeando por essas conexões. Não posso mais ser alguém separado. Sou alguém integrado. Sou um ser que está conectado com as redes. Sejam redes de acesso pela internet, sejam redes de pessoas que acesso no mundo físico".

(SAAD, 2015)

OBJETIVOS

Após a leitura deste capítulo, você terá condições de compreender o que são redes sociais e mídias sociais, suas características e configurações, além de explorar aquelas que são mais utilizadas pelos brasileiros e saber qual o perfil desses usuários. Por fim, você será capaz de avaliar as funções das mídias sociais para indivíduos e negócios, compreendendo seu papel como ferramentas de relacionamento, negócios e comunicação.

2.1 O PROCESSO DA COMUNICAÇÃO ORGANIZACIONAL

O processo de comunicação entre pessoas e organizações tem passado por mudanças profundas, tanto na forma como no conteúdo, no que autores como Fidler[1] chamam de **midiamorfose**. Trata-se de uma maneira unificada de refletir sobre a atual evolução tecnológica dos meios de comunicação, propondo olhá-los como membros independentes de um sistema onde podemos estudar similaridades, singularidades e diferenças, identificando especificamente as relações existentes entre os meios tradicionais e as formas emergentes de comunicação.

As mídias sociais podem ser estudadas sob essa perspectiva, isto é, como uma forma emergente de comunicação para a qual convergem os meios tradicionais, em um ambiente suportado tecnologicamente, onde pessoas, meios, organizações e plataformas diversas se encontram, tendo como elemento mais importante o conteúdo, independentemente do suporte midiático. As mídias sociais consistem em um processo de produção de informação em fluxo contínuo, no qual tecnologia, serviços, conteúdos, plataformas e propaganda se

1. FIDLER, R. *Mediamorphosis*: understanding new media. Califórnia: Pine Forge Press, 1997.

encontram em um processo integrador de conteúdos digitais em constante transmutação e onde usuários consomem e produzem ativamente informações, produtos e serviços.

As mídias sociais consistem em um processo de produção de informação em fluxo contínuo, onde tecnologia, serviços, conteúdos, plataformas e propaganda se encontram.

Um dos grandes impactos gerados por esse contexto é a revisão do papel dos diversos veículos de comunicação enquanto organizações lucrativas e as consequentes mudanças que vêm sendo implementadas com o objetivo de transformar as áreas comerciais, antes focadas na simples venda de espaço de comunicação, em áreas estratégicas com foco em soluções multiplataforma para seus diversos clientes. Hoje compreende-se que deve haver uma profunda integração entre meios, veículos e demandas, especialmente embasadas em dados e inteligência de negócios.

Igor Ribeiro, no artigo *Novos padrões*,[2] trata da reestruturação comercial, verticalização e segmentação por meio de dados (*cluster*[3] *a partir do perfil de audiência*) – estratégias que os veículos vêm implementando em busca de maior sinergia entre veículos e plataformas de comunicação de um mesmo grupo. Além disso, a mudança dos paradigmas de segmentação, antes apoiados em dados demográficos e comportamentais, introduz agora estudos etnográficos para compreender melhor os diversos públicos e proporcionar a identificação de *clusters* mais adequados às estratégias de comunicação.

Nesse artigo, o autor cita que, em uma venda simplesmente transacional de espaços de comunicação, os veículos precisam atuar de forma consultiva, com uma postura mais proativa que proporcione a integração entre as áreas de conteúdo comercial e digital dos veículos. O planejamento baseia-se mais claramente em projetos de *branding* do que em simples ocupação desordenada de espaços de comunicação.

Tudo isso porque, segundo Beth Saad em entrevista a Damasceno,[4] os indivíduos perceberam claramente que deixaram de ser consumidores passivos de informação, ou seja, a "audiência" percebeu que pode

2. RIBEIRO, I. Novos padrões. *Meio & Mensagem*, p. 36-40, São Paulo, 17 abr. 2017.
3. *Clusters* são grupos de consumidores reunidos por dados que vão além de perfil psicográfico e demográfico. Dados coletados por algoritmos, como comportamento digital, permitem a clusterização em grupos mais homogêneos.
4. DAMASCENO, S. O ser físico-digital a caminho da integração: entrevista com Beth Saad. *Meio & Mensagem*, ECA-USP, São Paulo, 27 jul. 2015.

conversar sobre qualquer coisa, em qualquer plataforma ou aplicativo que permita essa relação, seja Twitter, Facebook, YouTube, Instagram ou qualquer outro, uma vez que páginas oficiais dos produtos, organizações e marcas não são exatamente os únicos espaços de troca de informação considerados por essa audiência. Essa mudança pressupõe uma postura mais abrangente e ativa das organizações e suas áreas de comunicação e relações públicas, como no caso das marcas, por exemplo, que devem ser vistas sistematicamente por alguém capaz de atuar como gestor de marcas. A comunicação integrada deixa de ser objeto de discussão para tornar-se uma necessidade absolutamente concreta.

A comunicação integrada deixa de ser objeto de discussão para tornar-se uma necessidade absolutamente concreta.

2.2 O QUE SÃO AS REDES SOCIAIS?

É importante compreendermos que existem diversos termos utilizados hoje de forma genérica para representar a conexão e o relacionamento nas diversas plataformas inerentes às tecnologias da informação e da comunicação. O mercado como um todo é mais pragmático e objetivo, adotando o termo **redes sociais**, **mídias sociais** ou simplesmente **redes** como sinônimos das interações mediadas pelo computador e pela tecnologia, enquanto a academia tem tentado estruturar uma epistemologia que dê conta dos novos termos.

Você já viu um infográfico animado? Acesse agora este vídeo:

As redes, de forma geral, foram definidas por Castells[5] como estruturas abertas capazes de serem expandidas de forma ilimitada, integrando um conjunto de nós que, conectados entre si, compartilham os mesmos códigos de comunicação, valores e objetivos. Segundo o autor, esse tipo de organização em rede apresenta vantagens enquanto ferramenta de organização, em virtude de sua flexibilidade e adaptabilidade inerentes – características essenciais para que indivíduos e organizações possam sobreviver e prosperar em um ambiente de rápida mutação.

5. CASTELLS, M. *A sociedade em rede*. São Paulo: Paz e Terra, 2009.

A estrutura em rede tem papel fundamental na sociedade atual e possui maior capacidade de lidar com a complexidade do que outras formas de organização, visto que a informação circula de maneira mais ágil e acessível. As pessoas têm procurado cada vez mais organizar-se em forma de rede como caminho para fortalecer grupos e relações sociais. A estrutura em rede não se aplica especificamente àquelas mediadas por computador, mas está relacionada à forma como pessoas e organizações se conectam para adquirir conhecimento e sobreviver.

A estrutura em rede tem papel fundamental na sociedade atual e possui maior capacidade de lidar com a complexidade do que outras formas de organização.

As redes ditas sociais são assim chamadas quando envolvem o estabelecimento de relações sociais. A estrutura social baseada em rede é um sistema aberto, dinâmico e suscetível a inovação e transformação, sem que isso afete seu equilíbrio. Há ali uma reorganização do poder, uma vez que adaptabilidade e flexibilidade são características essenciais para atuar em um ambiente caracterizado pela complexidade, necessidade de inovação e informação como mercadoria.

Segundo Maio,[6] as redes sociais, da forma como as compreendemos hoje, precedem o conceito de mediação por computador, estando imbricadas na construção de relações sociais não mediadas e comunidades ou grupos de pessoas que se unem em prol da execução conjunta de atividades. De acordo com Maio,[7] as ferramentas de interação social já eram usadas pelos romanos há mais de dois mil anos, portanto, rede social é um termo que se refere às relações sociais entre indivíduos ou organizações e precede o termo mídias sociais.

O ser humano é um ser social por natureza. Colnago[8] observa que a formação de redes é essencial para a própria condição humana e aponta que os termos redes sociais, mídias sociais e *social media* são, em geral, tratados genericamente como sinônimos.

O ser humano é um ser social por natureza.

6. MAIO, A. M. D. apud BUENO, W. C. *Estratégias de comunicação nas mídias sociais*. Barueri: Manole, 2015. p. 29.
7. MAIO apud BUENO, 2015, p. 29.
8. COLNAGO, C. K. apud BUENO, W. C. *Estratégias de comunicação nas mídias sociais*. Barueri: Manole, 2015.

As redes no âmbito social, segundo Castells,[9] implicam um conceito que vai além das relações sociais e técnicas de produção. A economia atual está organizada em torno de redes globais de capital, gerenciamento e informação – daí a implicação de que seu efeito e relevância vão muito além das relações sociais como interação entre indivíduos. A rede social tem raízes na própria estrutura social, a ponto de alguns autores afirmarem que "os indivíduos não podem ser estudados independentemente de suas relações com os outros".[10]

Colnago[11] observa que as redes sociais são uma "metáfora para observar os padrões de conexão de um grupo social, a partir das conexões estabelecidas entre os diversos atores". Portanto, as relações sociais em redes podem (ou não) ser mediadas por computador ou qualquer outro aparato tecnológico. As redes nas quais a interação ocorre mediada por computador seriam mais bem-identificadas como redes sociais digitais, mas, de forma geral, referimo-nos a elas como redes sociais.

Por fim, trata-se de redes que implicam complexa interconexão entre as partes em que há o estabelecimento de laços interpessoais[12] que proporcionam sociabilidade, suporte, informação, consciência compartilhada e identidade social, por meio de processos contínuos de comunicação que se desenrolam no ambiente chamado de mídia social.

Muitas são as definições propostas para o termo rede social, como mostra o Quadro 2.1.

---

9. CASTELLS, 1999.
10. COLNAGO apud BUENO, 2015, p. 4.
11. COLNAGO apud BUENO, 2015.
12. COLNAGO apud BUENO, 2015, p. 6.

Quadro 2.1 Definições propostas para o termo rede social

Autor	Definição proposta
Wasserman e Faust Carrington Degenne e Forsé	• Conjunto formado por atores ou nós da rede constituída de pessoas, organizações ou grupos, de acordo com suas conexões e interações.
Garton	• Conjunto formado por indivíduos, organizações ou grupos de forma que, quando feita por computadores, é chamada de rede social.
Boyd e Ellison	• Serviços baseados na web que permitem aos usuários construir um perfil público ou semipúblico, dentro de um sistema limitado, para articular-se com outros usuários com os quais se estabelece uma conexão, favorecendo ligações estabelecidas por outras pessoas dentro do sistema.
Colnago	• Relacionamento de pessoas que se comunicam em função de alguma afinidade de interesses, dentro de um grupo socialmente organizado.
Telles	• Agrupamento de usuários/pessoas com origens, finalidades e atuações distintas que, fatalmente, têm algum nível de relação ou interesse mútuo.
Terra	• Mecanismos compostos por pessoas com alguma conexão e interação entre si.

Fonte: COLNAGO, 2015.

Preferimos considerar como definição de **redes sociais** estruturas sociais compostas por pessoas ou organizações, ligadas por relações sociais, mediadas ou não por computador, que se unem por afinidade ou identidade e compartilham valores e objetivos. Embora possa ser vista como uma estrutura, sua alta flexibilidade a transforma em uma não estrutura, cuja abertura e porosidade tendem a não definir contornos ou limites físicos, mas limites de expectativas, confiança mútua e interesses. A rede social é um organismo vivo em constante transformação. A diferença entre os conceitos de mídia social e rede social, de acordo com a proposta dos autores, está no foco e no propósito de cada um.

A rede social é um organismo vivo em constante transformação.

As redes sociais tendem a apresentar as seguintes características: interatividade, serviços a públicos novos e segmentados, novos públicos com características específicas, tecnologias que permitem novas formas de administração de dados, melhor relação custo-benefício e medição mais efetiva de resultados comunicacionais.[13]

De forma geral, as redes sociais apresentam:[14]

- **persistência** – aquilo que foi dito permanece no ciberespaço;
- **capacidade de busca (*searchability*)** – capacidade de permitir a busca e o rastreio de atores sociais e informações;
- **replicabilidade** – aquilo que é publicado no espaço digital pode ser replicado a qualquer momento, por qualquer indivíduo, o que dificulta determinar a autoria das informações;
- **audiências invisíveis** – nos públicos mediados, há a presença de audiências nem sempre visíveis por meio da participação. Há audiências que, inclusive, poderão aparecer após a publicação das conversações, por conta das características anteriores, que permitem a esses grupos deixar rastros que poderão ser encontrados depois, ou seja, audiências nem sempre percebidas ou mensuráveis pelos canais e ferramentas tradicionais são audiências que resultam de compartilhamento, recompartilhamento, retweets e outras ações não medidas inicialmente.

É muito importante que possamos compreender essas características, uma vez que distinguem as redes sociais de outras ferramentas de comunicação, não apenas na forma, mas na essência. Tenha-as sempre em mente ao pensar em incluir as redes sociais em seu mix de comunicação. Observe que a persistência implica compreender que qualquer coisa que o indivíduo ou organização publique no ciberespaço estará "para sempre" lá, para o bem ou para o mal. Portanto, o planejamento adequado do conteúdo é de fundamental importância.

O conceito de replicabilidade implica uma potencial descontextualização.

Observe também, por exemplo, que o conceito de replicabilidade implica uma potencial descontextualização, ou seja, algo que foi publicado em determinado momento ou contexto, após ser replicado inúmeras vezes, poderá perder totalmente o sentido inicialmente proposto – daí a relevância da clareza, objetividade e consistência naquilo que é postado.

---

13. TERRA, C. F. *Blogs corporativos*: modismo ou tendência? São Caetano do Sul: Difusão, 2008.
14. COLNAGO apud BUENO, 2015.

As redes sociais permitem dois tipos de conexões, de acordo com Colnago.[15]

1. **Conexões emergentes** – caracterizadas pela construção de novos laços por meio da conversação entre os atores sociais, criam redes de seguidores e seguidos (Facebook, por exemplo) que, apesar de, em geral, serem muito grandes, geram pouca ou nenhuma interação de fato entre os atores envolvidos no processo de comunicação.
2. **Conexões de filiação** (ou associação) – caracterizadas pela conexão realizada a partir de um software, site ou aplicativo, criam redes de conversações (WhatsApp, por exemplo) muito menores, mas contêm e possibilitam muito mais interações entre os atores.

Os **laços**, definidos como os elos que estabelecem a ligação entre dois atores atuantes nas redes sociais, compostos por relações e interações sociais, também podem ser de dois tipos:[16]

1. **Laços fortes** – caracterizam-se pela intimidade, proximidade e intencionalidade em criar e manter uma conexão entre duas pessoas.
2. **Laços fracos** – caracterizam-se por relações esparsas que não traduzem proximidade e intimidade.

A partir dessas definições, apreende-se que conexões de filiação ou associação favorecem a constituição de laços fortes e conexões emergentes favorecem a constituição de laços fracos.

Assim, compreendemos que nossas relações cotidianas são marcadas por diversas redes sociais das quais participamos, sejam elas familiares, profissionais, educacionais ou filantrópicas. A maioria de nossas redes é formada de conexões emergentes, situacionais, e os laços constituídos a partir daí tendem a ser fracos e desfazerem-se com o tempo. Uma parcela pequena de nossas redes permite estabelecer conexões de filiação ou associação, nas quais tendemos a estabelecer laços fortes que, muitas vezes, perduram por toda a vida.

Mídias sociais são, portanto, veículos, suportes tecnológicos, ferramentas, ambientes digitais onde as redes sociais podem ser (ou não) estabelecidas.

Essas conexões e laços podem ser favorecidos pela tecnologia. Quando isso ocorre, dizemos que se estabeleceram por meio de um suporte tecnológico

15. COLNAGO apud BUENO, 2015.
16. COLNAGO apud BUENO, 2015.

chamado mídias sociais. Mídias sociais são, portanto, veículos, suportes tecnológicos, ferramentas, ambientes digitais onde as redes sociais podem ser (ou não) estabelecidas e por onde podemos nos relacionar pressupondo uma comunicação em forma de diálogo.

Assim como no caso das redes sociais, várias são as definições propostas para o termo mídias sociais, como mostra o Quadro 2.2.

Quadro 2.2 Definições para o termo mídias sociais

Autor	Definição proposta
Brake e Lon	Constituem-se de um sem-número de sites que, apesar de promoverem a comunicação e as conversações entre milhões de pessoas, também são usados para atingir audiências específicas.
Kiso	Termo que descreve as tecnologias e as ferramentas virtuais usadas para o compartilhamento de opiniões, ideias, experiências e perspectivas, utilizando a interação para a disseminação de informações variadas.
Cipriani	Termo usado para descrever sites na web que possuem conteúdo social, ou seja, são gerados pelas próprias pessoas e normalmente comandados por elas.
Corrêa	Ferramentas comunitárias e, portanto, criadas não como um canal de voz unidirecional, mas com propósito da participação de todos.
Colnago	Ambiente em que as relações sociais ocorrem ou cenário em que as pessoas se relacionam, derivando daí a compreensão de que a expressão admite a ideia de veículo social.
Telles	Ferramentas usadas para a divulgação de conteúdo que, ao mesmo tempo, permitem relação entre as pessoas, mesmo quando o compartilhamento de conteúdo precede o relacionamento.
Brake e Safko	Grupo de pessoas que se comunicam individualmente, mas não entre si e, portanto, não constituem uma rede de relacionamento.
Peruzzo	As mídias e redes sociais virtuais se constituem em canais de informação, em ambientes comunicacionais, em pontos de encontro e, às vezes, até em comunidades, que facilitam os relacionamentos (entre os que estão conectados), a articulação entre as pessoas e as ações conjugadas.

Fonte: COLNAGO, 2015.

A despeito das inúmeras propostas de definição do termo mídias sociais, é fato que o termo implica uma relação de comunicação mediada por tecnologia digital, cuja forma de conversação pressupõe diálogo entre as partes, larga distribuição de conteúdo e protagonismo de indivíduos.[17]

17. COLNAGO apud BUENO, 2015.

Adotamos, para efeito desta obra, a definição proposta por Colnago:[18]

> Formação e interação de grupos com interesses comuns que se relacionam e se sustentam por meio de processos contínuos de comunicação no ambiente digital, viabilizados a partir do uso da internet e de dispositivos tecnológicos como os computadores, os tablets e os smatphones.

Assim, a autora classifica as mídias sociais como:

- blogs e microblogs – blogs pessoais e Twitter;
- redes de compartilhamento de imagens – Instagram, Flickr, Fotolog e Picasa;
- ferramentas de compartilhamento de áudio/música – Last.fm e Grooveshark;
- ferramentas de compartilhamento de vídeo – Videolog, YouTube e Vimeo;
- plataformas de transmissão ao vivo – Justin.tv e Twitcam;
- redes de nicho – LinkedIn, Fashion.me e Pip!;
- redes de cunho social – Instagram, Facebook, MySpace e Google+.

Scott[19] propôs uma classificação diferente e mais estendida:

- sites da rede social – Facebook, Twitter e LinkedIn ajudam pessoas a cultivar uma comunidade de amigos e partilhar informações;
- blogs – sites pessoais escritos por alguém apaixonado por um assunto, fornecem meios de partilhar essa paixão com o mundo e de incentivar uma comunidade de leitores a fazer comentários sobre os posts do autor;
- sites de compartilhamento de vídeos e fotos – YouTube, Flickr e Vimeo simplificam o processo tanto de compartilhar como de comentar;
- salas de bate-papo e murais – servem como locais de encontro on-line, onde as pessoas discutem assuntos de interesse mútuo, tendo como característica principal a possibilidade de qualquer um iniciar uma discussão;
- listas de discussão – semelhantes às salas de bate-papo, enviam mensagens por e-mail para um coletivo de membros registrados, como Yahoo;

---

18. COLNAGO apud BUENO, 2015, p. 10.
19. SCOTT, D. M. *Marketing e comunicação na era digital*: fale diretamente com o cliente. São Paulo: Évora, 2013.

- wikis – websites que qualquer um pode editar e atualizar;
- sites de ***bookmarking*** social – Digg ou StumbleUpon permitem que usuários sugiram conteúdo a outros e votem no que é interessante;
- aplicativos móveis – com serviços de localização GPS como Foursquare, acrescentam o componente que identifica exatamente onde cada usuário está no mundo.

Colnago[20] sugere considerar a mídia social como

> qualquer outra plataforma ou ferramenta de internet que integre tecnologia e interação social, permita a personalização de um perfil, a apresentação de cada ator de forma pública e a construção de interações, cumprindo o propósito de compartilhar e discutir conteúdos.

A autora ressalta ainda que sua relevância não se encontra nas tecnologias em si, mas na forma como estamos conectados a essas mídias sociais e na sua indissociação com nosso dia a dia, além do tempo que dedicamos àquelas nas quais mais nos envolvemos. Além disso, por representarem um canal de comunicação e relacionamento dialógico, devemos considerar o impacto que trouxeram para a relação entre indivíduos e organizações, produtos, serviços e marcas.

As mídias sociais podem ser classificadas segundo a tipologia a seguir,[21] proposta por Colnago:

- meios de expressão opinativa – incentivam e favorecem a geração de conteúdos pelos próprios usuários, como os blogs, os agregadores de conteúdo e os sistemas de compartilhamento;
- meios de interconexão – sites de criação de comunidades;
- meios mistos – espaços em que é possível, além de formar redes, gerar conteúdos, avaliá-los, valorá-los e referenciá-los.

As características das mídias sociais são, ainda, de acordo com Terra:[22]

- formato de conversação e não de monólogo;
- busca por facilitar a discussão bidirecional e evitar a moderação ou censura;

---

20. COLNAGO apud BUENO, 2015, p. 11.
21. COLNAGO apud BUENO, 2015, p. 7.
22. COLNAGO apud BUENO, 2015, p. 9.

- ter como protagonistas as pessoas e não empresas ou marcas onde quem controla sua interação com corporações, produtos, serviços e marcas é o usuário;
- ter como principais valores a honestidade e a transparência;
- privilegiar a distribuição em detrimento da centralização, por meio dos diversos interlocutores que agrega, tornando a informação heterogênea.

Mídias sociais pressupõem diálogo e podem favorecer o engajamento em virtude de suas características. O indivíduo engajado é aquele que, segundo Colnago,[23] "adota uma ideia ou filosofia e compromete-se com a defesa de determinado interesse, no sentido oposto à apatia e à alienação".

Bauman[24] observa, acerca da diferença entre conexão e engajamento, que a realização mais importante da proximidade virtual parece ser a separação entre comunicação e relacionamento. Diferentemente da antiquada proximidade topográfica, ela não exige laços estabelecidos de antemão nem resulta necessariamente em seu estabelecimento. "Estar conectado" é menos custoso do que "estar engajado", mas também consideravelmente menos produtivo em termos de construção e manutenção de vínculos.

Percebemos que a construção e a manutenção de vínculos por meio das mídias sociais não é uma condição inerente, mas uma possibilidade que pode ser aventada e levada a cabo se os atores envolvidos assim o desejarem.

A construção e a manutenção de vínculos por meio das mídias sociais não é uma condição inerente, mas uma possibilidade.

Em virtude de todo esse contexto, podemos afirmar que, sim, as mídias sociais representam uma revolução em termos da rapidez e amplitude no estabelecimento de relações sociais – uma realidade com a qual estamos tentando aprender a lidar, como indivíduos e como organizações. Não sabemos bem onde isso vai nos levar como indivíduos e como sociedade, mas sabemos que representa um desafio e tanto para cada um de nós.

---

23. COLNAGO apud BUENO, 2015, p. 27.
24. MAIO apud BUENO, 2015, p. 27.

A primeira eleição de Barack Obama foi um feito histórico suportado pelas mídias sociais. No Brasil, em 2018, as mídias sociais foram cruciais na troca de informação e também na rápida disseminação de fake news durante o processo eleitoral. Nos dois momentos, as mídias sociais demonstraram sua força e seu papel decisivo como ferramenta de comunicação para o século XXI. Finalmente, começamos a compreender, de forma prática, que estamos todos conectados de forma orgânica neste pequeno planeta do sistema solar que chamamos Terra.

Veja este vídeo:

2.2.1 Quais são suas razões e funções?

O estudo da ComScore – organização líder global em medições multiplataforma com mais de 3.200 clientes no mundo, com sede nos Estados Unidos e cerca de 75 países monitorados –, feito em 2015,[25] apontou que o Brasil lidera o tempo gasto nas redes sociais, sendo 60% maior do que a média no planeta, com 78,1 milhões de usuários tendo acessado alguma rede social no primeiro semestre de 2016. Segundo outro estudo, neste caso, do eMarketer,[26] em 2017, eram 2,46 bilhões de pessoas acessando as redes sociais. O crescimento no uso das redes em 2017 sobre 2016 chega a 8,2%, impulsionado especialmente pela cobertura e uso do celular no mundo. Na América Latina, estima-se cerca de 290 milhões de usuários, enquanto, no Brasil, 107,1 milhões, em 2017, tornando-o o quarto maior país do mundo em uso das mídias sociais. De acordo com dados Mediatrends 2019, 96,2% dos usuários de internet no Brasil estão em alguma mídia social.[27]

As mídias sociais têm como função principal o compartilhamento de conteúdo e o estabelecimento de relacionamentos. As pessoas usam o conjunto de possibilidades existentes para se comunicar on-line de forma social, criando perfis e interagindo com o intuito de fazer parte de dada comunidade e partilhar informações.

As mídias sociais têm como função principal o compartilhamento de conteúdo e o estabelecimento de relacionamentos.

Segundo Ribeiro,[28] em artigo na revista *Proxxima*, intitulado "Acerte o alvo", as interações via web têm algumas dimensões cuja importância pode ser identificada nas proporções indicadas no Quadro 2.3.

---

25. COMSCORE, 2015. Disponível em: http://www.comscore.com/por/Insights/Apresentacoes-e-documentos/2015/Futuro-Digital-Global-em-Foco-2015. Acesso em: 8 jul. 2019.
26. MEIO&MENSAGEM. Um terço da população global usa rede social. *Meio & Mensagem*, 14 jul. 2017. Disponível em: http://www.meioemensagem.com.br/home/midia/2017/07/14/um-terco-da-populacao-global-usa-rede-social.html. Acesso em: 8 ago. 2019.
27. MEDIATRENDS 2019. *Rockcontent*. Disponível em: https://inteligencia.rockcontent.com/social-media-trends-2019-panorama-das-empresas-e-dos-usuarios-nas-redes-sociais/. Acesso em: 3 jun. 2019.
28. RIBEIRO, M. F. Acerto o alvo. *Revista Proxxima Especial*, p. 74, 2010.

Quadro 2.3 Dimensões e importância das interações via web

Peso de importância	Dimensão	Atributos relacionados a:
35%	Engajamento	Envolvimento intenso e absorção de atenção
33%	Orientação para compra/informação de produto	Consulta de preços, modelos, informação técnica e opinião sobre marcas, produtos ou serviços
17%	Relacionamento profissional	Carreira, eventos do mercado e networking
8%	Atualização/ Entretenimento	Anúncios publicitários, eventos de entretenimento, notícias de celebridades e causas de comunidade
7%	Customização de conteúdo	Recebimento de newsletter/temas de interesses profissionais, diversão e promoção de marcas ou produtos

Fonte: RIBEIRO, 2010.

Um estudo da Hello Research,[29] de 2016, chamado *Papo Social 2016*, indicou que o crescimento do acesso às mídias sociais mais que dobrou entre 2012 e 2016. Entre a população das grandes capitais, em 2012, 33% acessava mídias sociais e, em 2016, esse número já representava 69% da população.

Mas, o que as pessoas fazem quando acessam as mídias sociais?

O blog *Olhar Digital* publicou, em 2015, uma pesquisa do Global Web Index, desenvolvida com o objetivo de identificar o principal fator motivador de interação das pessoas por meio das mídias sociais, como mostra o Quadro 2.4.

O que as pessoas fazem quando acessam as mídias sociais?

Quadro 2.4 Fatores motivadores da interação por meio das mídias sociais

55% Manter contato com atividade de amigos	**41%** Manter-se atualizado com notícias e eventos

Fonte: OLHAR DIGITAL, 2015.

29. HELLO RESEARCH. *Papo social 2.0*, 2016. Disponível em: http://helloresearch.com.br/HelloResearch_Papo%20Social%202016_compressed.pdf. Acesso em: 8 jul. 2019.

Um dos aspectos identificados pelo estudo foi que as pessoas encaram as redes sociais (aqui usado como sinônimo de mídias sociais) como fonte de conteúdo mais do que como uma plataforma que exige contribuição ativa.

Sendo assim, os objetivos dos usuários na rede envolvem, segundo a pesquisa da Hello Research Papo Social 2016, na seguinte ordem:[30]

- acompanhar o que acontece no dia a dia de amigos e familiares;
- comunicar-se com amigos e familiares;
- compartilhar fotos e vídeos;
- ficar atualizado com notícias e acontecimentos;
- conhecer opiniões sobre assuntos de seu interesse ou conhecer pessoas novas;
- pesquisar sobre produtos e serviços, opinar sobre assuntos ou jogar *games*;
- usar profissionalmente ou com foco acadêmico.

Observe que a maior parte das ações se refere a relacionamento nos grupos sociais, como família e amigos, mas informação e pesquisa também fazem parte das atividades realizadas nas mídias sociais.

No Relatório Mídia Dados 2017, disponibilizado pelo Grupo de Mídia,[31] identificamos que as principais atividades realizadas na internet são: enviar e receber mensagens instantâneas (78%), enviar e receber e-mails (75%) – atividade que teve crescimento de 1% em comparação com o relatório Mídia Dados 2016 –, ouvir músicas (63%) – com crescimento de 3% –, fazer pesquisas pessoais (63%) – com crescimento de 4% – e consultar mapas/rotas/endereços (56%).

Com relação aos assuntos postados pelos usuários, a pesquisa Papo Social 2016 identificou, especialmente, conteúdos sociais (58%), imagens, frases e vídeos que circulam pela internet (29%), assuntos relacionados ao trabalho (25%) e piadas e humor em geral (24%), como mostra a Gráfico 2.1.

---

30. HELLO RESEARCH, 2016.
31. MÍDIA DADOS. *Dados de recência (atividades realizadas nos últimos sete dias)*, 2017. Disponível em: http://www.gm.org.br. Acesso em: 8 jul. 2019.

Gráfico 2.1
Postagens na rede

Fonte: HELLO RESEARCH, 2016.

Entre os assuntos abordados nas mídias sociais, o estudo identificou os "Top nove" mais curtidos e mais odiados pelos usuários, como mostra o Gráfico 2.2.

Gráfico 2.2
Assuntos mais curtidos e mais odiados pelos usuários

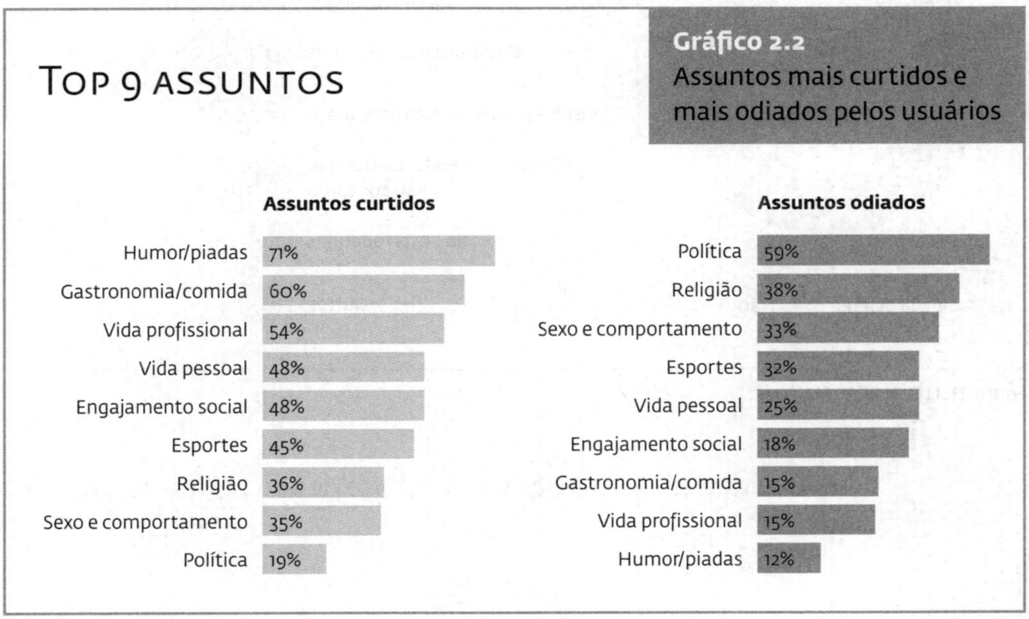

Fonte: HELLO RESEARCH, 2016.

O estudo indica ainda o detalhamento dos assuntos menos curtidos e faz uma separação de acordo com o gênero, indicando que mulheres "odeiam" mais assuntos relacionados a esportes, humor, piadas, sexo e comportamento, enquanto homens "odeiam" mais assuntos ligados à religião e gastronomia. Por outro lado, as mulheres gostam mais de gastronomia e os homens, de esportes, humor, piadas, sexo e comportamento.

Sessenta e um por cento dos pesquisados afirma que nunca deletou amigos de suas redes sociais, enquanto 39% afirmam que já o fizeram por razões variadas, como postagem de conteúdos irrelevantes, conteúdos preconceituosos ou que incomodam, convites frequentes para aplicativos e jogos, envio de muitos spams, entre outros, como mostra o Gráfico 2.3.

Gráfico 2.3
Comportamento na rede

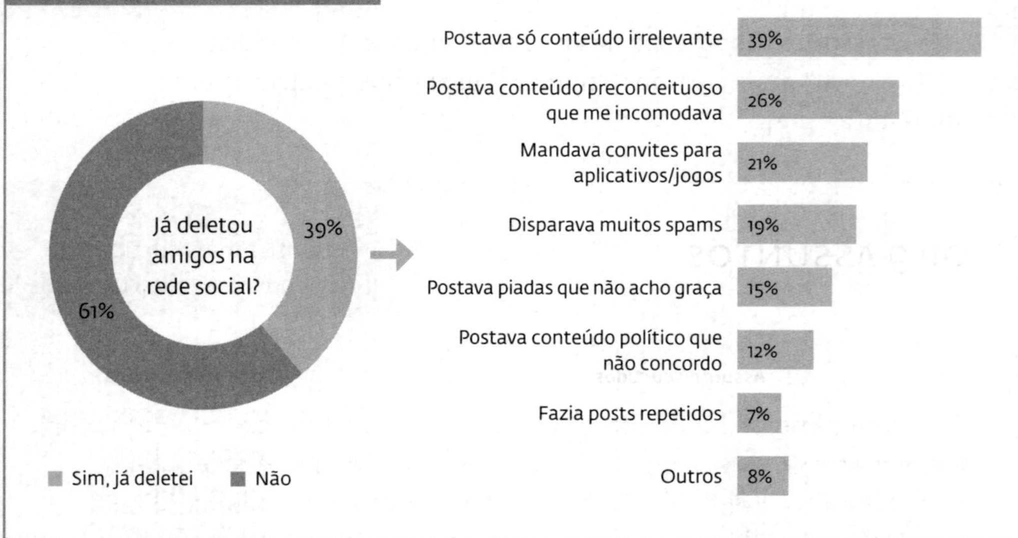

Fonte: HELLO RESEARCH, 2016.

Mas será que os usuários têm o hábito de interagir com produtos e marcas?

Será que os usuários têm o hábito de interagir com produtos e marcas?

Vimos que, entre as ações realizadas na internet, uma delas é pesquisar sobre produtos e serviços. A pesquisa da Hello Research indica que apenas uma minoria dos usuários pesquisados segue marcas (27% contra 73% que não seguem), mas é curioso observar que aqueles que seguem as marcas são especialmente usuários de faixa etária inferior a 34 anos – 39% de 16 a 24 anos e 29% de 25 a 34 anos –, a maioria com ensino médio ou universitário incompleto e das classes AB (33%) e C (24%). Os jovens que seguem as marcas o fazem especialmente para manter-se informados sobre novidades do mercado, ficar por dentro de promoções relacionadas à sua área de trabalho ou porque identificam-se com o perfil da marca, como mostra o Gráfico 2.4.

Gráfico 2.4
Por que seguem marcas?

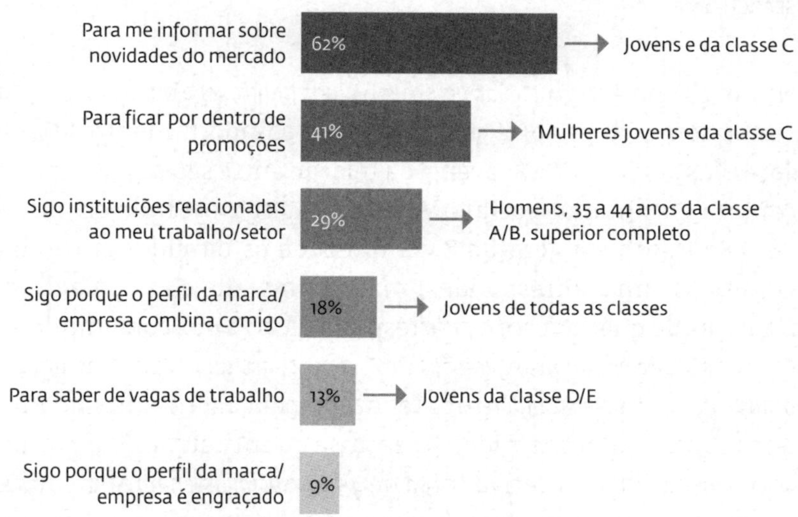

Fonte: HELLO RESEARCH, 2016.

Aqueles que deixaram de seguir produtos e marcas o fizeram especialmente porque o conteúdo deixou de ser relevante ou porque deixaram de oferecer promoções e benefícios, como mostra o Gráfico 2.5.

Gráfico 2.5
Por que deixaram de seguir marcas?

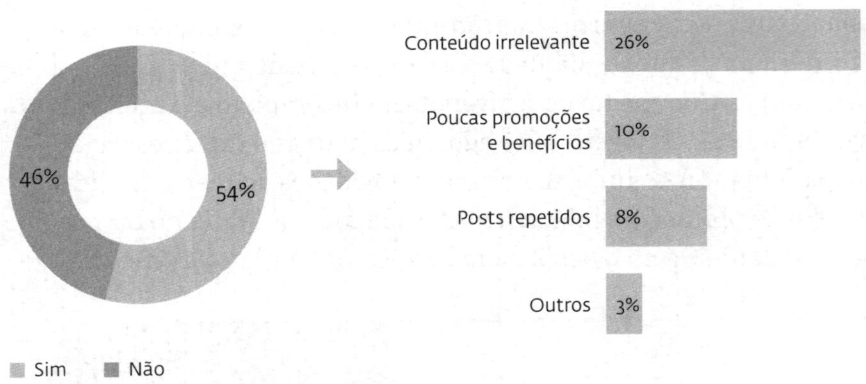

Fonte: HELLO RESEARCH, 2016.

Navarro,[32] no artigo *Novas gerações, velhos hábitos?*, aborda um estudo realizado com o objetivo de compreender o comportamento de consumidores das gerações Y e Z, acerca da relação entre seu comportamento de compra e as mídias sociais. A geração Y compreende os nascidos entre 1980 e 1995 e a geração Z compreende os nascidos entre 1995 e 2010 – esta última corresponde a mais da metade da população e há estimativas de que, em 2020, corresponda a 40% dos consumidores.

O estudo *Desvendando as gerações Y e Z: como construir marcas mais influentes na jornada dos novos consumidores* foi realizado pela agência Iris no Brasil, Estados Unidos e Reino Unido. A pesquisa quantitativa alcançou cerca de 900 pessoas, a qualitativa cerca de 45 e o *social listening* abarcou mais de um milhão de interações.

O processo de compra compreende uma jornada.

As conclusões do estudo foram que essas gerações não fazem compras por impulso, uma vez que a compra compreende uma jornada, isto é, um ciclo completo de *posts*, *likes* e *tags*, sendo a própria jornada uma cultura própria dos indivíduos desses grupos. Veja o Quadro 2.5.

32. NAVARRO, V. Novas gerações, velhos hábitos? *Meio & Mensagem*, p. 26, São Paulo, 21 nov. 2016.

Quadro 2.5 Jornada de compra das gerações Y & Z

	Geração Y	Geração Z
Inspiração/ conhecer o produto	32% preferem procurar em loja 30% on-line	36% procuram por meio do círculo social
Canal de compra	48% compram em loja física	53% compram em loja física
Comunicação	Não fazem distinção de canais – buscam interatividade e diálogo	

Fonte: NAVARRO, 2016.

Observe que o estudo identificou que a geração Z tende a adquirir produtos mais em lojas físicas do que a geração Y. Quanto à comunicação, ambos não fazem distinção de canal, mas esperam interatividade e diálogo.

Outra pesquisa publicada no mesmo jornal, em outubro de 2016, desta vez no artigo *Santo de casa faz milagre*,[33] abordou a relevância do digital e das mídias sociais, identificando que, entre as famílias, o digital tem 70% de influência quando considerados os pontos de contato de uma marca, ficando em quarto lugar depois dos ponto de venda (89%), eventos e patrocínios (81%) e contato interpessoal (77%). Essa influência se dá por meio de website, marca em website especial, publicidade na web, marcas presentes nas redes sociais, opinião em blog ou fórum, marca no website de venda de produtos, marca em website de terceiros e e-mail da organização.[34]

O estudo ComScore[35] indica que, de janeiro a novembro de 2016, o número de vezes que as pessoas se engajaram com marcas na América Latina ultrapassou os 13 milhões. Entre janeiro de 2013 e janeiro de

---

33. NAVARRO, V. Santo de casa faz milagre. *Meio & Mensagem*, São Paulo, 2016.
34. O estudo avaliou a experiência dos consumidores com determinada marca mostrando o que mais impactava o comportamento de compra. Denominado Brand XP, a proposta do estudo foi quantificar a intensidade de contato com as marcas nos diversos pontos de contato (*touchpoints*) de cada categoria avaliada a fim de que fosse possível compreender a relevância dos pontos de contato na construção de experiência de marca, nível de influência do ponto de contato na escolha da marca, identificação de pontos saturados ou deficientes. O estudo foi quantitativo por meio de questionário estruturado (500 pessoas) e entrevistas on-line.
35. COMSCORE. *2016 Global digital future in focus*. Disponível em: https://www.comscore.com/por/Insights/Apresentacoes-e-documentos/2016/2016-Global-Digital-Future-in-Focus. Acesso em: 8 ago. 2019.

2017, os conteúdos compartilhados passaram de 6 para 22 por semana. A pesquisa aponta também que o equilíbrio passou há muito tempo para o engajamento do consumidor, porque, mesmo que as marcas inundem as redes sociais com posts, as ações de engajamento têm ocorrido em maior número, tendo aumentado 475%, e os posts cresceram, no período indicado, cerca de 234%. Quando consideramos marcas e conteúdos de vídeo, o crescimento do engajamento do usuário chega a +1.356% no período pesquisado.

O Brasil representa 50% do total de *share of voice* (participação naquilo que se comenta) na América Latina e, em 2015, teve o maior crescimento em ações multiplataformas (+3%). Embora a Argentina tenha tido maior crescimento no total de conteúdos compartilhados (+27%), o Brasil também cresceu nesse quesito (+17%). Esses números indicam a ampliação das ações de engajamento em território nacional, motivada, talvez, pela atual situação política e econômica.

Considerando especificamente as mídias sociais Facebook, Instagram e Twitter, o crescimento do uso e engajamento na América Latina vem superando os Estados Unidos, cujas métricas incluem curtidas, comentários, compartilhamento e retweets em conteúdos postados por marcas, especialmente quando considerados os conteúdos audiovisuais.

Considerando especificamente as mídias sociais Facebook, Instagram e Twitter, o crescimento do uso e engajamento na América Latina vem superando os Estados Unidos

Um detalhe interessante da pesquisa é que o efeito no conteúdo audiovisual, especialmente vídeos, é estendido por um longo período após sua postagem. Na verdade, os resultados globais indicam que conteúdos compartilháveis por meio do Facebook apresentam um crescimento de até 33% no número de visualizações, se considerado o período entre o dia da postagem até 90 dias após – o que indica que o efeito de compartilhamento se multiplica em novos compartilhamentos ao longo de dado período.

Considerando, então, o uso feito das mídias sociais, perguntamos: Quem são os usuários e quais as mídias sociais mais utilizadas pelo brasileiro?

2.2.2 Quais as redes sociais mais usadas no Brasil e por quem?

A Secretaria Especial de Comunicação (SECOM),[36] órgão do governo federal brasileiro, publicou, em 2016, um trabalho chamado *Pesquisa Brasileira de Mídia*, com o objetivo de avaliar os hábitos de consumo de mídia da população. Seus resultados objetivavam definir uma base para o planejamento de comunicação dos governos em suas instâncias municipais, estaduais e federais, além de dar subsídios ao planejamento da atuação em mídias sociais.

A pesquisa abarcou todos os estados brasileiros, alcançando um total de 15.050 entrevistas domiciliares. Entre os resultados alcançados, quando perguntados acerca do meio de comunicação utilizado para obter informações acerca do que acontece no país, a **televisão** foi o meio mais citado, com 63%, em primeira menção, e 89% quando estimulados em uma segunda menção. A **internet** ficou em segundo lugar, em primeira e segunda menções, com percentuais de 26% e 49%, como mostra a Tabela 2.1.

Tabela 2.1 Meio de comunicação usado para informação

Pergunta: Em que meio de comunicação o(a) sr.(a) se informa mais sobre o que acontece no Brasil? E em segundo lugar?		
Base: Amostra (15050)	1ª menção	1ª+2ª menções
TV	63%	89%
Internet	26%	49%
Rádio	7%	30%
Jornal	3%	12%
Revista	0%	1%
Meio externo (placas publicitárias, outdoor, ônibus, elevador, metrô, aeroporto)	0%	0%
Outro (Esp.)	0%	2%
NS/ NR	0%	0%

Fonte: SECOM, 2016.

36. BRASIL/SECRETARIA ESPECIAL DE COMUNICAÇÃO (SECOM). *Pesquisa brasileira de mídia*, 2016. Disponível em: http://www.secom.gov.br/atuacao/pesquisa/lista-de-pesquisas-quantitativas-e-qualitativas-de-contratos-atuais/pesquisa-brasileira-de-midia-pbm-2016.pdf/view. Acesso em: 8 ago. 2019.

Por outro lado, quando questionados acerca da frequência de uso da internet, 50% da amostra disse acessar todos os dias/sete dias por semana, enquanto 37% respondeu que nunca acessa e 13% apresentou respostas variadas, como mostra a Tabela 2.2.

Tabela 2.2 Frequência de uso da internet

Pergunta: Quantos dias da semana, de segunda a domingo, o(a) sr.(a) utiliza a internet?	
Sete dias por semana/ Todos os dias	50%
Nunca/ Não assiste/ ouve/ lê/ navega	37%

Fonte: SECOM, 2016.

A pesquisa apontou também que de 79% a 93% das pessoas acessam a internet de suas residências e de 13% a 33%, no trabalho, considerando primeiras e segundas menções. O acesso se dá, especialmente, por meio de celulares e, em seguida, por meio de computadores, como mostra a Tabela 2.3.

Tabela 2.3 Dispositivo usado para acesso

Pergunta: Como o(a) sr.(a) costuma utilizar mais a internet: por computador, pelo tablet ou pelo celular? E em segundo lugar?		
Base: para quem costuma usar a internet (9307)	1ª menção	1ª+2ª menções
Celular	72%	91%
Computador	25%	65%
Tablet	3%	12%
TV	0%	0%
Videogame	0%	0%
Nenhum outro	0%	28%
NS/ NR	0%	0%

Fonte: SECOM, 2016.

A Pesquisa Brasileira de Mídia 2016 informou que a maioria dos acessos à internet é feito por meio de smartphones e computadores, com o acesso às redes sociais seguindo, basicamente, a mesma proporção. Segundo o relatório ComScore,[37] no Brasil, o principal acesso às mídias sociais se dá por meio de smartphones, com exceção do LinkedIn, o qual 76% dos entrevistados acessam por meio de computadores (desktops).

No Brasil, o principal acesso às mídias sociais se dá por meio de smartphones, com exceção do LinkedIn.

A pesquisa apontou também que, no Brasil, os minutos gastos em mídias sociais por meio de smartphones é feito, especialmente, em aplicativos (88% dos casos) e, eventualmente, a páginas de web (12%). Isso indica a demanda por aplicativos que permitam acesso rápido e fácil ao conteúdo desejado, especialmente em virtude da forma de cobrança de acesso à internet móvel e seu custo. O brasileiro acostumou-se com a facilidade oferecida pelas operadoras de celular de acesso às redes sociais, como WhatsApp e Facebook, sem impacto no tráfego de dados.

O estudo da ComScore, *O Brasil digital do futuro*, confirma esses dados, indicando que a grande maioria do consumo de mídias sociais é feita por meio de aplicativos para smartphones. O acesso à internet por celular está especialmente ligado ao acesso às mídias sociais e aplicativos, como mostra o Gráfico 2.6.

Gráfico 2.6
Tempo por plataforma

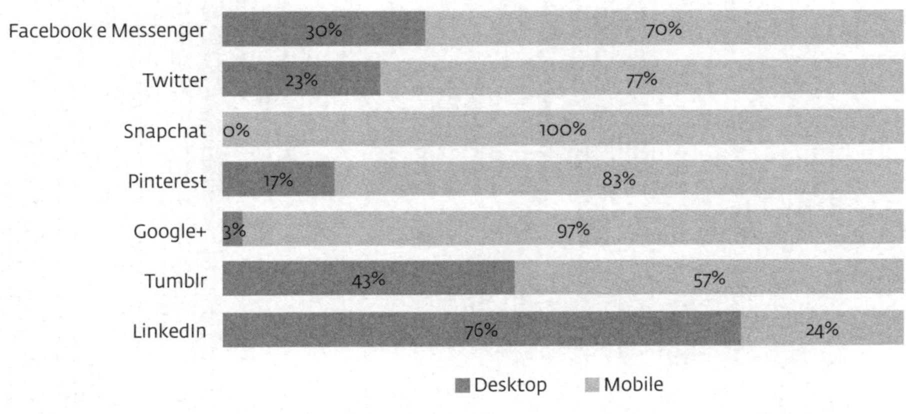

Fonte: COMSCORE, 2016.

37. COMSCORE, 2016.

A pesquisa da Hello Research[38] identificou que 67% dos entrevistados afirmaram utilizar aplicativos, contra 33% que não utilizam. Dentre os aplicativos utilizados com maior frequência estão YouTube e Messenger, considerados mídias sociais, cujo uso é notadamente maior entre jovens de 16 a 34 anos.

Dentre os aplicativos utilizados com maior frequência estão YouTube e Messenger.

Quando avaliado o percentual de visitantes únicos por plataforma, considerando cada uma delas isoladamente, observa-se que a maioria vem de acesso via mobile, especialmente no Twitter (63%), e via desktop, especialmente LinkedIn (59%). Observe, na comparação com o Gráfico 2.5, que os usuários dessa mídia social acessam especialmente pelo desktop e aí permanecem muito mais tempo conectados do que quando acessam a mídia por meio dos mobiles, como mostra o Gráfico 2.7.

Gráfico 2.7
Visitantes únicos

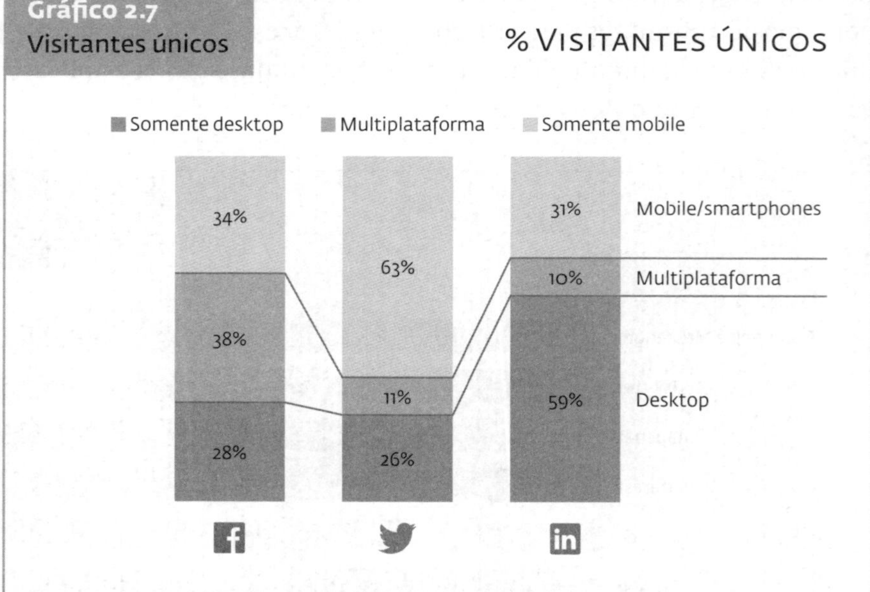

Fonte: COMSCORE, 2016.

Quanto ao tempo conectado, a SECOM indicou que a amostra pesquisada passa uma média de 4 horas e 45 minutos conectada durante

---

38. HELLO RESEARCH, 2016.

a semana e 4 horas e 30 minutos durante o final de semana, como mostram as Tabelas 2.4 e 2.5.

Tabela 2.4 Tempo conectado por semana

PERGUNTA: Considerando os dias da semana, de segunda a sexta-feira, quantas horas por dia o(a) sr.(a) costuma acessar a internet?	
MÉDIA (em minutos)	**283,8**
Até 60 minutos	19%
Mais de 60 até 120 minutos	17%
Mais de 120 até 180 minutos	12%
Mais de 180 até 240 minutos	11%
Mais de 240 até 300 minutos	8%
Mais de 300 minutos	29%
Não acessa a internet de segunda a sexta-feira	1%

Fonte: SECOM, 2016.

Tabela 2.5 Tempo conectado por final de semana

PERGUNTA: Considerando o final de semana, quantas horas por dia o(a) sr.(a) costuma acessar a internet?	
MÉDIA (em minutos)	**271,7**
Até 60 minutos	20%
Mais de 60 até 120 minutos	17%
Mais de 120 até 180 minutos	11%
Mais de 180 até 240 minutos	10%
Mais de 240 até 300 minutos	8%
Mais de 300 minutos	26%
Não acessa a internet de segunda a sexta-feira	3%

Fonte: SECOM, 2016.

A ComScore, no já citado estudo *O Brasil digital do futuro*, identificou que o tempo gasto no digital tem sido cada vez maior, liderado pelos acessos por meio de smartphones e tablets. O Gráfico 2.8 demonstra o crescimento do tempo gasto em digital, de outubro de 2014 a março de 2016, com destaque para o crescimento do mobile, responsável por 67% do total de tempo navegado pelos brasileiros.

Gráfico 2.8
Crescimento do tempo digital em minutos

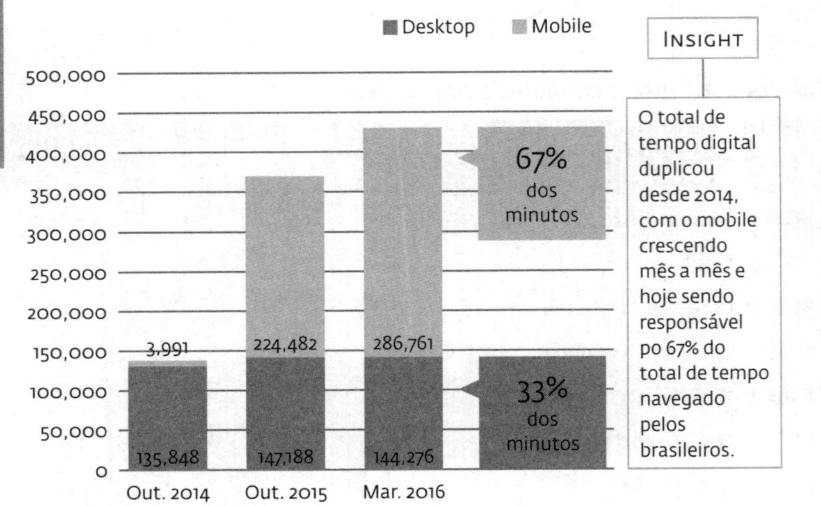

Fonte: COMSCORE, 2016.

E o que os brasileiros tanto acessam no seu tempo gasto no digital? O Gráfico 2.9 indica que um de cada quatro minutos gastos é usado para acesso às mídias sociais, ou seja, 25% do tempo é gasto acessando mídias sociais, 23%, serviços, 14%, entretenimento etc.

Gráfico 2.9
Participação das categorias de conteúdo no total de tempo gasto

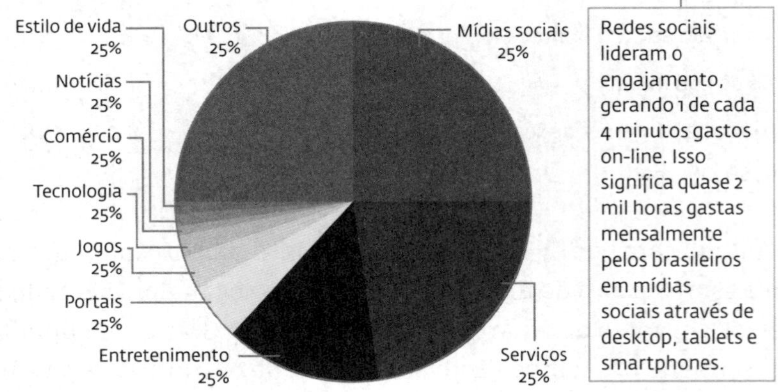

Fonte: COMSCORE, 2016.

O que encontramos é cada vez mais tempo dedicado ao acesso às redes sociais e cada vez mais pessoas fazendo isso. A Figura 2.1 indica que a audiência em mídias sociais no Brasil ultrapassa a soma de acesso via desktop de quatro outros países da América Latina, alcançando 85,9 milhões de usuários únicos.

Figura 2.1
Audiência de redes sociais no Brasil *versus* audiência total em outros países

85,9 MM
De usuários de mídias sociais apenas no **Brasil**

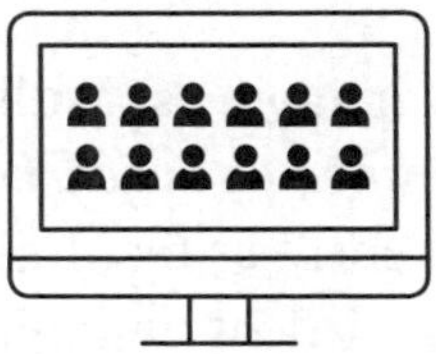

84,9 MM
De usuários desktop somando **Argentina**, **Chile**, **Colômbia** e **México**

INSIGHT

Sem dúvidas, o Brasil é um país com engajamento acima da média em mídias sociais.

Considerando acessos através de diversos dispositivos apenas aos sites de mídias sociais, o Brasil soma 85,9 milhões de usuários únicos, número acima dos 84,9 milhões de internautas resultantes da soma de usuários desktop de Argentina, México, Colômbia e Chile.

Fonte: COMSCORE, 2016.

Mas, as pessoas confiam no que veem e leem quando acessam o digital ou as mídias sociais?

A SECOM apontou que a informação acessada pela internet tem baixa confiabilidade. A maioria das pessoas confia às vezes ou nunca confia nas informações que acessa por meio de sites, blogs ou redes sociais, sendo as redes sociais e os blogs apontados como menos confiáveis, como mostra o Gráfico 2.10.

A grande maioria das pessoas confia às vezes ou nunca confia nas informações que acessa por meio de sites, blogs ou redes sociais.

Gráfico 2.10
Confiança nas informações acessadas

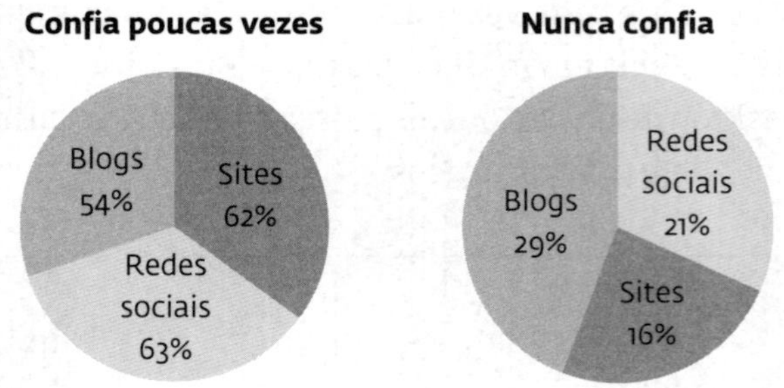

Fonte: SECOM, 2016.

Vamos observar agora os resultados de outro estudo realizado pela ComScore,[39] chamado de *Panorama das redes sociais na América Latina*, publicado em 2017. Entre os resultados, identificou um crescimento de 19% dos visitantes únicos na região. Embora a América Latina esteja em quarto lugar com relação ao percentual de visitantes únicos da Ásia-Pacífico, Europa e América do Norte, ainda assim apresentou um crescimento expressivo em visitantes únicos, atrás apenas da América do Norte, como mostra o Gráfico 2.11.

Gráfico 2.11
Distribuição de visitantes únicos por região

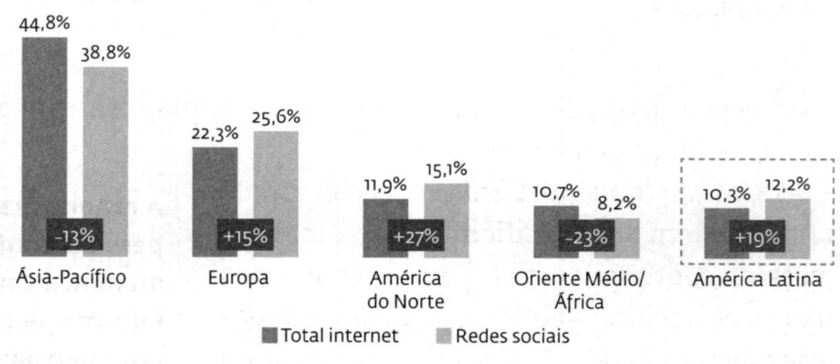

Fonte: COMSCORE, 2016.

39. COMSCORE. *Panorama das redes sociais na América Latina*, 2017.

A média de horas de acesso por mês na região é de seis horas-mês/visitante e as categorias relacionamento, entretenimento, portais, multimídia e informação são as de maior interesse. Homens jovens têm maior índice de afinidade com as mídias sociais, mas as mulheres latino-americanas têm maior índice de engajamento.

Homens jovens têm maior índice de afinidade com as mídias sociais, mas as mulheres latino-americanas têm maior índice de engajamento.

A *We Are Social* e a *Hootsuite* publicaram em 2019 o seu relatório *Digital in 2019*. O relatório indica que a população mundial, hoje, é de cerca de 7,676 bilhões de pessoas, das quais 5,112 bilhões são usuários únicos de celulares, 4,388 bilhões são usuários de internet, 3,484 bilhões são usuários ativos de mídias sociais e 3,256 bilhões acessam as mídias sociais através do aparelho de telefone celular.

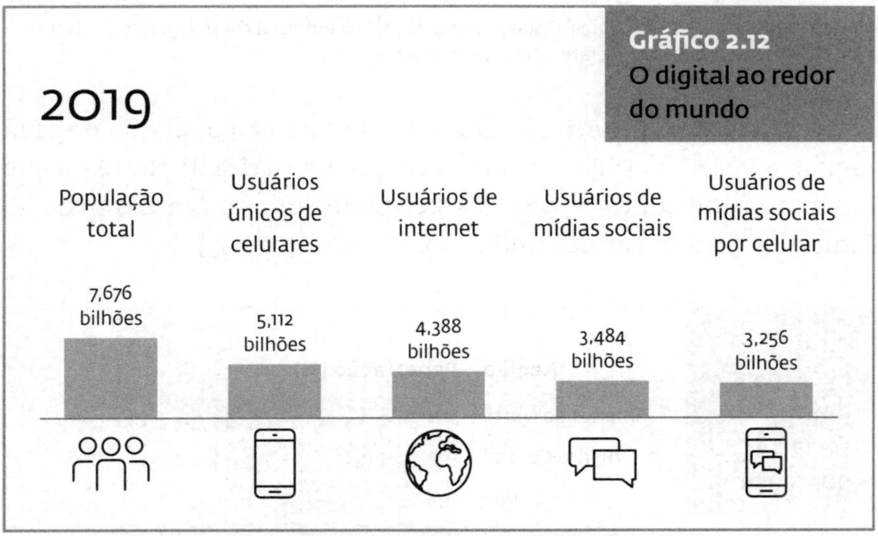

Gráfico 2.12
O digital ao redor do mundo

Fonte: WE ARE SOCIAL. *Digital* 2019. Disponível em: https://wearesocial.com/blog/2019/01/digital-2019-global-internet-use-accelerates. Acesso em: 13 set. 2019.

O mesmo relatório elenca os dez sites mais visitados do mundo. Vale observar que, entre os dez primeiros, três são de mídias sociais, com destaque para Facebook, Instagram e Twitter:

Quadro 2.6 Os sites mais visitados do mundo

#	Site	Categoria	Tempo por visita
1	Google.com	Pesquisa	9 min
2	Youtube.com	Vídeo	21 min
3	Facebook.com	Social	11 min
4	Baidu.com	Pesquisa	6 min
5	Wikipedia.com	Referência	3 min
6	Yahoo.com	Portal	6 min
7	Twitter.com	Social	9 min
8	Pornhub.com	Adulto	10 min
9	Yanderkru.com	Pesquisa	10 min
10	Instagram.com	Social	6 min

Fonte: WE ARE SOCIAL. *Digital 2019*. Disponível em: https://wearesocial.com/blog/2019/01/digital-2019-global-internet-use-accelerates. Acesso em: 13 set. 2019.

Com relação à penetração das redes sociais na população de cada região, o Relatório Digital 2019 indica que a América do Norte é a que tem maior índice, com 70%. A América do Sul tem um dos maiores índices de penetração das mídias sociais (Gráfico 2.13).

Gráfico 2.13 Penetração das mídias sociais por região

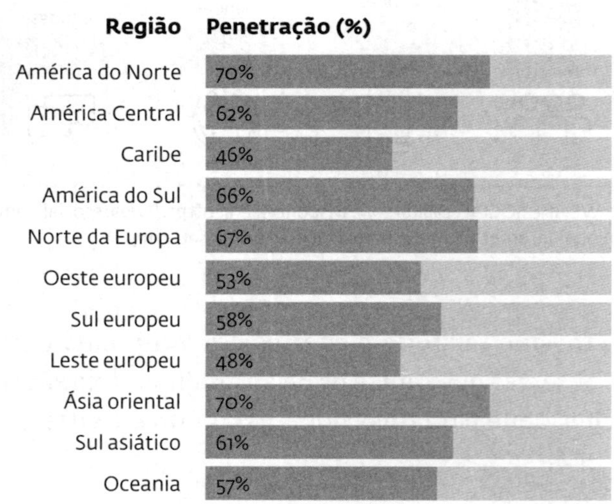

Fonte: WE ARE SOCIAL, 2019.

Ainda no Relatório Digital 2019 citado, a população brasileira de 211,6 milhões de habitantes tem 215,2 milhões de celulares ativos, 149,1 milhões de usuários de internet. Destes, 140 milhões são usuários ativos de mídias sociais e 130 milhões acessam as mídias sociais através do celular (Gráfico 2.14).

Gráfico 2.14
O digital no Brasil em 2019

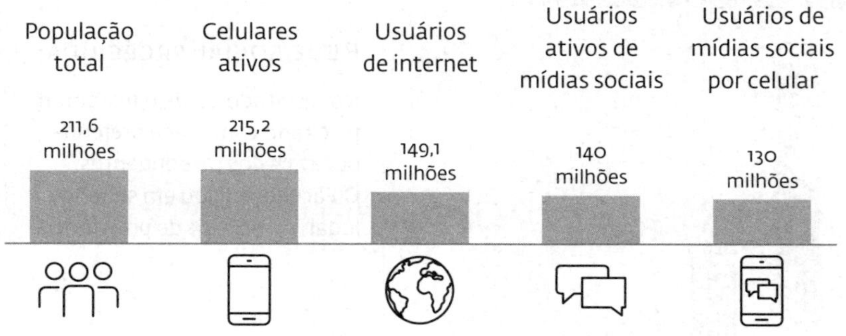

Fonte: WE ARE SOCIAL, 2019.

As mídias sociais mais utilizadas pelos brasileiros são, na ordem: YouTube, Facebook, WhatsApp, Instagram, Messenger, Twitter, LinkedIn, Pinterest, Skype e Snapchat. O ranking publicado pela Rockcontent é resultado da pesquisa Digital 2019 realizada pela *We Are Social*. Com relação ao número de usuários, veja o Quadro 2.7.

Quadro 2.7 Mídias sociais mais usadas no Brasil em 2019

Ranking	Brasil	Usuários
1º	YouTube	98 milhões
2º	Facebook	130 milhões
3º	WhatsApp	120 milhões
4º	Instagram	69 milhões
5º	Twitter	27,7 milhões
6º	LinkedIn	29 milhões

Fonte: COSTA, T. Quais são as redes sociais mais usadas no Brasil em 2019? *Rockcontent*, 2 set. 2019. Disponível em: https://rockcontent.com/blog/redes-sociais-mais-usadas-no-brasil/. Acesso em: 13 set. 2019.

Dentre as mídias sociais mais utilizadas pelos brasileiros, o Instagram foi citado como a rede preferida, deixando o Facebook em segundo lugar. De forma geral, o que se observa é que os usuários mais jovens têm preferido o Instagram em detrimento ao Facebook. O Gráfico 2.15 demonstra essa preferência.

Gráfico 2.15
Mídias sociais preferidas pelos brasileiros

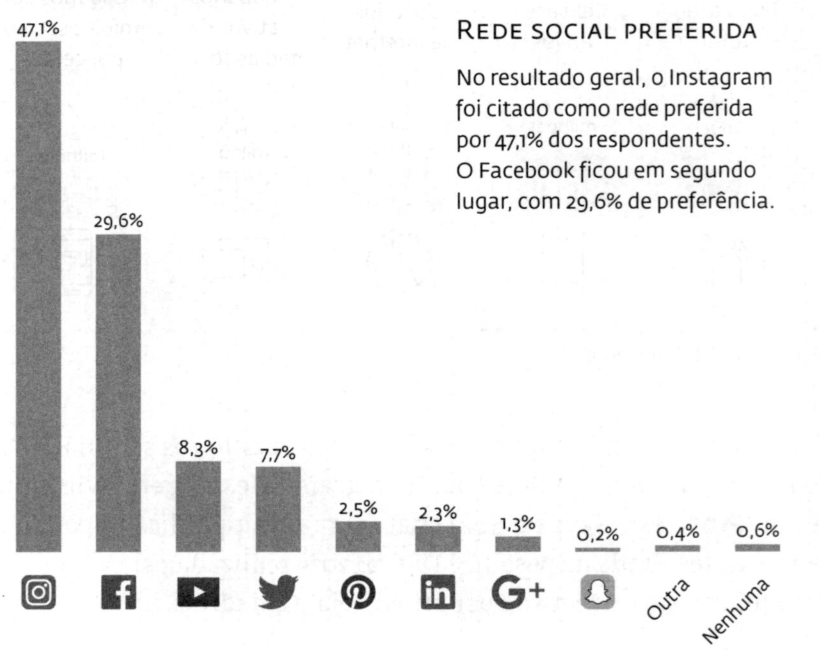

Fonte: COSTA, 2019.

Quem são as pessoas que acessam as redes sociais?

Com relação ao perfil dos usuários das mídias sociais, o relatório Mídia Dados 2019 informa que 48,5% dos usuários são mulheres e 51,5% são homens. A maioria dos usuários tem entre 15 e 34 anos e reside na Região Sudeste (Gráfico 2.16).

Gráfico 2.16
Perfil dos usuários de mídias sociais no Brasil (2019)

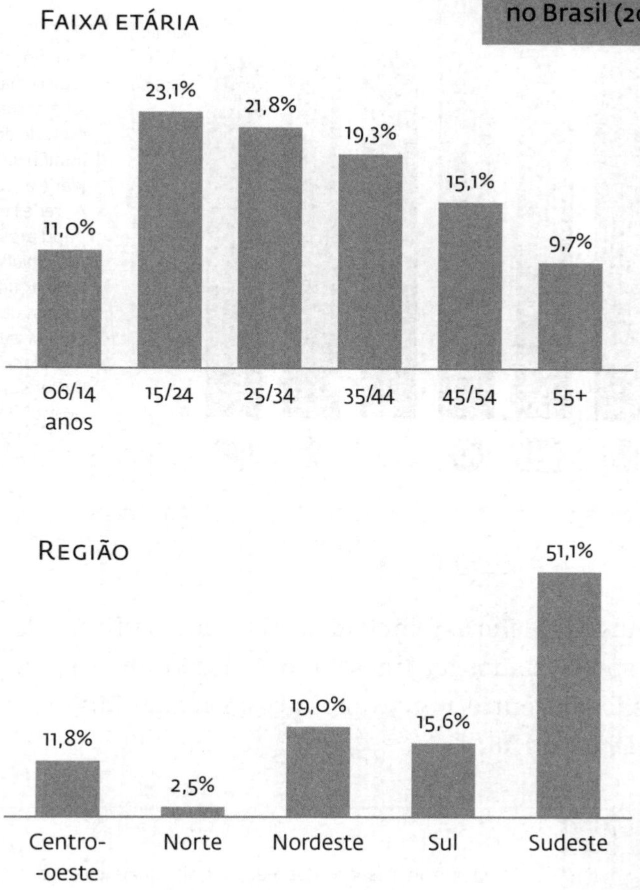

Fonte: GRUPO DE MÍDIA SÃO PAULO. Disponível em: www.gm.org.br. Acesso em: 13 set. 2019.

O Facebook revela o comportamento de acesso da média de usuários da internet no Brasil, mas o mesmo estudo identificou que públicos mais jovens estão envolvendo-se em outras mídias sociais, como mostra o Gráfico 2.17.

Gráfico 2.17
Composição demográfica das principais redes sociais

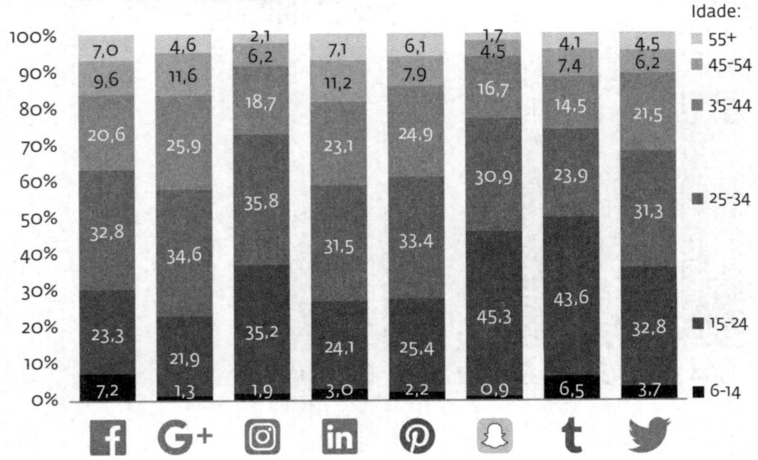

Insight

Snapchat é a rede social mais jovem: quase metade de sua audiência tem idade até 24 anos. As redes mais populares entre os *millennials* tendem a ser aquelas com maior apelo visual, com facilidade de consumo no mobile.

Fonte: COMSCORE, 2016.

A pesquisa da Hello Research identificou um perfil similar junto dos usuários entrevistados na amostra: 94% dos jovens entre 16 e 24 anos e 85% dos jovens entre 25 e 34 anos acessam as mídias sociais, como mostra o Gráfico 2.18.

Gráfico 2.18
Acesso às redes

O principal usuário das redes sociais é mais jovem, até a cada dos 40 anos, de alta escolaridade e alta classe social

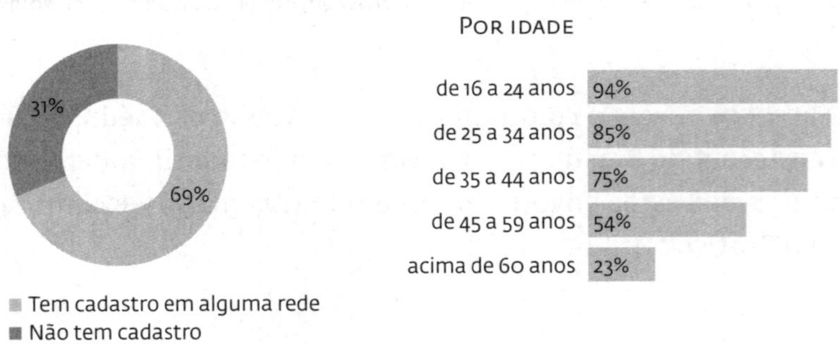

Fonte: HELLO RESEARCH, 2016.

Em julho de 2019, a página do jornal O *Estado de S. Paulo* – Negocie Online trouxe uma matéria destacando que os adultos com mais de 40 anos são os principais usuários de mídias sociais no país. Destacando pesquisa da ComScore (2019), a matéria cita que este público corresponde a 27% do total de visitantes únicos das redes sociais, seguido de adultos entre 25 e 34 anos (25%) e adultos entre 35 e 44 anos (22%). Os jovens, nesta pesquisa, aparecem em quarto lugar, representando 20% dos usuários.

Pessoas e empresas estão presentes nas mídias sociais, de acordo com a pesquisa Social Media Trends 2018: ambas estão mais presentes no Facebook, Instagram e LinkedIn. Veja no Gráfico 2.19.

Gráfico 2.19
Presença nas redes sociais

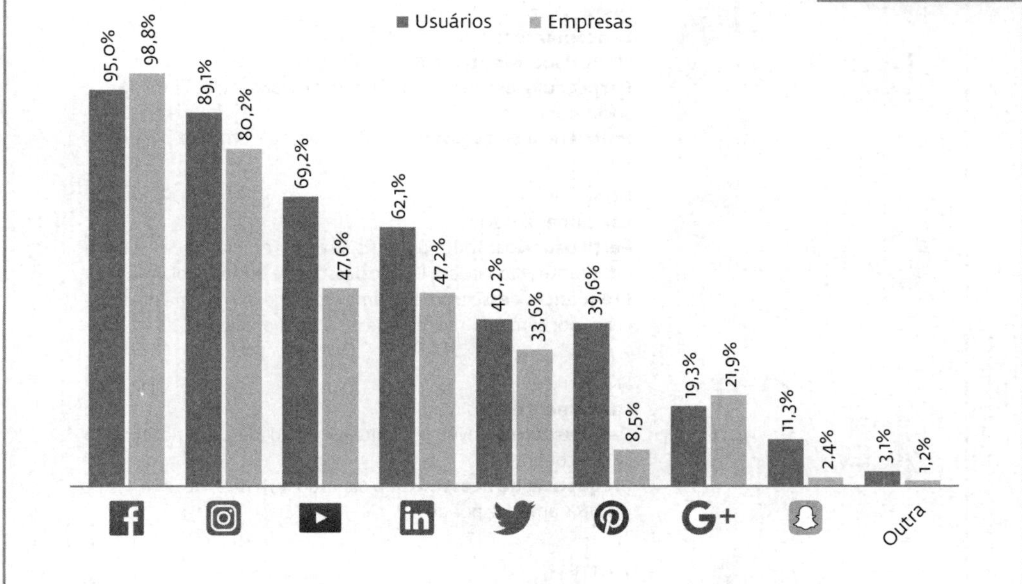

Fonte: VIANNA, I. Inteligência comporativa rockcontent. *Social Media Trends 2018*: panorama das empresas e usuários nas redes sociais. Disponível em: https://inteligencia.rockcontent.com/social-media-trends-2018/. Acesso em: 13 set. 2019.

Os dados do Gráfico 2.20 fazem parte da pesquisa Papo Digital da empresa Hello Research 2016. Seus resultados trazem algumas questões interessantes.

Gráfico 2.20
Redes mais acessadas

Facebook e WhatsApp são utilizados por todos os segmentos da população. O WhatsApp se destaca por alcançar índices mais altos de uso, inclusive entre idosos e integrantes da classe DE:

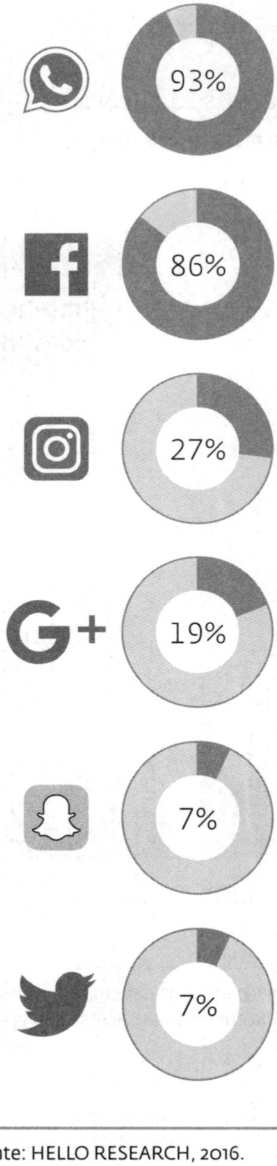

WhatsApp
Lançamento: 2009
Nº de usuários ativos BR: 100 milhões.
Perfil usuários: todos os perfis, idades, classes e escolaridades.
Frequência de acesso: 68% dos usuários acessam o dia todo e 23% mais de uma vez por dia.

Facebook
Lançamento: 2004
Nº de usuários ativos BR: 99 milhões.
Perfil usuários: todos os perfis. Menos força entre idosos, integrantes das classes D e E e pessoas de baixa escolaridade.
Frequência de acesso: 34% o dia todo, 30% mais de uma vez por dia, 15% uma vez por dia.

Instagram
Lançamento: 2010
Nº de usuários ativos BR: 35 milhões.
Perfil usuários: jovem e de alta escolaridade/ classificação socioeconômica.
Frequência de acesso: 21% o dia todo, 28% uma vez por dia.

Google +
Lançamento: 2011
Perfil usuários: Todos os perfis, idades e escolaridades, exceto integrantes das classes D e E e pessoas de baixa escolaridade.
Frequência de acesso: 21% uma vez por dia, 17% uma ou duas vezes por semana, 17% mais de uma vez por dia

Snapchat
Lançamento: 2011
Perfil usuários: jovem e de alta escolaridade/classificação socioeconômica.
Frequência de acesso: 31% o dia todo, 19% mais de uma vez por dia, 16% uma vez por dia.

Twitter
Lançamento: 2006
Perfil usuários: jovem e de alta escolaridade/classificação socioeconômica.
Frequência de acesso: 26% o dia todo, 24% mais de uma vez por dia, 17% uma vez por dia.

Fonte: HELLO RESEARCH, 2016.

Veja no Quadro 2.8 a descrição e características das mídias sociais.

Quadro 2.8 Descrição e características das mídias sociais

Mídia	Descrição
YouTube	(Google) Plataforma de compartilhamento de vídeos que oferece botões de curtir e compartilhar, conferindo-lhe similaridade com outras mídias sociais.
Facebook	(Facebook) Sua ferramenta de vídeo permite contagem de visualizações e autoplay.
Twitter	Tem inovado constantemente com a possibilidade de envio de mensagens diretas para grupos de contatos e captação, edição e compartilhamento de vídeos (de 20").
LinkedIn	Foco profissional e maior seriedade.
Instagram	(Facebook) Permite compartilhamento de vídeos e fotos.
Vine	(Twitter) Criada para compartilhamento de vídeos de curta duração.
WhatsApp	Aplicativo dirigido a grupos específicos e fechados que permite compartilhamento de vídeos, fotos e documentos em geral.
Waze	(Google) Aplicativo de trânsito e rotas.
Pinterest	Plataforma de fotos e vídeo.
Snapchat	Aplicativo em três telas: uma de snap (espaço de foto), outra de chat (conversas) e outra de vídeo.
Flickr	(Yahoo) Ferramenta de armazenagem, organização, busca, venda e compartilhamento de fotos e vídeos.

Fonte: elaborado pelos autores.

2.2.2.1 *Facebook, a mídia de relacionamento social*

O número de usuários ativos no mundo, em fevereiro de 2019, era de 2,31 bilhões.

Gráfico 2.21
Faixa etária dos usuários do Facebook no Brasil

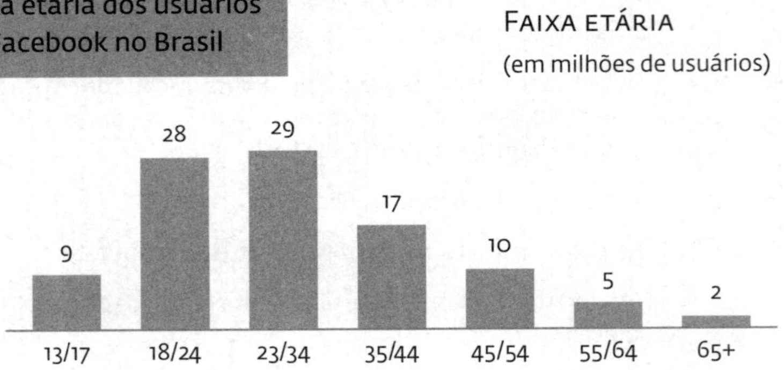

Fonte: DELGADO, M. Estatísticas do Facebook para empresas. *Agêndia Fante*, 2018. Disponível em: http://agenciafante.com.br/blog/2018/estatisticas-do-facebook-para-empresas/. Acesso em: 13 set. 2019.

O brasileiro, de forma geral, demanda cerca de 3 horas e 34 minutos nas redes sociais, de acordo com a pesquisa Digital 2019 (Gráfico 2.22), e dessas passa a maior parte no Facebook. O maior engajamento dos usuários ocorre através de vídeos.

Gráfico 2.22
Tempo demandado nas redes sociais, no Brasil

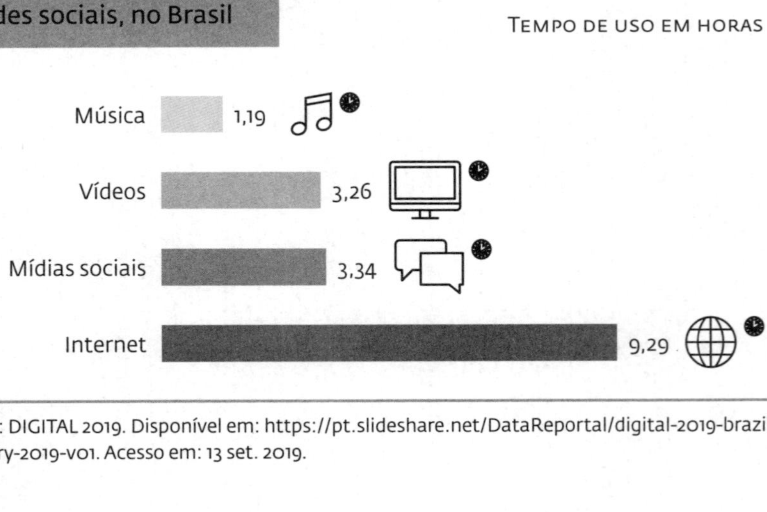

Fonte: DIGITAL 2019. Disponível em: https://pt.slideshare.net/DataReportal/digital-2019-brazil-january-2019-v01. Acesso em: 13 set. 2019.

O Facebook trabalha com anúncios segmentados, investindo fortemente na melhoria de suas métricas e em iniciativas que possam unir conteúdo e estratégias para mobile. Nos Estados Unidos, lançou, em meados de 2015, o *Instant Articles*, cujo objetivo é trazer mais conteúdo relevante para a rede, proporcionando maior eficiência no uso em mídias móveis e conteúdo compartilhado de forma mais rápida. Uma das preocupações da mídia é oferecer maiores recursos aos usuários, melhorando a experiência de uso.

O Facebook trabalha com anúncios segmentados, investindo fortemente na melhoria de suas métricas e em iniciativas que possam unir conteúdo e estratégias para mobile.

A página da revista *Forbes*, em janeiro de 2019,[40] apontou as páginas do Facebook mais populares ao longo do ano de 2018: quatro celebridades, dois clubes de futebol e três marcas. Veja a seguir os dados apontados, em milhões de seguidores:

10. Lionel Messi – 89,9
9. Marca Tasty – 95,8
8. Vin Diesel – 98,7
7. Shakira – 101,9
6. FC Barcelona – 102,7
5. Coca-Cola – 107,5
4. Real Madri – 109,5
3. Cristiano Ronaldo – 122,5
2. Samsung – 159,8
1. Facebook – 213,6

Um estudo da mLab[41] apontou que o Facebook, embora apresente um número maior de cliques nas publicações, não possui métricas de engajamento elevadas. No artigo, Luciana Bazanella, consultora da FGV, observa, com relação aos números comparativos entre os resultados do Facebook e Instagram, enquanto empresas do mesmo grupo, que

> é preciso considerar que há um número grande de microempreendedores que conta com o Instagram como sua principal plataforma de divulgação

---

40. ANGELOVSKA, N. As 10 páginas do Facebook e perfis do Instagram mais populares em 2018. *Forbes*, 8 jan. 20919. Disponível em: https://forbes.uol.com.br/listas/2019/01/10-paginas-do-facebook-e-perfis-do-instagram-mais-populares-em-2018/. Acesso em: 13 set. 2019.
41. PACETE, L. G. Diferenças e similaridades entre Instagram e Facebook. *Meio & Mensagem*, São Paulo, 5 jul. 2017.

e até de vendas, o que faz com que a natureza de suas interações seja diferente, o que pode ser um fator importante para a diferença entre a quantidade de postagens por empresas.

Bazanella[42] observa que o próprio Facebook tem se empenhado na orientação adequada de seus potenciais anunciantes quanto às diferentes motivações dos usuários em cada um dos feeds. O usuário do Facebook está mais conectado ao que está acontecendo junto aos seus relacionamentos sociais (família e amigos), enquanto os usuários do Instagram buscam por inspiração – o que implica maior quantidade de posts e interação por meio do Instagram em comparação com o Facebook.

O usuário do Facebook está mais conectado ao que está acontecendo junto aos seus relacionamentos sociais (família e amigos), enquanto os usuários do Instagram buscam por inspiração.

André Troster,[43] no mesmo artigo, ressalta a necessidade de olhar os números de forma crítica, afirmando que é preciso observar e compreender a amplitude das interações alcançadas por meio da mídia social e do alcance efetivo das postagens. Para ele,

> vale entender as métricas de engajamento mais como métricas 'meio' e não métricas 'fim'. Elas nos dão insumos para a tomada de decisão sobre o conteúdo e a distribuição, mas em si não estão atreladas ao sucesso nas métricas 'fim' de uma campanha.

De qualquer forma, o Facebook é, hoje, a maior mídia social em tempo de acesso, visitantes únicos, interações e número de usuários ativos.

2.2.2.2 *Instagram, a mídia inspiracional*

O Instagram nasceu para atender especialmente os dispositivos móveis, em 2010. Em 2015, passou a adotar posts patrocinados, mas não abandonou sua proposta inicial de oferecer imagens inspiradoras com grande apelo visual. Em sua ação enquanto potencial canal de experiência para as marcas, a plataforma apoia-se em três pilares:

1. mais opções para os usuários interagirem inovando em formatos e usos;

---

42. BAZANELLA apud PACETE, 2017.
43. TROSTER apud PACETE, 2017.

2. aumento da relevância da plataforma ao oferecer ferramentas de segmentação aos potenciais anunciantes; e
3. maior acesso para negócios de tamanhos diferentes.

O Brasil tem a segunda maior base de usuários da mídia, cujo foco é o conteúdo criativo e estético. São cerca de 16 milhões de usuários no Brasil, sendo 39% homens e 61% mulheres, com maioria entre 18 e 25 anos (cerca de 6,6 milhões de usuários), seguido da faixa etária entre 26 e 35 anos (4,3 milhões). Desse total, 8,1 milhões estão concentrados na Região Sudeste.[44]

A plataforma apoia-se em três pilares: 1) mais opções para os usuários interagirem inovando em formatos e usos; 2) aumento da relevância da plataforma ao oferecer ferramentas de segmentação aos potenciais anunciantes; e 3) maior acesso para negócios de tamanhos diferentes.

Uma pesquisa da mLabs[45] indicou maior uso do Instagram em detrimento ao Facebook, em virtude da efetividade de engajamento da mídia, que, segundo o artigo, apresenta métricas mais elevadas. A pesquisa analisou páginas de empresas, em um total de 26.236 páginas no Facebook e 18.105 contas no Instagram. Os resultados indicaram uma publicação média de 2,86 posts por semana no Instagram, especialmente em contas que têm entre 100 e 500 mil seguidores, e 2,36 posts no Facebook, onde páginas com mais de um milhão de curtidas são as mais ativas. Observamos, então, que uma das características dessas mídias sociais é a necessidade de atividade e renovação constantes.

Segundo a pesquisa:[46]

> no Instagram, o formato que faz mais sucesso entre os usuários é o vídeo, superando as fotos em 34%. Já no Facebook, apesar de o vídeo ter um alcance orgânico de 370% superior ao de fotos e um compartilhamento de 3,5 vezes maior do que as imagens, são elas que geram mais interação (9,29%). Em seguida, são os vídeos (8,03%) e os links (6,27%). A pesquisa da mLabs ainda aponta que o Facebook prioriza vídeos e publicações que geram reações ao invés das antigas curtidas. A emoção mais clicada é o "Amei" (59%), seguida pelo "Haha" (21%), "Uau" (9%), "Triste" (6%) e "Grr".

---

44. ADNEWS. *Infográfico mostra o perfil do usuário brasileiro no Instagram*. Disponível em: http://adnews.com.br/internet/infografico-mostra-perfil-do-usuario-brasileiro-no-instagram.html. Acesso em: 8 jul. 2019.
45. MEIO & MENSAGEM. *Empresas usam mais Instagram do que Facebook*, Meio & Mensagem, 3 jul. 2017. Disponível em: https://www.meioemensagem.com.br/home/midia/2017/07/03/empresas-usam-mais-instagram-do-que-facebook.html. Acesso em: 8 jul. 2019.
46. MEIO & MENSAGEM, 2017.

De acordo com uma pesquisa do portal Comunique-se,[47] as pessoas exploram mais seus interesses no Instagram do que em outras mídias. A pesquisa *Instagrammers*, realizada no Brasil pelo Facebook Marketing Science e Qualtrics, no último trimestre de 2016, indicou que a relação das pessoas com a mídia é muito forte – com acesso de nove vezes por dia, 51% dos usuários não imaginam ficar sem acessá-lo. As pessoas buscam inspiração, interesses, novidades e, devido a essa peculiaridade, dois em cada cinco entrevistados afirmaram já ter feito compra inspirados pelo que puderam acessar na mídia.

Os destaques ficam por conta dos interesses em moda, celebridades, marcas e lojas – 37% da amostra busca informações sobre moda no Instagram, 32% em revistas e 20% em televisão fechada; 35% busca informações sobre celebridades no Instagram, 24% em revistas e 15% em televisão fechada. Com relação a marcas e lojas, 28% busca informações no Instagram, 23% em revista e 10% na televisão. Além disso, a partir das inspirações e novidades acessadas por meio da mídia, 42% baixaram aplicativos, 32% foram a restaurantes, eventos e shows e 20% viajaram.

2.2.2.3 *Twitter, a mídia da informação em tempo real*

O Twitter é uma mídia social calcada no agora. Com informação em tempo real, sua estratégia foca a produção de conteúdo relevante e pertinente aos usuários sob a justificativa de "estar presente no momento certo". A plataforma tem oferecido a marcas, produtos e serviços a produção de conteúdo em tempo real, em parceria com veículos de mídia, como televisão aberta e fechada, tornando-se, assim, um aliado tanto da audiência como do veículo de comunicação, estimulando discussões paralelas à exibição de programas diversos. Ao acompanhar as melhores práticas e os casos bem-sucedidos, a plataforma procura criar mecanismos para apoiar marcas no desenvolvimento de suas estratégias de atuação na mídia.

Com informação em tempo real, sua estratégia foca a produção de conteúdo relevante e pertinente aos usuários sob a justificativa de "estar presente no momento certo".

O Kantar Ibope Media tem desenvolvido uma série de estudos que buscam estabelecer a correlação entre a audiência de televisão e o Twitter, no que é chamado de *Social* TV, verificando de que forma os posts impactam os índices de audiência de determinada

47. PORTAL COMUNIQUE-SE. *Público explora mais interesses no Instagram do que em revistas e TV por assinatura*, 2017. Disponível em: http://portal.comunique-se.com.br/publico-explora-mais-interesses-no-instagram-do-que-em-revistas-e-tv-por-assinatura/. Acesso em: 9 jul. 2019.

atração, em uma relação de causa e efeito sobre o programa de TV e a própria audiência quanto ao conteúdo postado.

Em 21 de março de 2016,[48] alguns resultados foram publicados em artigo no jornal *Meio & Mensagem*. Dezesseis programas foram analisados, entre janeiro e agosto de 2015, em um total de 295 exibições, 28 mil tweets e 741 mil impressões em programas de televisão aberta e fechada. Os resultados apontaram que 46% das exibições apresentavam uma correlação positiva entre audiência e tweet e, destas, 18% apresentaram uma correlação considerada de moderada a forte. A relação de causalidade indicou que 23% dos tweets causaram audiência e 26% da audiência causou tweets.

Observe o Gráfico 2.23.

Gráfico 2.23
Índice de audiência *versus* tweets

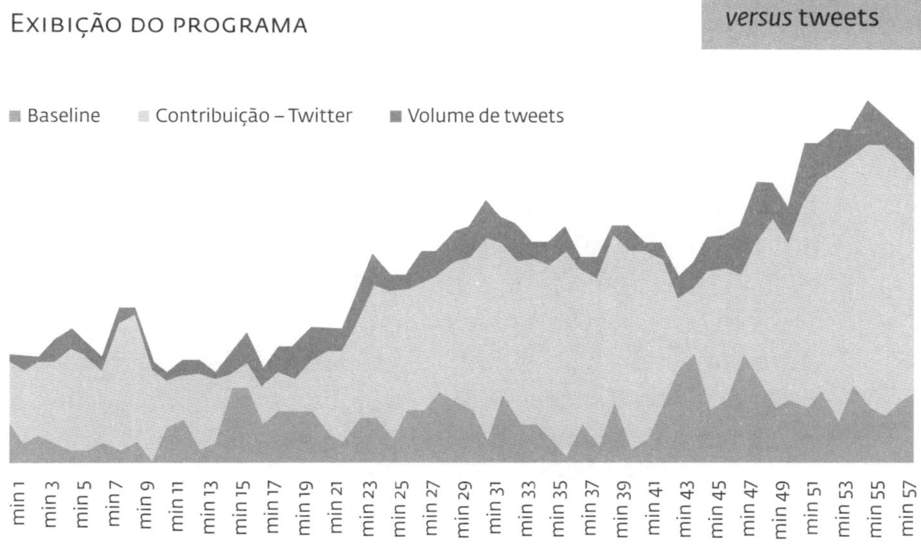

- **Baseline** – a audiência representa Rat# (000) normal do programa ao longo da exibição.
- **Contribuição** – Twitter se refere a quanto os tweets podem ter influenciado no incremento da audiência.
- **Volume de tweets** – número de tweets postados a cada minuto.

Fonte: KANTAR IBOPE MEDIA, 2016.

48. KANTAR IBOPE MEDIA. Dois universos que se retroalimentam. *Meio & Mensagem*, p. 36, São Paulo, 21 mar. 2016.

A já citada pesquisa da ComScore,[49] *Futuro Digital Global em Foco*, indicava que os Top 5 perfis no Twitter no Brasil eram, na ordem: G1, com quase 600 milhões de ações; O Globo, com aproximadamente 560 milhões de ações; Jornal do Carro; Revista São Paulo e Rede Globo, com cerca de 300 milhões de ações.

O Twitter é, entre as mídias sociais, a que apresenta perfil mais integrador, ou seja, o usuário do Twitter interage ativamente com outras mídias e suas postagens interferem em outras mídias.

O usuário do Twitter interage ativamente com outras mídias e suas postagens interferem em outras mídias.

Uma pesquisa do GlobalWebIndex[50] identificou que 85% dos usuários do Twitter gostam de experimentar novos produtos e falam regularmente com amigos e familiares sobre o que encontram e experimentam. Um em cada dois usuários se importa com a marca e quatro em cada cinco são fiéis às marcas de que gostam. Noventa e quatro por cento querem continuar desenvolvendo novas habilidades ao longo da vida, 89% se interessam por lugares e culturas diferentes, 44% gostam de seguir a moda e 89% se preocupam com a própria imagem e aparência.

Seus interesses são, respectivamente, filmes/cinema, música, ciência e tecnologia, cuidados com a saúde, livros/leitura, internet e turismo. Quatro em cada cinco acessam a internet por meio do smartphone e usam as redes sociais (82%), postam fotos (79%), procuram produtos e serviços (76%) e procuram informações sobre música, lazer e entretenimento (73%). Noventa e sete por cento dos usuários do Twitter assistem televisão todos os dias e, enquanto o fazem, continuam navegando e buscando produtos para comprar (44%), informações relacionadas ao que estão assistindo (32%) ou utilizam seus celulares (32%).

Quando seguem marcas no Twitter, os pesquisados o fazem porque desejam saber sobre novos produtos (64%), acompanhar as atividades da empresa (56%), receber novidades sobre promoções (56%), saber mais sobre a empresa (56%), interagir, dar ideias e feedback (50%) e para atendimento ao consumidor (49%).

A Figura 2.2 traz mais algumas informações sobre o usuário do Twitter.

---

49. COMSCORE, 2015.

50. GLOBALWEBINDEX. *Nielsen netview 2013*. Disponível em: https://www.slideshare.net/imfnd/twitter-insights-report-by-twitter-will-help-every-marketer-in-2016. Acesso em: ago. 2019.

Figura 2.2
Informações sobre o usuário do Twitter

Fonte: GLOBALWEDINDEX, 2015.

O Relatório Digital 2019 da *We Are Social*, indica que, no Brasil, 8,57 milhões de pessoas podem ser alcançadas com anúncios através do Twitter, ou seja, 5% das pessoas com mais de 13 anos. Nesta mídia social, 34% da audiência é de mulheres e 66% de homens.

O Twitter era a quinta mídia mais acessada, segundo pesquisa da Hello Research[51] de 2016, e não era a preferida; em 2019, segundo dados da pesquisa Digital 2019,[52] é a 6ª mídia social no ranking nacional, com 27,7 milhões de usuários. É importante compreender que o perfil do usuário do Twitter é diferenciado; a faixa etária principal está entre 25 e 34/ 35 e 44 anos que, juntos, somam 44% dos usuários, o que indica que é uma mídia social com perfil mais maduro do que outras. Inclui ainda a faixa etária entre 16 e 20 anos (15%), 21 e 24 anos (21%), 45 a 54 anos (14%) e 55 a 64 anos (6%). A grande maioria é casada (39%) ou está em um relacionamento (17%), e 38% são solteiros. A renda familiar é alta ou média (51%), a maioria não tem filhos em casa (50%) e 94% participam das decisões de compra.

Matéria do jornal *Folha de S.Paulo*[53] em abril de 2019 informa que o Twitter vem crescendo em usuários diários (6%) e receita (18%). Segundo citado, as mudanças estão relacionadas a um movimento da mídia social em proporcionar uma plataforma mais conversacional, e o uso do diálogo para inibir usos indevidos e comportamentos nocivos. Percebe-se um crescimento do número de jovens usuários, especialmente conectados com perfis de influencers ou celebridades.

O perfil do usuário do Twitter é diferenciado.

2.2.2.4 *WhatsApp, a mídia do bate-papo*

Mais acessado que o Facebook no Brasil, o WhatsApp é a segunda mídia de relacionamentos pessoais. A SECOM[54] o coloca em segundo lugar no ranking brasileiro em acessos, enquanto a pesquisa da Hello Research[55] o coloca em primeiro lugar e como o favorito.

O WhatsApp[56] chegou à marca de cerca de 200 milhões de usuários no Brasil em 2019. Pelo ranking da pesquisa Digital 2019, é o primeiro aplicativo em usuários ativos no Brasil. Em reportagem feita pela Folha

---

51. HELLO RESEARCH, 2016.
52. COSTA, 2019.
53. FOLHA DE S. PAULO. *Twitter registra crescimento em usuários diários e nas receitas*. 23, abr. 2019. Disponível em: https://www1.folha.uol.com.br/mercado/2019/04/alteracoes-na-plataforma-fazem-twitter-melhorar-resultados.shtml. Acesso em: 13 set. 2019.
54. SECOM, 2016.
55. HELLO RESEARCH, 2016.
56. OLHAR DIGITAL. *WhatsApp revela número de usuários no Brasil*. Disponível em: https://olhardigital.com.br/noticia/whatsapp-revela-numero-de-usuarios-no-brasil/68604. Acesso em 21 ago. 2019.

de São Paulo,[57] em 2014, o WhatsApp contava com 38 milhões de usuários mensais, cerca de 8% da base mundial da mídia; nota-se, então, um crescimento verdadeiramente expressivo do aplicativo em território nacional. Em fevereiro de 2015, o G1[58] colocava essa mídia como o 4º maior aplicativo da internet móvel no Brasil, responsável por 13% do tráfego móvel de dados, ao lado do Facebook (28%), Chrome (16%), YouTube (15%) e Instagram (6%). Já em 2019, a pesquisa Digital 2019 mostra o WhatsApp em primeiro lugar no ranking de aplicativos, à frente de muitos outros de peso como Facebook, Netflix e Instagram.

A principal função do aplicativo ainda é o envio de textos, embora vídeos e fotos façam parte do rol de mensagens compartilhadas. Em virtude da agilidade nas conversações, muitas empresas têm usado a mídia para estabelecer contato e relacionamento com clientes e consumidores.

Em virtude da agilidade nas conversações, muitas empresas têm usado a mídia para estabelecer contato e relacionamento com clientes e consumidores.

2.2.2.5 *YouTube, a mídia audiovisual*

Em artigo no jornal *Meio & Mensagem*,[59] identificamos que a pesquisa *YouTube Insights 2017* indicou um acréscimo de 35 milhões no número de pessoas conectadas. Em 2019 este número chega a 98 milhões de usuários. A pesquisa Digital 2019 aponta o YouTube como a plataforma de mídia social mais ativa; 95% dos usuários de internet no Brasil reportam usar o YouTube com frequência. Na mesma pesquisa, identificamos que o brasileiro passa 3 horas e 26 minutos assistindo a vídeos regularmente. As pessoas veem vídeos na web quase tanto tempo quanto consomem televisão.

Considerada uma mídia que prima pela liberdade de expressão, diversidade e autenticidade, o YouTube atinge 96% dos jovens de 18 a 34 anos.

A Pesquisa Video Viewers de 2018[60] indica o YouTube como a plataforma preferida para ver conteúdo em vídeo por 44% dos pesquisados,

57. DIAS, R. WhatsApp diz ter 38 milhões de usuários no Brasil. *Folha de S.Paulo*, 26 fev. 2014. Disponível em: http://www1.folha.uol.com.br/tec/2014/02/1418158-whatsapp-diz-ter-38-milhoes-de-usuarios-no-brasil.shtml. Acesso em: 9 jul. 2019.
58. MOBILITY REPORT. *G1 Tecnologia e Games*, Mobile World Congress (MWC), fev. 2015.
59. PACETE, L. G. Quem são os usuários do YouTube no Brasil. *Meio & Mensagem*, 24 jul. 2017. Disponível em: www.mmonline.com.br. Acesso em: 9 jul. 2019.
60. MARINHO, M. H. *Pesquisa video viewers*, set. 2018. Disponível em: https://www.thinkwithgoogle.com/intl/pt-br/tendencias-de-consumo/pesquisa-video-viewers-como-os-brasileiros-estao-consumindo-videos-em-2018/. Acesso em: 9 ago. 2019.

cinco vezes mais que a TV aberta e sete vezes mais do que outras mídias sociais.

2.2.2.6 *LinkedIn, a mídia profissional*

O LinkedIn é essencialmente uma mídia social com finalidades profissionais. No Brasil, de acordo com dados de 2014, o usuário da mídia foi considerado qualificado – dois em cada três usuários têm diploma universitário e um em cada quatro tem pós-graduação. No entanto, apesar do perfil, 99,7% dos usuários usam a mídia por motivos não relacionados à busca de empregos. Suas expectativas com relação ao uso da mídia estão relacionadas, especialmente, ao crescimento profissional: 76% esperam usar mais a mídia conforme forem ascendendo profissionalmente e 60% afirmaram acreditar que investir tempo na mídia os torna mais bem-sucedidos. A pesquisa Digital 2019 indica que 35 milhões de pessoas no Brasil podem ser alcançadas com informações através da plataforma; nela, 47% dos usuários são mulheres e 53% homens. A plataforma desenvolve um ranking chamado Top Companies, onde elenca as companhias nas quais as pessoas sonham trabalhar. Em 2019, as cinco primeiras empresas dos sonhos dos brasileiros foram: Itaú, Santander, Movile, Grupo XP e Safra.

O LinkedIn é essencialmente uma mídia social com finalidades profissionais.

A mídia tem influência em outros aspectos também – três em cinco usuários gostariam de interagir com uma empresa por meio do LinkedIn, caso estivessem interessados em seus produtos; três em cada quatro consideram-na uma fonte confiável de informações sobre empresas; 78% têm a expectativa de que mais empresas atuem nessa mídia.

A Revista Exame[61] publicou um artigo no qual é possível observarmos que os usuários são, principalmente, dos estados de São Paulo (dez milhões de usuários), Rio de Janeiro (três milhões) e Minas Gerais (dois milhões). Os setores de atuação mais comuns são, respectivamente, tecnologia, educação, saúde e bem-estar, telecomunicações e finanças.

As universidades mais citadas na mídia foram, na ordem, Universidade Paulista (Unip), Fundação Getulio Vargas (FGV), Estácio de Sá, Universidade de São Paulo (USP) e Anhanguera. Cerca de 40% dos usuários da mídia estão em busca de uma recolocação profissional no Brasil – no mundo, esse número é de 36%.

---

61. GASPARINI, C. Quem é (e como se comporta) o brasileiro no LinkedIn. *Exame*, 26 set. 2016. Disponível em: http://exame.abril.com.br/carreira/quem-e-e-como-se-comporta-o-brasileiro-no-linkedin/. Acesso em: 9 jul. 2019.

Dentre as organizações empregadoras, as que mais atraem os profissionais brasileiros por meio dessa mídia são, respectivamente, Latam, Grupo Pão de Açúcar (GPA), Brasil Foods (BRF), Ambev e Brasil Kirin. Nos perfis apresentados pelos usuários, as palavras-chave mais usadas para a autodescrição são: responsável, liderança, estratégico, sólida experiência e criativo.

Com cerca de 20 milhões de vagas de emprego em 2019,[62] a plataforma vem procurando desenvolver aplicabilidades que permitam melhor interação e integração entre quem procura e quem oferece oportunidades.

Dentre as organizações empregadoras, as que mais atraem os profissionais brasileiros por meio dessa mídia são, respectivamente, Latam, Grupo Pão de Açúcar (GPA), Brasil Foods (BRF), Ambev e Brasil Kirin.

Segundo o blog WebFoco,[63] o LinkedIn apresentava os seguintes dados em abril de 2016:

- Três milhões de posts diários, tornando-a uma das plataformas crescentes mais rápidas para publicações profissionais no mundo.
- 230 milhões de membros publicando conteúdos profissionais no LinkedIn neste exato momento.
- Mais de 130 mil posts semanais de profissionais que publicam conteúdos com assuntos sobre o mercado imobiliário e construção, educação e direito.
- 500 influenciadores compartilham seus conhecimentos no LinkedIn, de Ana Maria Braga e Abílio Diniz até Nizan Guanaes e Vicente Falconi.
- O tráfego por post subiu para 150% – membros estão gerando mais curtidas, comentários e compartilhamento em seus posts do que antes.
- A exposição por post continua subindo. Em média, os posts atingem profissionais de 21 indústrias em nove países.
- Diferente das outras redes sociais, o LinkedIn é um poderoso meio de troca de informações para profissionais e empresas que buscam melhorias e oportunidades para o mercado.

Veja o Gráfico 2.24.

---

62. VOLPATO, B. LinkedIn traz novidades para quem busca emprego, recrutadores e muito mais. 14 de maio de 2019. *Blog Marketing Digital*. Disponível em: https://resultadosdigitais.com.br/blog/novidades-no-linkedin/. Acesso em: ago. 2019.
63. PINHOL, A. *O poder da publicação no LinkedIn*, 2016. Disponível em: http://blog.webfoco.com/o-poder-da-publicacao-no-linkedin/. Acesso em: 9 jul. 2019.

Gráfico 2.24
Infográfico do LinkedIn

Fonte: WEBFOCO, 2016.

2.2.2.7 *Pinterest, a mídia das ideias e do* appeal

Dar água na boca é a principal vocação do Pinterest.[64] Com mais de 250 milhões de usuários globalmente, a mídia tem, no Brasil, cerca de 70 milhões de usuários, 80% mulheres e 50% com filhos. A faixa etária mais representativa é de 25 a 34 anos. As ações desses usuários na mídia envolvem *pinning* (83,9%), *like* (15,5%) e comentários (0,6%). O tempo médio por visita é de 16 minutos e, quando as imagens apresentam *pins* de preço, conquistam 36% mais *likes* do que quando não têm.

Na média, o usuário passa 98 minutos mensais navegando no Pinterest e gasta 70% a mais do que visitantes indicados em outros canais. Existem mais de 175 bilhões de ideias no Pinterest e, segundo o infográfico Pinterest 100, as pessoas buscam ideias que possam servir de inspiração. São oito bilhões de ideias em decoração, 10 bilhões em moda, 13 bilhões em alimentos e bebidas e quatro bilhões em cabelo e maquiagem.

---

64. CASTILHO, A. *Pinterest anuncia 250 milhões de usuários ativos mensais em todo o mundo*. Disponível em: https://pinterest.prezly.com/pinterest-anuncia-250-milhoes-de-usuarios-ativos-mensais-em-todo-o-mundo. Acesso em: 13 set. 2019.

Dentre os usuários, 57% interagem com conteúdos relacionados a alimentos e, segundo a pesquisa, as pessoas estão mais propensas a associar-se a varejistas e marcas por meio do Pinterest (43%) do que por meio do Facebook (24%).

No Pinterest, as pessoas buscam ideias que possam servir de inspiração.

No relatório, a partir dos posts da mídia, foram identificadas as principais tendências vigentes em 2017: azul-marinho, customização, reiki, jaca, jardim de fadas, cabelo curto e natural, receitas festivas, viagem e aventura.

2.3 O PAPEL DAS REDES SOCIAIS COMO FERRAMENTA DE RELACIONAMENTO

De acordo com o já citado Relatório Mídia Dados 2017, publicado pelo Grupo de Mídia[65], com dados da Brasil Interactive Advertising Bureau (IAB), o investimento em mídia digital tem crescido em todas as categorias: vídeo, display e social media, search e classificados.

De 2014 a 2016, observamos um crescimento no investimento em todas as categorias de digital – vídeo, digital + social media e search –, com uma projeção de incremento no investimento de 26% em 2017. Os relatórios da IAB indicam um interesse cada vez maior das empresas nessas formas de comunicação e relacionamento, incluindo os órgãos públicos.

Uma pesquisa brasileira on-line da empresa Rock Content, chamada *Social Media Trends 2017*,[66] realizada com 1.030 participantes voluntários em novembro de 2016, procurou avaliar como as empresas interagem nas redes sociais. Os participantes tinham diversos cargos e profissões, sendo 32,7% deles de agências de marketing/propaganda e o restante distribuído entre empresas de software, consultoria, educação e outros. A maioria (68,5%) era de empresas de pequeno porte com até 25 funcionários, com equipes de marketing/comunicação com até cinco pessoas (76,4%).

Das empresas pesquisadas, 92,1% estão presentes nas mídias sociais. As principais razões para isso são visibilidade on-line (83,2%) e interação com o público (63,2%), além de *benchmarking* (concorrente também usa 11,7%). Veja o Gráfico 2.25.

---

65. RELATÓRIO MÍDIA DADOS, 2017.
66. A Pesquisa de social media foi realizada on-line, pela Rock Content, entre os dias 01 e 21 de novembro de 2016, e contou com a participação de 1030 respondentes de todo o Brasil. SULZ, P. As sete tendências de redes sociais para 2018: transforme seguidores em admiradores. *Rockcontent*, dez. 2017. Disponível em: http://marketingdeconteudo.com/tendencias-redes-sociais-2017/. Acesso em: 9 jul. 2019.

Gráfico 2.25
Razões de utilização das redes sociais

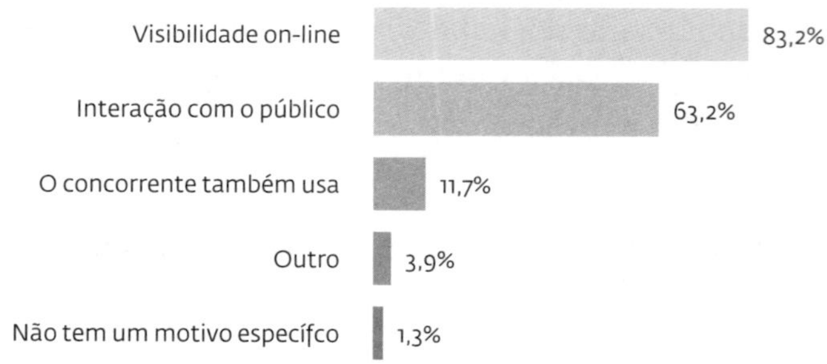

Fonte: ROCK CONTENT, 2017.

Os **principais benefícios** percebidos pelas empresas com presença on-line estão relacionados à divulgação da marca (77,4%), ao engajamento com a audiência (63,2%), ao aumento do tráfego no blog/site (59,3%) e ao aumento das vendas e do número de clientes (48,5%), como mostra o Gráfico 2.26.

Gráfico 2.26
Benefícios das redes sociais

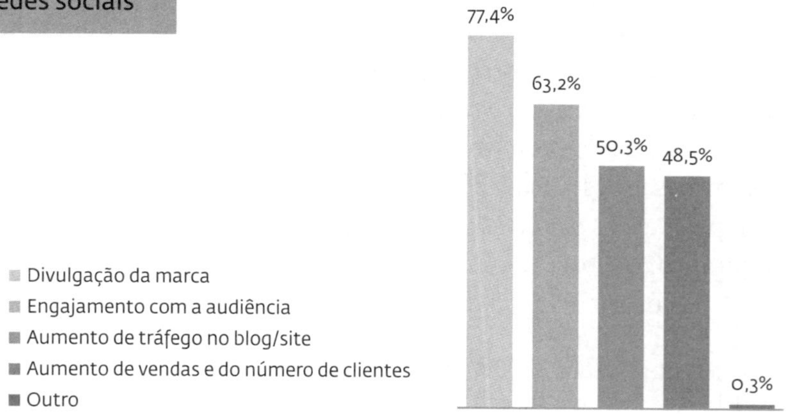

Fonte: ROCK CONTENT, 2017.

Nessas empresas, as equipes envolvidas com o gerenciamento das mídias sociais têm entre uma e cinco pessoas, sendo, em geral, os cargos de analistas de marketing, analistas de redes sociais, designer, gestor de conteúdo ou o próprio dono da empresa que atuam nesse gerenciamento. Dentre as empresas, 63,4% investem na qualificação dos funcionários e procuram cursos, treinamentos e palestras para aprimorar conhecimentos e atualização.

Quanto à importância das redes sociais para os negócios, 88,7% das empresas pesquisadas consideram o papel das mídias (ou redes) sociais para os negócios como muito importante (60,6%) ou moderadamente importante (28,1%).

As principais mídias sociais utilizadas são Facebook, Instagram, LinkedIn, Twitter, YouTube e Google+, conforme mostra o Gráfico 2.27.

Gráfico 2.27
Redes sociais utilizadas

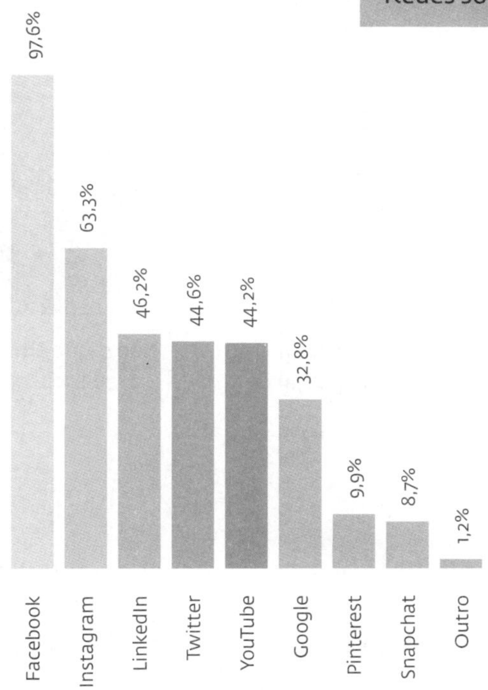

Fonte: ROCK CONTENT, 2017.

Quanto à sua **eficácia**, as empresas consideram mais eficazes, respectivamente, Facebook, Instagram, YouTube, LinkedIn, Snapchat, Twitter, Google+ e Pinterest. As **estratégias** utilizadas variam da adoção de um calendário editorial definido (37,7% dos casos), não adoção de um calendário editorial definido ou fixo (35,1%) e não adoção de qualquer estratégia ordenada (27,2%) – o que nos leva à conclusão de que o empirismo prevalece entre essas empresas, embora os resultados alcançados demonstrem que aquelas que seguem um calendário editorial definido têm uma média de visitas 2,8 vezes maior do que as empresas que não têm calendário editorial definido, demonstrando que a primeira estratégia é mais eficaz, como mostra o Gráfico 2.28.

Gráfico 2.28
Estratégias de divulgação *versus* visitas

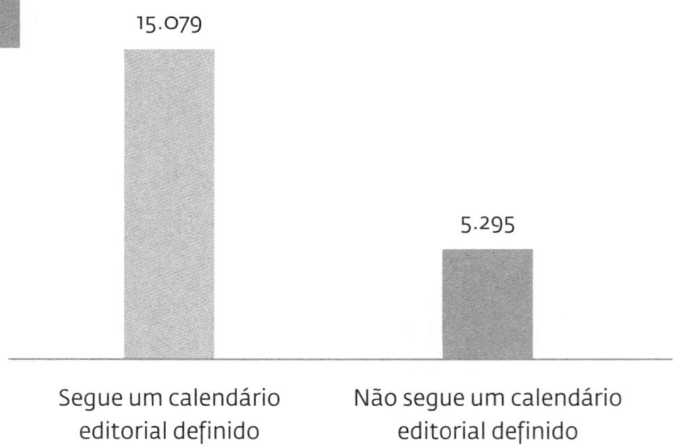

Fonte: ROCK CONTENT, 2017.

A maioria das empresas pesquisadas atua com planejamento semanal ou mensal das postagens nas redes sociais, priorizando uma frequência média de uma a três vezes por semana (43,4% dos casos) ou quatro a seis vezes por semana (21,8%). Embora 34,8% das empresas tenham uma frequência média de postagens entre 7 e 50 vezes por semana, quando se relaciona a frequência de publicação nas mídias com o número de visitas no blog/site, a pesquisa indicou que, quanto maior a frequência média, mais visitas no blog/site são alcançadas, embora não possa haver generalização desse indicativo, como mostra o Gráfico 2.29.

Gráfico 2.29
Frequência de publicação nas redes sociais *versus* visitas no blog

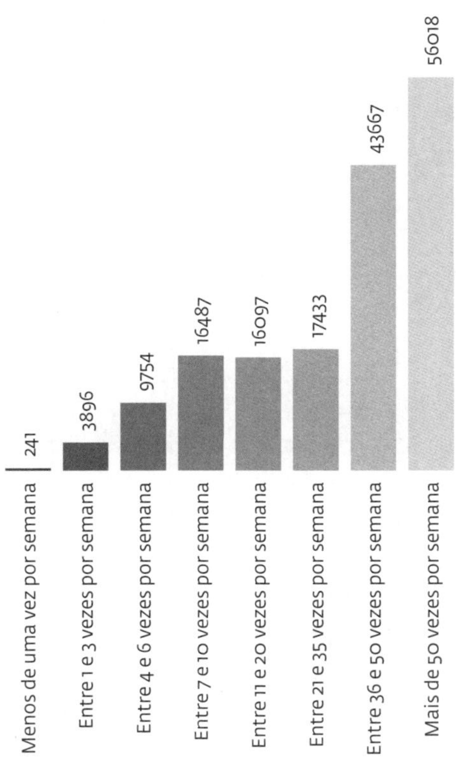

Fonte: ROCK CONTENT, 2017.

Das empresas pesquisadas, 74,9% procuram analisar os resultados de sua atuação nas mídias sociais e 71,9% consideram os resultados obtidos como satisfatórios ou moderadamente satisfatórios. As **métricas** usadas envolvem especialmente alcance, engajamento, conversões, tráfego nas redes sociais e crescimento por canal. A maioria não adota uma estratégia específica de marketing de conteúdo, embora os resultados indiquem que empresas que adotam essa estratégia têm 7,7 vezes mais visitas ao site/blog, como mostra o Gráfico 2.30.

Gráfico 2.30
Métricas acompanhadas

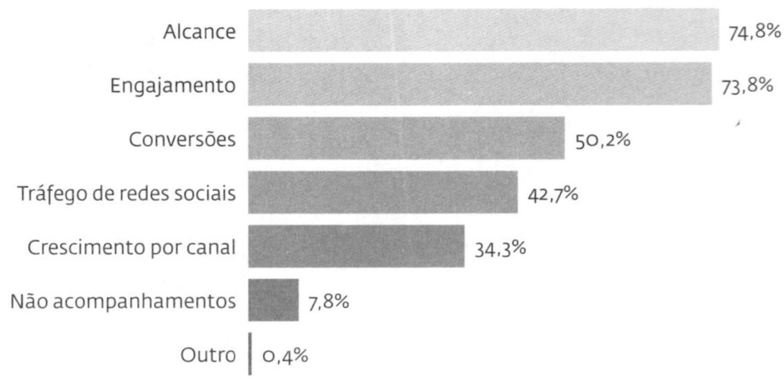

Fonte: ROCK CONTENT, 2017.

Quanto ao **conteúdo** divulgado nas mídias sociais, o estudo aponta as imagens e gifs como maioria, seguidos de posts no blog/site, vídeos, e-books, infográficos e live vídeos, como mostra o Gráfico 2.31.

Gráfico 2.31
Principais tipos de conteúdos divulgados nas redes sociais

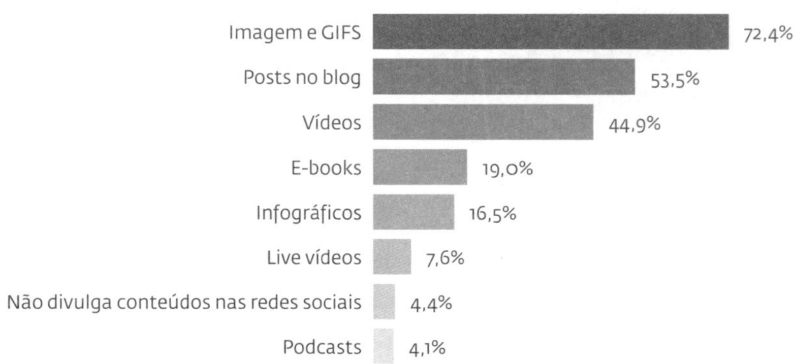

Fonte: ROCK CONTENT, 2017.

Embora o estudo tenha identificado que apenas 7,9% das empresas entrevistadas não estão presentes nas mídias sociais, os motivos apresentados para a não presença estão relacionados a falta de equipe suficiente para o gerenciamento (27,2%), falta de tempo para fazê-lo (23,5%), falta de conhecimento suficiente (11,1%), não perceber os resultados (3,7%) ou outros motivos (34,6%).

Com vista a essa realidade, as diversas instâncias governamentais têm ampliado sua atuação com o intuito de construir relacionamentos com o cidadão por meio das diversas ferramentas e plataformas. Em 2012, a SECOM[67] publicou o *Manual de Orientação para Atuação em Mídias Sociais*, cujo objetivo é descrito como:

> apresentar aos agentes da comunidade Sicom e instituições públicas integradas à esfera federal quais são as principais diretrizes e caminhos para a utilização assertiva e ética de mídias sociais, considerando a geração de conteúdo, interação com o cidadão e atuação em casos de gerenciamento de crise.

Um caso que tem sido reconhecido como positivo no uso das redes sociais pelos governos é o da prefeitura de Curitiba. Com equipe própria e atuando em entretenimento, educação e promoção da cidadania e oferta de serviço público, a prefeitura contava em novembro de 2016 com 249 mil seguidores no Twitter, 91 mil no Instagram e mais de três mil no Snapchat. Um dos motivos indicados para o bom uso e relacionamento estabelecido pela prefeitura é o uso das redes sociais como plataformas de prestação de serviços públicos e não com objetivo de propaganda política.

A Figura 2.3 foi publicada no blog *Quase Publicitários*, em janeiro de 2011. Por seu didatismo e linguagem, consideramos interessante incluí-lo nesta obra.

---

67. SECOM, 2017.

Figura 2.3
Guia para as redes sociais

GUIA PARA REDES SOCIAIS

BOM! OK. RUIM!

WEBSITE	Comunicação com o Cliente	Divulgação da Marca	Tráfego para o Site	SEO
twitter – Um microblog que permite seus usuários publicarem 'tweets' ou mensagens de 140 caracteres.	Use monitoradores de keywords como o Hootsuite, TwitJump ou Radian 6 para acompanhar o que as pessoas estão dizendo sobre você e seus concorrentes.	Oferece uma oportunidade única de interação com clientes de forma viral ajudando a sua empresa se destacar na massa.	O potencial é grande, mas a promoção é uma arte - promover muito sua marca resulta em perda de seguidores, não promover o suficiente não gera bons resultados.	Potencial de SEO limitado, porem bons tweets serão bem rankeados - bom para classificação do seu perfil e noticias de última hora, embora URLs encurtadas sejam de pouco benefício.
facebook – Uma rede social onde os usuários podem adicionar amigos, enviar mensagens e criar seu próprio perfil.	Ideal para envolver pessoas que gostam da sua marca, compartilhar suas opiniões e participar de sorteios e concursos.	O Facebook é ótimo para expor sua marca. Aproveite a ótima ferramenta de anúncios ou invista em profissionais para manter sua pagina atualizada.	O tráfego é decente, graças aos botões de compartilhamento e sistema de publicação de noticias eficiente, mas não espere um grande numero de visitas para o seu site.	Pouco ou nenhum valor, apesar do sistema pegar informações dos seus link, não vale o tempo gasto.
flickr – Um site de hospedagem especialmente para imagens onde os membros podem compartilhar e comentar.	Desnecessário gastar muito tempo aqui, embora fotos devidamente alimentadas de eventos da empresa podem ajudar a colocar um rosto na equipe por trás da sua marca.	Participação em grupos relacionados como o seu pode resultar em acessos de pessoas com interesses similares, mas os números são pequenos.	Mesmo que você receba muitas visitas em fotos contendo links para o seu site, o número de acesso ao seu site será baixíssimo.	Totalmente indexados nos motores de busca, influenciando diretamente em links e PR. Também ajuda a rankear suas imagens no rank do GoogleImages e na construção de backlinks.
LinkedIn – Uma rede social para profissionais de negócios.	Não é o foco principal, porem oportunidades de engajamento do cliente são possíveis, isso por responder a perguntas relacionadas com a indústria, estabelecendo-se um especialista na área.	Eficaz em marcas pessoais e para demonstrar aptidão profissional de sua organização. Motivar os empregados a manter perfis completos para fortalecer a reputação da sua equipe é bem vindo.	Improvável tráfego significativo para seu site, embora nunca se sabe quem está lendo - talvez um cliente em potencial ou um comprador.	PR muito elevado – praticamente garantia de resultado de pesquisa na primeira página - especialmente para o nome da empresa ou indivíduo empregado, mas não passa disso.
YouTube – Rede de compartilhamento de vídeo onde os participantes podem compartilhar vídeos e criar canais.	Se você procurar entreter, informar, ou ambos, o vídeo é uma poderosa ferramenta para envolver rapidamente seus clientes, respondendo às requisições e demonstrar seu elegante "socialmedia".	Uma das mais poderosas ferramentas de propaganda na Web quando você cria seu canal, configura seus vídeos e os promove através de paginas bem acessados.	Tráfego vai para os vídeos, se o objetivo é aumentar o tráfego para o site, adicione um banner com link diretamente sobre o vídeo e um link na descrição também. mas não espere grande volume de acessos.	Muito bom na construção de links para seu site em vídeos bem rankeados.Também uma maneira testada e ganhar divulgação da marca.
digg – Rede social de noticias onde os usuários podem encontrar e compartilhar conteúdo.	Não é a prioridade do site, porem ocasionalmente pode ser resultado de uma exigência de terceiros, como uma relação com um cliente.	As oportunidades são grandes, especialmente para promover suas novidades. Certifique-se de que o conteúdo não se pareça com um anúncio, ou sua pagina pode ser banido por ser excessivamente comercial.	O avô dos "traffic spikes", torne-se ativo na comunidade, ou encontrar alguém seja. Se o seu site é corporativo, então considere lançar um blog não comercial. Domine a Web para se estabelecer como um lider de pensamento.	Muito bom, porque mesmo que sua história não se tornar popular, a sua página continuará a ser indexado rapidamente. Se a sua "story" se torna popular, este é provavelmente a melhor forma de ser indicado por blogueiros.
su – Rede social de notícias onde os membros podem encontrar e compartilhar páginas da web.	Pagar o tráfego StumbleUpon pode ser um método muito orientado de comunicação. mas se você está atingindo seus clientes existentes ou não é algo difícil de determinar.	Campanha paga pode ser bom para a notoriedade da marca, especialmente após esforços para obter o tráfego livre, orgânica para seu site. A segmentação é muito precisa, mas lembre-se que você está pagando 5 centavos por visita ($ 50 CPM).	Permite uma gama diversificada de pessoas descobrirem e compartilharem seu conteúdo via encurtadores su.pr no Twitter. Marcação ajuda, mas você não quer as mesmas pessoas repetidamente lhe dando um polegar para cima.	Muito bom se a suas "storys" ficar na primeira pagina. A grande base de usuarios da StumbleUpon permite muitas pessoas encontrar e linkar suas "storys".
Y!b – Uma rede social de notícias onde os membros podem votar e dar suas opiniões.	Rede social com edição dirigida e moderada, sendo assim não deve ser o seu foco principal.	Sites não comerciais são fortemente favorecidos por moderação, sendo assim, sites de negócios não devem perder tempo nessa batalha.	Tenha a sorte de algum moderador gostar de você e só assim você terá números maciços, porem é um tiro no escuro.	Se você chegar na primeira pagina, então você vai ter uma tonelada de backlinks, mas as chances são improváveis a menos que você já seja grande com marca estabelecida.
reddit – Rede social de notícias onde os usuários postam links de sites.	A comunidade é instável, qualquer coisa detectada como spam é destruida. No entanto, olhe atentamente no classificados "wubreddits" para desenterrar comunidades de nicho pequeno, e você poderá obter informações valiosas.	A não ser que você tenha uma companhia de bacon, não tente divulgar sua marca aqui você vai acabar banido sem perceber o que aconteceu.	Se o Reddit te ama, o tráfego muitas vezes está lá em cima com o Digg e StumbleUpon.Tenha cuidado: insistir muito em votos é risco de ser banido, porem não divulgue e você vai acabar com nada.	Chegue na primeira página e muitos sites respeitáveis vão levantar sua "story", gerando backlinks valiosos e aumentando a confiança do seu site.
del.icio.us – Rede social de bookmarking para compartilhamento e armazenamento de páginas favoritas.	Site destinado a pessoas para marcador conteudo. Você pode ver o que as pessoas citaram com a sua marca; mas a comunicação com eles é inexistente.	Não é o suficiente para valer o trabalho de reconhecimento da marca a menos que você queira ser conhecido como referência de conteúdos para reconhecimento posterior.	Não tão grande como costuma ser, porem informativo, grande volume de referencias guardados para uso posterior podem criar uma rede recorrente de milhares de visitantes por mês.	Praticamente tudo ajuda: Quando uma página é marcada, cria-se um link direto para seu site. Quando você está na página principal do site, as tag de categoria estão cheios de "trust", que vai passar direto a sua URL.

EASYSEO.COM.BR CMO.COM

Fonte: JORNAL DO EMPREENDEDOR. Disponível em: https://jornaldoempreendedor.com.br/wp-content/uploads/2012/12/guia-para-redes-sociais.jpg. Acesso em: 13 set. 2019.

ESTUDO DE CASO

Dafiti

Em consulta ao Reclame Aqui,[68] identificamos que a Dafiti resolveu 87,3% dos problemas apresentados e respondeu 99,9% das reclamações, recebendo, em média, 8.770 reclamações referentes a atraso na entrega, troca ou devolução de mercadoria e produtos não recebidos, com prazo de resposta de 8 dias e 17 horas. De todos os reclamantes, 71,7% afirmam que voltariam a fazer negócios com a loja e sua nota média foi de 6,86.

Trata-se de uma organização de e-commerce que teve receita de cerca de R$ 1,259 bilhão em 2016, apresentando um crescimento de 15,1% sobre 2015 – os resultados incluem a compra das marcas Kanui e Tricae e a expansão de marcas próprias da companhia no período. Hoje, o grupo tem sete marcas: Dafiti, Dafiti Sports, Kanui, Tricae, DFT Stores, DFT Media e DFT Marketplace (as três últimas de serviços de tecnologia). Os investimentos do grupo têm focado em tecnologia, visando a melhorar a navegabilidade e a funcionalidade nas plataformas móveis, que registraram, em 2016, 7 milhões de downloads, e corresponde a mais da metade do total de acessos às páginas do grupo.

Com todo esse crescimento e investimento, a empresa conseguiu reduzir o prejuízo operacional de 2015 (R$ 240 milhões) para 2016 (R$ 72 milhões) e tem objetivo de terminar 2017 com resultado positivo. Bigarelli,[69] em artigo para Época Negócios, observa:

> Fundado em 2010, o e-commerce de moda vinha crescendo em forte ritmo e consumindo volumosos recursos. A empresa começou a cortar custos, reduzir equipes e investir em iniciativas que aumentassem a rentabilidade de seus produtos. Em 2016, foi o ano de integrar as marcas recém-adquiridas Kanui e Tricae. O reflexo dessa estratégia já pode ser observado no balanço de 2016, defendem os executivos da companhia. O Dafiti Group, dono das marcas Dafiti, Tricae e Kanui, diminuiu o prejuízo operacional (antes de impostos, juros, depreciação e amortização) em 19,2 pontos percentuais, levando o indicador a R$ 72 milhões. Em 2015, ele havia sido de R$ 240 milhões.

---

68. RECLAME AQUI. *Dafiti*. Disponível em: https://www.reclameaqui.com.br/empresa/dafiti/. Acesso em: 21 jul. 2019.
69. BIGARELLI, B. Dafiti diminui prejuízo em 2016, mas continua no vermelho. *Época Negócios*, 5 abr. 2017. Disponível em: http://epocanegocios.globo.com/Empresa/noticia/2017/04/dafiti--diminui-prejuizo-em-2016-mas-continua-no-vermelho.html. Acesso em: 21 jul. 2019.

Depois de um crescimento exponencial de 2011 até 2014, a empresa percebeu a necessidade de reestruturação para continuar crescendo de forma sustentável. Com um plano agressivo de controle de gastos, centralização e priorização de investimentos, a organização tem ciência de que muitos dos seus resultados futuros dependerão dos avanços nos mercados internacionais em que atua (Chile, Colômbia e Argentina). A meta é a priorização da rentabilidade e melhoria na eficiência da empresa, como afirma Sérgio Silvestre, diretor financeiro da instituição.

São mais de duas mil marcas e 200 mil produtos nos países em que atua. Mais de mil marcas e 110 mil produtos no Brasil em seis categorias (roupas, sapatos, acessórios, beleza, cama/mesa/banho, decoração e, mais recentemente, produtos e roupas esportivas). Atua na internet com loja virtual e plataformas para mobile e tablets (sistemas IOS e Android), contando com mais de 1.800 funcionários no Brasil.

Figura 2.4
Focos da Dafiti

dafiti

O Dafiti Group fechou 2016 com 2,9 mil funcionários, sete marcas próprias e 50 milhões de visitas por mês. A margem bruta, por sua vez, aumentou de 38,9% em 2015 para 43,4% em 2016. O número de clientes ativos cresceu 14%. Do total de pedidos realizados, 30% foram feitos pelo celular (em 2016, a média do e-commerce brasileiro foi de 21,5%, segundo o e-bit). Um dos focos da Dafiti, assim como o de outras empresas de e-commerce brasileiras, é investir no mobile. É preciso atrair para o celular e converter isto em venda. Hoje, em muitos casos, o consumidor pode até ver o produto pelo celular, mas não é por lá que acaba comprando.

Outra prioridade da Dafiti para este ano é acelerar o marketplace, lançado em 2016. A empresa não divulga o quanto a plataforma, que hospeda lojas de outras empresas, influenciou na melhoria dos indicadores financeiros do ano passado. Mas afirma que os "resultados já impactam positivamente" o balanço e que vê grande potencial de crescimento. O marketplace é considerado "uma mina de ouro" pelas empresas do e-commerce brasileiro, que têm investido nele para aumentar suas margens e receitas. No caso da Dafiti, ele também ajudou a empresa a diversificar seu portfólio. "Conseguimos oferecer agora, por exemplo, produtos de tamanhos pequenos (sapatos 33 e 34), além de moda plus size", diz o fundador Malte Huffmann.

Em três anos de existência, a Dafiti tornou-se o maior e-commerce da América Latina. A organização acredita que o resultado e o crescimento foram motivados especialmente pela inserção dos colaboradores no contexto do mundo da moda – mesmo que não desempenhem funções diretamente ligadas a essa área –, além da preocupação com o envolvimento e a integração dos funcionários. Uma das ações é chamada de multiplicadores, na qual funcionários com domínio sobre determinado tema são convidados a ministrar aulas para quem deseja saber mais.

Descontos aos colaboradores, área de apoio ao descanso, salas de reunião ambientadas e direito a diversão são ações que procuram tornar o clima organizacional mais relaxado e tornar o colaborador envolvido com a organização. O centro de distribuição, localizado em Jundiaí, tem 38 mil metros quadrados, 700 funcionários e abriga 15 estúdios fotográficos. Todos os dias são efetuados cerca de 1.000 cadastros de produtos que depois estarão disponíveis no site e aplicativo para vendas.

A Dafiti faz parte de um grande grupo varejista on-line focado em moda que, apesar das reestruturações e crescimento, ainda tem dificuldade em alcançar níveis de lucratividade.

Assista a este vídeo:

O Global Fashion Group (GFG) é um grande varejista on-line de itens de moda que atua na América Latina, com sede na Argentina, Chile, Colômbia e Brasil, onde possui três grandes marcas de e-commerce – Kanui, Dafiti e Tricae –, com mais de 50 milhões de usuários visitando suas lojas todos os meses e cerca de dois mil funcionários no Brasil. As três empresas, em 2015, uniram-se quando surgiu a necessidade de unificar vários serviços dos sites. O grupo buscou na nuvem da AWS uma infraestrutura mais robusta, resiliente e ágil, para otimizar a experiência dos usuários e ter maior escalabilidade para processar um volume de dados muito grande. Confira a explicação do diretor de TI, Caio Motta, e do gerente de Data Warehouse, Victor Fujihara, sobre como a adoção do Amazon Redshift permitiu, em apenas dois meses, aumentar a agilidade das entregas de informação para os usuários finais, identificando pontos de melhoria ao monitorar cada passo dos clientes nos sites do grupo.

Acesse este QR code para saber mais:

A Dafiti começou, em 2011, prometendo ser o maior e-commerce de moda do país e cresceu rapidamente alcançando 72 milhões de visitas no primeiro ano. Em 2015, a marca fazia concorrência direta e intensa com a Netshoes, lançando sua loja de produtos esportivos com maior variedade de produtos, enquanto a concorrente entrava no mercado de moda com a loja virtual Zattini. Embora grandes e com movimento considerável de visitas e vendas, as duas empresas não conseguiam ser tão lucrativas quanto gostariam.

Apesar das dificuldades, as duas empresas persistiram, uma vez que o mercado em que atuam é gigantesco e tem grande potencial de crescimento

– o mercado brasileiro de moda movimentou, em 2015, segundo dados da Associação Brasileira da Indústria Têxtil (ABIT),[70] R$ 121 bi (US$ 36,2 bi) e apenas 3,5% das vendas foram por meio da internet – o que, em outros países, chega a ser 20%, dando uma ideia do potencial em que as empresas apostam.

A despeito das dificuldades em termos de competitividade, estrutura e dos resultados financeiros ainda não serem os almejados, a Dafiti e o GFG Group continuam apostando no e-commerce de moda – a inovação constante tem sido sua forma de ganhar espaço e ampliar a penetração junto aos consumidores ainda resistentes em adquirir moda pelo canal on-line. Seguindo a mesma linha da Netshoes, a Dafiti acredita no *everywhere commerce* e continua investindo em inovação disruptiva, colocando-se no top 5 das empresas mais inovadoras da América Latina.

Figura 2.5
Inovação na Dafiti

dafiti

Ao chegar no Brasil, em 2011, a Dafiti trouxe para o país um modelo de e-commerce ainda não existente, apostando em vendas de calçados online. No mesmo ano, expandiu para outras categorias, fruto de uma aposta inovadora e um mercado não explorado na América Latina. Na época, a mídia brasileira nomeou o fenômeno do boom do e-commerce de moda como "o efeito Dafiti".

Atualmente, a empresa é o maior e-commerce de moda da América Latina e busca inovar constantemente para oferecer a melhor experiência de compra. Para isso, investe em iniciativas que garantam conveniência, como várias opções de frete, e um vasto portfólio de produtos, com mais de 110 mil itens de marcas nacionais e internacionais – algumas com exclusividade no País. A Dafiti também investe em inovação tecnológica e foi uma das primeiras empresas a apostar em ferramentas mobile. Em 2013, lançou seu primeiro aplicativo universal e um site totalmente responsivo a qualquer tipo de tela, mudanças que refletem facilidade de adaptação a novos comportamentos do consumidor e reforçam que comprar online é a maneira mais inteligente de consumir moda.

Fonte: TICIANELLI, R. *Dafiti é eleita uma das empresas mais inovadoras da América Latina*. Disponível em: http://www.segs.com.br/demais/4490-dafiti-e-eleita-uma-das-empresas-mais-inovadoras-da-america-latina.html. Acesso em: 29 set. 2017.

70. ABIT. Disponível em: http://www.abit.org.br. Acesso em: 21 jul. 2019.

O grande desafio da venda de moda on-line é tornar a compra mais assertiva. Malte Huffmann afirma:

> Já rompemos muitas barreiras com um consumidor que não estava habituado a comprar online com as facilidades de troca, por exemplo. Agora nosso principal objetivo é facilitar cada vez mais a vida dele, levando uma experiência de compra ainda mais completa para o online e garantindo a satisfação do cliente quando receber o produto.

Por isso, a marca continua buscando formas de trazer essa assertividade ao consumidor por meio de inovação constante, como o DafitiME, provador virtual que permite ao consumidor experimentar roupas on-line, e o My Fashion Selfie, que permite ao usuário da loja postar uma foto nas redes sociais usando a hashtag da peça que está vestindo, alimentando um mural abaixo do produto anunciado no site.

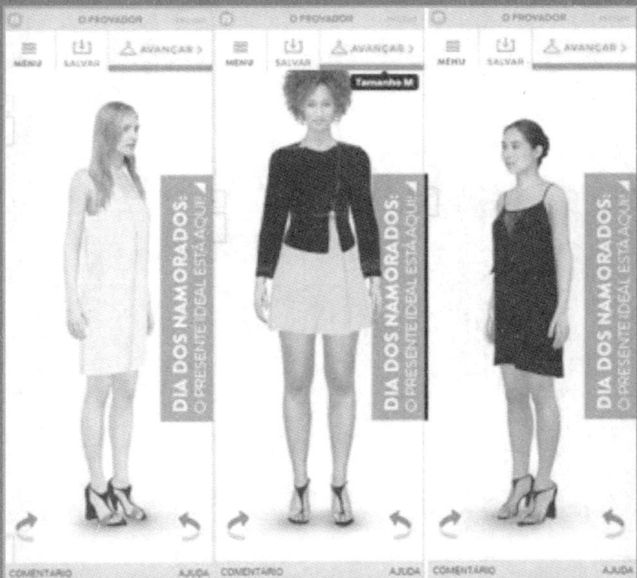

Figura 2.6
Provador virtual

Fonte: DFT MARKETPLACE.

Em virtude do tamanho da loja virtual, há uma potencial atração para outros produtos e empresas. Assim, a Dafiti abriu espaço para que outras marcas anunciem na sua página e outras empresas vendam seus produtos em seu marketplace.

Figura 2.7
Venda na Dafiti

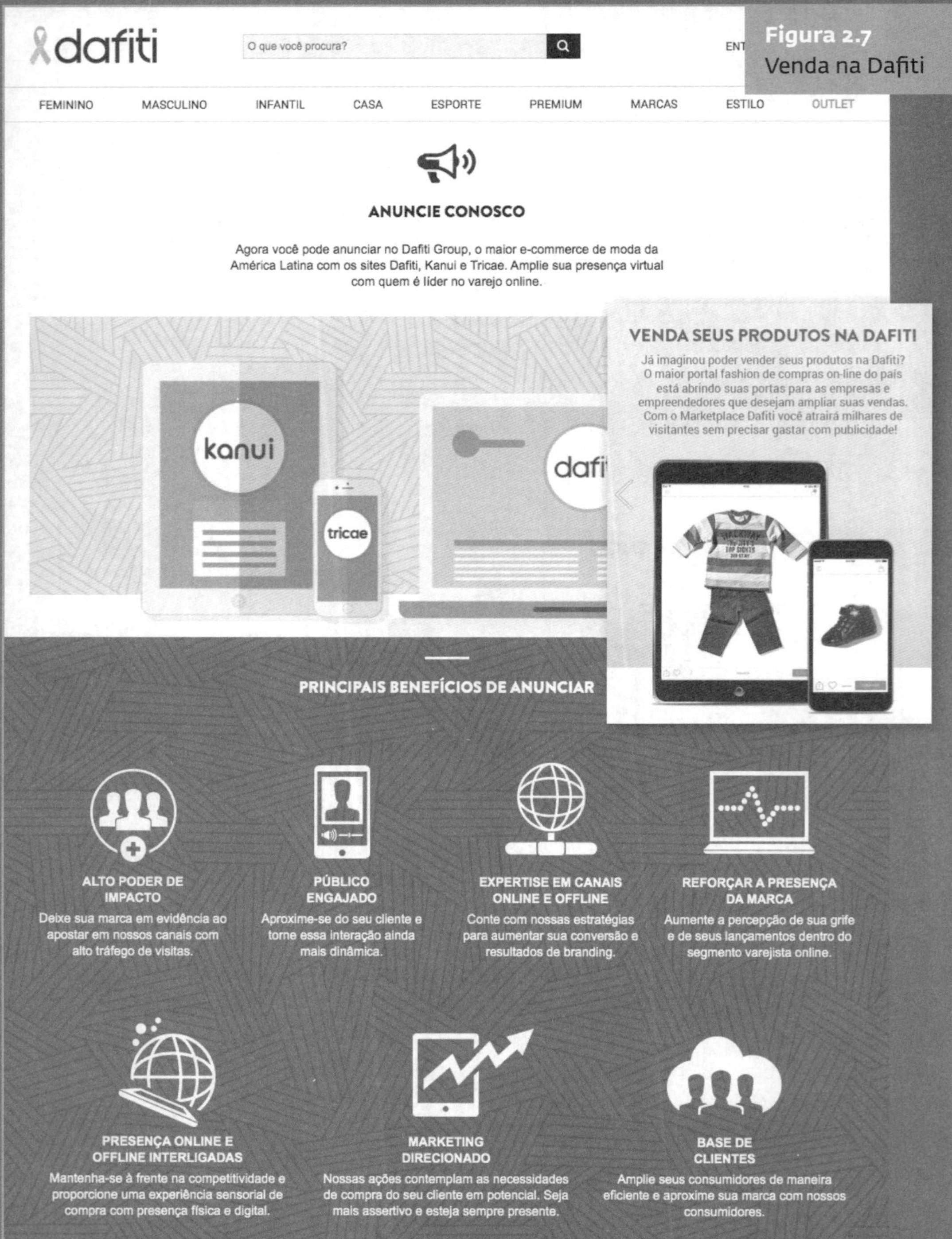

Fonte: DFT MARKETPLACE.

Otimização da infraestrutura e dos sistemas já instalados e rentabilidade são alguns dos motivos que levam o grupo GFG e a Dafiti a ampliar o escopo dos negócios realizados.

Acesso ao fluxo de visitas no maior e-commerce de moda do Brasil, com cerca de dez milhões de visitantes únicos por mês, marketing e atendimento ao cliente por conta da Dafiti, aproveitando sua expertise, para que a empresa tenha foco em vendas, reforço de presença on-line para qualquer empresa que se interesse e oportunidade de anunciar para os milhões de assinantes das newsletters GFG/Dafiti e fãs no Facebook, usufruto de todas as formas de pagamento já consolidadas, garantia de proteção das informações e dados de vendas em tempo real – esses são os benefícios oferecidos a organizações que tenham interesse em colocar seus produtos à venda no marketplace da Dafiti.

Figura 2.8
Marketplace Dafiti

Fonte: DFT MARKETPLACE.

Para o ano de 2017, a meta é chegar a um resultado operacional positivo no Brasil. A expansão de marcas e otimização de processos ajudaram na redução das despesas e melhora do resultado de 2016 com relação a 2015, bem como o desenvolvimento do marketplace contribuiu para o desempenho da organização. A receita líquida da empresa teve um crescimento de 15,1%, em 2016, e o número de clientes ativos chegou a quatro milhões (eram 3,5 milhões, em 2015). O crescimento de 7,4% do faturamento da Dafiti esteve acima do crescimento da categoria e-commerce no país e seu resultado foi o melhor reportado desde o seu lançamento.

Fortalecendo-se cada vez mais, o Grupo GFG não pretende parar por aqui.

Fontes:

ABIT. Disponível em: www.abit.org.br. Acesso em: 21 jul. 2019.

BIGARELLI, B. Dafiti diminui prejuízo em 2016, mas continua no vermelho. *Revista Época Negócios*, 5 abr. 2017. Disponível em: http://epocanegocios.globo.com/Empresa/noticia/2017/04/dafiti-diminui-prejuizo-em-2016-mas-continua-no-vermelho.html. Acesso em: 21 jul. 2019.

LAIER, P. A. Grupo Dafiti busca resultado operacional positivo em 2017. *Reuters*, 5 abr. 2017. Disponível em: https://br.reuters.com/article/internetNews/idBRKBN1772UJ-OBRIN. Acesso em: 21 jul. 2019.

MELO, L. Por dentro da Dafiti, em São Paulo e Jundiaí. *Revista Exame*, set. 2016. Disponível em: https://exame.abril.com.br/negocios/por-dentro-da-dafiti-em-sao-paulo-e-jundiai/#. Acesso em: 21 jul. 2019.

MENDONÇA, C. Dafiti cresce em 2016 e soma mais de R$ 1,2 bilhão em receita. *Portal No Varejo*, 2017. Disponível em: http://www.portalnovarejo.com.br/2017/04/07/dafiti-cresce-em-2016-e-soma-mais-de-r-12-bilhao-em-receita/. Acesso em: 21 jul. 2019.

MUNIZ, L. Dafiti, o fenômeno que ganhou espaço no comércio eletrônico brasileiro. Mundo do Marketing, 5 jun. 2012. Disponível em: https://www.mundodomarketing.com.br/reportagens/digital/23938/dafiti-o-fenomeno-que-ganhou-espaco-no-comercio-eletronico-brasileiro.html. Acesso em: 21 jul. 2019.

RECLAMEAQUI. Dafiti no ReclameAqui. Disponível em: https://www.reclameaqui.com.br/empresa/dafiti/. Acesso em: 21 jul. 2019.

SPARVOLLI, R. Dafiti agora tem provador na web. Varejo ESPM, 25 maio 2015. Disponível em: http://varejo.espm.br/13661/dafiti-agora-tem-provador-na-web. Acesso em: 25 maio 2019.

TICIANELLI, R. Dafiti é eleita uma das empresas mais inovadoras da América Latina. Disponível em: http://www.segs.com.br/demais/4490-dafiti-e-eleita-uma-das-empresas-mais-inovadoras-da-america-latina.html. Acesso em: 29 set. 2017.

VAMOS TESTAR OS SEUS CONHECIMENTOS?

1. Quais são as principais mídias sociais utilizadas no Brasil hoje?

2. Qual a principal função das mídias sociais para as pessoas?

3. "É muito importante que possamos compreender as características das mídias sociais, pois elas as diferem de outras ferramentas de comunicação, não apenas na forma, mas na essência. Devemos ter essas características em mente ao pensar em incluir as redes sociais no mix de comunicação". Quais são as características que diferem as mídias sociais dos outros meios de comunicação e que impactam a forma como devem ser usadas e os resultados que podem oferecer?

4. Quais os principais benefícios do uso das mídias sociais para as empresas?

5. Você é usuário de mídias sociais, correto? Quais mídias sociais você utiliza regularmente? Concorda ou discorda das informações que leu neste capítulo? Como você vê os conteúdos de marcas, produtos e serviços em suas mídias sociais? Pense um pouco sobre sua relação com as mídias e elabore um texto respondendo a essas questões e expondo sua opinião.

3

O processo de relacionamento em mídias sociais

APRESENTAÇÃO

O mercado e as organizações se acostumaram, ao longo do século XX, com o surgimento e o crescimento dos meios de comunicação de massa, a apoiar suas estratégias em grandes volumes, grandes valores e grandes audiências. O não diálogo começou a sofrer mudanças com o nascimento do Código de Defesa do Consumidor e a necessidade de abrir canais de atendimento. As mídias digitais e sociais deram mais poder e voz ao consumidor e ao cidadão, que escolhe e decide o que quer consumir, ou seja, não são mais as organizações que decidem qual a mensagem que funciona, mas o público. O tempo da atenção[1] deve ser conquistado e não pode mais ser apenas comprado.

1. Termo presente no seguinte artigo: LONGHI, R. *Earned attention*: a audiência não pode ser comprada. *Meio & Mensagem*, 10 jul. 2017. Disponível em: https://www.meioemensagem.com.br/home/opiniao/2017/07/10/earned-attention-a-atencao-nao-pode-ser-comprada.html. Acesso em: 9 ago. 2019.

"Fazendo uma metáfora com a teoria de Darwin, o ambiente de atenção está se tornando desfavorável aos anúncios e, para sobreviver, as espécies "mais aptas" têm evoluído. Entretanto, a taxa de evolução da propaganda não pode acompanhar a taxa de deterioração na ecologia da atenção. Quase todos os dias encontramos razões para nos impressionarmos com novas formas de anúncios que exploram novos nichos. Mas por maior que seja a rapidez da evolução das formas de anúncios, sua sobrevivência é solapada por uma deterioração ainda mais rápida do ecossistema de atenção."[2]

2. SACHARIN, K. apud AUSTIN, M.; AITCHINSON, J. *Tem alguém aí?* As comunicações no século XXI. São Paulo: Nobel, 2006. p. 77.

OBJETIVOS

Após a leitura deste capítulo, você terá condições de compreender o processo de relacionamento que pode ser estabelecido por meio das mídias sociais, identificar que a comunicação deve ser estabelecida entre pessoas e que o conteúdo a ser ofertado pelas organizações deve ter utilidade, transparência e propósito – se a organização quiser que as pessoas a ouçam, curtam, compartilhem e sigam.

3.1 MARKETING HUMAN-TO-HUMAN (H2H)

O marketing e a comunicação de marketing sofreram muitas transformações desde que surgiram até os anos 1950. Em época de guerras, o mundo via as mulheres assumirem os postos de trabalho e as pessoas sentiam-se ávidas por produtos e novidades. Foi um período de intenso desenvolvimento nos mercados mundiais, uma vez que os bens de consumo passaram a ser objetos de desejo. Assim, produzir mais para vender mais era o que movia as organizações e as grandes corporações mundiais a se estruturarem.

O marketing e a comunicação de marketing têm sofrido muitas transformações desde que surgiram nos primórdios até os anos 1950.

Os anos 1960 observaram o crescimento da industrialização no Brasil. As técnicas e ferramentas de marketing adquirem contornos mais profissionais enquanto propagandas e promoções crescem em força e abrangência para destacarem-se no mundo a partir da década de 1970, que trouxe crescimento econômico e de consumo, para, então, sofrer com a inflação da década de 1980. Nesses períodos, o marketing oscila estratégias de ganho de mercado com preços e promoções para enfrentar a retração do consumo.

As organizações e o marketing tinham, até então, a supremacia da produção e distribuição de produtos e marcas e a comunicação massiva não abria espaço para diálogo e troca de informação. Com o surgimento das regulamentações de consumo, como Código de Defesa do Consumidor e Estatuto da Criança e do Adolescente, o empoderamento do consumidor perante as grandes corporações começa a criar raízes. A normatização muda o cenário da produção e da comunicação e o consumidor passa a exigir seus direitos, deixando de sentir-se cativo das grandes corporações.

O empoderamento do consumidor perante as grandes corporações começa a criar raízes.

Na década de 1990, temos, no país, mudanças muito significativas, uma vez que o mercado nacional se abre a produtos estrangeiros e a competitividade se amplia, impulsionando as organizações a reavaliarem os produtos e preços oferecidos perante opções mais baratas e de melhor qualidade. A comunicação organizacional precisa abrir espaço para atendimento ao cliente e à comunidade que cobra a responsabilidade social organizacional. A pressão por sustentabilidade se intensifica e as agências reguladoras e diversas certificações se estabelecem, impactando o marketing e a comunicação.

As crescentes transformações se consolidam, com certificações, responsabilidade social e ambiental, Código de Defesa do Consumidor e competitividade mercadológica. A vida das organizações se torna mais complexa e a relação com o consumidor exige ferramentas mais eficientes, pedindo por comunicação clara e transparente. O e-commerce se estabelece e as mídias digitais ampliam o cenário de negócios e comunicação. A partir de meados dos anos 2000, as mídias sociais se expandem exponencialmente e a inclusão digital não vem por meio dos computadores pessoais, como se esperava inicialmente, mas por meio de smartphones.

Nesse cenário, o consumidor compreende seu papel, tornando-se mais ativo, exigente e crítico. As ferramentas digitais obrigam o marketing e a comunicação a se reestruturarem para o diálogo – agilidade, disponibilidade em tempo integral e inovação constante é o mínimo que se espera. Os canais digitais abrem caminhos para a colaboração e a cocriação de produtos, serviços e marcas, enquanto a comunicação precisa ser convergente e multiplataformas.

O consumidor compreende seu papel, tornando-se mais ativo, exigente e crítico, enquanto os canais digitais abrem caminhos para a colaboração e a cocriação.

O marketing e a comunicação de massa dos primórdios evoluem para o marketing de segmentação, depois de nichos, one-to-one (O2O) e, agora, human-to-human (H2H). Mas por que isso ocorreu? Principalmente porque as pessoas estão mudando, estão cansadas de serem alcançadas de maneira distante pelas organizações, queixando-se de serem apenas números. As pessoas buscam maior humanização em suas relações porque, em geral, querem sentir algo, sentir-se incluídas, entender, expressar suas emoções e sentir-se parte de algo maior do que elas, como mostra a Figura 3.1.

Figura 3.1
O que as pessoas querem?

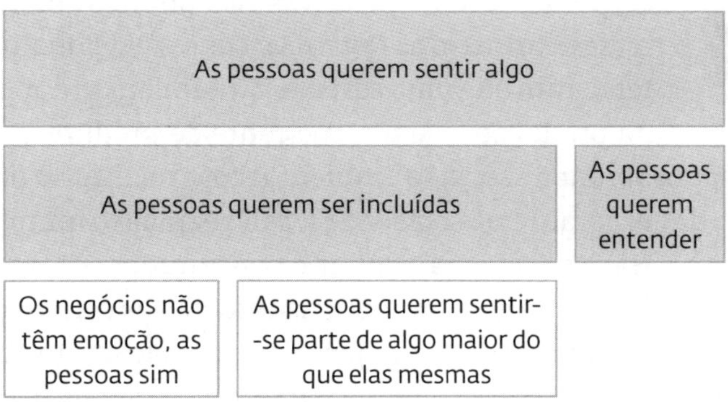

Fonte: adaptado de TED INSTITUTE. *Bryan Kramer*: why social media is reimagining our future. Disponível em: https://www.youtube.com/watch?v=NCNBciUUO-I. Acesso em: 9 ago. 2019.

Durante os anos de desenvolvimento do marketing e do crescimento das corporações no século XX, pudemos perceber que o consumidor, por falta de canais mais adequados ou por ausência de autopercepção, não tinha uma noção clara do seu papel – e pensamos que a maioria ainda não o tenha – no cenário de produção e consumo de produtos e serviços. Era como se houvesse um fosso separando os consumidores, por um lado, e as empresas, por outro – mesmo que os consumidores fossem, afinal, colaboradores dessas mesmas empresas. Porém, foi sempre como se não fizéssemos parte da mesma história.

A pressão da destruição do planeta, as lutas por igualdade social, a busca por maior equidade de gênero, o maior acesso à informação e as tecnologias digitais têm contribuído para a compreensão lenta, mas consistente, de que fazemos parte de um mesmo planeta e que nossas ações estão interligadas. Tudo isso vem assoreando esse fosso, levando-nos a entender que precisamos dos produtos e serviços oferecidos pelas organizações, precisamos dos empregos, mas também somos peças fundamentais desse jogo chamado mercado de consumo e a força do consumidor é uma variável determinante. O consumidor se cansou de se relacionar com máquinas, equipamentos e gravações eletrônicas e, em busca de uma experiência humana mais rica, quer se relacionar com pessoas. De humanos para humanos, nasce o conceito de marketing H2H.

O consumidor se cansou de se relacionar com máquinas, equipamentos e gravações eletrônicas e, em busca de uma experiência humana mais rica, quer se relacionar com pessoas.

O marketing H2H passou, então, a representar uma possibilidade de estabelecer relação e imagem corporativa mais positivas. Os públicos de interesse com quem as organizações se relacionam entenderam que uma corporação não consiste apenas na produção e venda crescente de produtos, mas que há uma responsabilidade social e ambiental com relação ao papel e à contribuição da corporação na sociedade local, regional e mundial. Não se pode mais olhar o consumidor como uma fonte de renda, porque, na verdade, as corporações existem para servir às pessoas, e não o contrário.

Não se pode mais olhar o consumidor como uma fonte de renda, porque, na verdade, as corporações existem para servir às pessoas, e não o contrário.

Mas não se engane, trata-se de uma forma holística de entender o papel das corporações e das ações de marketing – não é apenas balela ligada à comunicação. Portanto, empresas que tenham essa perspectiva precisam fazer a lição de casa, assim como todas deveriam fazer o mesmo, da seleção dos fornecedores de matéria-prima, passando pela embalagem, envase e utilização, até a comunicação, distribuição e entrega do produto, indo além com relação à reciclagem e à redução do lixo gerado. A proposta é SER uma empresa humana, dirigida e conduzida por seres humanos para servir outros seres humanos e à sociedade como um todo. Complexo, não é?

Apenas dessa forma a comunicação se tornará um reflexo do que a organização é na realidade, compartilhando valores pessoais, objetivos e desejos com seus colaboradores, consumidores e outros públicos de interesse, indo além de números e resultados quantitativos. A conexão constante que experimentamos nos permite ter a percepção de que essa troca é possível e que as marcas fazem parte de nossas vidas.

O marketing H2H tem a proposta de "criar uma relação humanizada, sensível e personalizada, atendendo as necessidades dos clientes, fazendo-os arrepiar, comentar, prestar atenção e não simplesmente criar soluções para vender seus produtos e serviços".[3]

A realidade do mercado também mudou. Antes, quando se falava de business-to-business (B2B), havia pouquíssima ou nenhuma relação entre as organizações – se fossem negócios que competiam diretamente, a cooperação era pouco admissível. O business-to-consumer (B2C) era uma relação de mão única, com pouco ou nenhum diálogo, pouco ou nenhum direito. Hoje as organizações têm ciência da necessidade de colaboração, de troca de informações e ajuda mútua, enquanto o consumidor tem maior consciência dos seus direitos.

Hoje as organizações têm ciência da necessidade de colaboração, de troca de informações e ajuda mútua, enquanto o consumidor tem maior consciência dos seus direitos.

Em essência, o marketing H2H entende que negócios não se comunicam e sim pessoas – e apenas elas podem buscar compreensão, engajamento, diálogo, comprometimento e colaboração. Veja a Figura 3.2.

Figura 3.2 A mudança na realidade do mercado

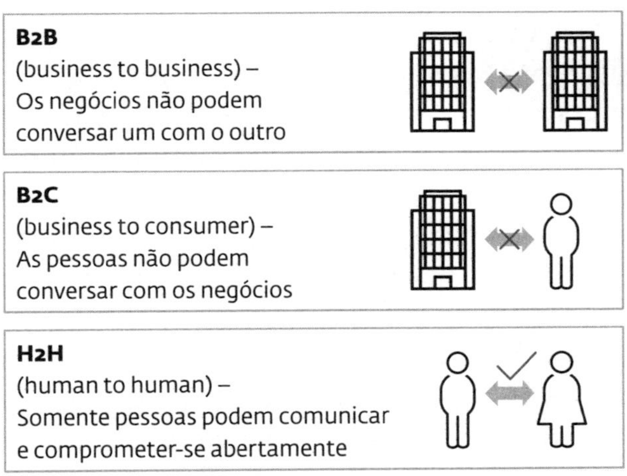

Fonte: ETHERTON, [20--].

3. ETHERTON, M. *Why B2B marketing isn't working*. Disponível em: https://www.thepartnermarketinggroup.com/marketing-best-practices/why-b2b-marketing-isnt-working/. Acesso em: 9 ago. 2019.

Bryan Kramer,[4] autor do livro *There is no B2B or B2C: Human to Human*, apresenta a perspectiva de que organizações e marcas são feitas por pessoas e para pessoas, com as tecnologias da informação e da comunicação sendo usadas apenas para facilitar essa relação.

O conceito de humanização das marcas,[5] a fim de estreitar a relação com seus públicos, é chamado de *flawsome* – indivíduo (ou marca) que abraça suas falhas e sabe que são independentemente impressionantes. Para as marcas, isso significa ter uma mentalidade que busca simpatizar com os consumidores, tornando-se cada vez mais humana, aberta, confiável e respeitada, ciente de suas falhas, permitindo-se ser imperfeita e brincando com isso sem perder o bom humor.

Para isso, o marketing e a comunicação precisam ter um senso agudo de utilidade, propósito, simplicidade, contexto, participação e valores humanos, abraçando sua própria irracionalidade e desenvolvendo profunda compreensão do ser humano. Todas essas características se aplicam, necessariamente, a toda a cadeia produtiva, desde a distribuição, colaboradores, acionistas, consumidores e até a sociedade como um todo.

O marketing e a comunicação precisam ter um senso agudo de utilidade, propósito, simplicidade, contexto, participação e valores humanos.

De forma geral, entendemos que os negócios podem não ter emoções, mas as pessoas têm. Há um cansaço generalizado de conflitos, sede de poder, corrupção, notícias falsas, promessas vazias. O objetivo do marketing H2H é estabelecer relações mais humanas com o consumidor, focadas no respeito, na empatia e no atendimento personalizado. Os benefícios dessa mudança implicam o desenvolvimento de elos emocionais, demonstram sensibilidade e apelo, marcam a memória do indivíduo, constroem ligações e relacionamento e, por consequência, resultam – espera-se – na fidelização.

A Revista *Gestão e Negócios*, no artigo "Conheça o conceito de marketing humanizado – H2H",[6] destaca as principais diferenças entre o marketing H2H e o marketing B2B ou B2C, como mostra o Quadro 3.1.

4. KRAMER apud VECCHI, 2017.
5. VECCHI, 2017.
6. HENRIQUES, G. Conheça o conceito de marketing humanizado – H2H. *Revista Gestão e Negócios*, 1 jun. 2017. Disponível em: http://revistagestaoenegocios.uol.com.br/radar-coporativo/conheca-o-conceito-de-marketing-humanizado-h2h/3399/. Acesso em: 7 jan. 2017.

Quadro 3.1 Principais diferenças entre o marketing H2H e o marketing B2B ou B2C

Disputa de gigantes	
H2H	**B2B/ B2C**
Cliente tem atendimento personalizado	É apenas um número para a empresa
Campanhas focam em pessoas e anseios	Campanhas focam em produtos e atributos
A vida é quase real, próxima do consumidor	O Life Style mudou, ficou exuberante, quase inatingível
Informações personalizadas e direcionadas	Enxurrada de informações

Fonte: HENRIQUES, 2017.

Por relacionamento com públicos de interesse, referimo-nos a todo e qualquer tipo de interação, desde a oferta de produtos e serviços, baseada em verdade e ética, até a etapa além do consumo, cujo objetivo é captar, integrar, fidelizar e oferecer assistência para manutenção e perenidade da relação de compra e consumo.

O marketing H2H considera uma relação centrada em pessoas, cujas características podem ser vistas na Figura 3.3.

Figura 3.3 Características da relação H2H

Fonte: adaptada de MDG. *The birth of a human-centric marketing approach*, aug. 2010. Disponível em: https://www.mdgadvertising.com/marketing-insights/the-birth-of-a-human-centric-marketing-approach/. Acesso em: 9 ago. 2019.

Analisemos tais características com maior profundidade.

O marketing H2H considera uma relação centrada em pessoas.

- **utilidade** – relação que implica utilidade, ou seja, os públicos de interesse têm de perceber que relacionar-se com determinada marca, produto ou serviço tem grande utilidade para eles, seja com vantagens na aquisição, informações ou resolvendo pequenos problemas do dia a dia.
- **propósito** – a marca, produto ou serviço existe com um propósito que vai além da venda e dos lucros, e o público deve sentir que, por meio dessa relação, toma para si esses propósitos ou que, juntos, são capazes de contribuir mais para o mundo em que vivemos.
- **simplicidade** – a relação com as pessoas deve ser simples, direta, transparente, verdadeira, assim como a comunicação.
- **contexto** – fazer parte da vida das pessoas, fazer sentido, estar presente sem intromissão, mas como algo bem-vindo porque colabora, contribui e é pertinente.
- **participação** – envolvimento dos diversos públicos em todos os momentos, não apenas como fonte inesgotável de dados mercadológicos, mas fazendo que as pessoas sintam-se parte de algo. Participação implica algo dinâmico e significa permitir e mostrar ao público que sua participação é importante e que seus comentários e colaborações realmente contribuem para tornar as coisas melhores.
- **valores humanos** – trocar as declarações de missão, visão e valores longos e complicados por elementos simples e de fácil compreensão para todos. Ter valores humanos significa também exercê-los em cada nível de ação da organização, interna e externamente, não apenas na relação com consumidores, mas com colaboradores e todos os públicos de interesse. Trata-se de uma das características mais complexas e difíceis de implementar, porque exige mudança de *mindset* e da cultura organizacional.

Ter valores humanos significa também exercê-los em cada nível de ação da organização, interna e externamente, não apenas na relação com consumidores, mas com colaboradores e todos os públicos de interesse.

- **abraçar a irracionalidade** – refere-se ao *flawsome* citado anteriormente, isto é, trata-se de admitir-se humano e, portanto, sujeito a erros, mas também determinado a corrigi-los e a melhorar constantemente.

- **compreensão humana profunda** – ir além dos números, dos *analytics*, dos dados demográficos, implica adotar práticas de análise multidisciplinar das informações envolvendo pessoas de áreas muito distintas que permitam visão múltipla em busca de insights.

Nessa abordagem, o marketing H2H coloca como premissas os seguintes elementos:

- **consciência** (***awareness***) – na perspectiva centrada nas pessoas, a consciência tem de, necessariamente, permear toda a organização, em todos os níveis hierárquicos, envolvendo público interno e externo, parceiros, cadeia de produção e de distribuição, enfim, todas as pessoas que estão envolvidas em fazer o negócio acontecer devem ter a consciência de que são pessoas relacionando-se com pessoas.
- **integração** (***integrative***) – todos os aspectos das variáveis de marketing e os aspectos organizacionais correlacionados devem ser analisados, planejados e estruturados sob esse novo paradigma, priorizando o que é relevante para cada organização, marca, produtos ou serviços.
- **comece em algum lugar** (***start somewhere***) – as mudanças são amplas, variadas e profundas; não é possível mudar tudo de uma vez, porque implica mudança de cultura, mas deve-se elencar um conjunto de consumidores ou públicos em que seja possível iniciar a construção imediata dessa relação mais humanizada.
- **marca** (***brand***) – cada organização, cada marca, tem características, competências e habilidades diferentes que a fazem única, assim como as pessoas. Defina claramente o que tem significado real e pertinente para a organização e para a marca, de acordo com os valores e a cultura organizacional, e coloque isso, efetivamente, em prática.
- **pessoas** (***people***) – a relação humanizada começa com o staff interno (colaboradores e lideranças), onde todos devem compreender a necessidade da mudança de cultura. Recursos humanos, seleção de pessoal e treinamento são parceiros fundamentais nesse processo.
- **humanidades** (***human sciences***) – antes de investir fortemente em tecnologia, embora seja necessário para fazer o marketing H2H acontecer, é prioridade investir no ser humano, na compreensão e desenvolvimento do elemento humano que faz parte da organização.

Antes de investir fortemente em tecnologia, embora seja necessário para fazer o marketing H2H acontecer, é prioridade investir no ser humano.

Percebemos com isso que é um passo de longo prazo bastante complexo, que vai além do simples uso das mídias sociais como ferramentas de comunicação, uma vez que implica mudança de mentalidade (*mindset*), cultura organizacional, processos, procedimentos e também comunicação, como resume a Figura 3.4.

Figura 3.4
Premissas do marketing H2H

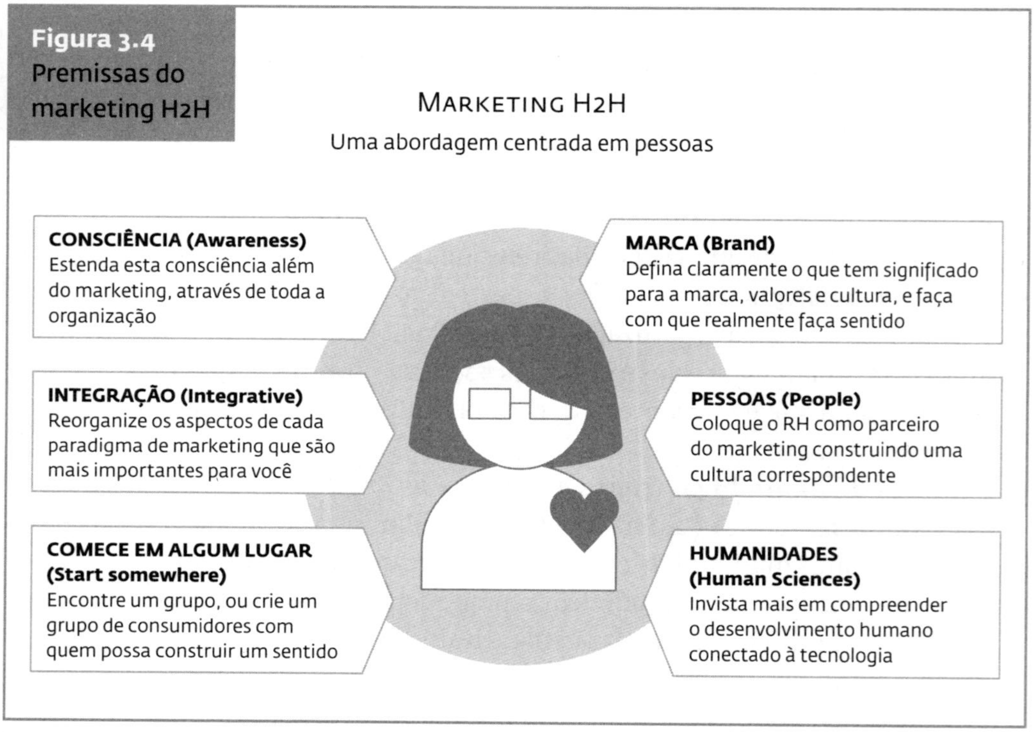

Fonte: KARNELL, J. *We are more than marketers*, 2012. Disponível em: www.marketingprofs.com/articles/2012/7058/we-are-more-than-marketer-integrating-a-human-centric-approach. Acesso em: 10 jul. 2019.

O marketing H2H utiliza-se de algumas ferramentas como:

- **customer relationship management (CRM)** – ferramentas, processos e procedimentos, softwares e sistemas, que permitem estabelecer um relacionamento com diversos públicos de interesse – não apenas consumidores, mas formadores de opinião, colaboradores, cadeia de suprimentos e cadeia de distribuição –, com o objetivo de identificar e atender necessidades, desenvolver produtos, serviços e marcas, gerar comunicações mais eficazes e eficientes e inovar por meio da cocriação. O princípio do CRM é a valorização de cada público e de sua história com a organização, permitindo um grau de personalização da relação e das ofertas, em prol de alcançar parceria, agilidade e fidelização.

- **mídias sociais** – aparecem aqui como o principal instrumento de comunicação pessoa a pessoa, permitindo alto nível de microssegmentação ou conectividade one-to-one. Quando associadas a outros canais digitais, permitem tornar a relação mais próxima e pessoal. Os dados de *social listening* e *analytics* permitem o desenvolvimento de ações pontuais e diferenciadas para os públicos de interesse, além de serem fonte de informação para a tomada de decisões estratégicas.

O princípio do CRM é a valorização de cada público e de sua história com a organização.

- **mobile** – considerando que a maior parte dos acessos às mídias sociais se dá por meio de celulares e aplicativos, o marketing H2H não pode prescindir desse instrumento de comunicação como parte de suas estratégias. O grande desafio é esquecer o marketing de intromissão e criar ações sob o amparo do marketing de permissão, tornando-se parte da solução para os públicos e não parte do problema.
- **métricas** – as mídias sociais, digitais e mobile, são capazes de oferecer uma análise de dados bastante ampla e profunda, além de acompanhamento de resultados e diálogo em tempo real com os públicos de interesse. O marketing H2H tem de estar preparado para essa realidade.

O grande desafio é esquecer o marketing de intromissão e criar ações sob o amparo do marketing de permissão, tornando-se parte da solução para os públicos e não parte do problema.

Em organizações que já trazem em seu DNA a preocupação genuína com o consumidor, a consciência de sua responsabilidade social e ambiental e a perspectiva da sustentabilidade como base do negócio, entre outros, têm mais chances de atuar sob a perspectiva do marketing H2H – é claro que existem também produtos e marcas que favorecem essa relação mais humana e emocional do que outros, porém, qualquer organização é passível de dar um passo nessa direção.

O artigo da revista Gestão e Negócios,[7] citado anteriormente, comenta o caso das Clínicas Odontológicas Ortoplan:

7. HENRIQUES, 2017.

Na rede de franquias de clínicas odontológicas Ortoplan, a aposta no marketing H2H é intensa. As 60 unidades – presentes no Brasil e no Paraguai – são cuidadosamente planejadas para que o conceito de atendimento humanizado esteja também na arquitetura das clínicas. A sala de espera tem elementos que fazem com que a pessoa se sinta em casa. Os ambientes também contam com plantas, além de aromas que trazem um estímulo neuronal muito forte de bem-estar. "A rede sempre teve grande preocupação com o atendimento oferecido aos pacientes e também vem investindo em ações dedicadas aos colaboradores, tanto motivacionais quanto de produtividade", comenta o presidente da Ortoplan, Faisal Ismail. Ismail diz que, dessa maneira, a Ortoplan trabalha com profissionais satisfeitos com suas atividades e cheios de energia, o que contribui e reflete no atendimento oferecido aos clientes e potenciais pacientes das unidades. "Alguns ganhos são imperceptíveis, porque muito do que o cliente percebe, ele não fala, mas o que importa são as sensações que grava na mente", afirma o executivo.

O que é importante ressaltar é que se a organização como um todo não acredita nesse processo de humanização e, especialmente, se as lideranças, investidores e acionistas têm o lucro financeiro em primeiro lugar e uma exorbitante gestão de recursos humanos, maquiar as mídias sociais não vai funcionar.

Se a organização como um todo não acredita nesse processo de humanização, maquiar as mídias sociais não vai funcionar.

De maneira geral, os benefícios da mudança de paradigma para o marketing H2H podem ser:[8]

- clientes fidelizados à marca, aos produtos e aos serviços;
- crescimento do *buzz marketing* (boca a boca);
- resultados mais positivos no *social listening*;
- a empresa se torna mais amada e respeitada, diferenciando-se da concorrência;
- crescimento do ticket médio em virtude da melhora da percepção acerca da marca, produtos e serviços;
- a marca da empresa se torna mais sólida no mercado.

Para concluir, é importante ressaltar que o marketing H2H, e, consequentemente, a comunicação H2H, como ferramenta de marketing, vai enfrentar ainda muitas mudanças necessárias até que possamos dizer que a transição foi feita. Para tanto, a cultura da organização

---

8. Adaptado de GEOSALES. *Nova tendência do marketing*: H2H. Disponível em: http://www.geosales.com.br/blog/tendencia-do-marketing-h2h-human-to-human/. Acesso em: 10 jul. 2019.

deve ser centrada no cliente e todas as decisões estratégicas devem ser tomadas a partir disso; as mídias sociais e digitais, além das tradicionais, enquanto canais de relacionamento, devem ser usadas para comunicar-se de forma mais efetiva, com pessoas e equipes preparadas e focadas; deve-se evitar o excesso de formalidade, burocracia e centralização de poder; as pessoas devem ser treinadas, orientadas, capacitadas e remuneradas para atuar da forma como é necessário; deve ser feito intenso investimento em tecnologia que contribua para agilidade na comunicação e na solução de problemas; deve-se ter como fundamental a autonomia dos colaboradores e lideranças; e, por fim, deve-se monitorar constantemente resultados interna e externamente para ajustar procedimentos e processos – e não como forma de punição a pessoas ou setores da organização.

3.1.1 H2H – comunicação entre pessoas e não entre instituições

Gerenciar a comunicação das organizações, nesse cenário, é um desafio para todos e requer a disposição de compreender os inter e intrarrelacionamentos que ocorrem entre consumidores, canais de comunicação e marcas. É preciso demandar tempo no entendimento dos efeitos que os diversos canais de comunicação têm sobre o comportamento e atitudes do consumidor sobre as atividades mercadológicas e marcas e sobre a maneira pela qual as organizações comunicam seus produtos, serviços e marcas.

Não há apenas uma mudança em curso, mas uma série entrelaçada de transformações que afetam a forma como nos comunicamos e realizamos nossos negócios.

Não há apenas uma mudança em curso, mas uma série entrelaçada de transformações que afetam a forma como nos comunicamos e realizamos nossos negócios.

O próprio perfil do profissional de marketing e comunicação das organizações tem mudado drasticamente, exigindo maiores competências estratégicas em comunicação e planejamento, a ponto de as maiores organizações mundiais estarem questionando a necessidade de uma posição de gestor de experiência de marca, o chamado *chief growth officer* (CGO), cujo foco seria equilibrar resultados e fortalecer marcas – há muita polêmica com relação a isso. O fato é que vários aspectos do marketing e da comunicação têm mudado:[9]

9. AUSTIN; AITCHISON, 2006, p. 19-20.

- a intromissão está dando lugar à permissão, ou seja, o consumidor ou os públicos de interesse da organização não querem mais o assédio desmesurado de marcas, produtos e serviços;
- as marcas têm sua missão, visão e valores, mas os públicos querem saber se elas têm um propósito de existência e se suas ações são pertinentes;
- os públicos estão e querem sentir-se no controle do que e como consomem no seu dia a dia, trazendo para as organizações a responsabilidade e a oportunidade de atuar na educação para o consumo consciente;
- as ferramentas tradicionais de comunicação ainda têm seu valor e continuarão a tê-lo, mas sua importância tem se tornado menor a cada dia como instrumento de simples persuasão – se é que um dia o foram realmente;
- as organizações continuam com uma imensa dificuldade de correlacionar as ações de comunicação com os resultados em vendas;
- o consumo é essencial para movimentar o capital e necessário à economia, pelo menos na dinâmica de mercado que conhecemos, mas isso tende a mudar no futuro.

O consumidor ou o público de interesse da organização está no centro do processo e não quer mais ser avaliado por dados numéricos. Pesquisas apontam que as pessoas têm consciência de que seus dados não são privados e são usados pelas organizações como base para ações de marketing – muitas não se incomodam com isso desde que possam se beneficiar. Os indivíduos gostam de colaborar com empresas e produtos, contanto que percebam a utilidade e o uso de suas contribuições.

O consumidor ou o público de interesse da organização está no centro do processo e não quer mais ser avaliado por dados numéricos.

Austin e Aitchison propuseram um esquema explicativo para esse novo cenário, como mostra a Figura 3.5.

Figura 3.5
Consumidores, canais e marcas movidos pela tecnologia

Fonte: AUSTIN; AITCHISON, 2006, p. 19.

Os consumidores tornaram-se mais exigentes e têm maior senso do próprio valor e de seu papel na economia e para as organizações. Estas, por outro lado, movidas pela competitividade do mercado, vieram em um movimento crescente de introduzir mais marcas, novas marcas e marcas com portfólio cada vez mais complexo, o que acabou por afetar não só a própria economia da organização e do mercado, mas as relações com o consumidor que se viu perdido entre tantas opções.

Os consumidores tornaram-se mais exigentes e têm maior senso do próprio valor e de seu papel na economia e para as organizações.

Por outro lado, a multiplicidade de marcas e de canais de comunicação impactou a segmentação da comunicação, uma vez que a fragmentação das audiências e o individualismo tem afetado o comportamento do consumidor – permeados e imersos no universo das tecnologias digitais da informação e da comunicação.

De acordo com Negroponte,[10] "a individualização é a extrapolação do *narrowcasting*",[11] onde o indivíduo é uma unidade demográfica composta de uma só pessoa. A demanda por personalização na comunicação só é possível hoje em virtude da grande massa de dados coletados e armazenados e dos algoritmos – conjunto de procedimentos lógicos (ligados à programação/informática), com sequência finita de instruções executadas eletronicamente em um intervalo de tempo. O termo *narrowcasting* é usado para se referir ao processamento de dados que permite identificar quando um indivíduo busca uma palavra em ferramentas de busca e, na sequência, ao acessar sua mídia social preferida ou seu e-mail, visualiza anúncios sobre o tema ou produto pesquisado.

Negroponte[12] faz uma crítica à capacidade de personalização das organizações ao afirmar que a demografia tradicional não alcança o indivíduo digital, ou que "imaginar a era da pós-informação em termos de uma demografia infinitesimal ou de uma programação ultradirecionada é algo tão personalizado quanto esses restaurantes em que você escolhe os ingredientes de sua pizza numa lista muito limitada" – ou seja, não é lá tão personalizado assim como fazem crer muitas organizações.

Segundo Negroponte,[13] o grande desafio para os aplicativos, dados e softwares é alcançar a capacidade de compreender cada indivíduo com o mesmo grau de sutileza que desejaríamos encontrar em nossas relações interpessoais ou até mais.

O grande desafio para os aplicativos, dados e softwares é alcançar a capacidade de compreender cada indivíduo com o mesmo grau de sutileza que desejaríamos encontrar em nossas relações interpessoais.

Uma das maneiras de olhar esse contexto de forma simples é entender como a comunicação pode estar presente em todos os pontos de contato da marca ao longo da jornada de compra do consumidor, como mostra a Figura 3.6.

---

10. NEGROPONTE, N. *A vida digital*. São Paulo: Companhia das Letras, 1995. p. 158.
11. *Narrowcasting* ou difusão seletiva (por oposição a *broadcasting*, enquanto "divulgação") – diz respeito à possibilidade de difusão seletiva de publicidade ou informação para segmentos diferenciados por valores, preferências ou atributos demográficos. Disponível em: http://www.comuniqueiro.com/dicionario/narrowcasting. Acesso em: 9 jul. 2019.
12. NEGROPONTE, 1995, p. 157.
13. NEGROPONTE, 1995, p. 157.

Figura 3.6
A jornada de compra *versus* atividades de marketing H2H

Fonte: FARACO, F. *H2H marketing*. Disponível em: https://www.scoop.it/topic/h2h-marketing. Acesso em: 11 jul. 2019.

Ao prestar atenção na jornada de compra, não só identificamos quando pode e deve ocorrer alguma ação de comunicação, como podemos detectar o conteúdo a ser comunicado, como mostra a Figura 3.7.

Figura 3.7
O conteúdo e a jornada de compras

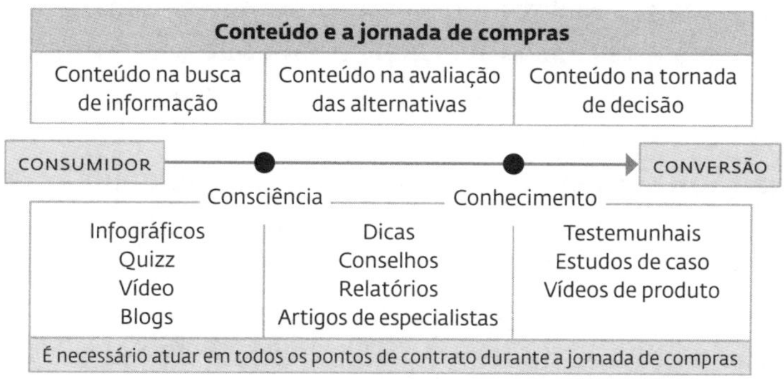

Fonte: BRAND TARGET. Pontos de contato entre marca e público. Disponível em: https://brandtarget.wordpress.com/2013/07/12/pontos-de-contato-entre-marca-e-publico/. Acesso em: 13 set. 2017.

Por exemplo, no momento em que o consumidor inicia uma jornada de compra, tende a buscar informações em diversas fontes; temos aí uma oportunidade de torná-lo consciente da existência de determinada marca, produto ou serviço, e, para isso, blogs, vídeos, quizzes, infográficos podem ser muito interessantes como ações de comunicação, seja por meio de mídias sociais ou não.

Quando o consumidor entra na fase de avaliação das alternativas, dicas, conselhos, relatórios ou artigos, especialmente se compartilhados por meio das mídias sociais ou em fontes fidedignas, podem ser muito significativos.

Os princípios da comunicação H2H são:

- **coloque o consumidor no centro** – todo conteúdo precisa ter como foco o consumidor, o público, as pessoas, isto é, o ser humano que está do outro lado da "linha";
- **busque o consumidor** – não espere que, nesse mar de informações, o público venha bater à sua porta atrás de mais; por isso, esteja disponível, presente e identifique os pontos de contato, mas de forma elegante e sincera, sem intromissões indesejadas;

Todo conteúdo precisa ter como foco o ser humano.

- **crie experiências atraentes** – o público busca experiências agradáveis, atraentes, curiosas, de preferência envolvendo todos os sentidos que uma plataforma permitir (auditivo, tátil, sensorial);
- **marque presença nas mídias sociais e mobile** – em virtude do número de celulares e sua importância para o acesso, é imprescindível a presença nas duas plataformas, guardadas as características particulares de cada uma;
- **conduza a uma resposta emocional** – conduza seu público a reagir com emoção, sem ser piegas, previsível ou estereotipado;
- **seja autêntico** – a autenticidade nas ações é fundamental e significa ser verdadeiro e transparente na comunicação;
- **alavanque o conhecimento** – qualquer ponto de contato com a marca, produto ou serviço pode ser uma oportunidade de aprender e ensinar algo;
- **nutra conversações** – ouça e esteja aberto ao diálogo, definindo a periodicidade adequada para cada mídia ou ação; as mídias sociais, por exemplo, requerem uma dinâmica intensa de conversação;

- **trabalhe com nichos-alvo** – quanto mais segmentado, melhor será o trabalho com relação ao conteúdo, sua relevância e pertinência;
- **entregue uma experiência social** – em qualquer plataforma de comunicação, do telefone às mídias sociais, do ponto de vendas ao autosserviço, são humanos se relacionando com humanos e essa experiência é fundamental e determinante para uma comunicação H2H bem-sucedida.

Ouça e esteja aberto ao diálogo, definindo a periodicidade adequada para cada mídia ou ação.

A Figura 3.8 tem por objetivo sintetizar esses princípios.

Figura 3.8
Princípios da comunicação H2H

Princípios da Comunicação H2H

- Tudo se refere a mim (o consumidor)
- Me encontre primeiro
- Experiências atraentes
- Mídias sociais e mobile
- Conduza a uma resposta emocional
- Seja autêntico
- Alavanque o conhecimento
- Nutra conversações
- Trabalhe com nichos-alvo
- Entregue uma experiência social

Fonte: MORGAN, N. *A time for human-to-human marketing*, 2016. Disponível em: https://www.linkedin.com/pulse/time-human-to-human-marketing-neil-morgan/. Acesso em: 11 jul. 2019.

Como afirma Kramer,[14] a comunicação H2H precisa ser simplificada e ligada ao sistema sensorial humano, baseando-se em ações que envolvam experiências em todos os níveis – olfativo, tátil, gustativo, ótico e auditivo –, proporcionando envolvimento e experiência marcantes.

A Figura 3.9 contém dicas para a comunicação e o marketing de influência que reforçam o que foi citado anteriormente.

A comunicação H2H precisa ser simplificada e ligada ao sistema sensorial humano, baseando-se em ações que envolvam experiências em todos os níveis.

14. KRAMER apud VECCHI, 2017.

Figura 3.9
Dicas do H2H em marketing de influência

5 DICAS DO H2H
em marketing de influência

1. Microinfluenciadores e segmentação de público
2. Atenção constante
3. Medir o que realmente importa
4. Média social em tempo real
5. Autenticidade acima de tudo

Fonte: LINKEDIN.

É importante lembrar, como afirmam Austin e Aitchinson,[15] que *awareness* (consciência) não impacta diretamente o volume de vendas, mas é uma predisposição para saber mais sobre o produto. Ehrenberg[16] também afirma que estar consciente da marca, produto ou serviço não significa exatamente uma disposição à compra – o gatilho tende a vir de fora, por meio de outros canais ou de influenciadores.

Consciência (*awareness*) é uma predisposição para saber mais sobre o produto.

Já Zyman[17] afirma, por exemplo, que *awareness* não vende, assim como propaganda não muda o comportamento de consumo, mas a experiência tem esse poder. As ferramentas mais massivas, como a propaganda, não conferem valores agregados à marca, mas trabalham apenas elementos emocionais e intangíveis. É, portanto, na experiência de marca que a venda e a fidelização podem ocorrer.

Quando falamos de experiência de marca e fidelização, referimo-nos a conceitos que, de forma geral, indicam que os consumidores estão arredios, menos fiéis e mais desconfiados quanto aos discursos organizacionais. Há uma crise mundial de credibilidade e, ao discurso, deve-se construir uma prática "à prova de mídias sociais",[18] ou seja, uma prática que não tenha medo do que possa ser disseminado nas mídias sociais.

---

15. AUSTIN; AITCHINSON, 2006.
16. EHRENBERG apud AUSTIN; AITCHISON, 2006.
17. ZYMAN apud AUSTIN; AITCHISON, 2006.
18. EHRENBERG apud AUSTIN; AITCHISON, 2006.

Existem, então, três questões-chave para a comunicação H2H: pontos de contato, jornada de compra e seleção dos canais de comunicação.

Os pontos de contato implicam a identificação, na jornada de compra do consumidor e em sua rotina diária, de todos os pontos de contato com a marca, atuais e potenciais. Zyman[19] afirma que tudo o que uma organização faz comunica algo a respeito da marca aos consumidores e a outros públicos – e esse é o princípio da transparência.

Os pontos de contato implicam a identificação, na jornada de compra do consumidor e em sua rotina diária, de todos os pontos de contato com a marca, atuais e potenciais.

A identificação dos pontos de contato pode colaborar com o surgimento de insights significativos, tanto para a forma como para o conteúdo da comunicação, como mostra a Figura 3.10.

Figura 3.10 Pontos de contato da marca

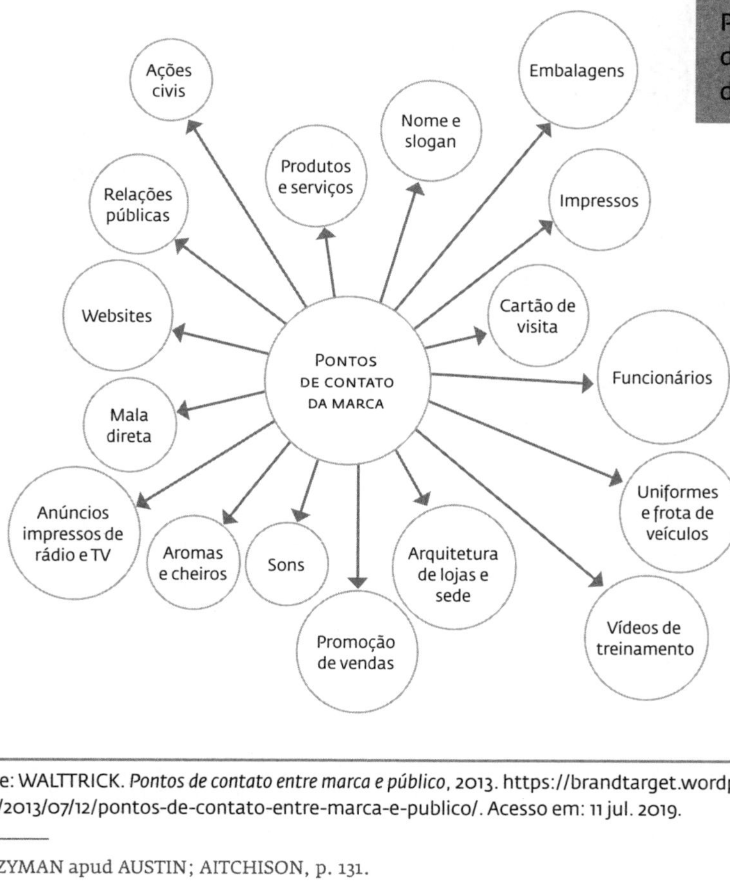

Fonte: WALTTRICK. *Pontos de contato entre marca e público*, 2013. https://brandtarget.wordpress.com/2013/07/12/pontos-de-contato-entre-marca-e-publico/. Acesso em: 11 jul. 2019.

19. ZYMAN apud AUSTIN; AITCHISON, p. 131.

A Figura 3.11 consiste em um exemplo de mapa de pontos de contato. Trata-se de "um mapa detalhado de todos os pontos em que as pessoas têm contato com o seu produto, marca ou serviço. Pontos de contato são classificados nos contextos em que eles aparecem, o seu impacto ou outros aspectos".[20] O mapa pode ser um recurso visual que venha a ajudar no planejamento e na seleção de canais de comunicação.

Figura 3.11
Mapa de pontos de contato

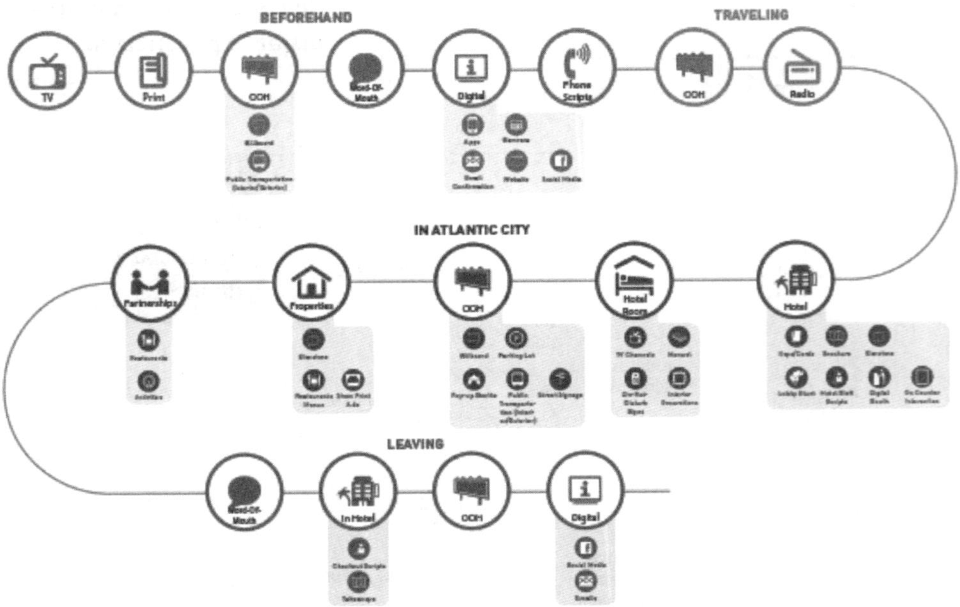

Fonte: ALQUIMIA.

A jornada de compras consiste em um mapeamento sistemático de todas as etapas que o consumidor atravessa, desde a consciência de um desejo ou necessidade, passando pela busca de informação, tomada de decisão de compra, quando o consumidor define sua escolha com relação a produtos, serviços e marcas, e pode acompanhar até a etapa

20. ALQUIMIA. *Mapa de pontos de contato*. Disponível em: http://alquimia.cc/mapa-de-pontos-de-contato/. Acesso em: 11 jul. 2019.

de pós-compra, com o objetivo de identificar a satisfação (ou não) do consumidor com sua decisão de compra.

A jornada de compras deve ter como base uma pesquisa detalhada das etapas do processo de compra e consumo, incluindo todos os passos, pessoas de influência e meios de comunicação que fazem parte de cada etapa do processo. Existem diversas formas de desenhar esta jornada. Na Figura 3.12 apresentamos a proposta da empresa Marketing Ideas:

Figura 3.12
Jornada de Compras do Consumidor (Buyer Journey)

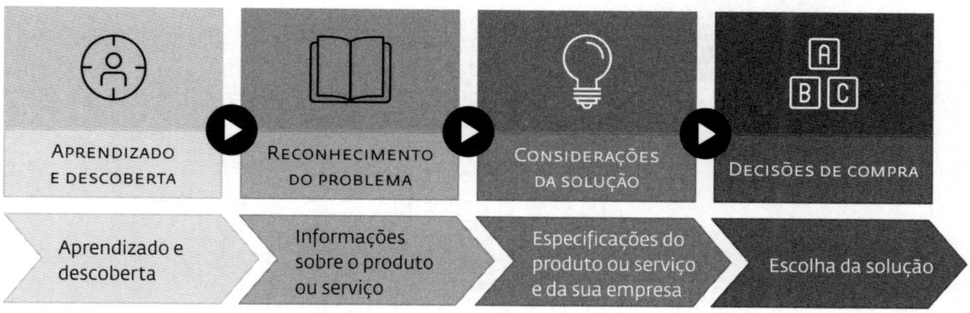

Fonte: MARKETING IDEAS. *Jornada de compra:* conheça as 4 etapas fundamentais para o sucesso de sua campanha de marketing. Disponível em: https://agenciamktideas.com/tag/jornada-de-compra/. Acesso em: 9 ago. 2019.

Sobre a seleção de canais de comunicação, no planejamento tradicional de comunicação mercadológica, chamaríamos a isso de planejamento de mídia, mas, quando se trata de comunicação H2H, vamos um pouco além do que se costumava fazer, exigindo maior esforço de planejamento.

O planejamento de canais de comunicação, como afirma Zyman,[21] trata do crescimento das marcas e do negócio, em um ambiente mais aberto a novas ideias e soluções, com base em uma visão clara acerca da marca e de suas interações com os diversos públicos de interesse por meio dos canais de mídia, incluindo as sociais.

---

21. ZYMAN apud AUSTIN; AITCHISON, 2006, p. 140-141.

Zyman afirma que a busca e monitoramento das informações de marca nos diversos canais pode gerar insights a partir do conhecimento do comportamento de consumo de mídia do público consumidor, cruzando-o com o seu comportamento na jornada de compra, como mostra a Figura 3.13. Embora isso não seja exatamente uma novidade, permite uma percepção múltipla da marca, mercados, consumidores e canais. O mercado chama isso de visão 360 graus.

O planejamento de canais de comunicação trata do crescimento das marcas e do negócio, em um ambiente mais aberto a novas ideias e soluções.

Figura 3.13 Seleção de canais de comunicação

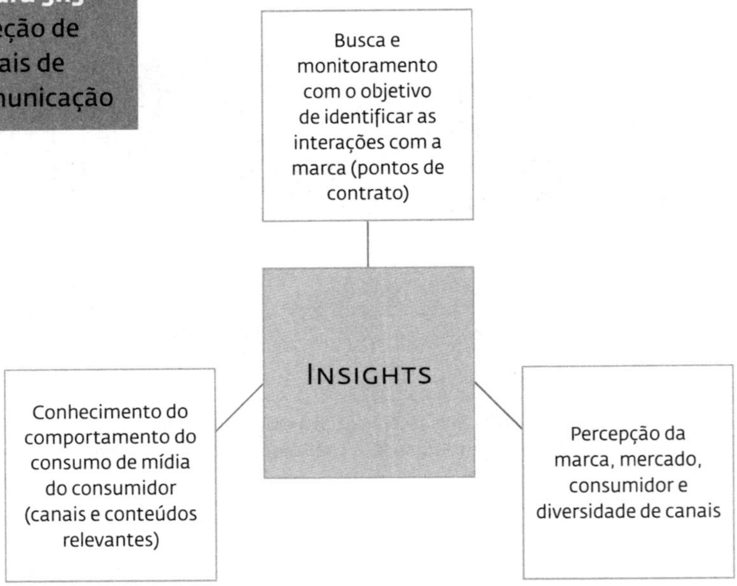

Fonte: ZYMAN apud AUSTIN; AITCHISON, 2006, p. 140-141.

A comunicação H2H é, por excelência, baseada em mídias sociais.

A comunicação H2H é, por excelência, baseada em mídias sociais. Para planejá-la, Austin e Aitchison[22] propõem o que chamam de Communication Channel Planning (CCP) e que vai além do planejamento de mídia como o concebemos. O CCP tem o consumidor como centro do processo e procura pensar a seleção dos canais de

22. AUSTIN; AITCHISON, 2006.

comunicação da forma mais objetiva e neutra possível, com objetivos mensuráveis e claramente definidos, como mostra a Figura 3.14.

Figura 3.14
CCP

Fonte: adaptada de BMS. *What are the components of IMC / integrated marketing communication?* Disponível em: http://www.bms.co.in/what-are-the-components-of-imc-integrated-marketing-communication/. Acesso em: 9 ago. 2019.

O consumidor é o centro do processo. No primeiro nível, definem-se as ferramentas e canais com os quais tem regularmente contato, independentemente de estar relacionado à marca, ao produto ou ao serviço em questão. O próximo nível consiste em identificar, em cada ferramenta ou canal, quais as ações e veículos que fazem parte dos hábitos de consumo de mídia do público-alvo – mas retornaremos a esse assunto mais à frente.

O consumidor é o centro do processo.

De qualquer forma, é sempre bom ter em mente que a comunicação H2H não pode ser comprada. Renata Longhi,[23] em artigo para o *Meio & Mensagem*, observa:

> *Earned attention*, mais do que um jargão, é uma visão de mercado. Hoje, como marcas, estamos em pé de igualdade com qualquer outro produtor de conteúdo. Precisamos ter mais humildade ao planejar as nossas campanhas. Precisamos falar menos sobre nós mesmos e ouvir mais o que o consumidor deseja e escolhe consumir. Mas é importante esclarecer um ponto: conquistar a atenção significa construir conexões relevantes do target com a sua proposta de valor, com o seu diferencial ou o propósito da marca. Não é usar o gatinho ou o meme do momento – infelizmente, dá mais trabalho do que isso. E, se a sua proposta de valor não é interessante o bastante para conquistar a atenção, talvez seja por aí que você deva começar. Merecer atenção, no tempo em que vivemos, é merecer a confiança. A confiança de que a marca pratica o que prega. A confiança de que o produto entrega o que promete.

3.2 MARKETING DE CONTEÚDO

Se a atenção dos públicos de interesse não pode mais ser comprada, mas deve ser conquistada, como alcançar essa meta com o atual emaranhado de canais de comunicação presentes em nosso dia a dia? Talvez o **marketing de conteúdo** possa nos dar um caminho para disponibilizar informações capazes de capturar a atenção das pessoas.

Marketing de conteúdo é definido como todo o conteúdo de qualidade e relevância, cujo objetivo é educar, informar ou entreter determinado público de interesse. Consiste na produção de conteúdo de marca direcionado a públicos-alvo específicos, que possa auxiliar no processo de compra, dar informações sobre produtos, serviços e marcas, estabelecer uma relação de expertise junto aos públicos ou prestar informações de forma geral sobre organizações, mas sempre tendo como balizador a informação que seja melhor, mais agradável e útil ao consumidor-cliente.

---

23. LONGHI, R. *Earned attention*: a atenção não pode ser comprada. *Meio & Mensagem*, 10 jul. 2017. Disponível em: http://www.meioemensagem.com.br/home/opiniao/2017/07/10/earned-attention-a-atencao-nao-pode-ser-comprada.html. Acesso em: 11 jul. 2019.

Um dos aspectos mais fundamentais da transformação trazida pelas mídias sociais para as organizações e negócios é a personalização. As atividades e ações das empresas precisam deixar de ser automáticas para serem pessoais – mesmo quando somos atendidos por uma inteligência artificial (IA) no call center ou quando falamos com nossos assistentes virtuais, queremos ter a sensação de estarmos nos relacionando pessoa a pessoa. Cremos que essa é a maior transformação do processo de relacionamento trazido pelo contexto das mídias sociais – as relações precisam estabelecer-se entre pessoas, baseadas em valores humanos e com maior compreensão sobre as necessidades de cada um.

Marketing de conteúdo é definido como todo o conteúdo de qualidade e relevância, cujo objetivo é educar, informar ou entreter determinado público de interesse.

Em outra perspectiva, o marketing de conteúdo consiste em produzir conteúdo de marca (*branded content*), com o objetivo de envolver o público em conteúdos de seu interesse, que sejam relevantes e úteis o suficiente para atrair outros públicos – incluindo clientes –, ampliando, assim, a rede de consumidores atuais e potenciais. Um bom conteúdo tem potencial de gerar contatos (*leads*), criando valor e auxiliando a construção de uma percepção positiva da marca, produto ou serviço.

Como objetivos finais, temos a construção de relacionamentos de longo prazo, fidelização e ampliação do volume de vendas. É importante ressaltar que o marketing de conteúdo deve considerar não o que a empresa deseja enviar como mensagem, mas deve identificar a mensagem que o consumidor/cliente/público deseja ou precisa receber – essa é a principal mudança de paradigma com relação à forma de criação tradicional.

Marketing de conteúdo não se refere ao que sua empresa faz, mas ao que seus clientes precisam.

Marketing de conteúdo não se refere ao que sua empresa faz, mas ao que seus clientes precisam.

A Figura 3.15 representa um modelo de marketing de conteúdo.

Figura 3.15 Modelo de marketing de conteúdo

Fonte: AUGUSTO, A. *Marketing de conteúdo para sites e blogs*. Disponível em: http://agenciacarcara.com.br/servicos/gestao-e-marketing-de-conteudo-para-site-e-blog/. Acesso em: 11 jul. 2019.

Em um primeiro momento, temos a etapa de promoção de determinado conteúdo, seja nas mídias tradicionais, como televisão, rádio, jornais e revistas, ou nas mídias digitais, cujo objetivo é atrair visitantes para blogs, conteúdos na web, artigos e vídeos. A partir daí, caso o visitante considere o conteúdo interessante, pode buscar mais informações ou fazer download de materiais, vídeos ou outras coisas que lhe interessem, preenchendo formulários (*landing pages*). A partir dos dados coletados e analisados, é possível partir para o segundo passo, enviando ou disponibilizando para a base de contatos interessados (*leads*) informações por meio de newsletters, webinars,[24] e-books ou whitepapers.[25]

O objetivo da etapa dois é gerar mais interesse e filtrar os *leads* que possam virar efetivamente *prospects*. A partir daí, a interação pode ocorrer por meio de telefone, consultas, avaliações ou demonstrações. Por fim, mas não como última etapa, ocorre o envio de uma proposta referente ao produto, serviço ou marca em questão com o intuito de efetuar a conversão em vendas. Mas não para por aí! A etapa que não está na Figura 3.15 é o pós-venda e a continuidade da relação com o público no intuito de fidelização e recompra.

Basicamente, o marketing de conteúdo tem como objetivos:[26]

- aumentar a visibilidade de produtos, serviços e marcas na internet;
- aumentar a interação da marca com os públicos de interesse;
- nutrir a base de contatos (*leads*);
- reduzir o custo de aquisição de clientes;
- construir uma relação de confiança com o público de interesse;
- melhorar a experiência de marca.

O marketing de conteúdo tem a função de atrair públicos, reter clientes e gerar receitas.

Assim, o marketing de conteúdo tem a função de atrair públicos, reter clientes e gerar receitas, como mostra a Figura 3.16.

24. Webinars são seminários que ocorrem por meio da web através de ferramentas de áudio e vídeo.
25. Whitepaper é um texto, artigo ou outra forma escrita que aprofunda um determinado assunto, em geral apresentando situação, o que foi realizado e resultados alcançados, de forma breve; tem a função de mostrar o portfólio de uma empresa, esclarecer pontos relevantes, educar e disseminar informação. É disponibilizado de forma gratuita e utilizado para a geração de leads (contatos).
26. Adaptado de RESULTADOS DIGITAIS. *Marketing de conteúdo*, 2019. https://resultadosdigitais.com.br/marketing-de-conteudo/. Acesso em: 11 jul. 2019.

Figura 3.16
Síntese dos objetivos do marketing de conteúdo

Fonte: NÃO AGÊNCIA. *Marketing de conteúdo tem relação direta com investimento em informação e tráfego orgânico*. Disponível em: https://naoagencia.com/marketing-de-conteudo-e-para-os-fortes/. Acesso em: 9 ago. 2019.

Segundo a pesquisa *ContentTrends2016*,[27] realizada pela Rock Content, em 2016:

- empresas que adotam marketing de conteúdo geram **4x mais visitas** e **5x mais** *leads*;
- empresas que publicam conteúdo no blog têm **3,7x mais visitas**;
- empresas que publicam mais de **12 conteúdos por mês** geram **o dobro de tráfego** em seu site;
- **50% das empresas brasileiras** aumentaram os investimentos em marketing de conteúdo entre 2015 e 2016;
- **67% das organizações** pretendem aumentar seus investimentos nisso em 2017;
- **74,8% das empresas** afirmaram que o número de conteúdos publicados cresceu entre 2015 e 2016.

Marketing de conteúdo não é solução mágica, mas uma opção de atividade que deve ser levada muito a sério.

De qualquer forma, marketing de conteúdo não é solução mágica, mas uma opção de atividade que deve ser levada muito a sério. Em geral, usam-se blogs, conteúdos ricos (*rich media*), vídeos, mídias sociais e e-mail marketing.

As principais ferramentas para distribuir conteúdo estão indicadas na Figura 3.17.

27. RESULTADOS DIGITAIS. *ContentTrends2016*. Disponível em: https://resultadosdigitais.com.br/marketing-de-conteudo/. Acesso em: 11 jul. 2019.

Figura 3.17
Ferramentas utilizadas para distribuir conteúdo

Fonte: PEÇANHA, V. *Marketing de conteúdo*, 2018. Disponível em: https://rockcontent.com/marketing-de-conteudo/. Acesso em: 11 jul. 2019.

Essa é, portanto, uma estratégia de atuação em comunicação que consiste em um conjunto de ferramentas utilizadas para gerar envolvimento e engajamento dos públicos de interesse. Uma boa campanha de marketing de conteúdo deve ter determinadas características, como mostra a Figura 3.18.

Figura 3.18
Características de uma boa campanha de marketing de conteúdo

Fonte: PX/BRASIL. *Marketing de conteúdo. O que é isso?* Disponível em: https://www.pxbrasil.com.br/marketing-conteudo/. Acesso em: 13 set. 2019.

Aprofundemos, agora, cada uma dessas características.

- **foco no indivíduo** – todo e qualquer conteúdo deve ser desenvolvido e disseminado com foco no que os públicos de interesse consideram relevante e útil. Claro que deve estar alinhado e fazer sentido para a marca, produto ou serviço em questão, mas não se trata mais de ter a base da comunicação fixada na marca (missão, visão e valores ou *unique selling proposition* – USP) e sim nos interesses e necessidades do consumidor, buscando um alinhamento entre as duas coisas, desde que faça sentido.

Todo e qualquer conteúdo deve ser desenvolvido e disseminado com foco no que os públicos de interesse consideram relevante e útil.

- **mensagem personalizada** – one-to-one, isto é, a mensagem deve ser o mais simples e direta possível, atendendo ao indivíduo.
- **foco na jornada de compra** – compreender a jornada de compra do consumidor é fundamental para identificar os pontos de contatos adequados a cada fase, estando presente em cada uma delas de forma útil e contributiva, e não intromissiva.
- **multicanal** – a comunicação deve envolver o máximo de canais e plataformas possível, equalizando custo × resultados – o que equivale a pensar em um mix de comunicação integrada;
- **métricas** – definir claramente o que se deseja alcançar e medir sempre, não apenas como forma de verificar o alcance de resultados numéricos e financeiros, mas para avaliar qualitativamente as conexões estabelecidas.

Entenda que isso não significa que a organização não trabalhará mais com ferramentas como propaganda, relações públicas, assessoria de imprensa ou promoção. Marketing de conteúdo não é uma solução completa, mas uma forma de encarar a comunicação da organização atrelada ao processo de compra e consumo, utilizando integradamente todos os canais que possam favorecer os pontos de contato entre o indivíduo e a marca, produto ou serviço. Portanto, não se trata apenas do uso de mídias digitais ou sociais; é possível criar conteúdo relevante de marca (*branded content*) ou colocar o produto em meios de comunicação por meio de *product placement* ou o tradicional merchandising, como parte de uma estratégia mais ampla.

Um bom planejamento de marketing de conteúdo tem o potencial de trazer benefícios consistentes e mensuráveis para a organização.

Um bom planejamento de marketing de conteúdo tem o potencial de trazer benefícios consistentes e mensuráveis para a organização, como mostra a Figura 3.19.

Figura 3.19
Benefícios do marketing de conteúdo

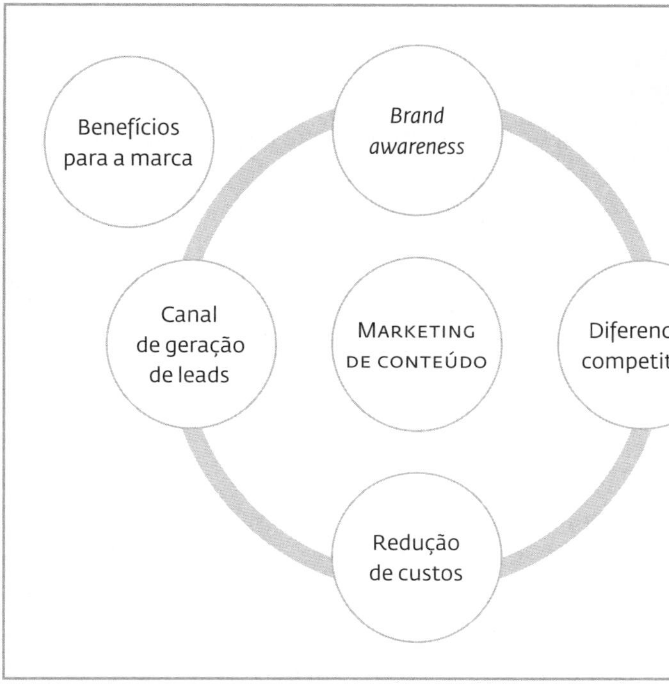

Fonte: PX/BRASIL.

Aprofundemo-nos, agora, em cada um dos benefícios.[28]

- ***Brand awareness*** – as pessoas passam a conhecer melhor a sua marca, afinal, você possui sua própria audiência. Atualmente, 93% das compras começam com pesquisas on-line em buscadores. Campanhas de publicidade clássicas, como Google Adwords, Facebook Ads, Twitter Ads e outras, são eficientes para gerar audiência, mas vêm sempre acompanhadas de altos custos. Com o marketing de conteúdo, você, organicamente, consegue atingir mais pessoas a um custo reduzido.
- **Diferencial competitivo** – se a sua marca produz conteúdo valioso para sua audiência, você gera preferência do consumidor. De quem

28. PX/BRASIL.

você compraria uma solução de automação de marketing? Da empresa que educou você sobre o funcionamento e forma de utilização dessa tecnologia a seu favor ou de uma empresa que apenas tenta vender o serviço para você?

Se a sua marca produz conteúdo valioso para sua audiência, você gera preferência do consumidor.

- **Redução considerável de custos** – ao produzir conteúdo, você está criando uma peça acessível para clientes e potenciais clientes por toda a vida. O investimento de produção dessa peça é dispendido uma única vez, o que faz com que os ganhos sejam desproporcionais, em comparação à publicidade tradicional.
- **Criação de um canal escalável e mensurável de geração de *leads* e vendas** – uma estratégia de conteúdo bem-sucedida tem como objetivo criar um ativo digital para sua empresa trazer constantemente novos negócios. O conteúdo é imprescindível para geração de *leads*, nutrição e fechamento de negócios.

Discordamos um pouco de alguns benefícios apontados, especialmente com relação à redução de custos e métricas, uma vez que é importante sempre estabelecer um planejamento coerente das ações, equalizando públicos-alvo × jornada de compra × objetivos organizacionais. Os custos de planejamento e gestão da comunicação digital têm aumentado nos últimos anos e, dada sua importância, tendem a ampliar-se. Além disso, não devemos menosprezar a qualidade criativa do material digital que deve ser desenvolvido. Portanto, é imprescindível olhar a redução de custos e as métricas de forma racional e objetiva.

É imprescindível olhar a redução de custos e as métricas de forma racional e objetiva.

No material da Kayak/Findability,[29] observamos as seguintes dicas com relação ao uso de marketing de conteúdo:

- tratar palavras-chave como um diferencial;
- desenvolver uma persona, uma "voz" com a qual os consumidores possam se identificar;
- construir confiança com base em transparência – e transparência com base em ações concretas;

29. KAYAK/FINDABILITY. *21 new rules of content marketing*. Disponível em: https://www.kayakonlinemarketing.com/new-rules-of-content-marketing-infographic. Acesso em: 9 ago. 2019.

- utilizar boas ideias em formatos diferentes;
- criar um título claro e simples;
- agregar novidades, trazer notícias, ser autêntico;
- evitar o compartilhamento de qualquer coisa, ser seletivo e aguardar;
- buscar constantemente o engajamento por meio do que for divulgado;
- construir novas conexões a partir de conteúdos de qualidade;
- construir conteúdo continuamente – e remunerar o construtor de conteúdo da mesma forma;
- ter múltiplas fontes de inspiração;
- ter qualidade é mais importante que quantidade, embora a quantidade também seja importante;
- definir um timing para os posts e o compartilhamento de conteúdo;
- acompanhar o trabalho dos concorrentes e de outras organizações;
- planejar o conteúdo estrategicamente – bons conteúdos podem ser compartilhados outras vezes.

O marketing de conteúdo envolve extensa etapa de planejamento, que vai desde a definição da personalidade de marca (persona) até a mensuração.

O marketing de conteúdo envolve extensa etapa de planejamento, que vai desde a definição da personalidade de marca (persona) até a mensuração, como mostra a Figura 3.20.

Figura 3.20
Etapas de planejamento do marketing de conteúdo

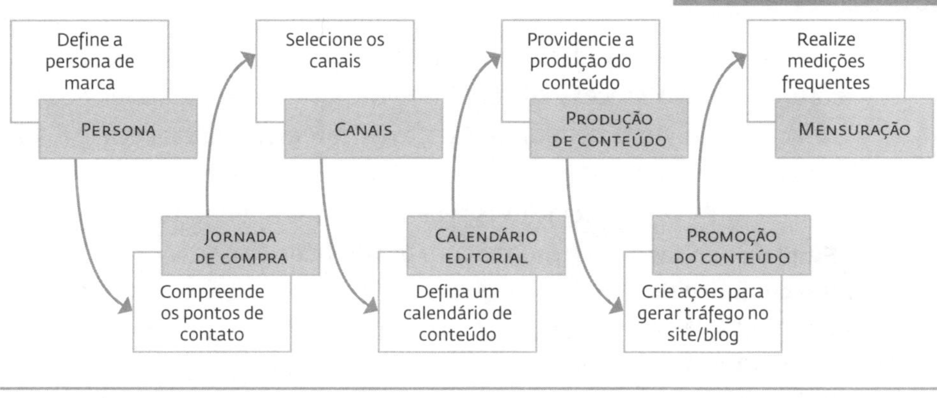

Fonte: adaptado de ROCKCONTENT.

Já vimos que o planejamento do marketing de conteúdo tem uma correlação direta com a jornada de compras e com os pontos de contato dos públicos com a marca, produto ou serviços. Outro aspecto muito importante é a conexão próxima com o acompanhamento do chamado funil de vendas, como mostra o Gráfico 3.1.

Gráfico 3.1
Funil de vendas

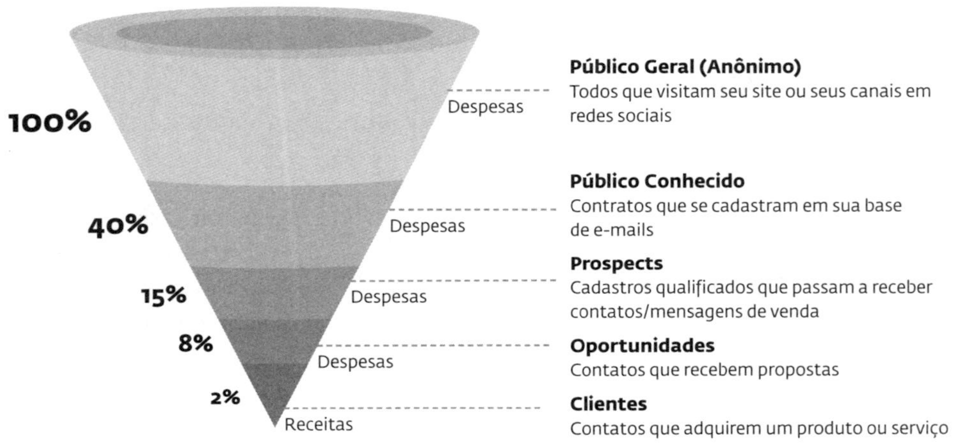

Fonte: FORTES, F. *Como construir o funil de vendas perfeito*, 2016. Disponível em: http://marketingcontinuo.com.br/como-fazer-funil-de-vendas/. Acesso em: 11 jul. 2019.

Funil de vendas é um conjunto de etapas alinhadas à jornada de compras de produtos e serviços, identificado por meio de pesquisa de mercado qualitativa. A ideia é efetuar o mapeamento dessas etapas para compreender o processo de compra, tornando-o perceptível a todas as pessoas envolvidas no planejamento estratégico de marketing e comunicação, com o objetivo de apoiar e facilitar a tomada de decisões com relação às ações a serem implementadas no relacionamento com os públicos e vendas.

Funil de vendas é um conjunto de etapas alinhadas à jornada de compras de produtos e serviços.

O funil de vendas pode ser compartilhado estrategicamente alinhando ações de marketing, comunicação e vendas com o objetivo de otimizar cada etapa e cada ação buscando a maior taxa de conversão possível.

A grosso modo, pode-se descrever a jornada ou processo de compra como tendo quatro passos essenciais:

1. identificação da necessidade de aprendizado/descoberta;
2. reconhecimento do problema/necessidade;
3. busca de opções ou consideração da solução;
4. decisão de compra.

Por fim, é necessário definir as métricas relevantes em cada campanha de marketing de conteúdo e a forma como os dados serão coletados e analisados. De acordo com Soloaga:[30]

> Embora fundamental para a construção de relacionamentos, o fim último de toda ação de marketing é a geração de caixa, faturamento, para que as atividades organizacionais possam continuar a existir. Dessa forma, assim como em toda e qualquer ação de marketing e comunicação, é necessária a medição e avaliação dos resultados alcançados com o marketing de conteúdo.

Todas as organizações geram conteúdo constantemente, mesmo que não seja intencional, mas é necessário estabelecer a relação entre o conteúdo produzido – para qualquer plataforma – e o retorno passível de ser alcançado. Todo conteúdo terá um custo de produção – seja anúncio em televisão ou informações no site – e, quando comparamos esse custo de produção com a quantidade de conteúdo que está efetivamente sendo utilizada, identificamos que uma média de 60% a 70% do conteúdo que se produz, considerando todas as ferramentas de comunicação interna e externa, está sendo desperdiçado, ou seja, poderia ser melhor aproveitado para a geração de conteúdo relevante e focado, por exemplo, no funil de vendas.

É necessário estabelecer a relação entre o conteúdo produzido e o retorno passível de ser alcançado.

Dessa forma, é necessária a definição de algumas métricas e chaves de performance, conhecidas como *key performance index* (KPI), que permitam avaliar os resultados em marketing de conteúdo.

---

30. Adaptado de SOLOAGA, 2017. Disponível em: https://s-media-cache-ako.pinimg.com/736x/f3/d3/0a/f3d30a29d7ed6fd5e85e706ca4be967d--marketing-digital-content-marketing.jpg. Acesso em: 11 jul. 2019.

1. **Métricas de reconhecimento de marca**
   a) **Tráfego orgânico × tráfego pago** – o tráfego orgânico mede a quantidade de pessoas que chegam à sua página da web ou blog graças aos motores de busca, sem que tenha havido pagamento para isso. Os dois valores podem ser encontrados no painel do Google Analytics.
   b) **Tráfego procedente de buscas sem o nome da marca** – indica a porcentagem de tráfego que chega à sua página da web ou blog sem a busca específica pelo nome da empresa, produto ou marca.
   c) **Nível de participação** – chamado de *share of voice*, é o nível de participação de uma marca em determinado canal ou espaço de tempo, podendo ser aplicado às mídias sociais ou ao blog.

***Share of voice* é o nível de participação de uma marca em determinado canal ou espaço de tempo.**

2. **Métricas de saúde digital da marca** – medem a repercussão de todas as ações de marketing de conteúdo de uma marca; em última instância, revelam o que os públicos consumidores sentem pela organização, marca, produto ou serviço.
   a) **Métricas de engajamento** – medem o tempo de permanência na página da marca, uma vez que é importante distinguir que nem todo o tempo que um usuário passa em uma página da web é igual. Passar muito tempo em uma única página ou visitar muitas páginas em dado período não é a mesma coisa.
   b) **Redes sociais** – a quantidade de vezes que o conteúdo é compartilhado nas mídias sociais é um dos melhores indicativos sobre a utilidade e a qualidade do conteúdo.
   c) **Taxa de abandono da página** – porcentagem de pessoas que abandonam a página da web sem clicar em qualquer outro botão.
   d) **Visitantes recorrentes** – cerca de 96% dos visitantes de uma página de web não estão preparados para efetuar uma compra; por isso, devemos nos concentrar em estímulos que os tragam de volta uma segunda ou terceira vez.
   e) **Total de visitantes** – visitantes recorrentes = média de visitas recorrentes; quanto mais alto o número de visitas recorrentes, melhores serão os resultados alcançados.

f) **Assinantes** – medir o valor da lista de assinantes não é simples; para tanto, devemos saber qual o ponto de retorno negativo, ou seja, quando o custo de conseguir um novo assinante deixa de ser rentável.

3. **Métricas de crescimento da audiência**
   a) **Tráfego pago × tráfego orgânico** – o marketing de conteúdo permite alcançar muitas pessoas sem pagar por isso e é o tráfego orgânico que procede dos motores de busca onde os usuários buscam conjuntos de palavras que o levam à sua página na web ou blog. Daí a importância de definir palavras-chave que colaborem com a eficiência dos motores de busca.
   b) **SEO offpage**[31] – dentre todos os mais de 200 fatores que o Google, por exemplo, tem em conta para determinar o posicionamento da página nas buscas, um dos mais importantes é a quantidade e qualidade das conexões de entrada na página. É importante conhecer os termos utilizados para conectar a sua página por meio de ferramentas como o Moz.
   c) **Seguidores nas mídias sociais** – seguidores e o número de vezes em que o conteúdo pode ser compartilhado nas mídias sociais podem funcionar como métricas de engajamento, mas também são uma forma de distribuição orgânica que convém quantificar.

4. **Métricas de conversão**
   a) **Custo por *lead*** – quantidade de dinheiro que a organização gasta para adquirir um contato voluntário. Para calcular, divide-se o custo total da criação e distribuição de determinado conteúdo pelo número de *leads* gerados.
   b) **Porcentagem de *leads*** – não é a todos os contatos feitos que se pode enviar os conteúdos produzidos; conhecer com exatidão a porcentagem de leads que se interessarão pelo conteúdo fará com que seja possível identificar as estratégias que funcionam melhor.
   c) **Conversões** – para conhecer os visitantes totais procedentes dos conteúdos é necessário que nos fixemos nos índices de conversão.

---

31. SEO onpage – parte visível com a qual a página é definida, como título, tags, descrição, palavras-chave, nome da página, URL etc.
SEO offpage – parte invisível ou imbricada no conteúdo – o próprio conteúdo interno à página – como, textos, imagens, gráficos, infográficos, links etc.

Figura 3.21
Métricas de conversão

Total de leads qualificados conseguidos com os conteúdos *VS* Percentual de leads que convertem em clientes *VS* Receita média por cliente fechado = Receita procedente dos conteúdos

Fonte: SOLOAGA, 2017.

3.2.1 Propósito de marca *versus* propósito de produtos

Os principais desafios das marcas quanto às mídias sociais estão relacionados à segmentação, ao agrupamento de interesses, à criação de conteúdos pertinentes, relevantes e reais, e à manutenção de ações coerentes com o DNA da marca. De acordo com Turlão,[32] um dos principais aspectos relacionados às marcas é o processo de segmentação e microssegmentação, não apenas pela necessidade de coleta e análise de dados em níveis bastante pequenos e mais ou menos homogêneos, como pela necessidade de abordar os aspectos qualitativos mais do que os quantitativos. Além disso, há também a dificuldade de agrupamento dos interesses e grupos a fim de tornar a produção de conteúdo mais amplamente aproveitável e rentável.

Os principais desafios das marcas quanto às mídias sociais estão relacionados à segmentação, ao agrupamento de interesses, à criação de conteúdos pertinentes, relevantes e reais, e à manutenção de ações coerentes com o DNA da marca.

Outro aspecto abordado por Turlão é a necessidade de investimento na criação de conteúdos diários, talvez em menor quantidade e maior qualidade – o que é um grande desafio. O foco em mídia paga não pode ser descartado, dada sua capacidade de estimular a busca pelo conteúdo e seu potencial impacto na geração de tráfego orgânico por meio compartilhamento do conteúdo, além de manutenção de conteúdos coerentes com a marca e seus valores, alinhados com os valores e necessidades de cada grupo de públicos de interesse.

Observamos, então, que há uma complexificação do processo de planejamento de estratégias de branding nas mídias sociais em que a

32. TURLÃO, F. A vida depois do oba-oba. *Meio & Mensagem*, Especial Plataformas de Mídia, São Paulo, 31 ago. 2015.

base de usuários, a eficiência dos formatos e a presença em mobile são características fundamentais para o sucesso mercadológico, de acordo com Roberto Grosman,[33] sócio e coCEO da agência F-Biz.

Segundo a experiência de diversos anunciantes globais, há seis principais quesitos para uma estratégia de marca inteligente nas mídias sociais, como mostra o Quadro 3.2.

Quadro 3.2 Principais dicas para uma estratégia de marca inteligente na mídia social

1.	Dados coletados nas mídias sociais podem e devem pautar estratégias de negócios.
2.	Não analise dados isolados, invista em integração e inteligência de monitoramento.
3.	Mostre aos colaboradores e aos líderes da organização o poder dos dados gerados nas mídias sociais.
4.	Entenda os bastidores de cada métrica.
5.	Mantenha um *social web care* ativo.
6.	Mídias sociais e mobile são, cada vez mais, uma coisa só.

Fonte: SAAD NETO, J. Sociais, móveis e finalmente lucrativos. *Meio & Mensagem*, Especial Telas, São Paulo, 27 jul. 2015.

Um dos aprendizados fundamentais para uma eficiente gestão das mídias sociais pelas marcas é compreender o que Jan Rezab[34] chama de natureza do social, uma estrutura composta por três partes:

1. o social é um ato humano que implica o ato de compartilhar conteúdos e qualquer reconhecimento que se siga a isso;
2. mídia social se refere a qualquer tipo de conteúdo compartilhado e o local (plataforma) onde esse compartilhamento pode ocorrer;
3. plataformas de mídia social são espaços onde o compartilhamento ocorre que, embora possam mudar de uma para outra, continuarão a existir.

Um dos aprendizados fundamentais para uma eficiente gestão das mídias sociais pelas marcas é compreender a natureza do social.

33. TURLÃO, 2015.
34. Rezab é CEO e cofundador da Socialbakers.

Isso significa que os espaços de compartilhamento de conteúdo, mediados pelo digital ou não, existem e continuarão existindo. As questões mais prementes com relação às estratégias de branding envolvem entender a marca, produto ou serviço com relação à sua utilidade e relevância para determinado grupo de indivíduos, avaliando as ações em mídias sociais de acordo com sua performance geral e, em cada segmento e microssegmento de interesse, utilizar os dados provenientes das análises para compreender os fatores que levam cada segmento a interagir dessa ou daquela forma e, sobretudo, aprender sempre com os erros e acertos de cada ação.

Keller e Machado[35] apontam que a construção de uma marca forte envolve quatro etapas subsequentes:

1. **Identificação** – definir quem é a marca (personalidade de marca) junto aos públicos de interesse e associá-la a determinada organização e categoria de produtos e serviços.
2. **Significado** – estabelecer o significado da marca junto aos públicos de interesse e o conjunto de atributos tangíveis e intangíveis relacionados a ela.
3. **Respostas** – definir a imagem de marca e saber qual a percepção dos públicos de interesse com relação à identidade e significado da marca.
4. **Relacionamentos** – definir o tipo de relação da marca com os públicos, quais os atributos ligados à marca que favorecem o envolvimento, engajamento e fidelização.

A construção de uma marca forte envolve identificação, significado, respostas e relacionamentos.

Para Almeida,[36] embora a estratégia de construção de marcas seja a mesma para os ambientes on ou off-line, construir marcas na internet é considerado mais desafiador porque deve apresentar os seguintes princípios: marca digital (multiplataforma), interatividade, autenticidade, comunicação eficiente, amplitude global, foco, divergência no sentido do uso de múltiplas plataformas e transformação com coerência.

---

35. KELLER; MACHADO apud ALMEIDA, C.; LAS CASAS, A. L. *Marketing Interativo*: a utilização de ferramentas e mídias digitais. São Paulo: Saint Paul, 2010.
36. ALMEIDA, 2010.

Vale ressaltar que a construção de marcas deve ser uma estratégia integrada, multiplataforma e abrangente, que envolva as diversas ferramentas de marketing e comunicação, tendo sempre como ponto de partida os públicos de interesse e suas necessidades, os pontos de contato com esse público, a jornada de compras e o funil de vendas, conforme tratado anteriormente.

A pesquisa da transparência, inspiração e propósito (TIP), realizada pela Ana Couto Branding & Officina Sophia e publicada no artigo *Conexões com propósito*,[37] teve como objetivo avaliar o papel das marcas na sociedade contemporânea, chegando ao seguinte resultado:

> Formas de relacionamento com as marcas:
> - G (1) – geração 1 – Top of mind – foco apenas em vender o produto final;
> - G (2) – geração 2 – Relevância – preocupação com venda e fidelização;
> - G (3) – geração 3 – Causas – relacionamento (lucro não é o único objetivo).

Gráfico 3.2
Setores econômicos e o perfil das relações das marcas com os consumidores (%)

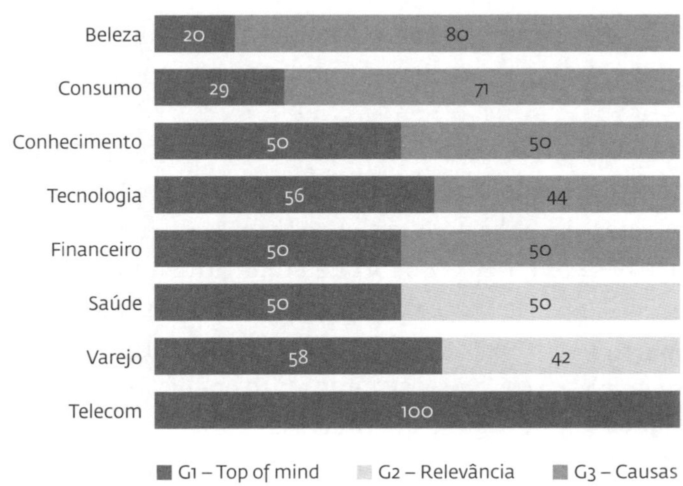

Fonte: STOCCO, 2016, p. 29.

---

37. STOCCO, M. Conexões com propósito. *Meio & Mensagem*, p. 29, São Paulo, 16 maio 2016.

Observe que, na percepção dos pesquisados, o setor de telecom, por exemplo, é tido por 100% da amostra como um setor cujo foco está apenas em vender o produto final. Os setores de saúde e varejo têm quase metade das percepções associadas à relevância, ou seja, preocupação com venda e fidelização. Os setores avaliados como G3, aqueles preocupados com relacionamento, onde o lucro não é o único objetivo, foram, na ordem decrescente, beleza, consumo, conhecimento, financeiro e tecnologia.

Em seguida, as marcas com maiores citações foram relacionadas em cada categoria, como mostra o Quadro 3.3.

Quadro 3.3 Marcas e propósitos

	G1 foco na venda	G2 venda e fidelização	G3 relacionamento
1º lugar	Coca-Cola	Nestlé	Natura
2º lugar	Vivo	Coca-Cola	Nestlé
3º lugar	Tim	Natura	Coca-Cola

Fonte: STOCCO, 2016, p. 29.

Observe que marcas como Nestlé, Coca-Cola e Natura têm percepções mais relacionadas aos grupos 2 e 3. A pesquisa indica ainda as marcas menos percebidas como focadas em relacionamento, como Friboi, Volkswagen e Oi – lembrando que a menção de marcas foi espontânea.

A gestão da marca, chamada de branding, é uma atividade fundamental com grande poder de impacto, especialmente quando a marca começa a estabelecer relacionamentos por meio das mídias sociais. Seu objetivo é a construção e o fortalecimento da imagem e reputação de marca, para que possa ser percebida por meio das mídias sociais (e outras formas de comunicação), e o estreitamento do relacionamento com os públicos de interesse.

A identidade de marca é definida como um conjunto de elementos, signos e atributos que identificam uma marca diferenciando-a dos seus concorrentes.

A identidade de marca é definida como um conjunto de elementos, signos e atributos que identificam uma marca diferenciando-a dos seus concorrentes. É formada por seus valores essenciais, ligados ao DNA da marca, sua personalidade e seu posicionamento no mercado em que atua, como mostra a Figura 3.22.

Figura 3.22
Identidade de marca

Fonte: elaborada pelos autores.

A identidade deve traduzir, em essência, aquilo que a marca se propõe a ser, envolvendo aquilo que o produto ou serviço associado à marca é capaz de realizar para os públicos de interesse, isto é, como seus produtos e serviços podem ser descritos, como as pessoas se veem e se sentem ao associar-se a determinada marca e qual o sentimento despertado pelo uso, consumo ou relacionamento com determinada marca. A essência é formada por fatos e símbolos associados a uma marca (incluindo logotipo) e à sua personalidade, como mostra a Figura 3.23.

A essência é formada por fatos e símbolos associados a uma marca e à sua personalidade.

Figura 3.23
Essência da marca

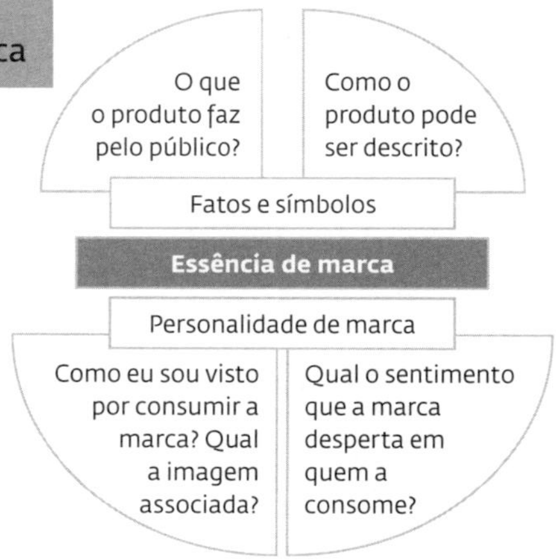

Fonte: elaborada pelos autores.

O conjunto das percepções de cada um dos públicos de interesse sobre determinada marca, somado ao conjunto de informações, dados, pesquisas, imagens e ações presentes em tudo o que a marca faz e diz, é chamado de imagem de marca. Esse conjunto de estímulos positivos ou negativos vai construindo a imagem da marca junto aos públicos.

O prisma da identidade de marca de Kapferer indica que uma marca é formada pelas esferas:

- **física** – aspectos tangíveis da marca e de tudo o que ela faz, incluindo produtos e serviços oferecidos;
- **personalidade** – aspectos tangíveis e intangíveis que indicam tudo o que a marca é enquanto persona;
- **cultura** – aspectos tangíveis e intangíveis da cultura organizacional, como valores, missão e visão;
- **mentalização** – percepção da marca pelos diversos públicos de interesse e de relacionamento;
- **reflexo** – aspectos da percepção que o público usuário ou consumidor da marca atrai sobre si, ou seja, como ele é visto e percebido por usar/consumir determinada marca;
- **relação** – maneira pela qual a marca se comunica e "entrega" todos os seus atributos.[38]

---

38. Para se aprofundar nesse assunto, recomendamos o seguinte livro desta mesma coleção: IGNACIO, S.; ROCHA, M. *Gestão estratégica de marcas*. São Paulo: Saraiva, 2017.

Figura 3.24
Prisma da identidade de marca

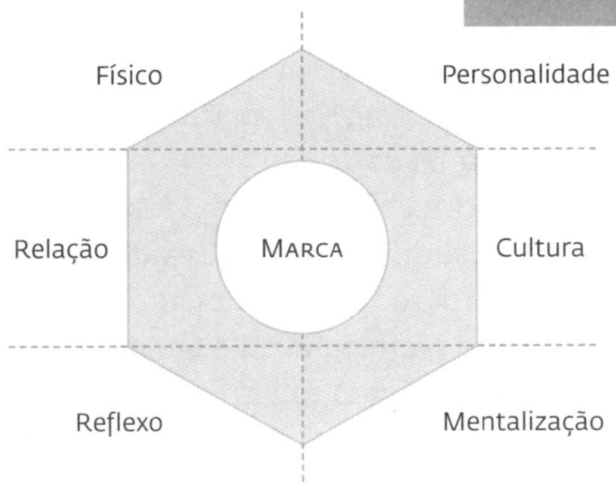

Fonte: KAPFERER apud IGNACIO; ROCHA, 2017.

O processo de planejamento e gestão de marca (branding) envolve as etapas de definição das estratégias de negócios da organização, definição das estratégias de marca, *naming* (nomeação), design de marca e desenvolvimento, criação e comunicação da experiência de marca por meio de ações e ferramentas de comunicação. Quando todo esse processo já se inicia sob a perspectiva do marketing e da comunicação H2H, a experiência de marca e o valor que a marca se propõe a oferecer trarão consigo as características necessárias para estabelecer relacionamento e empatia, de acordo com o que é necessário para um contexto baseado nas relações humanas e em mídias sociais, como mostra a Figura 3.25.

Figura 3.25
O processo de gestão de marca

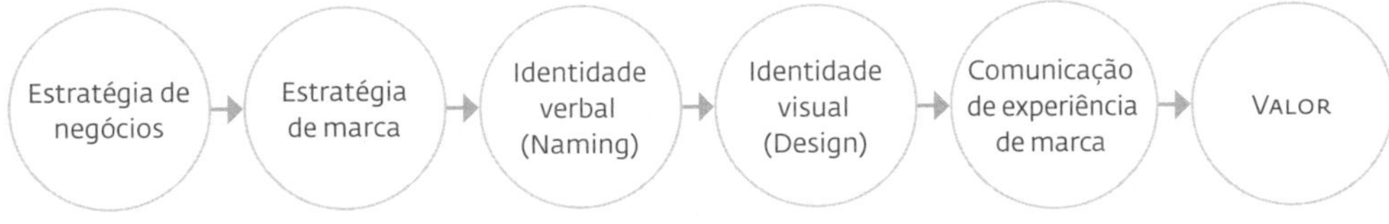

Fonte: XAVIER, K. *Branding × identidade visual*, 2015. Disponível em: http://www.administracaoegestao.com.br/marketing-internacional/branding-x-identidade-visual-conheca-as-diferencas/. Acesso em: 11 jul. 2019.

Para o marketing de conteúdo e para a atuação em mídias sociais, o aspecto da personalidade passa a ser muito importante, uma vez que a definição de uma persona é fundamental para estabelecer o relacionamento com os diversos públicos – lembre-se de que estamos falando de comunicação e marketing H2H, portanto, comunicação de pessoa para pessoa.

A definição de uma persona é fundamental para estabelecer o relacionamento com os diversos públicos.

Uma persona é uma representação ficcional do consumidor ideal, baseada em dados obtidos por meio da escuta e observação do comportamento dos consumidores reais nas mídias sociais, envolvendo dados demográficos, mas, especialmente, dados comportamentais, incluindo educação formal e informal, histórias, motivações, preocupações e atividades.

Um dos principais aspectos para a criação de uma persona é a capacidade e necessidade de desenvolver a empatia com os públicos de relacionamento – a diferença entre esse termo e públicos-alvo é que, em geral, este último é descrito em termos demográficos e psicográficos apenas, enquanto a persona envolve uma descrição etnográfica, envolvendo os dados demográficos e psicográficos, além do comportamento, aspirações, sonhos, identidades, desejos e outros aspectos da complexidade de uma pessoa.

Um dos principais aspectos para a criação de uma persona é a capacidade e necessidade de desenvolver a empatia com os públicos de relacionamento.

A criação de uma **brand persona** traz diversos benefícios, como a definição de uma linguagem de comunicação da marca/organização que permite melhor percepção da marca por meio das interações em mídias sociais, contribui para a definição dos melhores canais para se relacionar (de acordo com a personalidade de marca), maior clareza na seleção e definição das palavras-chave e na própria construção do SEO off-line, além de contribuir para a definição de estilo e criação de e-mails, links, adds etc. Veja a Figura 3.26.

Figura 3.26
Brand persona

Uma brand persona expressa e representa os valores essenciais de uma marca, tornando-se a voz da marca. Tem o objetivo de colaborar com as estratégias de marca, com o branded content e construção de relacionamento por meio das mídias sociais, uma vez que gera engajamento e aproxima os valores das pessoas e os valores da marca, justamente porque pode se identificar com pessoas reais por meio de sua linguagem, tom de fala, escrita, seleção de imagens e outros elementos.

Fonte: MOLLO, M. F. *O que é brand persona? Construa a identidade da sua marca*, 2019. Disponível em: http://www.notopo.com/blog/o-que-e-brand-persona/. Acesso em: 11 jul. 2019.

A construção de uma brand persona deve considerar quatro elementos, como mostra a Figura 3.27.

Figura 3.27
Elementos importantes na construção de uma brand persona

Fonte: adaptado de ROCKCONTENT.

Uma brand persona, então, deve personificar os valores e propósitos de uma marca, o que implica ressaltar que ninguém confia em uma pessoa/marca que não tenha coerência, firmeza de propósito, bom caráter, sinceridade, transparência e verdade no que diz e naquilo que faz. Portanto, todos esses elementos devem estar presentes na gestão de marca, tanto nos aspectos intangíveis como nos tangíveis.

O marketing e a comunicação H2H não podem prescindir do que realmente movimenta as pessoas: paixão e propósito.

Isso nos leva a pensar um pouco sobre o propósito. Propósito é definido no dicionário como aquilo que se almeja alcançar; finalidade; intuito. Vimos na Pesquisa TIP, apresentada anteriormente, que muitos setores econômicos são percebidos como tendo maior propósito na venda de produtos e obtenção de lucro... nada mais! Essa não é a percepção que se espera para as organizações contemporâneas e muito menos para aquelas que pretendem sobreviver no futuro.

O marketing e a comunicação H2H não podem prescindir do que realmente movimenta as pessoas: paixão e propósito. Mais do que apenas um modismo e palavras ao vento, definir um propósito para a organização parece ser, hoje e no futuro próximo, o diferencial capaz de atrair consumidores e investimentos para as organizações.

O propósito é a chave para a sobrevivência no século XXI.

Definir um propósito é definir a razão de existência da organização e vai um pouco além das clássicas definições de missão, visão e valores. Pelos artigos e textos que têm sido publicados, poderíamos afirmar que o propósito precede a definição dos outros três aspectos. Propósito implica definir qual o benefício que a organização, marca, produto ou serviço traz para a sociedade em que está inserido e para o mundo como um todo. Há autores e pesquisadores que colocam o propósito como "a chave para a sobrevivência no século XXI"[39]. Mas por que tem se tornado cada vez mais importante para a organização definir e defender um propósito?

Em primeiro lugar, exatamente porque as relações H2H ganham em credibilidade, confiança, consistência e transparência se os diversos públicos com os quais a organização se relaciona identificarem-se com esse propósito. É como se os públicos adotassem a organização como um pouco sua por defenderem os mesmos pontos de vista.

---

39. PANDOLFI, R.; ABREU, P. Me dê motivo. *HSM Management*, Dossiê HSM, n. 123, p. 40, jul./ago. 2017.

Segundo, porque o próprio mercado, em sua atual dinâmica, tem exigido isso. Novos negócios em crescimento, como startups; aumento da concorrência em nível mundial, aumentando a necessidade de diferenciação; mídias sociais; a necessidade de colaboração, cocriação e inovação – todos são fatores que fazem que as organizações precisem de bases sólidas para perenizar-se ao longo dos anos e o compartilhamento de um mesmo propósito entre os públicos internos e externos é um elemento positivo. Por outro lado, o próprio movimento de consumo tem exigido essa postura das organizações.

Organizações que imaginam ter a chance de sobreviver, incluindo aquelas de instâncias públicas, estão sendo pressionadas a tomarem rumos e comportamentos mais éticos, transparentes, sustentáveis e focados em sua responsabilidade social. Segundo pesquisa realizada pela McKinsey,[40] 87% dos consumidores pesquisados pesam o impacto ambiental e social dos produtos que compram.

Embora, segundo pesquisas do Instituto Akatu,[41] ainda não seja um fator decisivo no comportamento de compra do brasileiro em geral, estima-se que a tendência é que essas questões se tornem cada vez mais determinantes na escolha do consumidor. As pessoas querem sentir-se parte de algo maior com o qual possam colaborar por um mundo melhor.

As pessoas querem sentir-se parte de algo maior com o qual possam colaborar por um mundo melhor.

Em terceiro lugar, o propósito tem se tornado cada vez mais relevante em razão dos novos gestores e das novas gerações de gestores que estão a caminho de assumir a liderança nas organizações, advindos das gerações Y e Z. Trata-se de gestores ativistas com maior afinidade e consistência em reunir pessoas diferentes e públicos diversos em torno de objetivos e ideais comuns. Para essas pessoas, a performance deve estar atrelada ao propósito.

O propósito pode apresentar três dimensões, como mostra a Figura 3.28.

---

40. Pesquisa realizada com 7.751 pessoas no Brasil, Canadá, China, França, Alemanha, Índia, Reino Unido e Estados Unidos, citada por PANDOLFI; ABREU, 2017.

41. AKATU. *Pesquisa Akatu 2018 traça panorama do consumo consciente no Brasil*, 25 jul. 2018. Disponível em: https://www.akatu.org.br/noticia/pesquisa-akatu-2018-traca-panorama-do-consumo-consciente-no-brasil/. Acesso em: 9 ago.2019.

Figura 3.28
Três dimensões do propósito

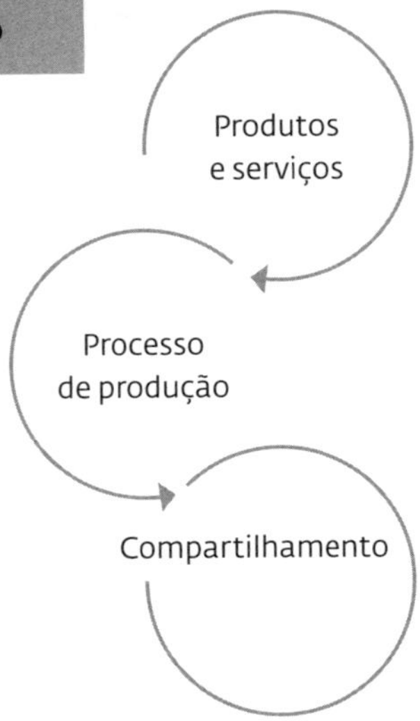

- **Produtos e serviços** – um produto pode ser igual ao da concorrência em todos os quesitos, mas um benefício autêntico ou intrínseco pode diferenciá-lo, como ingredientes naturais, fomento a comunidades, sustentabilidade ou reciclabilidade, como os produtos Natura.
- **Processo de produção** – respeito ao meio ambiente, sustentabilidade, respeito às pessoas, desenvolvimento de cadeias produtivas sustentáveis e economias locais, por exemplo.
- **Compartilhamento** – relação com as comunidades, estímulo e fomento a uma transformação positiva, ensino, pesquisa e desenvolvimento, por exemplo.

Fonte: PANDOLFI; ABREU, 2017.

De forma geral, empresas com propósito e com cultura organizacional forte tendem a ter melhor desempenho do que a média de empresas em um mercado. A gestão do tipo performance com propósito tende a avançar pela cultura organizacional e chegar ao redimensionamento do modelo de negócio da organização, impactando necessariamente as cadeias de produção e distribuição.

Na relação da marca, produtos ou serviços com os stakeholders (públicos de interesse), o alinhamento dos propósitos da organização com os propósitos dos diversos grupos traz vantagens na construção de relacionamentos. Além disso, o próprio marketing H2H e o marketing de conteúdo como ferramenta, alinhados a essa questão, favorecem a construção de uma dimensão emocional que extrapola os limites da própria organização.

Daniel Costa[42] afirma que "propósito é a dimensão emocional de uma empresa, é o que mobiliza as pessoas a levantar da cama todos os dias", é a "espinha dorsal" de uma organização, um norte que não ignora as questões e decisões de curto prazo, mas dá uma dimensão

42. PANDOLFI; ABREU, 2017, p. 44.

de sua importância no longo prazo. O importante é que, assim como ocorre com a missão, visão e valores, não podemos ter apenas frases de efeito na recepção da organização; temos de realmente direcionar as atividades organizacionais como um todo para que haja coerência entre o que a organização diz e aquilo que realmente faz no seu dia a dia.

Com o advento das mídias sociais e do marketing H2H, é natural que o propósito organizacional passe a adotar contornos sociais, pela sua capacidade de gerar uma base motivacional forte que vai além dos ganhos financeiros ou de participação de mercado,[43] e é justamente esse tipo de propósito capaz de gerar envolvimento e engajamento. Por isso, "esse posicionamento precisa ser o foco, por excelência, dos canais de comunicação internos e externos".[44]

As práticas de gestão que nos trouxeram até aqui não são páreo para a complexidade sistêmica dos desafios à nossa frente. Para encontrar soluções, precisamos de um paradigma diferente daquele que gerou os problemas. Paralelamente à tão comentada revolução exponencial tecnológica, é hora de uma revolução exponencial também nas relações humanas.[45]

Para encontrar soluções, precisamos de um paradigma diferente daquele que gerou os problemas.

A identidade da organização e, consequentemente, a identidade de marca e a persona organizacional ou a brand persona têm uma conexão direta uma com a outra. O propósito é uma das bases de construção de uma persona atraente e capaz de envolver e engajar as pessoas por meio das mídias sociais, como podemos ver na Figura 3.29.

---

43. PANDOLFI; ABREU, 2017, p. 47.
44. CHEMIN, S.; SHIMAHARA, E. Do lado de baixo do equador. *HSM Management*, Dossiê HSM, ed. 123, jul./ago. 2017, p. 54-57.
45. CHEMIN; SHIMAHARA, 2017, p. 54-57.

Figura 3.29
Identidade organizacional

Fonte: AQAL. *Vipassana alivia tensões nas organizações*, 2014. Disponível em: http://www.aqal.com.br/-blog/vipassana-alivia-tensoes-nas-organizacoes. Acesso em: 9 ago. 2019.

A mídias sociais suscitam para as organizações uma forma diferente de se relacionar; mais do que isso, sucitam uma forma diferente de fazer negócios, de existir como organização e colaborar com a sociedade que a acolhe. Nesta nova, necessária e desejada perspectiva, talvez até utópica ainda, o lucro dá lugar ao propósito, as hierarquias dão lugar ao relacionamento em redes, o controle abre espaço para a autonomia e o empoderamento, o planejamento permite que a experimentação seja o motor da inovação constante e a privacidade dá lugar a uma transparência saudável, alicerçada na execução das atividades organizacionais, sejam elas públicas ou privadas, de forma ética, socialmente responsável e sustentável.

ESTUDO DE CASO

Starbucks

"A única coisa que temos é um ao outro. A única vantagem competitiva que temos é a cultura e valores da empresa. Qualquer um pode abrir uma loja de café. Nós não temos tecnologia, não temos nenhuma patente. Tudo o que temos é a relação em torno dos valores da empresa e o que trazemos para o cliente todos os dias. E tudo o que temos para ele próprio."[46]

(HOWARD SCHUTZ, CEO STARBUCKS)

A Starbucks[47] surgiu em 1971, na cidade de Seattle, como iniciativa de três sócios apaixonados por café. A princípio, a empresa vendia apenas grãos de café, provenientes de várias partes do mundo, e outras mercadorias relacionadas ao café no varejo. Em 1981, à procura de um desafio maior, Howard Schultz, na época vice-diretor de uma empresa de utensílios domésticos, ficou interessado naquele pequeno varejista de Seattle. Já na primeira visita à Starbucks, Schultz empolgou-se com o clima e com a qualidade do café. Um ano depois, largou o emprego e assumiu o cargo de diretor de operações de varejo e marketing na Starbucks. Durante uma viagem à Itália, em 1983, Schultz entrou em contato com o conceito de *coffee bar* (bar de café expresso ou cafeteria), muito popular no país. Ao ver o enorme sucesso dos cafés italianos, resolveu trazê-lo para a Starbucks. Essa experiência bem-sucedida deu origem à companhia Il Giornale, fundada em 1985 por Schultz, com utilização de capital de *venture capitalists*, oferecendo café normal e expresso, além de outras bebidas feitas com grãos de café da Starbucks. Em 1987, a Il Giornale adquiriu a Starbucks e passou a se chamar Starbucks Corporation, começando assim um rápido processo de expansão. Em 1992, a Starbucks passou a participar do Mercado Nacional Nasdaq, onde é indicada pelo símbolo "SBUX". Já em 1995, a Starbucks abria uma nova loja quase diariamente.

---

46. Fala de Howard Schutz, CEO Starbucks.
47. GRACIOSO, A. Starbucks. *ESPM Casos*. Disponível em: https://casesdesucesso.files.wordpress.com/2008/07/starbucks.pdf. Acesso em: 21 jul. 2019.

A missão da empresa é expressa como: "inspirar e nutrir o espírito humano – uma pessoa, uma xícara de café e uma comunidade de cada vez", tendo como compromissos:

- compreender as questões ambientais e compartilhar informações com nossos partners (funcionários);
- desenvolver soluções inovadoras e flexíveis que desencadeiem mudanças;
- comprar, vender e usar produtos ecologicamente corretos;
- reconhecer que a responsabilidade financeira é essencial para nosso futuro ambiental;
- incutir a responsabilidade ambiental como um valor corporativo;
- medir e monitorar o progresso de cada um de nossos projetos;
- incentivar todos os partners a compartilhar a missão da Starbucks.

Em 2008, a empresa identificou que estava sofrendo uma perda no tráfego de clientes nas lojas e queda no volume de vendas, buscando identificar as causas por meio dos próprios clientes. Para isso, foi criado um canal de comunicação via internet, o My Starbucks Idea, com o objetivo de cadastrar ideias que poderiam contribuir com a melhora da empresa e seus serviços. De 2008 até hoje, a empresa tem 250 mil usuários cadastrados. Além desse canal, a empresa atua fortemente em redes sociais, estando presente no Facebook, Twitter, YouTube, Instagram, entre outras.

Além de informações e relacionamento, a página do Facebook tem sempre promoções e descontos disponíveis para os usuários. Veja a Figura 3.30.

Figura 3.30
Exemplos de promoções e descontos

Fonte: BARRETO, D. Use o twitter para se relacionar com seus seguidores. *BMD Blog de Marketing Digital*. Disponível em: https://blogdemarketingdigital.com.br/aprenda-usar-midias-sociais-starbucks/. Acesso em: jul. 2018.

Um dos destaques da atuação da marca nas mídias sociais, além do relacionamento, é a contribuição da inovação colaborativa ou aberta para o incremento dos produtos e serviços. A abertura da empresa aos seus consumidores contribuiu para que a marca Starbucks alcançasse o posto de *lovemark*, tornando-se um ícone e um símbolo que reflete o comportamento daqueles que frequentam as lojas e consomem seus produtos. A marca é "a cara" dos seus frequentadores que, com ela, têm uma identificação que vai além do consumo de café, representando um estilo de vida.

As lições que a marca tem ensinado ao mercado quanto ao uso das mídias sociais são:[48]

- **Use o Twitter para se relacionar com seus seguidores** – a Starbucks usa ativamente o Twitter para conversar com seus seguidores, envolvendo os clientes e dando informações sobre os produtos.
- **Use as mídias sociais para interação social, inovação e cocriação** – é o que o Starbucks faz por meio do My Starbucks Idea.

Figura 3.31
Starbucks idea

Fonte: STARBUCKS CO. STARBUCKS IDEAS. Disponível em https://ideas.starbucks.com/. Acesso em julho de 2018.

- **Presença multiplataforma** – a marca está presente em diversas mídias sociais simultânea e ativamente.

A marca só conseguiu crescer e sobreviver graças a todo o seu empenho e envolvimento dos clientes por meio das mídias sociais. No final de 2016, mais precisamente no quarto trimestre fiscal, o lucro líquido registrado pela

48. BARRETO, D. *Aprenda a usar mídias sociais*. Disponível em: http://blogdemarketingdigital.com.br/aprenda-usar-midias-sociais-starbucks/. Acesso em: 21 jul. 2019.

organização foi de US$ 801 milhões, com alta de 22,8% em relação ao mesmo período de 2015. No ano fiscal de 2016, o lucro líquido foi de US$ 2,82 bilhões e as receitas somaram US$ 21,32 bilhões. A marca soma 15 mil lojas em 50 países – no Brasil, em 2019, são 122 unidades em 17 cidades, o que corresponde a apenas 0,4% dos negócios globais, com um total de 1.600 funcionários.

Para fomentar o seu crescimento, a marca investe especialmente em capacitação e treinamento de pessoal e comunicação. Cerca de 90% da verba de comunicação da empresa é investida em digital, por exemplo, e os números são bastante consideráveis:

- Facebook – 35,5 milhões de seguidores.
- Twitter – 11,3 milhões de seguidores.
- YouTube – 239 mil inscritos.

A Starbucks tem se mantido como marca relevante e seus esforços para engajar os consumidores envolvem lançamento contínuo de campanhas e promoções, como o My Starbucks Idea, o aplicativo Starbucks Card, que permite aos usuários comprar produtos da marca para seus amigos pela própria rede social, a Starbucks Digital Network (SDN), criada em parceria com o Yahoo!, com conteúdos exclusivos selecionados pela marca, e o My Starbucks Rewards, em que o cliente se cadastra e ganha benefícios exclusivos.

A marca atua bastante na oferta de aplicativos também. Pela Google Play Store encontramos muitas opções gratuitas.

Figura 3.32
A Starbucks nos aplicativos

Fonte: GOOGLE PLAY STORE.

Em maio de 2017, a Starbucks desenvolveu uma ação de comarketing com a empresa Ferrero Rocher, lançando um sabor especial de cookies com Nutella nas lojas brasileiras. O lançamento ocorreu por tempo determinado, mas demonstra a atividade constante da marca em busca de ações, promoções e novidades que movimentem o dia a dia e tragam maior fluxo para as lojas.

Em setembro de 2017, foi a vez do Frappuccino em dobro, promoção que consistia em comprar um Frappuccino e ganhar outro. O site Sobreviva, em São Paulo, fez a seguinte divulgação:

"Entre os dias 18 e 22 de setembro, todos os consumidores que comprarem um Frappuccino™, das 14h às 17h, ganharão outro! A segunda bebida, concedida gratuitamente, poderá ser de valor igual ou menor ao da primeira. A ação acontece em todas as 106 lojas da marca no país e, para os clientes My Starbucks Rewards™, membros do programa de recompensas da marca que pagarem com o app Starbucks Brasil ou Starbucks Card registrado, o horário da promoção se estende até às 18h."

A empresa também figurou recentemente em um ranking elaborado pela *Revista Fast Company*, listando as 25 empresas que devem ser observadas por seu potencial de inovação e sua perspectiva promissora. Entre empresas gigantes em tecnologia como Google, Amazon, Apple e outras, a Starbucks figurou como uma das empresas mais antigas, com mais de quarenta anos (ao lado de Nike, Adidas e Disney), que tem conseguido criar um ecossistema de valor.

Figura 3.33
Starbucks: mais de 40 anos

O propósito de ser o "terceiro lugar" para as pessoas tem sido elevado à capacidade da rede de criar uma comunidade, seja no Brasil ou no Japão. Sua capacidade de incorporar tecnologias também é levada em consideração. Diante da tensão política vivida atualmente nos Estados Unidos, a empresa também tem liderado uma defesa de questões ligadas à diversidade e direitos humanos. Em janeiro, a rede anunciou a contratação de dez mil refugiados em resposta à política anti-imigração de Donald Trump.

Fonte: imagem – FORTUNE / texto: MEIO & MENSAGEM, 2017.

Em março de 2017, o site da revista *Fortune* informava que a empresa abriria, em Seattle, na sua sede, uma loja dedicada a pedido e pagamento por meio de mobile, onde o cliente faz o pedido, paga antecipadamente com o aplicativo e apenas passa na loja para retirar o produto. Trata-se de mais uma inovação em uma empresa que sempre se pergunta como servir melhor os clientes que buscam a conveniência – no caso da loja de Seattle, é uma forma de aliviar o estrangulamento nas horas de pico.

Fontes:

BARRETO, D. *Aprenda a usar mídias sociais*. Disponível em: http://blogdemarketingdigital.com.br/aprenda-usar-midias-sociais-starbucks/. Acesso em: 21 jul. 2019.

CARRANÇA, T. Starbucks tem lucro recorde no 4º trimestre fiscal, com alta de 23%. *Valor Econômico*, 3 nov. 2019. Disponível em: http://www.valor.com.br/empresas/4764861/starbucks-tem-lucro-recorde-no-4-trimestre-fiscal-com-alta-de-23. Acesso em: 21 jul. 2019.

DORES, K. *Starbucks investe 90% da verba em digital*, 2015. Disponível em: http://propmark.com.br/anunciantes/starbucks-investe-90-da-verba-em-digital. Acesso em: 21 jul. 2019.

ESTADÃO CONTEÚDO. Starbucks tem planos de triplicar número de lojas no Brasil. *Revista Exame*, 4 jan. 2017. Disponível em: https://exame.abril.com.br/negocios/starbucks-tem-planos-de-triplicar-numero-de-lojas-no-brasil/. Acesso em: 21 jul. 2019.

GRACIOSO, A. Starbucks. *ESPM Casos*. Disponível em: https://casesdesucesso.files.wordpress.com/2008/07/starbucks.pdf. Acesso em: 21 jul. 2019.

PACETE, L. G. Marcas do passado que entenderam o futuro. *Meio & Mensagem*, 22 ago. 2017. Disponível em: http://www.meioemensagem.com.br/home/marketing/2017/08/22/marcas-do-passado-que-entenderam-o-futuro.html. Acesso em: 21 jul. 2019.

SILVA, S. D. Starbucks e Nutella: casamento por tempo limitado. *Meio & Mensagem*, 5 maio 2017. Disponível em: http://www.meioemensagem.com.br/home/ultimas-noticias/2017/05/09/starbucks-e-nutella-casamento-por-tempo-limitado.html. Acesso em: 21 out. 2019.

SIMON, C. 6 marcas que estão sacudindo as mídias sociais. *Revista Exame*, 6 set. 2016. Disponível em: https://exame.abril.com.br/marketing/6-marcas-que-estao-sacudindo-as-midias-sociais/#. Acesso em: 21 jul. 2019.

STARBUCKS. Caso de sucesso: Starbucks arquivo. *E-disciplinas*, USP. Disponível em: https://edisciplinas.usp.br/pluginfile.php/3213086/mod_resource/content/0/Aula04-Caso%20de%20Sucesso-Starbucks.pdf. Acesso em: 21 jul. 2019.

STARBUCKS. *Página oficial*. Disponível em: https://www.starbucks.com.br/about-us/company-information/mission-statement. Acesso em: 21 jul. 2019.

[S.A.]. Starbucks desce para o sul do país. *Folha de S.Paulo*, Uol mercado. Disponível em https://www1.folha.uol.com.br/mercado/2019/08/starbucks-desce-para-o-sul-do-pais.shtml

VAMOS TESTAR SEUS CONHECIMENTOS?

1 Sobre o Marketing H2H, encontramos a seguinte afirmação:

"Essa é, então, a proposta do marketing H2H, mas não se engane, trata-se de uma forma holística de entender o papel das corporações e das ações de marketing – não é apenas balela ligada à comunicação. Portanto, empresas que tenham essa perspectiva precisam fazer a lição de casa, assim como todas deveriam fazer o mesmo, da seleção dos fornecedores de matéria-prima, passando pela embalagem, envase e utilização, até a comunicação, distribuição e entrega do produto, indo além com relação à reciclagem e à redução do lixo gerado. A proposta é SER uma empresa humana, dirigida e conduzida por seres humanos para servir outros seres humanos e à sociedade como um todo".

Quais as implicações dessa visão para as organizações contemporâneas?

2 O marketing H2H considera a relação centrada em pessoas. Quais são as características desse tipo de relação?

3 O que é a jornada de compra ou processo de compra do consumidor e como a compreensão de suas etapas e pontos de contato com a marca pode contribuir para a comunicação H2H?

4 O que é marketing de conteúdo? Por que afirma-se que ele deve ser concebido considerando não o que a empresa faz, mas o que os públicos de interesse precisam?

5 Qual a relação entre o propósito organizacional e a construção de uma brand persona?

4

Mercado consumidor

APRESENTAÇÃO

E se, além de atender às necessidades do consumidor, pudéssemos ir mais longe? Oferecer produtos e serviços de qualidade que resolvam os problemas que enfrentamos todos os dias, tornando a vida mais simples; produzir alimentos saudáveis, produtos cuja fabricação, distribuição e consumo estão em consonância com a sustentabilidade ambiental; respeitar o ser humano, suas potencialidades e competências, atuando com equidade de gênero, etnia e orientação sexual. E se lucro não fosse o objetivo principal dos negócios, mas uma sociedade melhor para todos? O consumidor moderno espera isso e muito mais das organizações do século XXI.

"O bom senso mostra e os estudos comprovam que, sim, a boa qualidade de vida requer um nível de renda que permita acesso a bens e serviços dos quais muita gente ainda não desfruta – e mobilizar tais recursos exige trabalho, dedicação e uso de recursos naturais. Entretanto, essa lógica, a partir de certo ponto, deixa de funcionar, uma vez que a possibilidade de comprar mais bens passa a trazer menor ganho adicional de bem-estar ou felicidade e chegamos ao ponto em que não há benefício adicional algum – ou há até mesmo diminuição, dependendo da tensão pessoal que acompanha esse processo."

(Instituto Akatu)

OBJETIVOS

Após a leitura deste capítulo, você terá condições de compreender as expectativas que norteiam o comportamento do consumidor moderno, uma vez que apresentaremos as ferramentas necessárias para acompanhar a jornada de compra e produzir conteúdos de marca e, por meio do *social listening* (escuta social), definir o posicionamento de marca nas mídias sociais, identificar um conceito criativo coerente e escolher ações que promovam o envolvimento e o engajamento dos públicos de interesse.

4.1 O CONSUMIDOR MODERNO E SUAS EXPECTATIVAS

Manter o distanciamento entre as organizações, de um lado, e os consumidores, do outro, em um eterno cabo de guerra do tipo ganha-perde, passou a ser indesejável, improdutivo e menos lucrativo. O consumidor moderno quer muito mais do que apenas produtos e serviços; ele deseja parceria, apoio e humanização em suas relações, está disposto a pagar um pouco mais para obter o que deseja, é crítico severo e defensor apaixonado, questiona suas próprias motivações ao consumo, deseja experiências, quer tudo aqui-agora e não se incomoda de compartilhar seus dados desde que isso lhe traga benefícios tangíveis – sobretudo, quer transparência e verdade.

O consumidor moderno quer muito mais do que apenas produtos e serviços; ele deseja parceria, apoio e humanização em suas relações.

O consumo permanece como prática sociocultural, algo central em nossas vidas e fator de socialização, codificador e marcador de identidade. No entanto, o consumo excessivo e como expressão de pertencimento a determinados grupos sociais abre espaço ao consumo como expressão da individualidade – no Capítulo 1, tivemos contato com o pensamento de Lipovestky sobre o consumo como instrumento de personalização e de individuação.

O consumidor moderno é mais maduro, crítico e racional – com maior poder e mais ferramentas para analisar as ofertas de forma instantânea –, o que faz sua escolha ser rapidamente baseada em comparativos e, especialmente, em indicações, compartilhando amplamente suas experiências positivas e negativas. As razões dessa mudança estão relacionadas a fatores econômicos, à inovação tecnológica – sem dúvida – e à avassaladora quantidade de opções de conteúdo e formas de consumo. Há uma definição interessante do WPP Group, publicado na revista *HSM Management*,[1] para os termos novo consumidor ou neoconsumidor, que diz: "indivíduo seguro de si, informado, sem tempo a perder e determinado a comprar somente o que necessita e pelo qual pode pagar".

A transformação no comportamento do consumidor vem ocorrendo desde o final do século XX, especialmente em virtude da legislação ligada ao Código de Defesa do Consumidor e ao Estatuto da Criança e do Adolescente, mas também devido a maior disseminação da informação que contribui para o esclarecimento sobre seus direitos. A internet e seu poder de comunicação e informação, favorecendo o comparativo entre produtos e serviços, faz-nos voltar aos valores básicos, uma vez que evidencia que temos muito mais do que necessitamos e não há tempo para desfrutar de tudo – tornando claro o impacto desse estilo insustentável de consumo e dando um novo significado ao ato de consumir.[2]

A internet e seu poder de comunicação e informação, favorecendo o comparativo entre produtos e serviços, faz-nos voltar aos valores básicos.

Instabilidade econômica e política em quase todo o mundo, ameaças constantes de violência, baixa confiança das instituições públicas e privadas e aumento da aversão ao risco são outros fatores que levam o consumidor a adiar suas decisões de compra, especialmente aquelas de valor financeiro ou maior risco. Como consequência, tornam-se mais conservadores ao buscar apenas o que necessitam, mantêm-se fiéis aos produtos e marcas com os quais estão acostumados, avaliam mais intensamente a relação custo-benefício de suas decisões de compra e têm resistência em experimentar

---

1. WPP GROUP. *HSM Management*, jan./fev. 2010.
2. GODHIN, S. *HSM Management*, 2010.

novos produtos ou novas categorias que desconhecem e não foram indicadas por ninguém.

Em 2015, a pesquisa TIC Domicílios,[3] responsável por medir dados sobre as tecnologias da informação e da comunicação, identificou que 58% da população brasileira usa a internet – o que representa cerca de 102 milhões de internautas e mais de 100 milhões de consumidores conectados, chamados de consumidores digitais. Cerca de 5% dos consumidores são ativos, criadores de conteúdo, usam suas habilidades, conhecimento e experiências para elaborar conteúdos relevantes e úteis sobre produtos e marcas, movidos principalmente pelo desejo de colaboração. Cerca de 20% não têm tempo ou desejo de produzir conteúdo inédito, mas gostam de comentar e compartilhar o que recebem, endossam ou refutam comentários e percepções acerca de produtos e marcas, gostam de interagir e sentir-se ouvidos. No entanto, cerca de 75% dos consumidores não têm relação específica com marcas, produtos e serviços, acompanham o que acontece como expectadores e não são especialmente motivados a produzir conteúdo ou interagir com marcas e produtos, ou seja, a grande maioria das pessoas apenas assiste ao que ocorre interagindo eventualmente ou movidos por alguma situação muito específica.

As organizações precisam identificar e trabalhar ativamente com os primeiros 25% dos consumidores, mas, não se engane, todos eles agem de forma intensa, especialmente nas mídias sociais, se estiverem decepcionados ou tiverem problemas com produtos e marcas. Para lidar com esse consumidor, as organizações devem ser mais efetivas na gestão das ferramentas de comunicação e relacionamento. Além disso, estar presente nos dispositivos móveis é fundamental, dada a intensidade de seu uso, especialmente no que tange o acesso às mídias sociais. Proporcionar uma experiência de compra positiva é também uma necessidade fundamental, seja on-line ou em pontos de venda, uma vez que envolve a relação pessoa a pessoa, a qualidade das informações no website, a navegabilidade, a embalagem e sua reciclabilidade, as informações claras nos rótulos, o bom posicionamento no ponto de venda, o preço competitivo, as formas adequadas de pagamento, entre outros. A complexidade exige das organizações

---

3. COMITÊ GESTOR DA INTERNET NO BRASIL (CGI). *TIC domicílios 2015*. Disponível em: https://cetic.br/media/docs/publicacoes/2/TIC_Dom_2015_LIVRO_ELETRONICO.pdf. Acesso em: 9 ago. 2019.

uma excelência de atividade que perpassa toda a cadeia de produção e distribuição, indo além.

O Walmart tem atuado fortemente para melhorar a experiência do consumidor em muitas de suas lojas, usando recursos de arquitetura para redução de custos com iluminação e tráfego, menos opções de marcas, mais espaço e ampliação da oferta de produtos mais ecoeficientes, com o objetivo de oferecer uma experiência de compra positiva aos seus clientes.

A complexidade exige das organizações uma excelência de atividade que perpassa toda a cadeia de produção e distribuição, indo além.

Outro aspecto importante é o fato de o consumidor não acreditar mais tão facilmente nas promessas de sustentabilidade e responsabilidade socioambientais dos produtos. Cansado do excesso de *greenwashing*[4] que ocorreu na primeira década do século XXI, o consumidor está desconfiado e quer provas cabais sobre o que a organização afirma, exigindo transformações reais das empresas e maior transparência.

Mas será que essa "pegada" de responsabilidade social e sustentabilidade realmente determina o consumo? O Instituto Akatu[5] de Consumo Consciente faz regularmente pesquisas sobre esses aspectos junto à população brasileira, trazendo as seguintes informações:

Como os consumidores se veem ao olhar no espelho? Assista ao vídeo para saber como enxergam seus próprios comportamentos de consumo.

- Entre 2010 e 2012, a assimilação do consumo consciente pelo consumidor brasileiro manteve-se relativamente estável, mesmo tendo sido um período de pleno emprego e de condições favoráveis ao consumo, como mostra o Gráfico 4.1.

4. Trata-se da ação que envolve a comunicação de produtos, com afirmações ecologicamente corretas sem que exista uma base concreta para isso.
5. AKATU. *Sumário de conclusões da pesquisa Akatu 2012*: rumo à sociedade do bem-estar. Disponível em: https://www.akatu.org.br/publicacoes/sumario-de-conclusoes-da-pesquisa-akatu-2012-rumo-a-sociedade-do-bem-estar/. Acesso em: 8 nov. 2017.

Gráfico 4.1
Perfil de assimilação do consumo consciente

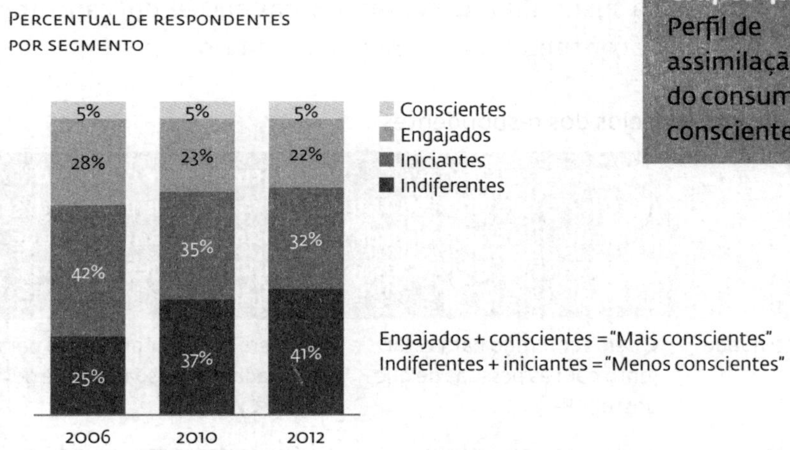

Fonte: INSTITUTO AKATU, 2012.

- Uma proporção maior de consumidores passou a adotar comportamentos de consumo consciente, ainda que apenas eventualmente, o que pode indicar maior sensibilidade ao tema, como mostra o Gráfico 4.2.

Gráfico 4.2
Adesão total ou parcial a comportamentos

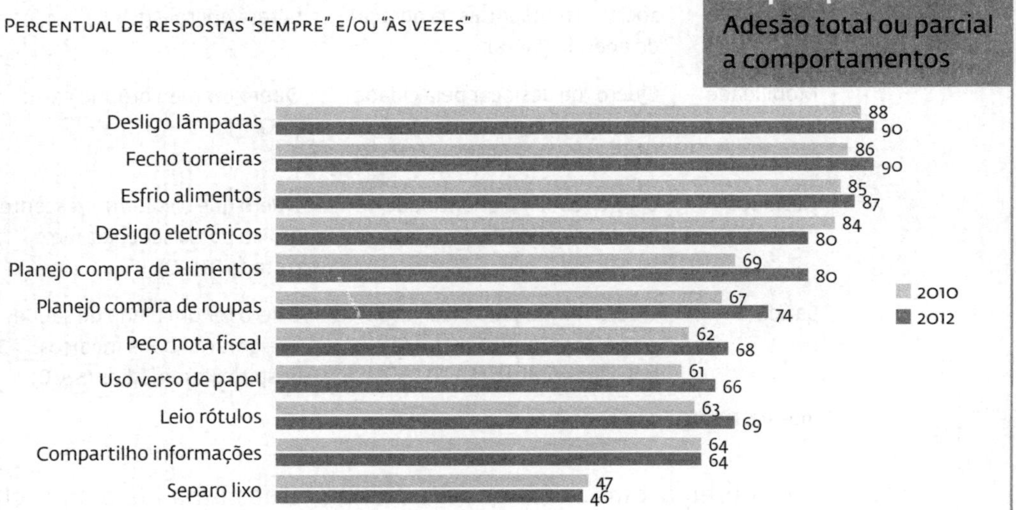

Fonte: INSTITUTO AKATU, 2012.

- A pesquisa mostrou forte inclinação do consumidor na direção do "caminho da sustentabilidade" em vez das opções do "caminho da sociedade de consumo", como mostra o Quadro 4.1.

Quadro 4.1 Desejos dos respondentes

Tema	"Sociedade sustentável" (aspirações que prometem ser satisfeitas por uma sociedade sustentável, ou que vão nessa direção)	"Sociedade de consumo" (aspirações que prometem ser satisfeitas pela sociedade de consumo, ou que vão nessa direção)
Afetividade	Quero ter tempo para estar junto com as pessoas de que gosto (AF-S)	Quero comprar presentes para agradar as pessoas de que gosto (AF-C)
Água	Quero contar com água abundante e limpa, sem poluição (AG-S)	Quero poder usar água à vontade, sem precisar me preocupar com a conta (AG-C)
Alimentos	Quero alimentos saudáveis, frescos e nutritivos (AL-S)	Quero alimentos práticos, que não dão trabalho para preparar (AL-C)
Durabilidade	Quero produtos que durem bastante e que seja fácil consertar ou atualizar quando necessário (DU-S)	Quero produtos que seja fácil e barato substituir, mesmo que ainda funcionem (DU-C)
Energia	Quero reduzir os impactos sociais e ambientais da geração de energia (EN-S)	Quero ter certeza que não faltará energia (EN-C)
Mobilidade	Quero me deslocar pela cidade com rapidez, segurança, conforto e flexibilidade (MO-S)	Quero ter meu próprio carro (MO-C)
Resíduos	Quero reduzir a quantidade de lixo produzido (RE-S)	Quero que o volume crescente de lixo possa ser coletado e tratado (RE-C)
Saúde	Quero tempo para lazer, esporte e descanso, pouco estresse e boa alimentação (SA-S)	Quero ter um plano de saúde que garanta bons médicos, hospitais e remédios (SA-C)

Fonte: INSTITUTO AKATU, 2012.

Ao observarmos as frases atitudinais, temos uma ideia mais clara sobre como as expectativas com relação ao consumo vêm mudando – obviamente o percentual de pessoas que realmente muda seu consumo em virtude dessas mudanças ainda é concretamente pequeno, mas indica forte tendência a uma mudança profunda no aspecto do consumo.

A pesquisa traz ainda outras conclusões:

- Quanto mais consciente o consumidor, maior a tendência a valorizar as promessas de sustentabilidade em detrimento das opções da sociedade de consumo.
- A tendência à maior preferência pelo "caminho da sustentabilidade" ocorre em todas as classes sociais, faixas etárias e em todos os segmentos socioeconômicos e geográficos, porém, com intensidades diferentes.
- Há grande consenso quanto à relação entre felicidade e dois fatores relacionados à vida das pessoas: saúde e convívio social.

Quanto mais consciente o consumidor, maior a tendência a valorizar as promessas de sustentabilidade em detrimento das opções da sociedade de consumo.

O estudo também demonstrou decréscimo da confiança do consumidor com relação à comunicação realizada pelas empresas – em 2010, eram 13%, enquanto, em 2012, apenas 8% afirmaram acreditar na comunicação, tendo aumentado o número daquelas que não acreditam de 44% para 49%, como mostra o Gráfico 4.3.

Gráfico 4.3
Confiança na comunicação realizada pelas empresas

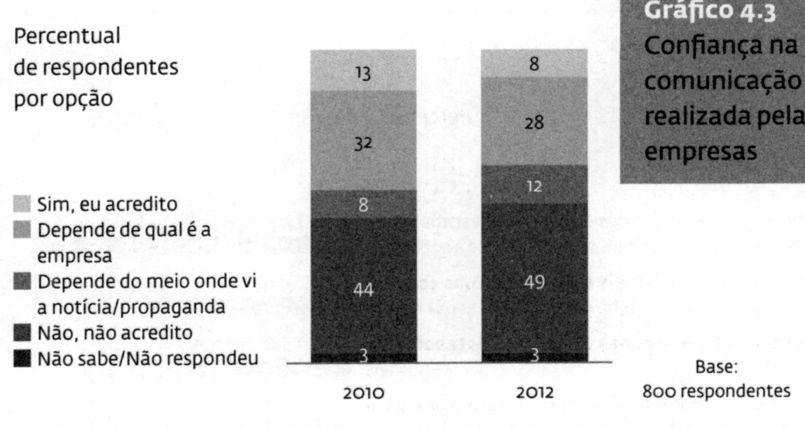

Fonte: INSTITUTO AKATU, 2012.

Um aspecto que nos parece positivo é que, dentre os consumidores menos conscientes, encontramos mais pessoas classificadas como desconectadas (58%) do que conectados ou influenciadores. Dentre os consumidores mais conscientes, embora sejam 26%, encontramos mais pessoas influenciadoras (22%) e conectadas (48%) do que desconectadas (30%), como mostra o Gráfico 4.4.

Gráfico 4.4
Perfil atitudinal no debate sobre responsabilidade empresarial e sustentabilidade

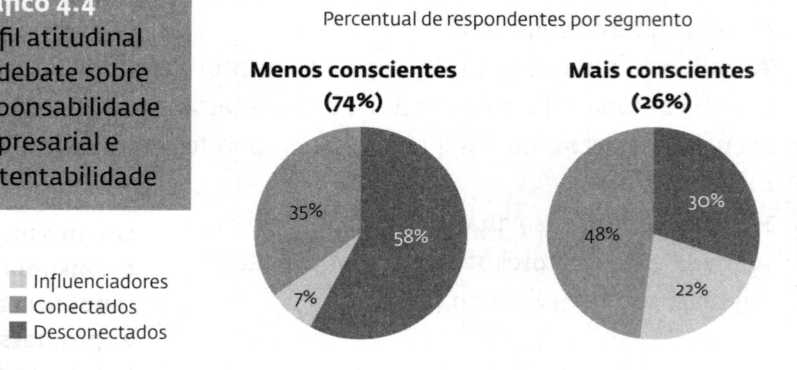

Fonte: INSTITUTO AKATU, 2012.

Com relação à expectativa do consumidor acerca da ação das empresas, identificamos no sumário que mais da metade dos entrevistados (53%) acredita que as empresas devem ir além do que é exigido pelas leis, buscando gerar mais benefícios para a sociedade, como mostra o Gráfico 4.5.

Gráfico 4.5
Expectativa do consumidor em relação às ações das empresas

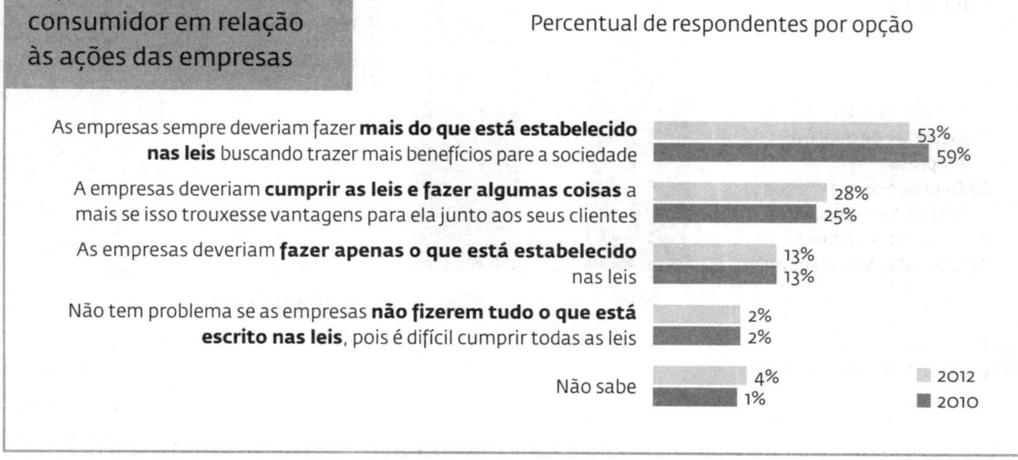

Fonte: INSTITUTO AKATU, 2012.

Dentre os aspectos considerados relevantes na prática da responsabilidade social pelas empresas, o ranking destacou aqueles apontados na Tabela 4.1.

Tabela 4.1 Práticas de responsabilidade social empresarial

Práticas	Nota Média	Ranking 2012
Não utilizar o trabalho infantil e trabalho forçado e exigir em contrato o mesmo compromisso de toda a sua cadeia de valor	2,74	1
Manter programas de contratação, capacitação e promoção de mulheres, negros e pessoas com deficiência, visando promover a igualdade de oportunidades	2,71	2
Assegurar aos trabalhadores uma remuneração que garanta um nível de vida adequado para eles e suas famílias	2,69	3
Adotar medidas em relação a seus produtos e/ou serviços que visam minimizar os riscos à saúde e segurança do consumidor ou cliente	2,55	4
Garantir ao trabalhador terceirizado as mesmas condições de saúde e segurança no trabalho e o acesso a benefícios básicos tidos pelos empregados regulares	2,54	5

Fonte: INSTITUTO AKATU, 2012, p. 23.

Vale ressaltar um trecho das conclusões do relatório do Instituto Akatu:[6]

> A propaganda enganosa – como mostra nossa pesquisa e bem sabem os dirigentes empresariais e profissionais de marketing – é um dos maiores erros que uma empresa pode cometer perante seus consumidores. Isso, obviamente, não se aplica apenas a produtos e serviços que vende, mas, também, à imagem que apresenta. Curiosamente, muitas parecem não ter esse cuidado quando se trata de comunicar sobre sua responsabilidade social ou ação voltada à sustentabilidade. Os efeitos negativos desse descuido, porém, afetam a todos: o uso desses termos, cada vez mais desgastados pela exposição excessiva e desqualificada, passa a ter o efeito inverso, fazendo com que sejam tomados

Ao acessar o consciente coletivo, refletimos sobre os impactos do ritmo de produção e consumo. Quer saber como?

6. INSTITUTO AKATU, 2012.

como lugar-comum mesmo quando utilizados por empresas que têm ações concretas para respaldá-los.

Sob o aspecto econômico, a pesquisa nacional do Boa Vista SCPC[7] identificou que 46% dos consumidores consideram-se equilibrados com relação aos seus hábitos de consumo. Na Região Sul, 53% dos consumidores consideram-se equilibrados; no Sudeste, 43% se dizem equilibrados e 23% econômicos e muito econômicos, mas é nessa região que também encontram-se os mais consumistas, representando 34% do público, como mostra o Gráfico 4.6.

Gráfico 4.6
Como o consumidor avalia seu perfil de consumo?

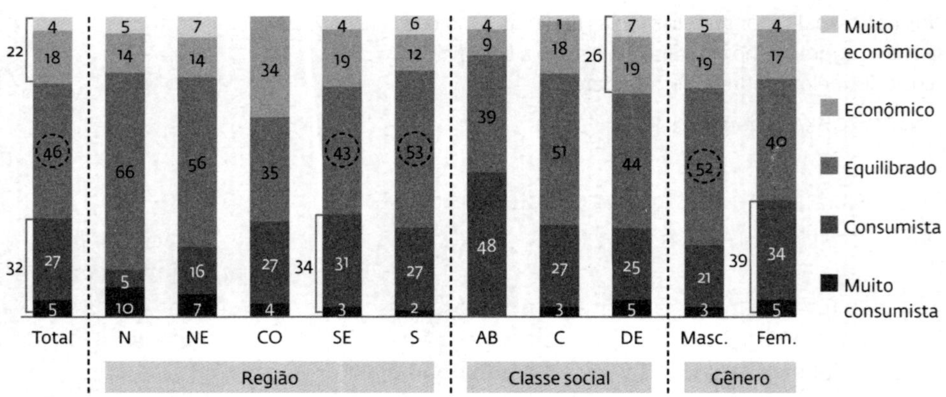

Fonte: BOA VISTA SCPC, 2016.

Na mesma pesquisa, quando questionados sobre o que mais pesa no orçamento, em primeiro lugar, estão as contas de consumo (37%), alimentação (29%), impostos, taxas e contribuições (8%) e transportes

7. BOA VISTA SCPC. *Pesquisa de hábitos de consumo*, 2016. Disponível em: https://www.boavistaservicos.com.br/wp-content/uploads/2016/03/resultados-pesquisa-dia-mundial-consumidor-2016.pdf. Acesso em: mar. 2017.

e conduções (8%). Para esses consumidores, os itens cujo gasto foi mais reduzido em virtude do momento econômico foram: lazer (39%), contas de consumo (18%) e alimentação (15%). Quando questionados sobre quais itens serão cortados caso haja necessidade de maior economia, foram indicados o lazer (45%) e as contas de consumo (27%).

A jornada desse consumidor rumo à decisão de compra está mais complexa, uma vez que define pelas suas experiências e pelas informações que coleta e que recebe pela web um (1) conjunto de marcas que inicialmente estaria disposto a adquirir, com base em percepções sobre a marca e na exposição a pontos de contato recentes; para, em seguida, (2) avaliar as alternativas com base nas informações que recebeu, em sua experiência com o produto ou marca e com a vivência de pessoas de suas mídias sociais. De posse dessas informações, é capaz de tomar a (3) decisão de compra, que será compartilhada, avaliada, criticada e julgada de acordo com as opiniões das diversas conexões on-line. Por fim, lida com as (4) expectativas pós-compra, quando sua experiência servirá como fonte de informação para a próxima jornada de compra, como mostra a Figura 4.1.

Figura 4.1
A jornada do consumidor

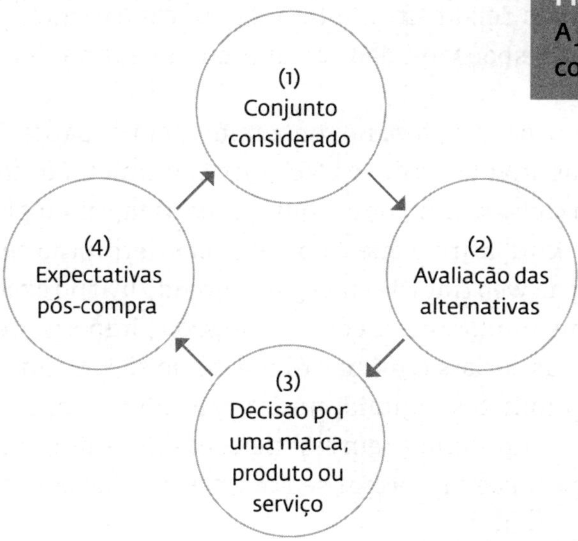

Fonte: QUELCH, J. Neoconsumidor: o fim do funil e o novo processo de decisão de compra. *McKinsey Quarterly*, Harvard, p. 88-91, n. 3, 2009. Disponível em: www.mckinseyquarterly.com. Acesso em: 13 jul. 2019.

Em um cenário como esse, o que as organizações devem fazer? O recomendado é que o marketing e a comunicação possam:[8]

- **identificar etapas prioritárias no que diz respeito a objetivos e desembolsos (pagamentos)** – se antes encontravam-se no início do funil, agora podem ser encontrados em qualquer etapa;
- **personalizar as mensagens** – muitas organizações terão de criar mensagens que solucionem as fraquezas da marca em um ponto de contato específico com o cliente-consumidor;
- **investir no marketing impulsionado pelo consumidor** – cujo epicentro é a internet, geradora do "boca a boca". Pode ser influenciado por ferramentas que detectam as conversas que as pessoas mantêm sobre as marcas, analisam o que se diz e permitem que façam comentários;
- **vencer as batalhas no ponto de vendas** – uma das consequências desse complexo mundo novo do marketing é que até 40% (média mundial) dos consumidores decidem sua compra antes de chegar à loja; portanto, o merchandising e a apresentação do produto continuam muito importantes;
- **integrar todas as atividades de contato com o cliente** – o que significa não deixar sites, relações públicas e programas de fidelidade sob a responsabilidade de diferentes departamentos.

Assim, as ações com foco no consumidor têm de partir de uma visão integrada das atividades de marketing e comunicação, considerando esse mesmo consumidor como ponto de partida para o planejamento estratégico. Scott[9] afirma que, "no lugar da interrupção de mão única, o marketing na web trata de entregar conteúdo útil no exato momento em que o consumidor precisa dele". Por isso, é importante compreender que mídias sociais e mídias digitais não têm a função de serem catálogos ou folhetos digitais; muito pelo contrário, Scott reforça a ideia de que a empresa que tem essa perspectiva perde uma ótima oportunidade de educar e informar seu público que, ao encontrar algo de

8. QUELCH, J. *McKinsey Quarterly*, Harvard, p. 88-91, n. 3, 2009. Disponível em: www.mckinseyquarterly.com. Acesso em: 13 jul. 2019.
9. SCOTT, D. M. *Marketing e comunicação na era digital*: fale diretamente com o cliente. São Paulo: Évora, 2013. p. 8.

valor na informação compartilhada pela organização, torna-se mais confiante e disposto a realizar negócio.

Mas quantos consumidores compram hoje pela internet? Muitos, se considerarmos o crescimento do e-commerce, mas ainda poucos se considerarmos o mercado consumidor como um todo. A insegurança ainda é o principal fator que os mantém ausentes do e-commerce.

Ações com foco no consumidor têm de partir de uma visão integrada das atividades de marketing e comunicação.

É importante ressaltar que a experiência do consumidor no ambiente virtual possui três fatores de influência[10]:

1. **Fatores de funcionalidade do ambiente virtual** – usabilidade e interatividade do ambiente virtual organizacional, velocidade de navegação, arquitetura da informação, customização, interação e presença virtual.
2. **Fatores psicológicos** – confiança do consumidor, disposição de um ambiente seguro, redução do risco percebido, garantias.
3. **Fatores de conteúdo** – conteúdo da informação, atributos sensoriais, como design, e qualidade da apresentação da informação.

Quando o consumidor estabelece relações por meio das mídias sociais, seja para comprar ou para buscar informação, apropria-se de determinada ferramenta para expressar suas identidades, construir valores e operar de maneira coletiva. Dessa forma, ao pensar em atuar nas mídias sociais, é importante ter em mente que as interações podem ocorrer dentro da seguinte tipologia: (1) mídias que possibilitam acesso e oportunidades; (2) mídias de poder e influência, de produção, de pesquisa, de desenvolvimento e de conhecimento; e (3) mídias colaborativas. A adequação entre o produto, serviço e marca em cada tipo está relacionada com o posicionamento da marca, com a *brand persona*, mas também com o perfil do consumidor ou públicos de interesse que se deseja alcançar.

Quando o consumidor estabelece relações por meio das mídias sociais, seja para comprar ou para buscar informação, apropria-se de determinada ferramenta para expressar suas identidades, construir valores e operar de maneira coletiva.

---

10. CONSTANTINIDES apud ALMEIDA, C.; LAS CASAS, A. L. *Marketing interativo*: a utilização de ferramentas e mídias digitais. São Paulo: Saint Paul, 2010.

De qualquer forma, como vimos até aqui, esse consumidor não pode mais ser contido e descrito em grupos que apresentem apenas dados demográficos e quantitativos. As pesquisas qualitativas que permitem a compreensão de um perfil mais amplo desse consumidor trazem para as organizações informações necessárias à construção de ações de marketing e comunicação adequadas a cada um. Assim, compreender o **perfil comportamental** do consumidor contemporâneo é base intrínseca de um planejamento efetivo e eficaz, tanto na definição de estratégias de atuação como no desenvolvimento de ações e conteúdo mais direcionados a cada perfil, necessidade e interesses.

Procuramos apresentar alguns exemplos dessas tipologias, desenvolvidas a partir de pesquisas qualitativas, como a proposta por Souza,[11] que procurou agrupar os consumidores em três *clusters* de acordo com seus perfis demográficos e comportamentais, como mostra o Quadro 4.2.

Quadro 4.2 Tipologia de comportamento de consumo nas mídias digitais

Neotradicionais (17%)	Neoecléticos (5%)	Neovanguarda (78%)
• O consumidor neotradicional não acessa a internet pelo celular e tampouco faz compra por ele, uma vez que não o considera um meio seguro para trocar informações. Não aposta no crescimento do comércio via celular tão cedo. Se, para a compra de alimentos, esse consumidor prefere as lojas, para vestuário, compra pela internet – e pretende continuar comprando. Diga-se, contudo, que esse resultado é fortemente influenciado pela presença de diversos países europeus na amostra. • Leve predominância de mulheres. • Faixa etária entre 45 e 54 anos. • Menor grau de escolaridade. • Consumidores mais ligados às lojas físicas. • Usam a internet para comparar preços.	• Faixa etária 35 a 44 anos. • Homens e mulheres. • Média escolaridade. • Compram pela internet há pelo menos 3,5 anos. • Abertos ao uso de diversos canais de relacionamento com marcas, produtos e serviços. • A loja física já deixou de ser a primeira escolha, é o grupo que mais projeta o fim dos pontos de vendas tradicionais. • Sentem falta quando as lojas não têm presença on-line e valorizam as que possuem. • Acessam pouco a web pelo celular.	• O consumidor neovanguarda é o que mais compra eletroeletrônicos pela web e, no futuro, é o que mais pretende comprar em canais diversos. Esse grupo confia nas ferramentas tecnológicas disponíveis e já incluiu seu celular em seu mix de canais, embora ainda não tenha o costume de realizar compras pelo celular. O maior uso da internet móvel é para obter informações e comparar preços e características. • Leve predominância de homens. • Faixa etária 35 a 44 anos. • Maior escolaridade. • Compram pela internet há mais de quatro anos. • Preferem comprar on-line a outros canais.

Fonte: SOUZA, 2009.

11. SOUZA, M. G. *Neoconsumidor:* digital, multicanal & global. São Paulo: GS&MD, 2009.

No livro *E-Marketing*, de Tânia Limeira,[12] encontramos outros perfis, como mostra o Quadro 4.3.

Quadro 4.3 Outros perfis de comportamento de consumo nas mídias digitais

Simplificadores	Surfadores	Negociadores
Gostam de informação facilmente disponível, serviços confiáveis, entrega rápida. São exigentes, mas abertos.	Adoram navegar, fazer compras, entretenimento e novidades.	Valorizam o bom negócio, são atraídos por ofertas e por boas oportunidades.
Conectadores	**Rotineiros**	**Esportistas**
Usam a web basicamente como meio de relacionamento; compram pouco, uma vez que procuram socialização.	Usam a web mais como fonte de informação e costumam ser fiéis aos sites com os quais se relacionam.	Igual aos rotineiros, mas relacionado à sua preferência por esportes.

Fonte: LIMEIRA, 2007, p. 104.

Várias são as pesquisas etnográficas que buscam traçar o perfil comportamental de consumidores e usuários de mídias sociais no Brasil como forma de subsidiar mais eficazmente a tomada de decisões em marketing e em comunicação. Uma das mais amplas foi feita em 2012, pela agência de propaganda DM9, e foi chamada de *Perfis Digigráficos*.[13] Trata-se de uma pesquisa qualitativa que procurou identificar o comportamento digital de diversas pessoas, classificando-o de acordo com as atividades desenvolvidas e a relação das pessoas com as mídias digitais.

Várias são as pesquisas etnográficas que buscam traçar o perfil comportamental de consumidores e usuários de mídias sociais no Brasil como forma de subsidiar mais eficazmente a tomada de decisões em marketing e em comunicação.

O estudo dividiu os consumidores de acordo com sua relação com os meios digitais, chegando aos seguintes perfis:

- **Imersos** – tiveram parte de sua identidade definida a partir da tecnologia. Com ela, conseguiram se encontrar, definir seus

---

12. LIMEIRA, T. M. V. *E-Marketing*: o marketing na internet com casos brasileiros. 2. ed. São Paulo: Saraiva, 2007. p. 104.
13. SAKSIDA, D. *Perfis digigráficos*: introdução, 5 abr. 2013. Disponível em: https://www.youtube.com/watch?v=nX5no74Lrnw&t=24s. Acesso em: 9 ago. 2019.

interesses e estabelecer melhores vínculos com o mundo. Suas personalidades e identidades foram definidas pela era digital, que lhes permitiu dar vida a mais personas. Para eles, as máquinas são mais que um utilitário; são fundamentais para explicar seu desenvolvimento pessoal.

- **Ferramentados** – recorrem à tecnologia para agilizar as tarefas, mas não a idolatram. A tecnologia os ajuda nas tarefas cotidianas e facilita suas vidas, mas eles não dependem delas nem são definidos por elas. Esse grupo é um exemplo de como as pessoas redefiniram a maneira como se relacionam com família, escolas, empresas e governo. Para os ferramentados, as máquinas permitem lidar com a vida cotidiana com mais conveniência.
- **Fascinados** – querem parecer modernos e tecnológicos. Para eles, computadores, gadgets e hábitos da era digital são ícones da modernidade. Além disso, consumir essas novidades os ajuda a comprovar que são antenados. Eles são um excelente exemplo de como o relacionamento com os outros foi bastante modificado.
- **Emparelhados** – a tecnologia é fundamental para pôr em prática os projetos de vida. Enxergam a tecnologia como a grande companheira para fazer o dia a dia acontecer. Sem ela, a vida fica extremamente complicada. Para esse grupo, as máquinas são como uma extensão do seu corpo, potencializando suas capacidades humanas. Os emparelhados têm uma relação simbiótica com as máquinas e suas funcionalidades.
- **Evoluídos** – o universo das máquinas e da tecnologia é seu habitat natural. Trata-se de crianças e adolescentes que já nasceram adaptados, uma vez que estão crescendo no mundo digital e não conheceram o mundo pré-digital.

Existem inúmeras pesquisas, mas o ideal é que cada organização, marca, produto ou serviço possa desenvolver um trabalho *adhoc* para compreender os perfis de seus públicos de interesse e seu universo semântico. De qualquer forma, todas as informações a que nos referimos até aqui serão fundamentais para que se desenvolva a *brand persona* – item fundamental para as relações nas mídias sociais.

Para conhecer esse consumidor, já não bastam as pesquisas quantitativas que trazem dados estatísticos, embora ainda sejam importantes. É necessária uma análise mais aprofundada dos grupos de interesse e, por isso, mais do que pesquisas qualitativas, a neurociência, a antropologia e a sociologia são cada vez mais importantes. Estudos etnográficos e mapas mentais procuram compreender as associações relacionadas a produtos, marcas e serviços, trazendo insights para ações de comunicação e desenvolvimento de conteúdo.[14]

O ideal é que cada organização, marca, produto ou serviço possa desenvolver um trabalho *adhoc* para compreender os perfis de seus públicos de interesse.

As pesquisas em profundidade (entrevistas, *focus group* e outras) procuram identificar motivações ligadas às emoções, percepções, atitudes e valores, além do que o consumidor é capaz de expressar de forma consciente. Técnicas de neurociência tentam entender as conexões que o consumidor faz ao ser submetido a determinados estímulos. A conclusão mais importante que essas técnicas têm trazido para a compreensão do comportamento de compra e consumo é que as decisões são baseadas essencialmente em conexões emocionais e não intelectuais. Além disso, em regra, as decisões são inconscientes, o que explica por que, muitas vezes, pesquisas quantitativas levam a decisões estratégicas incorretas.

Escolher a técnica de pesquisa certa é fundamental e essa decisão está relacionada ao tipo de informação ou insight que se deseja obter, partindo sempre do problema. Em mídias sociais, uma técnica bastante utilizada é a de ***social listening***, que consiste em coletar e analisar dados de fontes diversas para identificar o que está sendo falado e compartilhado nas mídias sociais, agindo como uma análise mais delicada e focada do conteúdo em mídias sociais sobre determinado produto, serviço ou marca, e separando as menções, fontes, segmentos e outros dados relevantes.

***Social listening* consiste em coletar e analisar dados de fontes diversas para identificar o que está sendo falado e compartilhado nas mídias sociais.**

As métricas de *social listening*[15] podem ser quantitativas e qualitativas, envolvendo:

- **volume de menções** – traz o número total de menções publicadas pelos perfis nas mídias sociais;

14. MEIO & MENSAGEM. *Marcas que não perdem tempo nas redes sociais*, 2017. Disponível em: http://www.meioemensagem.com.br/home/marketing/2017/07/31/marcas-que-nao-perdem-tempo-nas-redes-sociais.html. Acesso em: 14 jul. 2019.
15. LEMOS, M. *Principais métricas para social listening*, 2016. Disponível em: http://www.dp6.com.br/principais-metricas-para-social-listening/. Acesso em: 14 jul. 2019.

- **usuários únicos** – volume de usuários únicos que falaram sobre determinado assunto;
- **alcance potencial** – soma do volume de fãs/seguidores dos usuários;
- **métricas nativas das mídias sociais** – métricas específicas de cada mídia social, como RTs, likes, replies, shares, comments etc.;
- **índices de sentimento e de reputação** – indicadores do sentimento das menções.

Os estudos de *social listening* podem utilizar-se de técnicas de linguística, semiótica, dramaturgia, antropologia, neurociência e sociologia. Além disso, os métodos que utilizam associação de imagens e visualização têm sido ricos em compreender os processos mentais associados a atividades de consumo. Essas metodologias são repletas de resultados, uma vez que podem fornecer insights para a produção de conteúdo, *branded content*, *storytelling* e outras possibilidades aplicáveis às mídias digitais e sociais.

Um modelo mental procura identificar e desenhar as associações mentais diretas e indiretas feitas ao submeter o indivíduo a determinados estímulos, identificando o chamado **marcador somático** – associações diretas ou atalhos que a mente cria para processar informações e gerar respostas mais rápidas. As técnicas de identificação dos modelos mentais podem utilizar **escadas de marca** (*brand ladder*) – quando estimulado com relação a determinada marca, o consumidor expressa conexões diretas funcionais ou psicossociais – ou **metáforas** – identificação e uso das categorias certas de metáforas na construção do conteúdo de comunicação.

O modelo mental procura identificar e desenhar as associações mentais diretas e indiretas feitas ao submeter o indivíduo a determinados estímulos.

Um dos resultados mais importantes de todas essas novas técnicas de pesquisa é que o consumidor se sente muito mais impactado por experiências, especialmente quando envolvem todos os sentidos ou o maior número possível de sentidos.

A revista *Consumidor Moderno*[16] apresentou as tendências para o consumo para os próximos anos. De acordo com Martha Terenzzo:

---

16. VENTURA, I. As tendências de comportamento e consumo para 2017. *Consumidor moderno*, 2016. Disponível em: http://www.consumidormoderno.com.br/2016/12/28/tendencias-comportamento-consumo-2016/. Acesso em: 14 jul. 2019.

- **menos é mais** – retração do consumo e maior responsabilidade do consumidor no sentido de um comportamento mais crítico e consciente;
- **emprego em baixa, empreendedorismo em alta** – falta de empregos e oportunidades de empreender, especialmente os grupos de jovens e recém-formados;
- **nomadismo** – os jovens tendem a se deslocar mais rápido, movimentando-se pelo país e pelo mundo, o que inaugura um novo modelo de moradia de alta rotatividade e menor apego a bens materiais, uma vez que preferem usar os bens quando necessário em vez de possuí-los;
- **simplicidade** – simplificação do estilo de vida;
- **entretenimento estratégico** – marcas e produtos a serviço do entretenimento.

4.2 A MARCA E SEU POSICIONAMENTO EM MÍDIAS SOCIAIS

Buscar valores humanos nas marcas é uma característica do consumidor contemporâneo – transparência, honestidade, confiança, integridade, respeito e ética são seus desejos. A pesquisa qualitativa Brand ID,[17] desenvolvida pela Voltage e Bridge Research, fala de democracia das marcas (*brandtocracies*) para referir-se a essa postura mais amigável e honesta das organizações, apontando que 62% dos entrevistados mostram insatisfação com relação a essa almejada honestidade.

Buscar valores humanos nas marcas é uma característica do consumidor contemporâneo.

17. ASSOCIAÇÃO BRASILEIRA DE COMUNICAÇÃO EMPRESARIAL (ABERJE). *Pesquisa da Ogilvy Brasil mostra o que consumidor espera das marcas*, 10 out. 2017. Disponível em: http://www.aberje.com.br/pesquisa-da-ogilvy-brasil-mostra-o-que-consumidor-espera-das-marcas/. Acesso em: 9 ago. 2019.

Tudo aqui e agora de forma rápida e de acordo com as minhas preferências – essa é a expectativa do consumidor atual. As mesmas tecnologias digitais que agilizam a compra e a prestação de serviços estão construindo consumidores exigentes, tanto em termos de atendimento como com relação à qualidade dos produtos e serviços oferecidos. Consumo consciente, engajamento, ética e transparência são cada vez mais necessários a quaisquer empresas que tenham a intenção de continuar relevantes junto aos consumidores do futuro.

O estudo Brand ID fez um mapeamento completo da percepção que os brasileiros têm das marcas nacionais e internacionais de diversos segmentos, conciliando pesquisas quantitativas e qualitativas. Com dados quantitativos sobre a percepção do consumidor e uma projeção do futuro por meio de análises qualitativas de influenciadores e experts, a pesquisa foi concluída em 2010, observando que:[18]

> O consumidor brasileiro dá sinais inequívocos do desejo que nutre por uma relação pautada pela transparência, comunicação e colaboração. Cabe notar que embora a *brandtocracies* sejam uma tendência mundial e com origem na própria evolução sociocultural do ser humano, no Brasil há particularidades em sua manifestação; características próprias que são determinantes para uma mudança nas relações de consumo do futuro.

Nessa pesquisa, 51% dos entrevistados no Brasil responderam que o que mais influencia sua decisão de compra é a relação custo-benefício dos produtos (entre os europeus, o resultado alcançou 81%), sendo o custo relacionado ao valor agregado da compra e não exatamente ao valor financeiro dispendido. O segundo item de maior influência refere-se à ética e à responsabilidade social e ambiental da marca, produto ou serviço. Dentre os entrevistados, 45% afirmaram esperar que as marcas sejam "amigas", buscando nelas valores humanos da mesma forma como procuram estreitar o relacionamento com as pessoas do seu dia a dia. No entanto, 53% dos pesquisados afirmaram que os valores humanos não estão expressos nas marcas em geral. Quando buscam informações sobre as marcas, fazem-no (70%) junto a amigos e parentes nos quais confiam.

Estudos mais recentes continuam indicando a necessidade das marcas em buscarem maior identificação com seus públicos de interesse. Em Marketing 4.0, livro de Philip Kotler, tradicional autor de marketing, observa-se que o consumidor passa a assumir o controle sobre o conteúdo que consome a partir das tecnologias digitais. Isso o torna mais rigoroso com aquilo que adquire e mais ativo na sua relação com as marcas. É necessário, portanto, às organizações que tenham uma visão conectada com a individualidade que este consumidor exige, fugindo das ações de marketing e comunicação massivas em direção a conexões e mensagens cada vez mais personalizadas. Além disso, as empresas devem buscar a transparência, ética e responsabilidade, não apenas na

---

18. PORTAL EMPREENDEDOR. *Consumidor contemporâneo busca valores humanos nos produtos*, 3 jan. 2011. Disponível em: https://empreendedor.com.br/noticia/consumidor-contemporaneo-busca-valores-humanos-nos-produtos/. Acesso em: 9 ago. 2019.

comunicação e na sua relação com os consumidores, mas na execução de suas atividades de negócios.[19]

Com relação às marcas no seu cotidiano, 52% são neutros e afirmam que não ajudam nem prejudicam as decisões diárias. Temas como saúde da família, bem-estar, mudanças climáticas, emprego e valores comunitários têm maior valor; 31% sentem-se mais conscientes das coisas que realmente os fazem felizes, como amigos, família e coisas simples, 28% afirmam ter ficado mais tolerantes com as diferenças e 24% se dizem mais abertos com relação às pessoas.

A lógica do novo consumidor é a mesma da internet – pede troca, abertura ao diálogo, participação na vida, *follow* constante e quer que a marca esteja no centro, não no topo.[20] Os investimentos devem se pautar pela conversação, colaboração e criatividade. As marcas devem conquistar o consumidor com conversas verdadeiras, relação próxima e transparente.

A lógica do novo consumidor é a mesma da internet – pede troca, abertura ao diálogo, participação na vida, *follow* constante e quer que a marca esteja no centro, não no topo.

Essa pesquisa qualitativa[21] identifica que os brasileiros têm atribuído essa faceta humana às marcas, exigindo que se portem como tal, e desenvolvendo uma atração por aquelas que expressem *lifestyle* e personalidade marcantes. A forma de se comunicar é apontada na pesquisa como essencial na construção do relacionamento, unindo exposição de marca a um objetivo maior (propósito) e colocando-a como um "agente do mundo" que contribui positivamente para a coletividade. Ferramentas como a propaganda estão sendo questionadas e pressionadas a "evoluir", uma vez que são constantemente associadas a algo vazio de significado e desprovido de transparência.

> Autêntica, amiga, preocupada com o *design*, sustentável e simples foram as palavras mais usadas para designar o que esperam das marcas – atributos que mostram que a aderência transcende o apelo comercial. Ao mesmo tempo que os "valores humanos", como transparência, honestidade, confiança, integridade, respeito, ética e responsabilidade social, são eleitas aspirações, os influenciadores afirmam que compõem o básico do que uma marca deve ter. Na essência, o que determinará a conquista da fidelidade à marca é a capacidade de despertar paixão pela vida, ser viva e conectada, enfim, ser relevante.[22]

19. KOTLER, P. *Marketing 4.0*: do tradicional ao digital. São Paulo: Sextante, 2017.
20. PORTAL EMPREENDEDOR, 2011.
21. BRAND ID, 2010.
22. PORTAL EMPREENDEDOR, 2011.

As conclusões do estudo implicam insights necessários ao posicionamento das marcas:

- **Democracia** – as marcas precisam ser democráticas.
- **Participação** – as marcas precisam ter participação cultural e social na vida das pessoas.
- **Simplicidade** – menos é cada vez mais, pois o que vale é a essência.
- **Consumo consciente** – fuga do consumismo tradicional para produtos mais democráticos.
- **Engajamento** – engajar parceiros, fornecedores, consumidores e concorrentes.

O posicionamento de uma marca é representado pela maneira como se destaca na mente dos consumidores[23] e é formado por aspectos como **identidade** e **personalidade**. A identidade representa o que a empresa é ou o que a representa no mercado e a personalidade é a forma como a marca se relaciona com o mercado em que atua. A partir desses conceitos e do que vimos até aqui sobre os anseios do consumidor contemporâneo, fica fácil compreender a necessidade de desenvolver tais aspectos.

O posicionamento de uma marca é representado pela maneira como se destaca na mente dos consumidores e é formado por aspectos como identidade e personalidade.

Lembre-se, no entanto, que, acima de tudo, devemos traduzir a realidade do que a marca é, fugindo de estereótipos e de informações falsas ou meias verdades. Para construir essa identidade e personalidade, as organizações têm recorrido cada vez mais ao storytelling, não apenas como técnica de criação, mas identificando os gatilhos mais eficientes e diretamente associados e associáveis às marcas, aos produtos e aos serviços.

As etapas, portanto, de posicionamento de marca são exatamente as mesmas, seja on ou off-line – e realmente deve ser assim, pois é necessário que haja clara correlação entre uma coisa e outra, já que não há divisão sob a perspectiva do consumidor.

4.2.1 Identificar o consumidor

O primeiro passo é conhecer o consumidor. Seja por meio de pesquisas qualitativas ou quantitativas, ou ainda de *social listening*, devemos levar em conta quem são os consumidores sob aspectos que devem ir muito além da demografia, como mostra a Figura 4.2.

---

23. ROCHA, M.; IGNÁCIO, S. *Gestão estratégica de marcas*. São Paulo: Saraiva, 2017.

Figura 4.2
Identificar o consumidor

Fonte: INNOVARE PESQUISA.

Utilizar-se de pesquisas etnográficas significa imergir na realidade do consumidor para procurar o que está por trás de seu comportamento. Empatia, observação e análise de dados podem trazer insights úteis para o posicionamento da marca, construção da persona de marca, definição de conteúdos a serem trabalhados e muitos outros aspectos. A ideia é a compreensão do humano pelo humano.

4.2.2 Analisar os concorrentes (e fazer uma autoanálise)

Além do consumidor, compreender quem são os concorrentes e como estão posicionados ajuda muito na hora de definir um posicionamento para a marca. A boa e sempre atual análise SWOT pode ajudar a entender os diferenciais de cada marca, mas a grande lição de casa, com análise da empresa, identidade organizacional, reputação e outros itens como missão, visão, valores e, especialmente, propósito, é a peça-chave para o posicionamento. Afinal, interessa diferenciar-se da concorrência, mas é ainda mais importante mostrar tudo aquilo que a marca faz muito bem feito e, se você lembrar tudo o que o consumidor tem como expectativa com relação às marcas e produtos, verá que essa autoanálise é essencial.

Além do consumidor, compreender quem são os concorrentes e como estão posicionados ajuda muito na hora de definir um posicionamento para a marca.

4.2.3 Definir um posicionamento

A partir dessas análises, é possível que a organização esteja pronta para definir um posicionamento para a marca. A tendência nos últimos anos é adotar um posicionamento para a marca global que poderá ser espelhado nas marcas menores ou mesmo funcionar como um aval, como fizeram marcas como Unilever, Mantecorp e Procter & Gamble – tudo depende da estratégia de marca da organização.

Os tipos de posicionamento estão descritos no Quadro 4.4.

Quadro 4.4 Tipos de posicionamento

Tipo de posicionamento	Descrição
Por atributos	Reforça as características do produto – refere-se às características tangíveis do produto ou serviço, vistas como a principal prerrogativa na decisão de compra
Por aplicação ou uso	Destaca o uso específico do produto – enfatiza as características físicas com as quais o consumidor pode contar ao utilizar o produto ou serviço – pode ser aquele que apoia em momentos decisivos
Por concorrência	Compara com as marcas concorrentes – a marca desafiante utiliza estratégias de comparação com o líder para estabelecer a sua posição
Por usuário	Posiciona o produto como foco em determinado grupo de usuários ou consumidores – ou na identificação junto a determinado grupo de pessoas
Por benefício	Destaca os benefícios que o produto ou serviço oferece aos consumidores – a tudo o que o consumidor recebe por utilizar o produto ou serviço envolvendo as esferas ampliadas do produto
Por preço ou qualidade	Posicionamento focado na qualidade e no valor agregado da marca, produto ou serviço

Fonte: adaptado de ROCHA; IGNÁCIO, 2017, p. 233-246.

Na web e nas mídias sociais, o posicionamento básico é essencialmente o mesmo. O que difere a relação das marcas no ambiente digital é a esfera do relacionamento, sem dúvida, mas também é importante pensar que há interação e influência recíproca, ou seja, a interação da marca com as pessoas molda certos aspectos de sua identidade, assim como as pessoas também têm a sua identidade moldada, pelo menos em parte, pela interação com as marcas, produtos e serviços nas mídias digitais e sociais.

Costa Pinto[24] observa que marcas têm a função de agregar valor a produtos e serviços construindo uma identidade. Uma das formas eficazes de construí-la é contando uma história, uma vez que o **storytelling** contribui para dar unicidade a uma ou várias marcas sob um

---

24. COSTA PINTO, M. *Interação entre marcas e pessoas nas redes sociais*: um estudo inicial, 2012. Disponível em: https://pt.slideshare.net/monzacosta/interaes-entre-marcas-e-pessoas-nas-redes-sociais-um-estudo-inicial. Acesso em: 14 jul. 2019.

guarda-chuva de marca, por exemplo, além de suscitar emoção e identificação junto a grupos de consumidores e outros públicos.

De forma geral, as pessoas não consomem a marca isoladamente, mas utilizam o que o autor chama de **sistema de marca**, definido como um conjunto de identificadores visuais e verbais – além de auditivos, táteis e olfativos – próprios de cada marca, que ajudam a construir a coerência e a consistência, de forma que a marca possa expressar-se de maneira reconhecível e única. O sistema de marca envolve a personalidade da marca, seu caráter e sua capacidade de ser única, relevante, diferente e notória.

Marcas têm a função de agregar valor a produtos e serviços construindo uma identidade.

Rocha e Ignácio[25] observam:

> A personalidade de uma marca é construída de acordo com as influências que ela sofre no decorrer de sua existência ou, se preferir, no decorrer do seu ciclo de vida. Essas características surgem da mesma forma que ocorre com as pessoas físicas: por meio dos relacionamentos mantidos e vivenciados. No caso das marcas, podemos dizer que são frutos dos relacionamentos que a empresa mantém no ambiente em que está inserida.

Aplicando isso às mídias sociais e ao seu imenso dinamismo e múltiplas referências, podemos imaginar a necessidade do que poderíamos chamar de "firmeza de caráter" para que uma marca se mantenha estável em seus princípios ao longo do tempo.

Claro que esse é um processo lento, que exige tempo, esforço e muito foco. Como dizem Rocha e Ignácio, "uma marca forte como pessoa requer muito investimento, tempo e atitudes que estejam de acordo com a imagem que a empresa pretende criar".[26] Além disso, deve haver uma predisposição estratégica da organização em tomar as decisões corretas em todas as esferas do negócio para que a identidade e a personalidade construídas sejam efetivamente coerentes com as atividades desenvolvidas.

Quer conhecer os passos para a construção de uma marca? Veja este vídeo.

---

25. ROCHA; IGNÁCIO, 2017, p. 150.
26. ROCHA; IGNÁCIO, 2017, p. 125.

Costa Pinto[27] recomenda o que chama de **modelo dos 3is** como forma de visualizar a gestão de marca nas mídias sociais. Veja a Figura 4.3.

Figura 4.3
Modelo dos 3is

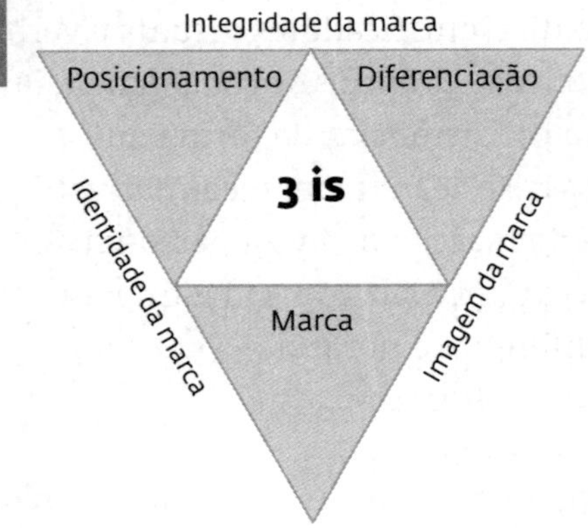

Fonte: COSTA PINTO, 2012.

O modelo preconiza que a soma dos valores positivos faz que as pessoas almejem associar sua identidade com a identidade de marca nas mídias sociais – assim, seguir, curtir e chamados de tagueamento (tags) constituem-se como atos de identificação e associação dos indivíduos com as marcas e suas expressões. É importante ressaltar que, como uma pessoa, as marcas devem ter um "caráter" único, coerente, perceptível e uníssono, mas isso não impede que suas expressões variem de acordo com as diversas mídias sociais e situações, assim como uma pessoa tem comportamento ligeiramente diferente dependendo do ambiente e grupo social onde está interagindo.

A soma dos valores positivos faz que as pessoas almejem associar sua identidade com a identidade de marca nas mídias sociais.

As marcas, então, comunicam-se diretamente com as pessoas por meio de perfis nas mídias sociais e deixam-se influenciar pelas interações dos usuários – o que dá a sensação de uma personalidade em construção, dinâmica, que se transforma e se adapta, de preferência sempre positivamente. Aqui vamos ao encontro do conceito de *flawsome*, citado anteriormente, enquanto a capacidade de admitir-se em processo de construção.

27. COSTA PINTO, 2012.

4.2.4 Comunicar o posicionamento

Por fim, comunicar o posicionamento em mídias sociais envolve três aspectos fundamentais: (1) selecionar as mídias mais adequadas; (2) desenvolver conteúdo e um cronograma de ações; e (3) selecionar as chaves de performance e métricas. É importante lembrar que estamos falando de uma comunicação baseada em *earned attention* (ganhar a atenção), tratando, basicamente, de ferramentas de comunicação de marketing *inbound*, cujo objetivo é ganhar o interesse das pessoas em vez de comprar.

1 **Selecionar as mídias sociais adequadas** – não é necessário estar presente em todas as mídias sociais indistintamente, uma vez que deve haver uma identificação entre o posicionamento da marca e sua identidade e personalidade com as mídias sociais escolhidas. Analise o perfil de cada mídia e, sobretudo, determine quanto esforço (esforço é igual a dinheiro + tempo + pessoas envolvidas) a organização investirá nas mídias sociais, lembrando que se trata de um trabalho 24 horas por dia, sete dias por semana, e que é necessário ter uma empresa ou equipe dedicada a isso.

2 **Conteúdo e cronograma** – é importante desenvolver pautas de conteúdo, principalmente, se feito a partir do conhecimento sobre o consumidor e seus interesses, aliando essas informações ao sistema de marca.

3 **Chaves de performance e métricas** – avaliar constante e consistentemente as mídias sociais por meio de dados numéricos (*analytics*) e qualitativos é fundamental para ajustes de percursos, especialmente devido à dinâmica das mídias sociais e por senso de oportunidade.

Avaliar constante e consistentemente as mídias sociais por meio de dados numéricos e qualitativos é fundamental para ajustes de percursos.

Em mídias sociais, a comunicação do posicionamento de marca envolve, em geral, o uso das seguintes ferramentas: criação de um website ou blog (ou ambos, porque têm finalidades diferentes); a criação de perfil ou canal em mídias sociais – Facebook, Instagram, YouTube, Snapchat, Twitter, LinkedIn, entre outras; o planejamento de search engine marketing (SEM); o planejamento de marketing de conteúdo e o desenvolvimento de conteúdo de marca (*branded content*) – e-books, whitepapers, infográficos, fórum, webinar, podcast, vídeos, links, notícias, imagens, social bookmarking, entre outros; e o planejamento de e-mail marketing. Além disso, as ações em mídias sociais devem estar alinhadas e integradas com as estratégias de comunicação em plataformas não digitais.

4.3 CONSTRUINDO UM POSICIONAMENTO E UM CONCEITO CRIATIVO PARA SUA PRESENÇA EM MÍDIAS SOCIAIS

O Grupo Reserva[28] foi fundado em 2006 e tem como principal negócio a confecção de moda masculina. Com 56 lojas da marca, 1,4 mil multimarcas e faturamento de R$ 300 milhões anuais, tem como um dos sócios fundadores Rony Meisler, líder no Brasil do movimento do capitalismo consciente. O grupo tem como propósito "ser um amigo além de uma marca", com base em valores como transparência e responsabilidade social.

A tangibilização desses valores e propósito se dá em sua operação cotidiana: da gestão da cadeia de suprimentos (*supply chain*) aos colaboradores e clientes, a marca só trabalha com fornecedores brasileiros constantemente auditados para averiguar sua conformidade com as questões socioambientais; tem grande foco nos recursos regionais; busca tratamento diferenciado aos colaboradores por meio de parceria, equidade de gênero e benefícios; e foca o respeito ao consumidor – cada consumidor recebe um "cupom de transparência", com um minidemonstrativo de resultados sobre que é feito com aquela venda, além de características diferenciadas dos produtos, como tamanhos especiais.

Além das atividades organizacionais, o Grupo Reserva tem ações de cunho social, como o selo AR que apoia a ONG AffroReggae e outras ações de inserção social e cultural, auxiliando movimentos como Rebeldes com Causas, de empreendedorismo social e FeitoNoBrasil, com capacitação de fornecedores locais. Como resultado, além da visibilidade nas mídias sociais e alinhamento entre o posicionamento da marca e as ações implementadas, o grupo tem alcançado bons resultados mercadológicos e premiações internacionais pelas iniciativas. O investimento em marketing do grupo é de cerca de 1% do faturamento, bem abaixo da concorrência, priorizando as causas sociais – o que tem se mostrado uma iniciativa eficiente baseada, segundo a empresa, em uma relação honesta com os stakeholders.

---

28. SOSNOWSKI, A. Três soluções à brasileira. *HSM*, Dossiê HSM, p. 58-66, n. 123, jul./ago. 2017. Disponível em: https://experience.hsm.com.br/posts/tres-solucoes-a-brasileira. Acesso em: 14 jul. 2019.

O tom de voz, a seleção dos posts, o conteúdo, a imagem e os elementos audiovisuais são selecionados para reforçar e contribuir com o posicionamento da marca nas redes sociais em que atua – incluindo o site que, no momento da elaboração desta obra, encontrava-se com uma promoção social: para cada peça vendida, a Reserva viabilizava cinco pratos de comida.

O propósito do Grupo Reserva formalizou-se em 2015, nove anos depois da fundação da organização, enquanto o propósito do Grupo Gaia, também nacional, nasceu com a fundação da organização em 2009 e é "um lugar de pessoas felizes, saudáveis e preocupadas com o mundo". Segundo o sócio-fundador, o propósito da organização constitui seu diferencial competitivo no setor financeiro, com colaboradores mais engajados e alegres, o que torna a empresa mais durável, feliz e saudável.

Esse propósito se tangibiliza no ambiente e no clima organizacional, nos valores defendidos pela empresa centrados em máximas como "pratique a gratidão", "sorria e faça sorrir", entre outras, mas também em ações concretas, como crescimento econômico associado ao bem-estar social e ambiental, ONGs voltadas para a educação infantil e grande atratividade como empregadora. O posicionamento da empresa e da marca falam de perto aos anseios das novas gerações de consumidores e cidadãos.

No exemplo apresentado, observamos que o propósito contaminou o posicionamento de marca – ou este está diretamente relacionado com aquele –, oferecendo as diretrizes para o desenvolvimento de conteúdo e dos aspectos de comunicação das duas companhias.

Mas como construir um posicionamento e definir um conceito criativo para atuar em mídias sociais?

Considerando que a marca não é apenas o nome de uma organização, produto ou serviço e que o sistema de marca envolve tudo o que faz as pessoas identificarem a organização, produto ou serviço, fica fácil, porém complexo, compreender que o posicionamento é construído a partir do conjunto de políticas, atividades, filosofias e atitudes que a organização implementa, sustenta e desenvolve ao longo de determinado tempo. Som, cor, experiência, ponto de venda, sites, material promocional, uniformes, tudo contribui para construir o posicionamento de marca.

Som, cor, experiência, ponto de venda, sites, material promocional, uniformes, tudo contribui para construir o posicionamento de marca.

Posicionar-se nas mídias sociais está relacionado com a presença, engajamento e amplitude, como mostra a Figura 4.4.

Figura 4.4
Posicionamento nas mídias sociais

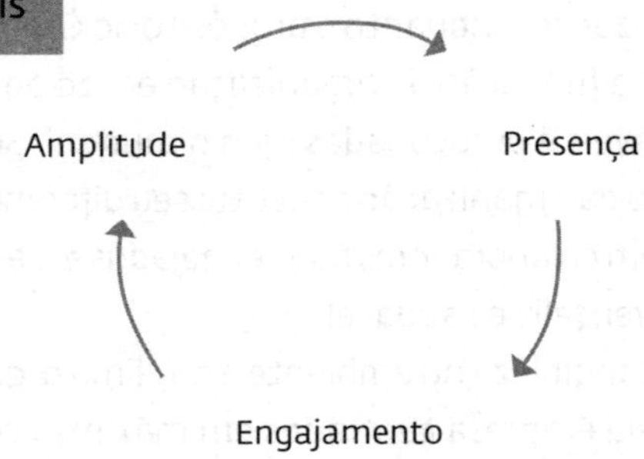

Fonte: elaborada pelos autores.

4.3.1 Presença

A presença digital está relacionada com a forma como a marca se coloca e como utiliza os meios digitais e sociais para se mostrar relevante.

A **presença digital** está relacionada com a forma como a marca se coloca e como utiliza os meios digitais e sociais para se mostrar relevante, confiável e incentivadora de um relacionamento com os seus públicos de interesse.[29] A presença nas mídias sociais envolve uma combinação dos aspectos citados e é composta de:

- **conteúdo** – é no desenvolvimento do conteúdo que a marca cria relevância e confiança nas redes, mas não se trata apenas de *branded content* ou conteúdo de marca no sentido de falar sobre a marca, produto ou serviço. Trata-se de conteúdo que seja interessante, relevante, que apoie o consumidor a conhecer e entender algo, sempre correlacionado com a marca mas não necessariamente diretamente relacionado;
- Conhecimentos profundos em uma área como orientação financeira, a exemplo dos programas de Mauro Halfedl na CBN Dinheiro, são

29. TEKOA. *Presença digital*, 2016. Disponível: http://www.tekoa.com.br/o-que-e-presenca-digital/. Acesso em: 14 jul. 2019.

preciosos e orientativos sem, necessariamente, uma conexão escancarada com uma marca. É através do conteúdo que a marca coloca a sua persona (*brand persona*) para conversar com os públicos de interesse de igual para igual, de humano para humano. Além disso, é fundamental para a visibilidade através dos mecanismos de busca;

- **relacionamento** – é por meio do relacionamento que a *brand persona* se aprimora e se torna cada vez mais conectada com os públicos. No entanto, assim como o conteúdo, o relacionamento não consiste em falar sobre si mesmo, e sim estabelecer uma comunicação, um diálogo, e para isso é necessário que haja uma infraestrutura de recepção, interação e resposta. Um bom relacionamento pode levar ao engajamento;
- **plataforma user-friendly** – está relacionada à arquitetura dos sites, blogs e das ferramentas existentes nas mídias sociais que permitam um uso mais amigável, de fácil navegação, onde as informações são de fácil acesso. Um dos motivos para alto número de *bounce rate* (taxa de rejeição) é a dificuldade de navegação ou demora em carregar a página; portanto, usabilidade e navegabilidade são itens importantes. Outro ponto relevante é pensar na usabilidade e navegabilidade através de dispositivos móveis, embora hoje todas as mídias sociais tenham a preocupação desta questão em virtude do alto índice de acesso através de mobiles;
- **posicionamento/branding** – forte identificação com o público-alvo e personalidade única a despeito das mídias sociais usadas. Isto implica gestão rigorosa e profissional dos canais de relacionamento alinhado, integrado e uníssono da marca; implica também definir como serão compartilhados os conteúdos e como serão estabelecidos os relacionamentos. Definir como colocar-se (posicionar-se) nas mídias sociais é também um item que favorece a limitação do tipo de links, postagens, linguagens e comentários que deverão estar alinhados com o que a marca almeja transmitir.

Você acha que a presença digital tem influência no resultado financeiro de uma organização? Assista ao vídeo e descubra!

4.3.2 Engajamento

O engajamento considera o envolvimento ativo da marca com o usuário e vice-versa, podendo ser mensurado quantitativa e qualitativamente. Número de visitantes únicos, visitantes orgânicos, tempo gasto na visitação, taxa de rejeição, likes, compartilhamento e curtidas são métricas quantitativas.

O engajamento considera o envolvimento ativo da marca com o usuário e vice-versa, podendo ser mensurado quantitativa e qualitativamente.

No entanto, as avaliações qualitativas tendem a medir melhor a "profundidade" do engajamento, considerando:

- **grau de interação com o perfil da marca** – comentários, pedidos de informação, participação em discussão e fóruns, ações que demarquem que há uma iniciativa do consumidor ou outros públicos no relacionamento com a marca;
- **grau de intimidade com a marca** – palavras, imagens, com quem é compartilhado e tom de voz são formas de medir o grau de intimidade das pessoas com a marca, indicando afeto, opinião, perspectivas de acordo com as palavras dirigidas nos pontos de contato com a marca (não só nas mídias sociais);
- **grau de influência** – do público com relação à marca, indica a probabilidade da marca ser adquirida ou recomendada ao círculo de relacionamento das pessoas, bem como a força de influência de determinada pessoa em meio às conexões que tem.

4.3.3 Amplitude

A **amplitude** está relacionada com a audiência alcançada, tanto quanto ao perfil das pessoas, como em número e também em geografia. Avaliar a amplitude implica visibilidade, engajamento e influência,[30] ou seja, quantas pessoas visualizaram, interagiram e compartilharam o conteúdo, bem como a qualidade das reações, uma vez que impactam a medida da imagem e reputação da marca nas mídias sociais.

Avaliar a amplitude implica visibilidade, engajamento e influência.

30. RMA TRENDS. *Visibilidade, engajamento e influência*: as 3 métricas para medir a reputação de uma marca nas redes sociais, 2014. Disponível em: http://trends.rmacomunicacao.com.br/visibilidade-engajamento-e-reputacao-como-definir-as-metricas-que-interessam-para-a-sua-marca-nas-redes-sociais. Acesso em: 14 jul. 2019.

- **Visibilidade (alcance)** – quantas pessoas estão vendo o perfil e qual o grau efetivo (e potencial) de disseminação dos conteúdos publicados em determinado perfil.
- **Influência** – qual o perfil das pessoas que estão acompanhando o perfil da marca e qual o grau de atenção e mobilização que determinado perfil pode gerar em outros.
- **Engajamento** – uso que as pessoas estão fazendo do que está sendo visto e consumido no perfil social da marca e qual o grau de participação e envolvimento de determinado perfil em relação a um conteúdo publicado.

O posicionamento de uma marca nas mídias sociais será, então, a combinação da sua presença com engajamento e amplitude das ações realizadas pelas organizações. A imagem e a reputação da marca dependem diretamente de como se posiciona nas mídias sociais, medidas pelo impacto das ações realizadas por meio da visibilidade, engajamento e influência, atuando em conjunto.

A imagem e a reputação da marca dependem diretamente de como se posiciona nas mídias sociais.

Não se engane com falsas promessas de resultados com baixo investimento. Atuar e se posicionar em mídias sociais requer investimento financeiro das pessoas envolvidas, mas, sobretudo, precisa do engajamento da alta direção da organização durante a empreitada. Veja a Figura 4.5.

Figura 4.5
O iceberg das mídias sociais

Fonte: VIEGAS, R. *Blue focus marketing*. Disponível em: https://conteudofreela.com.br/infografico-iceberg-das-midias-sociais/. Acesso em: 14 jul. 2019.

4.4 LINGUAGEM, TEMÁTICA E CONTEÚDO PROGRAMÁTICO

"Qnd Tah linkada na Net a marca Koncegue C Smp Aximmm. Tc Kom Fmz Eh Smp 9dads".[31]

Embora seja um desafio compreender a escrita dos jovens abaixo de 30 anos na internet, quando nos referimos à linguagem, estamos nos referindo à forma e ao tom adequados ao posicionamento da marca nas mídias sociais. O tipo de linguagem, embora deva estar alinhado com outros canais de comunicação, tem nas mídias sociais algumas particularidades.

Entre elas, temos a necessidade de ser equilibrada e correta quanto ao idioma e às regras gramaticais, manter-se em algum padrão a ser definido para a marca de acordo com o tom de voz que se deseja estabelecer para a comunicação, apresentar leitura leve e divertida, exceto em casos excepcionais nos quais o público-alvo e o conteúdo pedem uma linguagem específica, como é o caso de artigos científicos, legislativos ou relacionados a qualquer outro nicho de conteúdo e público.

Além disso, é importante estabelecer conexão entre o que acontece hoje no país e no mundo com o conteúdo de marca – lembre-se de fugir de oportunismos e muito cuidado com os modismos. É sempre bom evitar excessos e extremos, como linguagem exageradamente formal ou tom falsamente íntimo.

É importante estabelecer conexão entre o que acontece hoje no país e no mundo com o conteúdo de marca.

Lizandra Muniz, da empresa Rock Content, observa:[32]

> A linguagem com a qual você vai interagir com seus fãs é o que determinará a imagem e reputação que você terá nas mídias sociais. Os consumidores não querem se sentir como apenas clientes que podem gerar lucro para sua empresa – eles querem participar de uma comunicação humana e autêntica.

Para isso, é necessário que a marca encontre o seu **tom de voz**. Tom de voz é o modo como falamos e nos dirigimos aos públicos, e envolve

---

31. Tradução baseada no pequeno dicionário de internetês: "*Quando está conectada na internet, a marca consegue ser sempre assim. Teclar com firmeza é sempre novidade*". ESPÍNDOLA, N. C. E. *Linguagem virtual*: uma "discuçaum" sobre o uso do "internetês"! Disponível em: https://observatorioderedessociais.blogspot.com/2015/11/alinguagem-virtual-uma-discucaum-sobre.html. Acesso em: 9 ago. 2019.
32. MUNIZ, L. *Por que seu tom de voz nas Redes Sociais é importante*. Disponível em: http://marketingdeconteudo.com/como-encontrar-o-tom-de-voz-das-suas-redes-sociais/. Acesso em: 15 jul. 2019.

elementos como seriedade, humor, informalidade, sarcasmo, uso de palavras formais ou gírias, imagens, links, cores e outros itens ilustrativos selecionados para compor determinado conteúdo.

O tom de voz é importante porque é uma expressão da persona da marca e, consequentemente, de seu posicionamento. Deve haver uma personalidade definida, assim como podemos identificar quando recebemos uma carta de alguém que conhecemos bem, mesmo que não esteja assinada.

O tom de voz é importante porque é uma expressão da persona da marca e, consequentemente, de seu posicionamento.

Para encontrar o tom de voz da marca, Martins[33] sugere que a organização faça as perguntas do Quadro 4.5.

Quadro 4.5 Perguntas para definir o tom de voz da marca

Se a sua marca fosse uma pessoa...
Que tipo de personalidade e comportamentos teria?
Quais adjetivos a representariam melhor?
Que tipo de palavras e frases usaria em uma conversa?
Qual seria a relação dela com o consumidor (um professor, um amigo, um pai etc.)?
Como você quer que os clientes pensem sobre a empresa?
Utilizando adjetivos, o que a personalidade da marca não é e como ela não pode se comportar?
Existe alguma outra marca com personalidade semelhante?

Fonte: MARTINS, 2015.

O tom de voz pode ser formado, em geral, pelos elementos apontados no Quadro 4.6.

33. MARTINS, E. *Usando a voz e o tom de voz de sua marca na produção de conteúdo*. Disponível em: https://resultadosdigitais.com.br/blog/tom-de-voz-marca/. Acesso em: 15 jul. 2019.

Quadro 4.6 Elementos que podem compor o tom de voz da marca

Persona de marca	Tom	Linguagem	Objetivo	Elementos não textuais
Simpática, doce, inspiradora, confiável, professoral, líder, amiga, tia?	Honesto, direto, simples, urbano, rural, científico, médico, político?	Simples, complexa, divertida, séria, leve, inspiradora?	Entretenimento, educação, venda, esclarecimento, informação?	Fotos, imagens, sons, links, outros elementos que reforcem o tom.

Fonte: adaptado de MARTINS, E. *Usando a voz e o tom de voz de sua marca na produção de conteúdo*. Disponível em: https://resultadosdigitais.com.br/blog/tom-de-voz-marca/. Acesso em: 15 jul. 2019.

Desenvolver o tom de voz enriquece a comunicação e a experiência dos públicos de interesse com as mídias sociais em que a marca está inserida, criando conexão e melhorando o envolvimento.

O site.com.br[34] traz algumas dicas, como: fugir do caps lock, uma vez que é visualmente desagradável e soa mal educado; moderar ou evitar o excesso de informalidade, em um equilíbrio entre a linguagem culta e a informal, uma vez que gírias ou expressões de duplo sentido não são exatamente adequadas – exceto se o conteúdo exigir essa postura; empregar a gramática de forma correta – adequação e regionalismos são bem-vindos.

Desenvolver o tom de voz enriquece a comunicação e a experiência dos públicos de interesse com as mídias sociais em que a marca está inserida, criando conexão e melhorando o envolvimento.

Observe os exemplos da Figura 4.6.

34. SITE.COM.BR. *Linguagem nas redes sociais*: 3 dicas para você nunca mais sair da linha! Disponível em: https://www.site.com.br/linguagem-nas-redes-sociais/. Acesso em: 9 ago. 2019.

Figura 4.6
Estrutura do tom de voz

Tipo de conteúdo	Que tipo de publicação é?	Um post no twitter (1)	Post para blog (2)
Leitor/ persona	Para quem você está falando nesta mídia?	Potenciais clientes e profissionais de marketing	Potenciais clientes e profissionais de marketing
Expectativas do leitor	Que tipo de tom / conteúdo o receptor espera quando está usando essa mídia?	Encontrar conteúdos interessantes e informações relevantes sobre organização, marca, produto ou serviço	Encontrar conteúdos interessantes e informações relevantes sobre sua indústria
Como o tom deve ser	Como o tom deve ser nessa mídia? (use adjetivos)	Útil, informativo e claro	Informativo e estratégico

Fonte: RESULTADOS DIGITAIS. Disponível em: https://resultadosdigitais.com.br. Acesso em: 15 jul. 2019.

O caminho para encontrar o tom de voz da marca, segundo alguns autores,[35] é pensar nos três Cs – cultura, comunidade e conversação –, como mostra a Figura 4.7.

35. BRAZIL, J. *Encontrar o tom de voz nas mídias sociais*, 2016. Disponível em: https://www.slideshare.net/jmbrazil/tom-de-voz-64744681. Acesso em: 15 jul. 2019; MUNIZ, L. *Como encontrar o tom de voz das suas redes sociais*, 2018. Disponível em: http://marketingdeconteudo.com/como-encontrar-o-tom-de-voz-das-suas-redes-sociais/. Acesso em: 15 ago. 2017.

Figura 4.7
Três Cs

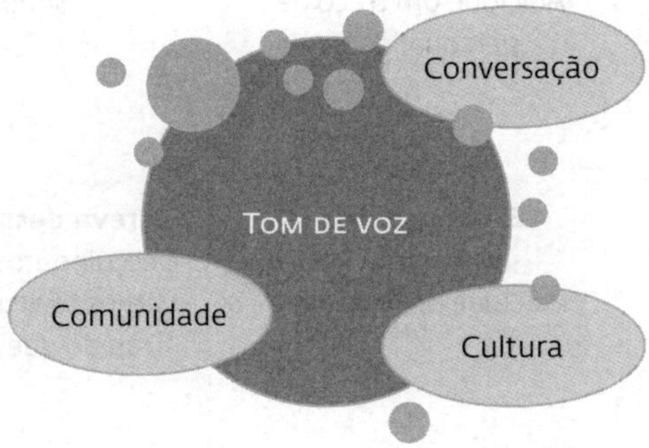

Fonte: BRAZIL, 2016; MUNIZ, 2018.

Vamos, agora, nos aprofundar em cada um dos três Cs.

- **Cultura** – No que a marca acredita? Quais são os valores que defende? O que a faz diferente dos competidores? Qualidades, missão, visão e valores fazem a cultura de uma organização especial.
- **Comunidade** – Quem são os públicos-alvo? Como eles conversam e interagem com os outros? Isso pode revelar muito sobre qual linguagem que deve ser utilizada, e ainda permite encontrar uma forma de conversar com seu público em termos que compreenderão facilmente.
- **Conversação** – os principais pontos desse quesito são personalidade e autenticidade. Como a organização, marca, produto ou serviço pode contribuir com a discussão? Pense no que a marca pode oferecer e use isso a favor na construção do conteúdo.

Figura 4.8
Exemplo de tom de voz

Sua voz é... Adicione um traço de personalidade	**Sua voz é...** Simpática
Escreva dessa maneira... Adicione um exemplo	**Escreva dessa maneira...** Desculpe-nos pelo atraso! Vamos te atualizar o mais rápido que pudermos.
Não escreva dessa maneira... Adicione um exemplo negativo	**Não escreva dessa maneira...** Pedimos desculpa pelo atraso.
Porque... Dê uma justificativa	**Porque...** Linguagem simpática mostra gratitude e respeito pelo consumidor, fazendo que ele se sinta ouvido e apreciado

Fonte: MUNIZ, 2018.

A plataforma Mailchimp, de envio de e-mail de marketing, disponibiliza um guia de estilo de conteúdo chamado *MailChimp Content Style Guide*.[36] Uma das dicas encontradas diz que comparar o que o tom de voz deve ser com o que não deve ser pode facilitar o desenvolvimento de algo adequado à marca.

- Divertido, mas não tolo/bobo.
- Confiante, mas não arrogante.
- Inteligente, mas não "dono da verdade".
- Informal, mas não desleixado.
- Útil, mas não arrogante.

36. MAILSHIMP. *Mailshimp content style guide*. Disponível em: http://styleguide.mailchimp.com/. Acesso em: 15 jul. 2019.

- Especialista, mas não mandão.
- Estranho, mas não inapropriado.

Veja a Figura 4.9.

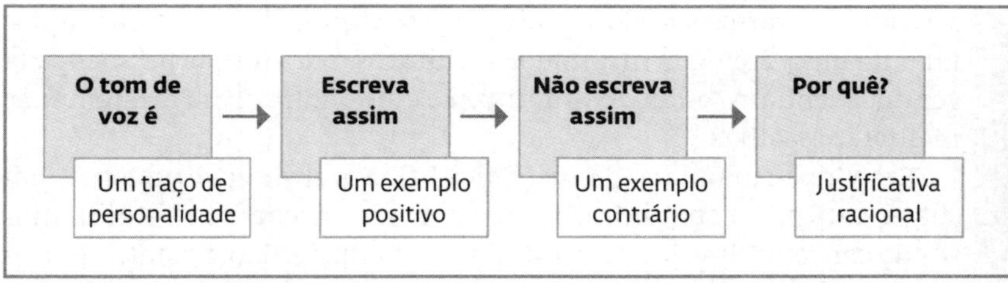

Figura 4.9 Guia para encontrar o tom de voz da marca

Fonte: adaptado de GILBERT, K. *A simple tool to guide tone of voice*. https://gathercontent.com/blog/a-simple-tool-to-guide-tone-of-voice. Acesso em: 15 jul. 2019.

4.4.1 Temática

A **temática** se refere ao assunto que se deseja desenvolver na construção de um conteúdo para mídias sociais. É sinônimo de tema, tópico, objeto ou teor da comunicação. A marca, com certeza, terá um conjunto de temas pertinentes, de acordo com seu conhecimento, expertise, interesse, valores e propósito de marca. Veja a Figura 4.10.

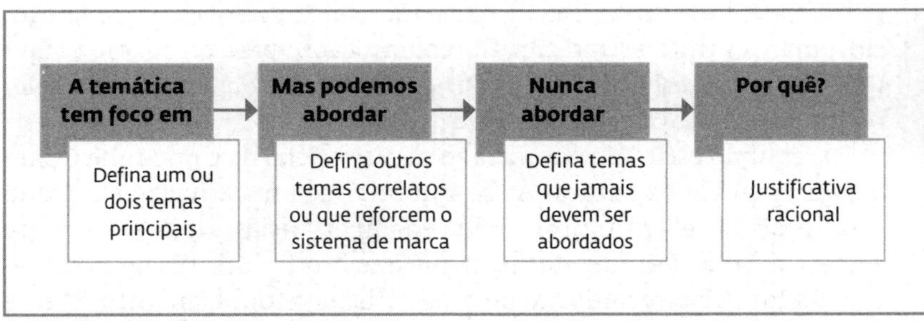

Figura 4.10 Construção da temática

Fonte: adaptado de GILBERT, 2019.

Um bom exemplo de seleção temática pertinente, que agrega valor e está em consonância com o propósito de marca, é a campanha *Leia para uma criança*, do Banco Itaú.[37] A seguir, reproduzimos um trecho do trabalho desenvolvido por Camargo:

---

37. CAMARGO, M. Marketing de conteúdo e a busca pelo sentido dominante através do conceito "Leia para uma criança" da marca Itaú Unibanco. *Revista eletrônica Temática*, Ano XIII, n. 04, abr. 2017. Disponível em: http://periodicos.ufpb.br/index.php/tematica/article/view/33877/17387. Acesso em: 15 ago. 2019.

A organização tem forte direcionamento para trabalhar com a produção de conteúdo, conforme afirmou em entrevista à Tract010 o então superintendente de marketing Eduardo Tracanella:

"O propósito da nossa marca é transformar o mundo das pessoas para melhor. Conversar com as pessoas sob uma ótica mais educativa tem tudo a ver com isso. Nosso grande desafio o tempo inteiro é: 'Como a gente transforma a experiência das pessoas com o banco?'. Precisamos falar de um jeito mais inspirador e educativo para que as pessoas cada vez mais tenham conteúdo, informação e autonomia para fazerem suas melhores escolhas."

Embora a finalidade da instituição financeira seja comercial, em sua estratégia de comunicação ela adota um discurso ideológico através do conceito "Isso Muda o Mundo", que tem desdobramento em três territórios de atuação: o uso consciente do dinheiro, a educação como motor para transformação da sociedade e a cultura. Na campanha "Leia para uma criança", a marca estimula o indivíduo a "entender, praticar e divulgar" a leitura. Na área do site atribuída ao "entender" a marca explica a importância da leitura na vida. Ela estimula os adultos a praticarem a leitura com as crianças.

A alegação é que a leitura ajuda às crianças a compreenderem melhor o mundo, ensinam novas palavras, facilitam o aprendizado, estimulam a criatividade e fortalecem a ligação entre o adulto e a criança. Ou seja, dá sentido para o seu conceito ideológico e estimula uma prática politicamente correta, através de suas diversas plataformas próprias. Estabelecendo na relação com o consumidor a leitura preferencial. Ao tomar partido de um tema que não teria relação direta com o seu negócio a marca utiliza estratégicas de comunicação para persuadir o *target* tendo maior "presença" na vida das pessoas com o objetivo de estabelecer simetria entre o codificador e o decodificador.

O segundo estímulo encontrado no site oficial da campanha é para o *target* "praticar" a leitura. Ao se apropriar de uma atividade já aceita como positiva pela cultura brasileira – a importância da leitura – a marca começa a dar as ferramentas para que isso ocorra. Através de livros selecionados por um conjunto de especialistas o Itaú Unibanco oferece ao *target* livros em formato convencional ou através de seus aplicativos próprios. É possível afirmar que se trata de uma ação que incorpora o discurso e práticas politicamente corretos.

Todos os caminhos seguidos pelo Itaú Unibanco seguem o fluxo mencionado por Hall para o estabelecimento do **sentido dominante**. Isso permite para a marca trabalhar em seu terceiro estímulo, que é sugerir para o consumidor "divulgar" a ação. O texto no site oficial da campanha é trabalhado da seguinte maneira:

"Esta é uma responsabilidade de todos nós. E pode acreditar: ler para uma criança é um ato capaz de provocar efeitos transformadores na vida delas e na nossa também. Compartilhe conosco seu momento de leitura com uma criança. Envie fotos, vídeos, conte-nos sobre sua experiência e incentive as pessoas de seu convívio a fazerem o mesmo. Quanto mais pessoas entrarem nessa aventura, mais feliz será o final dessa história".

Seguindo as diretrizes de marketing de conteúdo ao chegar no terceiro estímulo a marca já construiu uma audiência. O público se identificou com a ação a ponto de compartilhar e "trabalhar" para a marca divulgando a ação. Logo, se estabelece o engajamento e a "propagabilidade", termo sugerido por Jenkins para definir o potencial do conteúdo ser compartilhado pelo consumidor.

Uma sugestão é definir uma **esfera temática** para a marca, isto é, um conjunto de temas e subtemas que poderão ser tratados e deverão correlacionar-se com a essência e os pilares da marca, como mostra a Figura 4.11.

Figura 4.11
Esfera temática

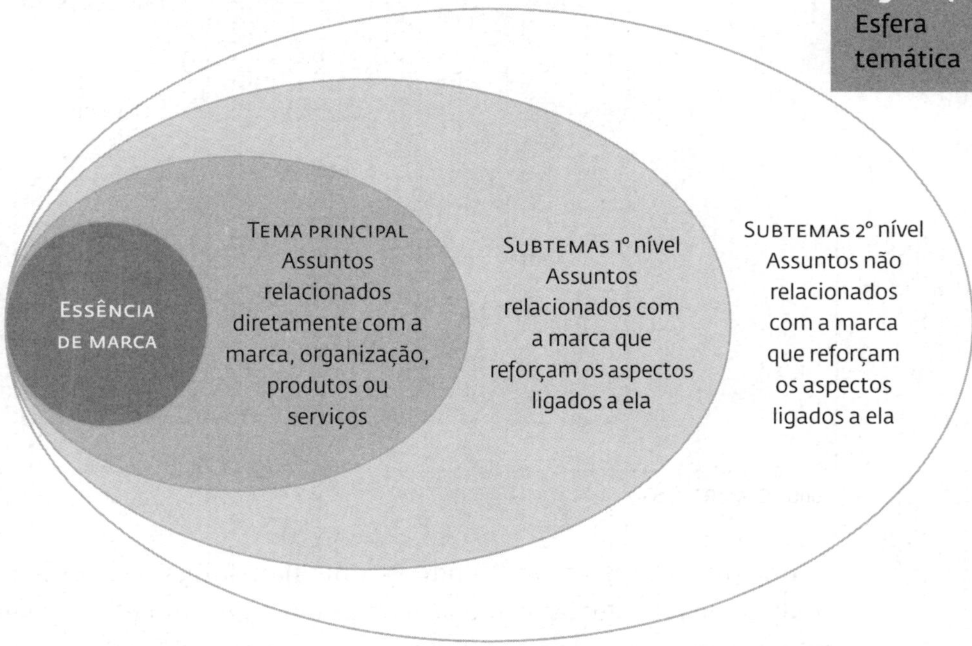

Fonte: CAMARGO, 2017.

Dessa forma, é possível identificar itens que podem enriquecer, reforçar e aprofundar o tema principal e os subtemas, tornando o conteúdo e os assuntos a serem discutidos mais ricos.

Faça um brainstorming de tempos em tempos, com a participação das pessoas envolvidas diretamente com a gestão de marcas, mas também de diferentes setores.

Uma sugestão é fazer um brainstorming de tempos em tempos, com a participação das pessoas envolvidas diretamente com a gestão de marcas, mas também de diferentes setores, como SAC, clientes, fornecedores e consumidores para o desenvolvimento dos temas pertinentes e subtemas que poderão ser tratados. A dinâmica do *social listening* também é fundamental para definição dos temas de interesse.

Outra configuração para a definição de temas pode ser vista na Figura 4.12.

Figura 4.12 Definição de temas

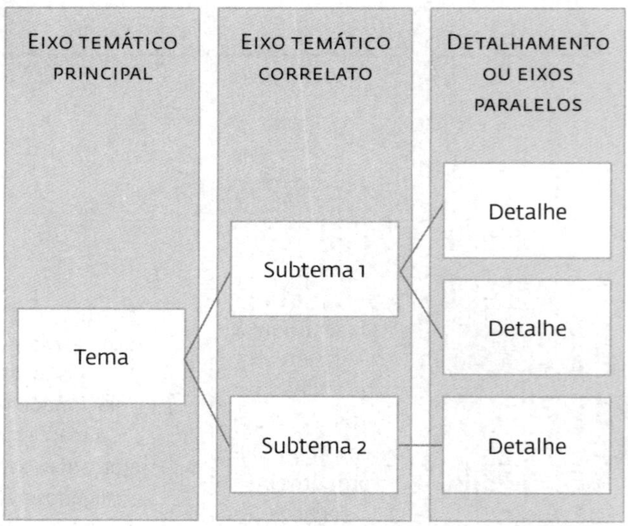

Fonte: CAMARGO, 2017.

Imagine que estamos falando de uma marca ligada ao desenvolvimento de tecnologias voltadas para a educação, cujo foco são pedagogos e professores de áreas diversas que têm interesse em conhecer, desenvolver e aprender a utilizar adequadamente mídias em sala de aula. Vamos supor que a marca deseja estabelecer uma comunicação, vínculo e engajamento com o público por meio das mídias sociais. Um bom conjunto de temas e subtemas para esse caso poderia ser o apresentado pela Quadro 4.7.

Quadro 4.7 Exemplo de temas e subtemas para conteúdo de marca

Temas	Subtemas
3.1 A importância do uso de mídias em sala de aula	3.1.1 A mídia como aproximação da realidade do aluno 3.1.2 A mídia como uma nova linguagem e o processo ensino-aprendizagem
3.2 Utilização de vídeos e internet em sala de aula	3.2.1 Utilização de vídeos em sala de aula 3.2.2 Utilização da internet em sala de aula 3.2.3 A sala de leitura
3.3 Dificuldades do uso de vídeo e internet nas escolas	3.3.1 Infraestrutura das escolas e seus usos 3.3.2 Características e comportamentos dos professores perante as mídias 3.3.3 O professor de laboratório de informática
3.4 Mídias e possibilidades de mediações	3.4.1 Mediações e o trabalho aprofundado com mídias 3.4.2 Mediações e o trabalho com mídias como ilustrativo

Fonte: CHAMPANGNATTE, D. M. de O.; NUNES, L. C. A inserção das mídias audiovisuais no contexto escolar. *Educação em Revista*, Belo Horizonte, v. 27, n. 3, p. 15-38, dez. 2011. Disponível em: http://www.scielo.br/scielo.php?script=sci_arttext&pid=S0102-46982011000300002&lng=en&nrm=iso. Acesso em: 15 jul. 2019.

A definição do tema é fundamental e traz muitos benefícios à construção da posição da marca nas redes sociais, como melhor posicionamento nas ferramentas de busca (SEO), melhor eficiência nas estratégias de SEM, construção de expertise e confiança junto aos públicos ao buscar informação sobre determinado assunto, gestão e planejamento mais eficaz do calendário de conteúdo e solidificação da persona de marca.

4.4.2 Exemplos de engajamento

Engajar é um verbo que se refere ao ato de participar de modo voluntário em algum trabalho ou atividade, além de ter o sentido de empenhar-se ativamente em alguma coisa, trazendo o conceito de interatividade contrário ao aspecto da passividade. É, portanto, aplicado às mídias sociais no sentido de criar situações para que as pessoas se envolvam em algo, seja marca, produto ou assunto, de forma ativa e participativa.

> Em coletiva de imprensa após o jogo do Corinthians, na semana de 26 de julho de 2017, o jogador Pedrinho afirmou que havia ido comemorar seu primeiro gol como jogador profissional no Burger King. Aproveitando a repercussão nas mídias sociais, a marca criou um lanche em homenagem ao jogador chamado "Whoppedrinho", além de um cartão com direito a 100 lanches na rede

Assim, as marcas devem monitorar as mídias sociais em busca de oportunidades de engajamento.

Segundo o *Guia Métricas de Engajamento do IAB Brasil*,[38] há três principais formas de engajamento, como mostra a Figura 4.13.

> Em fevereiro de 2017, a marca brasileira Paçoquita identificou que a garotinha americana Chloe gostava de seus produtos e enviou a ela uma cesta cheia de seus produtos. Ao recebê-la, Chloe gravou um vídeo tentando pronunciar o nome da marca, alcançando quase 100 mil visualizações.

Figura 4.13 Métricas de *continuum* de engajamento

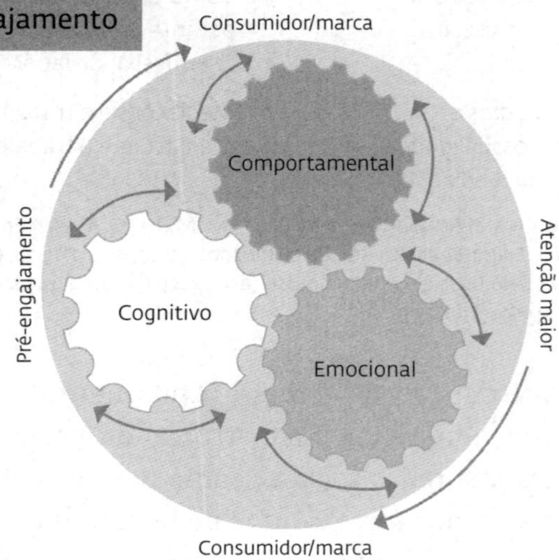

Fonte: IAB BRASIL, 2016.

Vamos, agora, aprofundar-nos em cada um deles.

- **Cognitivo** – mapeia as alterações na conscientização, no interesse e na intenção, como mostra a Quadro 4.8.

38. IAB BRASIL. *Guia métricas de engajamento*, 2016. Disponível em: https://iabbrasil.com.br/boas-praticas-guia-iab-brasil-metricas-de-engajamento/. Acesso em: 16 ago. 2017.

Quadro 4.8 Engajamento cognitivo

Métrica	Definição	Pode ser medida hoje?
Conscientização de anúncio/campanha (*awareness*)	A medida em que um anúncio ou campanha é reconhecido por um consumidor em potencial	Sim, pesquisas
Lembrança da mensagem da marca (*brand message recall*)	A medida em que um consumidor consegue lembrar as principais mensagens de um anúncio	Sim, pesquisas
Lembrança de atributo (*attribute recall*)	A medida em que um consumidor consegue lembrar os atributos de marca comunicados em um anúncio	Sim, pesquisas
Mudança na lembrança de mensagem/atributo e associação	A variação entre pré e pós do grau em que um consumidor pode lembrar e associar essas mensagens ou atributos de publicidade com a marca correta	Sim, pesquisas
Mudança em lembrança de marca (*em awareness*) / familiaridade	A variação entre pré e pós do grau em que uma marca é reconhecida por um consumidor em potencial	Sim, pesquisas
Mudança em intenção de compra	A variação entre pré e pós do planejamento ou a intenção em comprar algo de uma marca no futuro	Sim, pesquisas
Mudança na consideração da marca	A variação entre pré e pós da inclusão de uma marca em um conjunto em que o consumidor escolheria	Sim, pesquisas

Fonte: IAB BRASIL, 2016.

- **Emocional/Afetivo** – como a publicidade faz o consumidor se sentir em relação à marca, como mostra a Quadro 4.9.

Quadro 4.9 Engajamento emocional/afetivo

Métrica	Definição	Pode ser medida hoje?
Mudança nas bases de percepção de marca	A variação entre pré e pós da medida em que o consumidor em potencial pensa e sente sobre a marca	Sim, pesquisas
Mudança nas bases de preferência de marca	(brand favorability) A variação entre pré e pós da medida em que o consumidor em potencial gosta e valoriza na marca	Sim, pesquisas
Mudança nas bases de fidelidade de marca	A variação entre pré e pós da medida da fidelidade de consumidores em termos de importância, frequência de uso e probabilidade de mudar de marca	Sim, pesquisas
Resposta fisiológica	Medida em que um anúncio resulta em mudanças na respiração, circulação ou outras reações físicas inconscientes correlacionadas com emoção	Sim, biometria

Fonte: IAB BRASIL, 2016.

- **Físico/Comportamental** – interação iniciada pelo usuário, como mostra a Figura 4.10.

Quadro 4.10 Engajamento físico/comportamental

Métrica	Definição	Pode ser medida hoje?
Tempo de visualização	A quantidade de tempo pela qual um usuário visualizou um anúncio	Sim, eye tracking
Taxa de visualização	O percentual de usuários que visualizaram um anúncio intencionalmente, dentre todos que podem ter visualizado o anúncio	Sim, eye tracking
Interações totais*	O número total de vezes em que um usuário com um anúncio (por exemplo, cliques, toques [taps], deslizadas [swipes],reproduções de vídeos, compartilhamentos)	Sim, web analytics
Taxa de interação	O percentual que representa o total de possíveis interações ou o percentual de usuários que entraram propositadamente na área de um anúncio continuamente por pelo menos meio segundo	Sim, web analytics

Métrica	Definição	Pode ser medida hoje?
Tempo de interação	A quantidade de tempo que os usuários gastam com um anúncio	Sim, web analytics
Cliques*	O número de usuários que clicaram em um anúncio	Sim, web analytics
Taxa de cliques (CTR)*	O número de cliques em um anúncio dividido pelo número de vezes em ele foi exibido	Sim, web analytics
Toques (*taps*)	O número de usuários que tocaram em um anúncio mobile	Sim, web analytics
Deslizadas (*swipes*)	O número de usuários que deslizaram a tela em um anúncio	Sim, web analytics
Total de vezes que um vídeo começa, é pausado, parado e completamente visto	Como e quantas vezes o usuário reproduziu um vídeo	Sim, web analytics
Taxa de conclusão de visualização de vídeo (*Video completion view-through rate*)	Percentual de vezes que um anúncio em vídeo foi visto completamente, dentre o total de vezes que ele foi oferecido	Sim, web analytics
Visualização exibida (*Display viewthrough*)**	Número de visitas ao site de uma marca que podem ter sido influenciadas pela exibição da mídia dentro de um período específico	Sim, web analytics
Busca por mais informações	Após ver um anúncio, o número de usuários que visitaram o site da marca	Sim, web analytics
Boca a boca off-line	Após ver um anúncio, o número de usuários que conversaram off-line sobre a marca	Social listening
Social: leu um post de marca/ visualizou um vídeo de marca	Número de usuários que leram/ visualizaram um post da marca/post paga/ vídeo da marca/anúncio da marca em uma mídia social	Social analytics
"Curtidas" em um vídeo/post de marca	Número de usuários que "curtiram" o vídeo/post da marca	Social analytics
"Seguidas" de uma marca***	Número de usuários que "seguiram" a marca	Social analytics

Métrica	Definição	Pode ser medida hoje?
Compartilhamentos de um vídeo/post de marca***	Número de leitores que compartilharam o vídeo/post da marca com alguém	Social analytics
Recomendando uma marca***	Número de compartilhamentos que também recomendaram a marca	Social listening

O documento[39] afirma ainda que sua definição para o trabalho de engajamento em anúncios em geral é "espectro de experiências e atividades de publicidade para o consumidor – cognitivas, emocionais e físicas – que vão gerar um impacto positivo sobre a marca". Isso implica dizer que o engajamento é um **processo de empurrar/puxar** (*push and pull*):

- A parte de empurrar (*push*) é da própria publicidade, depende da plataforma de mídia e, de forma crítica, da execução criativa do storytelling da marca.
- A parte de puxar (*pull*) é do consumidor que tem ciência da marca, gasta tempo com ela e internaliza sua publicidade.

O engajamento é um processo de empurrar/puxar.

O conceito é aplicável nas mídias sociais na medida em que as mídias tradicionais e pagas também estão inseridas no processo de envolvimento do consumidor com a marca. Além disso, são fundamentais para estabelecer a ponte com a personalidade de marca, construir ou reforçar valores, missão, propósito e colaborar efetivamente em chamar a atenção do público e propiciar experiências concretas de marca.

Existem sete níveis de engajamento em mídias sociais,[40] embora possam variar de acordo com o autor ou o produtor de conteúdo, como mostra a Figura 4.14.

---

39. IAB BRASIL, 2016.
40. WSI. *Os sete níveis de engajamento em mídias sociais*, 2014. Disponível em: http://www.wsidigitalmkt.com.br/os-7-niveis-de-engajamento-nas-redes-sociais/. Acesso em: 16 ago. 2017.

Figura 4.14
Os sete níveis de engajamento nas mídias sociais

Fonte: tradução e adaptado de WSI, 2017.

Vamos, agora, aprofundar-nos em cada um dos sete níveis.

1. **Atenção** – o usuário segue as atualizações, mas não procura interagir com elas. A maioria absoluta das pessoas nas redes se encaixam nesse nível, tendo relativo interesse no conteúdo, ao mesmo tempo que não possuem opiniões fortes e decisivas sobre o assunto.
2. **Apreciação** – o usuário decide demonstrar apreciação pelo conteúdo postado, com uma curtida ou outro sinal positivo. Nessa etapa, temos a concordância do nosso fã, ao mesmo tempo que não o estimulamos o suficiente para desprender alguns minutos e neurônios a mais para elaborar sua opinião nos comentários. Também temos que levar em consideração que as pessoas se sentem intimidadas a comentar pelo medo de serem repreendidas por outros usuários,

ou ainda por não acreditarem ter argumentos suficientes para defender aquilo que concordam.

3. **Compartilhamento** – o usuário gostou do conteúdo e ainda acredita que sua própria rede de contatos também vai gostar. Pode ser acrescentada a opinião do fã no post compartilhado, o que dá uma ideia do que está sendo discutido fora da página de perfil da marca. É a forma perfeita de viralizar o conteúdo, ao mesmo tempo que é interessante manter a conversa dentro da página, de forma que a marca possa se manifestar.
4. **Opinião** – ao se engajar, o usuário expressa suas opiniões nas atualizações da marca, deixando comentários. Pode haver mais dúvidas que concordâncias, e deve haver resposta a todos, estimulando a continuidade da conversa.
5. **Contribuição** – o fã começa a produzir seu próprio conteúdo e quer compartilhar com a marca, tornando-se um colaborando. Podem ser pessoas com bom conhecimento sobre a causa ou assunto, ou interessadas na melhoria dos serviços/produtos da marca. De qualquer forma, é uma interação que indica uma paixão sobre o assunto e um usuário a ser cultivado e apreciado.
6. **Animação** – o usuário é totalmente engajado na causa da marca e começa a promover conversas entre outros usuários.
7. **Advocacia** – o fã se mostra devotado e em total harmonia com a marca, representando-a e defendendo-a. Para conquistar esse fã verdadeiro, foi preciso criar laços de experiências positivas e um relacionamento de confiança. É um investimento muito mais profundo do que é possível no mundo digital. É preciso cativá-lo com experiências de marca reais no mundo real, demonstrando compromisso com as comunidades com que a empresa se relaciona e com a responsabilidade social e ambiental.

Mas o que leva as pessoas a passar de um nível a outro, ou melhor, o que marcas podem fazer para estimular maior engajamento?

O que marcas podem fazer para estimular maior engajamento?

Algumas formas para melhorar ou estimular o engajamento nas mídias sociais estão associadas à facilidade de interação, aos botões call-to-action (CAT) e a conteúdos instigantes e interessantes, como mostra a Figura 4.15.

O movimento de compartilhamento e engajamento tem relação direta com dois aspectos fundamentais: ou o conteúdo vai ao encontro daquilo que se acredita e o impulso é de endossar, ou é diametralmente oposto e o impulso é de contestar. As duas situações criam a motivação necessária à participação ativa do consumidor com a marca. Hoje, o risco está nas polarizações excessivas que podem prejudicar a imagem de marca. O equilíbrio é necessário, mas também um enorme desafio aos profissionais de marketing.

Figura 4.15
Para estimular o engajamento em mídias digitais e sociais

Facilidade de interação	Conteúdos instigantes e interessantes	Call-to-Action CAT
Para aumentar a quantidade de comentários no blog ou página, por exemplo, uma das maneiras é facilitar a interação. Uma pessoa que deseja fazer um comentário não quer preencher muitas informações, apenas o básico. Sendo assim, é indicado que seja pedido apenas nome, e-mail e mensagem como campos obrigatórios. Adicionar o site do usuário, por exemplo, pode ser algo opcional. Além disso, a facilidade de navegação no site, como design responsivo e de simples navegação, influencia bastante em qualquer interação, principalmente comentários. Certifique-se de que o site é amigável aos visitantes.	Disponibilizar conteúdos interessantes é crucial para todos os tipos de engajamento, uma vez que o visitante não vai interagir com a marca se não encontrar algo que o motive. Os conteúdos, nas mais diversas maneiras (infográficos, vídeos, webinars, e-books, blog etc.), serão excelentes ferramentas para criar e instigar essa interação. Sendo assim, desenvolva-os sempre focados na buyer-persona, nos desafios, dúvidas, objetivos e problemas.	O visitante não vai ficar procurando maneiras de engajar com o site ou perfil na mídia social, a não ser que seja uma pessoa que já conhece e gosta da marca ou recebeu uma indicação, mas isso será, com sorte, 1% no tráfego. Sendo assim, crie botões de call-to-action na página e blog posts que sejam simples e atrativos. Dessa maneira, o visitante que ficar interessado não encontrará dificuldades para interagir.

Fonte: BALTAZAR, M. *Como aumentar o engajamento no seu blog e redes sociais?* 2018. Disponível em: http://marketingdeconteudo.com/como-aumentar-o-engajamento/. Acesso em: 15 jul. 2019.

Quais são as melhores práticas ligadas ao engajamento?[41] Segundo o The Conclave, o engajamento:

- precisa estar alinhado aos objetivos e metas da sua organização, marca ou projeto;
- ocorre off-line e on-line e precisa ser considerado caso pretenda integrar suas métricas com outros esforços de marketing ou comunicação;
- conta com ações como likes, comentários, compartilhamentos, votos, +1s, links, retweets, visualizações de vídeo, incorporação de conteúdo etc. Tipos e níveis de engajamento são únicos para canais específicos, mas podem ser agregados para comparação *cross-channel*;
- deve ser medido pelo número total de interações dentro e/ou por meio dos canais; a porcentagem da audiência engajada por dia/

41. THE CONCLAVE. *Best pratices*. Disponível em: http://smmstandards.wixsite.com/smmstandards/engagement-and-conversation. Acesso em: 15 jul. 2017.

semana/mês; e a porcentagem de engajamento para cada item de conteúdo que sua organização publica;

- manifesta-se diferentemente por canal, mas é tipicamente mensurável em diversos pontos baseados no esforço exercido;
- deve ser, mas não necessariamente, dados de saída/resultados (*outcomes*). Organizações podem dar pesos aos tipos de engajamento e conversação baseados em seus objetivos, mas as métricas devem ser consistentes na organização.

Veja algumas dicas para o engajamento nas mídias sociais na Figura 4.16.

Figura 4.16
Dicas para o engajamento em mídias sociais

- Entender o que o consumidor em cada rede social está procurando, suas impressões, formas de interação e conteúdo compartilhado.
- Contribuir efetivamente com todas as redes sociais, tanto com conteúdos exclusivos e relevantes, quanto na interação com o seguidor e não apenas abrindo mais um canal.
- Adequar-se ao seu consumidor, ser a extensão da sua mente e seguir os desejos sociais do mercado, gerando identificação entre a imagem da marca e a do consumidor.
- Reconhecer a participação de todos e corresponder a cada nível de envolvimento de forma individualizada. Os consumidores estão online 24h por dia, o que impacta em agilidade para as marcas.
- Conhecer a função de mídias sociais vai muito além de gostar e usar as redes sociais. É necessário capacitação específica, entendimento das peculiaridades de cada rede, seus recursos, agilidade nas ações e, principalmente, conhecimento estratégico.
- Personalizar a comunicação, criando uma identidade única e de fácil envolvimento e adesão perante o consumidor.
- Vivenciar experiências! ISSO é o que o consumidor busca hoje ao se relacionar com as marcas. Não foque apenas em vendas, a marca precisa ser um participante ativo da comunidade que representa.
- Criar mensagens prontas e robóticas é estritamente proibido. As redes sociais servem para relacionamento, portanto, crie uma proximidade com os seus seguidores, gerando valor no processo.
- Gerar conteúdos que sejam de interesse dos seus consumidores, com temas em alta no mercado, que interessem ao seu público e se identifiquem com os valores adotados pela marca.
- Unifique o relacionamento on-line com os padrões adotados no off-line. A marca precisa ter uma visão de comunicação única, seja qual for o canal adotado.

Fonte: MITI INTELIGÊNCIA. *Redes sociais*. Disponível em: https://blog.miti.com.br/category/redes-sociais/. Acesso em: 8 nov. 2019.

ESTUDO DE CASO

Oreo

Basta digitar "Biscoitos Oreo" na busca do YouTube para encontrarmos cerca de 12.300 resultados. Faça o mesmo no Google e encontrará 773.000.000 resultados. Tortas, bolos, biscoito para Barbie, sorvete, pirulito e uma infinidade de doces e guloseimas têm como base a bolacha Oreo – aliás, biscoito ou bolacha?

O canal da marca no YouTube, Oreo Cookie, tem 304.000 inscritos, enquanto no Facebook há 41.901.620 seguidores. No Instagram, ao buscar a palavra Oreo, encontramos mais de 100 resultados, sendo a página oficial seguida por 2,6 milhões de seguidores. "See the world through our OREO wonderfilled lens" ou "veja o mundo através de nossa "maravilhada" lente OREO" é a mensagem de descrição do perfil.

O que faz com que os consumidores sejam tão apaixonados por Oreo?

Um dos doces mais apreciados no mundo, o Oreo tem mais de 100 anos de existência. Ao longo desse tempo, foi incorporado em diversas receitas, mas o consumo considerado *the best* ainda é Oreo original com um bom copo de leite morno.

E se déssemos um Oreo a um vampiro?

Figura 4.17
Linha do tempo do produto

1912-1949

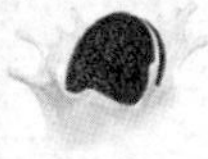

Os famosos biscoitos OREO foram produzidos e introduzidos no mercado pela primeira vez na cidade de Nova York no dia 6 de março de 1912 pela National Biscuit Company (mais tarde conhecida como Nabisco), sendo vendidos originalmente em latas por apenas 30 centavos de dólar. Essas latas foram as primeiras da época a possuir tampas transparentes para que os consumidores pudessem ver o produto que estava dentro, e assim conferir sua qualidade. Inicialmente criados para atingir o mercado britânico e inspirados nos biscoitos Hydrox, os redondos biscoitos de chocolate recheados formavam uma espécie de sanduíche e estavam disponíveis nos sabores baunilha e limão. A versão com recheio sabor de limão foi descontinuada na década de 1920, mesmo período que OREO começou a ser exportado para países da América Central e Caribe. Nas quatro décadas seguintes OREO se tornou um ícone americano, também adorado por uma enorme legião de fãs em outros países, como no Canadá, onde foi introduzido em 1949.

1974-1985

No ano de 1974 o nome oficial do produto passou a ser OREO CHOCOLATE SANDWICH COOKIES. Neste mesmo período a marca começou a diversificar sua gama de produtos com o lançamento de uma versão que possuía o dobro de recheio de baunilha, para deleite de seus ávidos consumidores. Nas décadas seguintes sua popularidade cresceu ainda mais quando OREO começou a ser utilizada como ingrediente para a confecção de vários tipos de bolos e sobremesas. Esmagadas e polvilhadas sobre sorvetes, utilizadas como base para cheesecakes ou partidas grosseiramente e misturadas com morangos e framboesas eram algumas formas diferentes de saborear OREO. Além disso, a marca iniciou o lançamento de edições especiais e limitadas do produto, como em 1985, com o OREO recheado com creme de menta.

Década de 1990

Produtos sazonais começaram a ser introduzidos no mercado em 1991, com o lançamento da HALLOWEEN OREO (especial para a comemoração do Dia das Bruxas, cujo recheio adquire a cor laranja); em 1995, com a introdução da CHRISTMAS OREO, uma edição especial desenvolvida para as festas de final de ano, o recheio adquire as cores verde e vermelha; e surge até uma versão em cores pastéis para a Páscoa. Nesta época o tradicional biscoito já era comercializado em mais de 30 países ao redor do mundo. Somente no ano de 1996 OREO foi oficialmente lançado no enorme mercado chinês e se tornou um verdadeiro sucesso.

Século XXI

Nos anos seguintes OREO iniciou o lançamento de diversos sabores, alguns deles sazonais e por tempo limitado, além de versões com poucas calorias. A marca também começou sua expansão para outras categorias com o lançamento dos sorvetes OREO, produzidos sob licença por empresas como Nestlé e Breyer's; e os cones (casquinhas de sorvetes) feitos do tradicional biscoito. Além disso, ingressou em novos mercados, como em 2001, quando foi introduzido na Arábia Saudita, se transformando em uma das marcas mais valiosas da antiga Kraft Foods (atual Mondelēz International). Nessa época OREO também ganhou novos sabores, como manteiga de amendoim, menta e café. No ano de 2004, em uma atitude ousada, a Nabisco resolveu unir dois dos mais adorados ícones da cultura americana: as bolachas OREO estrearam nas prateleiras com o logotipo Got Milk? (popular campanha americana de incentivo ao consumo de leite) estampada não somente nas embalagens, como também na própria bolacha. Pouco depois, em 2006, todos os biscoitos da linha OREO passaram a ser produzidas sem óleos hidrogenados e assumiram o posto de mais vendidos no enorme mercado chinês. Nesse mesmo ano a marca lançou no mercado uma versão orgânica do tradicional biscoito. Uma das mais recentes novidades da marca foi o lançamento em 2010 de uma edição especial recheada com creme no sabor morango.

2017

Somente em 1994 o biscoito foi lançado no mercado brasileiro. Apesar de não ficar muito tempo no Brasil (foi retirado em 2000 e voltou por um breve período entre 2004 e 2007), essas delícias conquistaram milhares de apreciadores e deixaram enorme saudade. Depois de investir R$ 72 milhões para produzir a OREO no país, em novembro de 2013, após insistentes pedidos dos consumidores nas redes sociais, o tradicional biscoito foi relançado no mercado brasileiro, para deleite dos fãs. OREO tentará repetir por aqui o enorme sucesso que faz no mercado americano, onde é cultuado como um ícone das guloseimas. Uma rápida pesquisa na internet mostra o quanto OREO é adorado. Há um número enorme de sites e blogs dedicados ao biscoito. Nas redes sociais são mais de 35 milhões de seguidores. Geralmente, essas páginas apresentam formas inusitadas de consumir a delícia – segundo pesquisa feita pela fabricante, por exemplo, 50% dos consumidores abrem a bolacha para comer primeiro o recheio, depois os biscoitos.

Fonte: OREO. *Mundo das Marcas*, 2013. Disponível em: http://mundodasmarcas.blogspot.com.br/2006/05/oreo-americas-favorite-cookie.html. Acesso em: 21 jul. 2019

Em artigo para a *Revista Contribuciones a las Ciencias Sociales*, Citton e Rubleski[42] fazem uma crítica à comunicação da marca a partir da análise de campanhas publicitárias para países como Brasil, Argentina e Tailândia. As autoras observam que a marca parte de uma premissa sobre o modo de consumo do produto que é inerente ao mercado norte-americano (consumir com leite) e apresenta esse conteúdo em suas campanhas globalizadas, sem identificar ou considerar as preferências de consumo no país onde foram veiculadas.

As autoras observam, por exemplo, que, embora as campanhas tenham características físicas (como imagens e paisagens) que remetem ao país em que são veiculadas, o modo de consumo apresentado segue os passos já consagrados pelo consumo original: abrir a bolacha, lamber o recheio e depois molhar no leite para comer.

A campanha publicitária de 2014, fez o relançamento do produto com o conceito de ensinar a consumi-lo. Você já assistiu?

As autoras[43] comentam:

> As três peças publicitárias utilizadas como corpus apresentam ao consumidor final da marca um cenário que traz elementos característicos da cultura local à qual a comunicação é destinada: atores, cenário e vestimentas fazem parte dessa caracterização local. Em contrapartida, o hábito ali apresentado e interpretado pelos personagens é o mesmo em todos os três comerciais e vem importado da cultura de origem do biscoito Oreo, os Estados Unidos. Segundo reportagem da *Veja*, datada de 2013, "O primeiro biscoito Oreo foi fabricado em 1912 na confeitaria Nabisco, no bairro Chelsea, de Nova York" e é de lá que a sequência comportamental apresentada nos comerciais analisados tem origem. Em cada um deles, existe um processo de consumo do biscoito apresentado como a forma ideal ou correta de ingerir o alimento em três passos: Passo um – o biscoito Oreo deve ser aberto ao meio, separando uma das bolachas de chocolate do recheio de leite.

Um dos grandes desafios do produto no Brasil, por exemplo, é que não há o hábito de consumi-lo com leite e a campanha parece esforçar-se para ensinar esse hábito no país. A marca teve dificuldades de penetração em território nacional – como vimos na linha do tempo, o produto foi introduzido aqui em 1994, retirado do mercado em 2000, voltou entre 2004 e 2007, e, após 2013, com produção no país e solicitação de mais de 100 mil fãs, o produto voltou ao mercado nacional.

---

42. CITTON, N. P.; RUBLESCKI, A. Marca mundial, comunicação global? A publicidade dos biscoitos americanos Oreo no cenário globalizado. *Revista Contribuciones a las Ciencias Sociales*, jul./set. 2016. Disponível em: http://www.eumed.net/rev/cccss/2016/03/oreo.html. Acesso em: 21 jul. 2019.
43. CITTON; RUBLESCKI, 2016.

Ainda no mesmo artigo, Citton e Rubleski[44] observaram que a relação do público brasileiro com a marca demonstra clara aceitação do produto e amplo envolvimento com a marca por meio das mídias sociais. A marca afirma que parte de sua estratégia de aproximação com os mercados emergentes reside na criação de sabores específicos para a localidade, como banana com doce de leite para o mercado argentino ou menor teor de açúcar ou sabor chá verde para o mercado indiano.

Nos Estados Unidos e em outros países, um dos grandes diferenciais do produto são as combinações inusitadas de sabores: banana split creme, candy corn (doce de milho), watermelon (melancia), key lime pie (torta de lima), cotton candy (algodão doce), pumpkin spice (abóbora picante), chocolate creme, birthday cake (bolo de aniversário), peanut butter (manteiga de amendoim), lemon (limão), berry (morango), mint (menta), halloween (dia das bruxas), golden Oreo (Oreo ouro), uva e pêssego, cerveja, ponche de frutas, massa de bolacha, maça caramelizada, hortelã-pimenta, chá verde gelado, marshmallow crocante, caramelo e flor de sal e a diferente swedish fish (peixe sueco).

No Brasil, no entanto, a marca aportou primeiramente apenas com o tradicional sabor baunilha, mas com embalagens menores. A estratégia parece ter dado resultado, tendo em vista o crescimento do produto no Brasil desde seu relançamento.

Seguindo com suas estratégias em mídia digital, em agosto de 2017, a marca, em parceria com o Google, lançou o Android Oreo 8.0, ação que a Google já havia realizado com diversas marcas anteriormente em versões anteriores do sistema, como Marshmallow, Nougat, Lolipop, Kitkat, Gingerbread, Icecream Sandwich, Jelly Bean, entre outros. Esse tipo de ação de licenciamento faz parte das estratégias de comunicação das marcas e objetiva uma aproximação com o público-alvo: "Google e Oreo são marcas jovens, inteligentes e que possuem muita conexão. Essa combinação é o que há de melhor dos dois mundos", diz Parnell, diretor global de marcas da fabricante de Oreo, a Mondelēz.

O público-alvo da marca é essencialmente de jovens das classes A e B, entre 18 e 25 anos, de ambos os sexos. Trata-se de jovens que estudam e trabalham, que buscam diversão em bares, shoppings, cinemas e utilizam ativamente as mídias sociais. A linguagem das peças e dos filmes da marca é muito alegre e dinâmica, utilizando animação e imagens diferenciadas – e é por isso que o público curte e se envolve com o produto e com o conteúdo desenvolvido pela marca.

Veja este vídeo para entender as principais novidades do Android 8 Oreo:

44. CITTON; RUBLESCKI, 2016.

Florêncio,[45] em trabalho intitulado *Redes e Mídias Sociais*, indica a marca Oreo em terceiro lugar entre as marcas mais admiradas pela qualidade do conteúdo que publicam nas mídias sociais. Entre outras ações, a marca tem investido na relação com influenciadores como Bruno Gagliasso, Giovanna Ewbank, Projota e Tiago Iorc.

Para outras mídias, entre as ações realizadas pela marca, a primeira promoção em território nacional foi feita no final de 2016, chamada Biscoito Versus Recheio. Por meio do cadastramento dos códigos de barra dos produtos e nota fiscal, os consumidores concorriam a quatro sorteios de R$ 50 mil e dois prêmios instantâneos no ato da inscrição. A campanha foi divulgada em TV Aberta e nos meios digitais. No mesmo período, a empresa investiu em merchandising nos programas Hora do Faro, Pânico na TV e Xuxa Meneghel.

Figura 4.18
Promoção Biscoito Versus Recheio

Fonte: MEIO&MENSAGEM. Oreo lança primeira promoção no Brasil. *Meio & Mensagem*, 12 set. 2019. Disponível em: http://www.meioemensagem.com.br/home/ultimas-noticias/2016/09/12/oreo-lanca-primeira-promocao-no-pais.html. Acesso em: 21 jul. 2019.

Em 2017, foi a vez da promoção Desafio Oreo, em que os consumidores poderiam cadastrar os códigos de barra dos produtos Oreo, concorrer a três pacotes de viagem de turismo com destino a Barcelona, com direito

45. FLORÊNCIO, C. *Redes e mídias sociais*: planejamento de conteúdo. Belo Horizonte: PUC-Minas, 2015. Disponível em: https://pt.slideshare.net/camilaflorencio/puc-redes-e-midias-sociais--contedo-aula-03. Acesso em: 21 jul. 2019.

a um acompanhante e um encontro de uma hora com Neymar Jr., além de 18 smartphones iPhone 7 Apple prata, 27 tablet Samsung Galaxy E 7.0, 45 câmeras Go Pro Hero 5 Black e 100 almofadas temáticas.

Figura 4.19

Fonte: OREO. *Promoção desafio Oreo*, 2017. Disponível em: http://www.acheipromocao.com.br/promocao-desafio-oreo.html. Acesso em: 21 jul. 2019.

No filme *Neymar's Blockbuster Dunk*, o jogador mostra seu jeito de comer Oreo, em um conjunto de vídeos que incluem Shaquille O'Neal e Christina Aguilera.

Em 2013, a marca ganhou o Grand Prix em Cyber pela campanha Oreo Daily Twist. Em 2011 e 2012, já havia marcado presença com campanhas em mídias sociais que apresentavam a bolacha de muitas formas diferentes, em comemoração ao dia do orgulho gay, ao nascimento de um panda e a Shark Week. Com foco em criação de conteúdo diferenciado, a marca ganha espaço na mídia e reforça seu relacionamento com seu público-alvo.

Quer saber como o produto é feito?

Figura 4.20
Oreo reforça seu relacionamento com seu público-alvo

Fonte: OREO. *Campanha Oreo Facebook*.

Fontes:

CERQUEIRA, M. *TOP 12 incríveis curiosidades que você não sabia sobre o biscoito Oreo*, 21 abr. 2019. Disponível em: http://www.jornalciencia.com/top-12-incriveis-curiosidades-que-voce-nao-sabia-sobre-o-biscoito-oreo/. Acesso em: 21 jul. 2019.

CITTON, N. P.; RUBLESCKI, A. Marca mundial, comunicação global? A publicidade dos biscoitos americanos Oreo no cenário globalizado. Revista *Contribuciones a las Ciencias Sociales*, jul./set. 2016. Disponível em: http://www.eumed.net/rev/cccss/2016/03/oreo.html. Acesso em: 21 jul. 2019.

FLORÊNCIO, C. *Redes e mídias sociais*: planejamento de conteúdo. Belo Horizonte: PUC-Minas, 2015. Disponível em: https://pt.slideshare.net/camilaflorencio/puc-redes-e-midias-sociais-contedo-aula-03. Acesso em: 21 jul. 2019.

LOPES, Y. *Oreo Golden com sabor de baunilha será lançado no Brasil*, 5 maio 2017. Disponível em: http://aredacao.com.br/negocios/85355/oreo-golden-com-sabor-de-baunilha-sera-lancado-no-brasil. Acesso em: 21 jul. 2019.

MEIO & MENSAGEM. Oreo lança primeira promoção no Brasil. *Jornal Meio & Mensagem*, 12 set. 2019. Disponível em: http://www.meioemensagem.com.br/home/ultimas-noticias/2016/09/12/oreo-lanca-primeira-promocao-no-pais.html. Acesso em: 21jul. 2019.

______. Os bastidores da parceria entre Oreo e Android. *Jornal Meio & Mensagem*, 22 ago. 2019. Disponível em: http://www.meioemensagem.com.br/home/marketing/2017/08/22/os-bastidores-da-parceria-entre-oreo-e-android.html. Acesso em: 21 jul. 2019.

MELO, L. Os bastidores da produção do biscoito Oreo, da Mondelez. *Revista Exame*, 13 set. 2016. Disponível em: https://exame.abril.com.br/negocios/os-bastidores-da-producao-do-biscoito-oreo-da-mondelez/#. Acesso em: 21 jul. 2019.

MUNDO DAS MARCAS. *Oreo*, 2013. Disponível em: http://mundodasmarcas.blogspot.com.br/2006/05/oreo-americas-favorite-cookie.html. Acesso em: 21 jul. 2019.

SILVA, S. D. O estranho mundo de Oreo. *Meio & Mensagem*, 22 ago. 2016. Disponível em: http://www.meioemensagem.com.br/home/marketing/2016/08/22/o-estranho-mundo-de-oreo.html. Acesso em: 21 jul. 2019.

VAMOS TESTAR SEUS CONHECIMENTOS?

1. Quais seriam as principais mudanças observadas com relação ao comportamento do consumidor hoje?

2. Ter um propósito é hoje uma das necessidades das organizações. Isso ocorre porque o consumidor busca empresas, marcas, produtos e serviços com os quais possa se identificar. Quais mudanças na gestão de comunicação são implicadas com essa perspectiva?

3. Quais os fatores de influência sobre a experiência do consumidor no ambiente virtual?

4. Vimos vários estudos ao longo do capítulo que procuram agrupar os consumidores de acordo com similaridades em seu comportamento. Sob o ponto de vista do marketing, por que isso é necessário? Quais as implicações dessa segmentação sobre a estratégia de marketing e comunicação?

5. Faça um teste de escuta social consigo mesmo e observe o teor dos comentários, likes e compartilhamentos de suas próprias mídias sociais. A que conclusões você poderia chegar com relação ao comportamento da sua rede de relacionamento?

5

Mídias sociais para mercados corporativos

APRESENTAÇÃO

O mercado business-to-business (B2B) pede relacionamentos. Embora continuem a existir simples transações comerciais, cada vez mais a gestão da cadeia de suprimentos e de distribuição configura estratégias necessárias a inovação colaborativa, sustentabilidade, responsabilidade socioambiental e valor agregado a marca, produto ou serviço. As relações de compra e venda no mercado B2B envolvem colaboração mútua, do tipo ganha-ganha, em que o high-tech deve unir-se intrinsecamente ao high-touch.

"As pessoas compram expertise. Se eu tivesse de escolher uma diferença entre o modo como a maioria dos negócios B2B operam em relação às empresas business-to-consumer (B2C), seria essa. Enquanto você pode comprar uma caixa de biscoitos ou mesmo uma câmera digital por causa de recursos ou gosto, a maioria das vendas B2B baseiam-se em demonstrar algum tipo de especialização, seja em um serviço ou na categoria de um produto que você está fornecendo. Depois de perceber esse fato, a lição para a utilização de mídias sociais de forma eficaz é clara: se você pode demonstrar os seus conhecimentos por meio das mídias sociais, você pode ter um impacto mensurável sobre seus esforços de vendas."

(ROHIT BHARGAVA/INFLUENTIAL ON-LINE MARKETING)

OBJETIVOS

Após a leitura deste capítulo, você terá condições de compreender como as organizações têm reagido ao avanço das mídias sociais no universo B2B e qual o impacto dessas mudanças para as relações comerciais e para a inovação. Além disso, poderá explorar o potencial das mídias sociais e aprender como posicionar-se nesse universo.

5.1 PROCESSO DE COMPRA *VERSUS* CICLO DE VENDAS

Antes de abordarmos o uso de mídias sociais no mercado B2B, é importante destacar que as organizações fornecedoras devem ter em mente que o processo de compra e o ciclo de vendas precisam estar alinhados e que as mídias sociais, se corretamente utilizadas, podem ser fundamentais para esse alinhamento e para o fornecimento de informações imprescindíveis para a tomada de decisão de compra.

As organizações fornecedoras devem ter em mente que o processo de compra e o ciclo de vendas precisam estar alinhados.

O **processo de compra organizacional** é um processo mais ou menos complexo, dependendo do produto a ser adquirido, valores financeiros e riscos envolvidos na aquisição. Samara e Morsch[1] apresentam um modelo extraído de Sheth, Banwari e Newman[2] que sintetiza os fatores envolvidos no comportamento do consumidor organizacional, como mostra a Figura 5.1.

1. SAMARA, B.; MORSCH, M. A. *Comportamento do consumidor*: conceitos e casos. São Paulo: Prentice Hall, 2005.
2. SHETH; BANWARI, NEWMAN, 2001.

Figura 5.1
O processo de compra organizacional

Fonte: adaptado de SHETH, BANWARI; NEWMAN, 2001 apud SAMARA; MORSCH, 2005.

As mídias sociais, no mercado organizacional, têm o potencial de agir em todos os aspectos desse comportamento de compra, de forma direta ou indireta – daí a importância de planejamento adequado e selecionar de modo assertivo os canais de comunicação.

O processo de compra organizacional está sujeito a determinadas características, como volume, maior ou menor centralização ou descentralização, orientação e respeito a regras e processos organizacionais. Deve-se levar em conta a natureza da compra de acordo com o tipo de compra, o risco percebido, a importância do produto ou serviço para a organização, a complexidade da compra e do produto ou serviço a ser adquirido e a sempre presente pressão de tempo.

Além disso, o processo de compra está relacionado também com as expectativas e percepções do comprador, fornecedor e dos membros que compõem o centro de compras, considerando sua relação de satisfação ou insatisfação com experiências anteriores, seja com o mesmo fornecedor, produto ou serviço, ou não. Expertise teórica, técnica, educacional e prática é muito importante no processo de compra B2B e se refere aos indivíduos ou grupos que estejam envolvidos no processo de compra, seja na empresa compradora ou na vendedora.

O processo de compra, então, tem início na identificação de uma necessidade. A organização compradora vai em busca de produtos, serviços e fornecedores capazes de atender a essas necessidades, define critérios de avaliação desses mesmos produtos, serviços e fornecedores, procede à avaliação e toma a decisão de compra, sujeita a avaliação posterior de desempenho na etapa do pós-compra.

O processo de compra tem início na identificação de uma necessidade.

Cabe à organização fornecedora alinhar seu processo de vendas com o processo de compras dos seus clientes e potenciais clientes. O **ciclo de vendas** é um conjunto de tarefas executadas pela organização fornecedora, na figura de sua equipe de vendas, que constitui um processo. O alinhamento entre o processo de compra e o ciclo de venda pode ser demonstrado como na Figura 5.2.

Figura 5.2 Alinhamento do processo de compra × Ciclo de venda

Fonte: adaptado de SAMARA; MORSCH, 2006; HUTT; SPEH, 2010.

Muitos autores da área de vendas, como Romeo,[3] alertam para a necessidade de proatividade no ciclo de vendas, a fim de acompanhar ou, se possível, antecipar as necessidades dos clientes potenciais. Sob esse ponto de vista, as ações em mídias sociais e a produção de conteúdo relevante podem impactar diretamente cada etapa do processo de compra, abrindo espaço para a troca útil de informações e o diálogo colaborativo entre as partes.

As ações em mídias sociais e a produção de conteúdo relevante podem impactar diretamente cada etapa do processo de compra.

Traçamos aqui um curto panorama sobre o processo de compra organizacional, para que possamos entender em que pontos as mídias sociais e o marketing de conteúdo podem atuar de forma eficaz. Há ainda dois aspectos que consideramos muito relevantes nesse mercado: a importância do posicionamento de marca e os processos e ferramentas de comunicação como fontes de informação.

5.2 MÍDIAS SOCIAIS COMO CANAIS DE RELACIONAMENTO EM B2B

Enquanto que, para o mercado voltado ao consumidor, o uso de mídias sociais já está relativamente bem desenvolvido, no mercado B2B, as organizações demoram um pouco mais a tomar suas decisões sobre como, quando e onde atuar. De qualquer forma, reconhecem a importância das interações para a manutenção de suas atividades comerciais e para a prospecção de novos clientes.

No mercado B2B, as organizações demoram um pouco mais a tomar suas decisões sobre como, quando e onde atuar.

O Brandwatch Social Media Monitoring é uma organização inglesa que dispõe de um sistema de monitoramento de marcas em mídias sociais. Em 2015, apresentou o relatório *B2B social media report*[4] explorando o uso das mídias sociais por empresas do mercado organizacional.

O relatório analisou 200 empresas dos Estados Unidos e Reino Unido e trouxe um panorama do comportamento de empresas B2B nas mídias sociais. Dentre as marcas estudadas, 76% atuam ao menos no Twitter e no Facebook. No entanto, embora estejam presentes nas mídias sociais, as organizações não aproveitam esse aspecto tanto como poderiam, sendo

3. ROMEO, R. *Vendas B2B*: como negociar e vender em mercados complexos e competitivos. São Paulo: Pearson Prentice Hall, 2008.
4. BRANDWATCH. *B2B social media report*, 2015. Disponível em: https://www.brandwatch.com/wp-content/uploads/2015/04/B2B-Report.pdf. Acesso em: 15 jul. 2019.

um dos fatores a falta de movimentação nas contas (42%) e a falta de monitoramento mais próximo – as 200 maiores empresas do estudo receberam 72.756 menções que poderiam configurar-se como intenção de compra e menos de 1% delas receberam resposta. Pelo cálculo do relatório, a falta de resposta seria equivalente a uma perda de US$ 36 bilhões por ano.

O relatório avaliou frequência e eficiência nas conversas on-line mantidas e estabeleceu um ranking, como mostra a Figura 5.3.

Figura 5.3
Top 10 do B2B Social

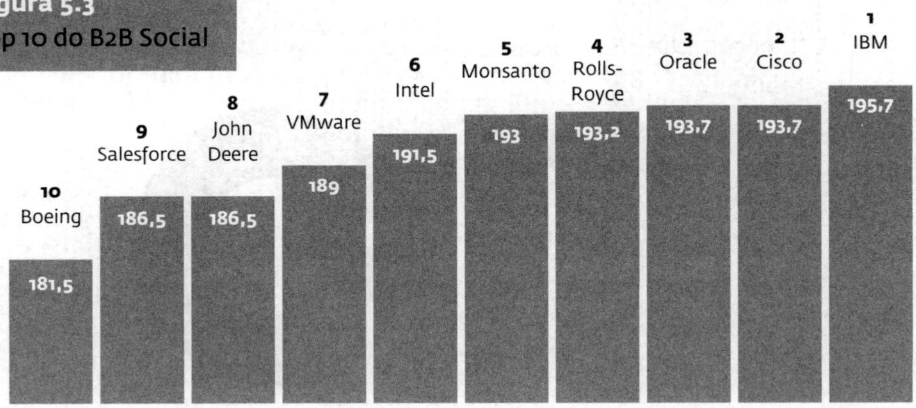

Fonte: BRANDWATCH, 2015.

Outros dois aspectos relevantes do relatório[5] foram exatamente o foco nas redes Twitter e Facebook, enquanto os clientes apresentam atividades em outras mídias, envolvendo sites, fóruns, blogs, vídeos e imagem, e o desafio de desenvolver diálogo com esses públicos.

O mercado B2B tem características específicas e suas ações são menos públicas do que no B2C. A ideia de que o monitoramento de mídias sociais pode trazer insights interessantes também para esse mercado acabou ficando um pouco desacreditada, diz o relatório, uma vez que as lideranças tinham dúvidas de que o volume de dados sobre temas específicos pudesse ser relevante ou suficiente para orientar tomada de decisões. No entanto, a surpresa parece justamente ter sido a quantidade de dados que podem subsidiar as decisões organizacionais.

---

5. MEIO & MENSAGEM. Brandwatch: o comportamento das empresas B2B nas redes sociais. *Proxxima*, 2015. Disponível em: http://www.proxxima.com.br/home/proxxima/noticias/2015/05/22/brandwatch-o-comportamento-das-empresas-b2b-nas-redes-sociais.html. Acesso em: 17 jul. 2019.

O relatório registrou que dois meses de análise das 200 empresas geraram mais de cinco milhões de conversações on-line; 3,69 mil posts por hora, um novo post a cada segundo; e mais de 31 milhões de menções por ano. Na comparação do *share of voice*, a conversa apresenta-se dividida entre a indústria de software de negócios (54% do total de discussões), a indústria aeroespacial (14%) e a indústria médica e de energia (8%), como mostra o Gráfico 5.1.

Gráfico 5.1
Menções por segmento B2B

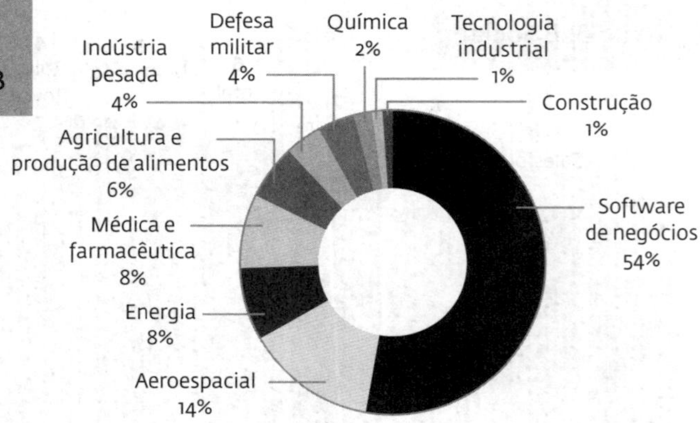

Fonte: BRANDWATCH, 2015.

A presença on-line das organizações e marcas não se limita apenas às mídias sociais, apresentando grande volume de conversações em sites de notícias, fóruns e blogs, como mostra o Gráfico 5.2.

Gráfico 5.2
Presença on-line das organizações

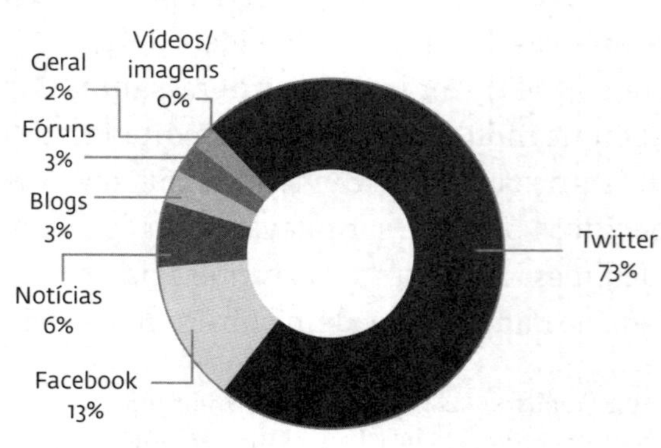

Fonte: BRANDWATCH, 2015.

O relatório também apresentou uma comparação entre a mídia comprada e a mídia ganha. A diversidade de menções é muito mais multiplataforma quando a mídia é ganha do que quando é comprada, ou seja, a repercussão do conteúdo na mídia ganha é maior do que quando a empresa compra oficialmente espaços de veiculação. A mídia comprada ou própria, no caso de sites e blogs, tem repercussão por meios, basicamente, iguais à mídia espontânea, com hashtags, vídeos, imagens, respostas e links, como mostra o Gráfico 5.3.

Gráfico 5.3
Mídia comprada *versus* mídia ganha

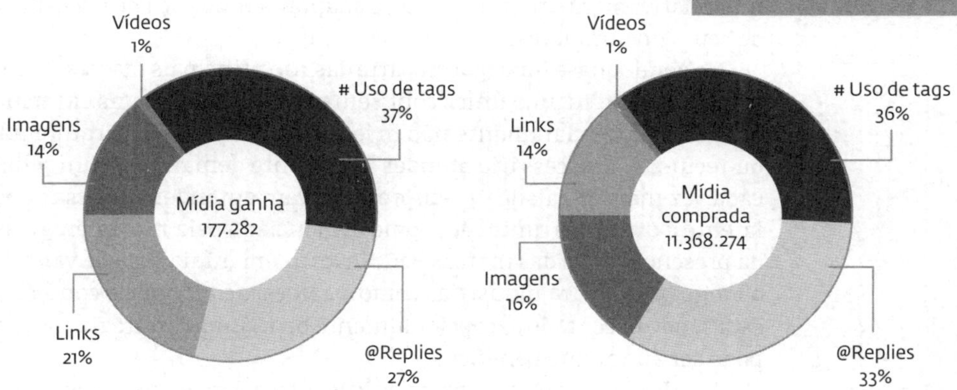

Fonte: BRANDWATCH, 2015.

O relatório explora ainda muitas outras informações, mas podemos concluir que as mídias sociais são muito mais relevantes para o B2B do que a maioria das organizações imagina e têm ainda um potencial muito grande a ser explorado exatamente na diversificação das ações em outras plataformas, além do Twitter, Facebook e LinkedIn. Além disso, o monitoramento das mídias pode trazer insights valiosos para a indústria, apoiando a tomada de decisão estratégica em negócios, novos nichos de atuação, desenvolvimento e inovação em produtos e serviços e construção de relacionamentos.

As mídias sociais são muito mais relevantes para o B2B do que a maioria das organizações imagina.

O relatório[6] conclui:

> O mercado B2B já não está mais em sua infância, mas ainda não chegou à maturidade, as audiências, acostumadas à presença social das empresas B2C, agora esperam o mesmo de marcas B2B, de fato, uma marca recebe em média 104 mil menções por ano, neste mercado. Essas conversas, expressam preocupações como pedidos de atendimento ao cliente, intenção de compra ou opinião influente, são valiosas para marcas que podem identificar, compreender e responder a elas.
>
> A atividade dentro de certas indústrias B2B é um testemunho do poder social, especificamente, o setor de software de negócios que alcança mais de 50% das menções, executa notavelmente a manutenção da sua presença social ativa, alavancando conversas on-line para promover suas operações, no entanto, a maioria das indústrias B2B continua relativamente relutante em se adaptar à mudança de expectativas de seus consumidores.
>
> No geral, quase uma quarta parte das 200 principais marcas B2B examinadas não têm uma única conta em mídia social, muitas das marcas que têm contas claramente não investem na estratégia, ferramentas e ou recursos. É necessário atender à crescente demanda de um público cada vez mais engajado, as empresas devem entender que essa adoção latente é uma oportunidade, como evidenciado pela rápida progressão da presença social das marcas B2C. Investir em mídia social é vantajoso a longo prazo, para indústrias como a aeroespacial, onde o conteúdo já está sendo executado excepcionalmente bem, uma estratégia conteúdo pode ser altamente benéfica.
>
> Atualmente, muitas indústrias B2B enfrentam um momento crucial onde o valor da mídia social é cada vez mais reconhecido, mas a infraestrutura ainda não foi adotada, para muitas empresas, esse período de transição será vital para moldar seu sucesso futuro em mídias sociais.

Os resultados do estudo apontado continuam válidos; o que observamos é o crescimento do uso de ferramentas digitais. Martins,[7] abordando a pesquisa *Digital Matters*, realizada pelo Boston Consulting Group (BCG), indica que a influência dos canais digitais no processo de compra desse mercado, especialmente no que tange à busca de informação, atinge um impacto de 58% de influência no segmento de maquinário industrial, 88% no segmento de suprimentos para a indústria e de 54% no segmento de embalagens. Isso nos mostra que as mídias digitais

---

6. BRANDWATCH, 2015.
7. MARTINS, C. No B2B a jornada de compra começa digital mas termina offline. *Mundo do Marketing*. Disponível em: https://www.mundodomarketing.com.br/reportagens/38211/no-b2b-jornada-de-compra-comeca-digital-mas-termina-no-offline. Acesso em: 16 set. 2019.

e sociais realmente impactam o segmento B2B na etapa de seleção de produtos, serviços e fornecedores.

Um dos principais usos das mídias sociais para o mercado B2B é o desenvolvimento de conteúdo, ou seja, o marketing de conteúdo. De acordo com o relatório Content Marketing no Brasil,[8] 83% das empresas nos Estados Unidos e Canadá utilizam essa ferramenta. A maioria das empresas, em 2014, ainda a considerava medianamente eficaz e afirmava não possuir equipe ou pessoal dedicado à produção de conteúdo, nem contava com um planejamento documentado para essa ação, mas o volume de conteúdo produzido tem aumentado nos últimos anos.

As ferramentas mais eficazes, na ordem decrescente, são: vídeos, redes sociais, eventos presenciais, artigos em sites e infográficos. No entanto, tanto no Brasil como nos Estados Unidos e Canadá, redes sociais (exceto blogs), material ou artigo em site próprio, newsletter por e-mail e material ou artigo em sites de terceiros são os mais utilizados, sendo o investimento médio para essas atividades de 22% do orçamento (*budget*).

Dados do Social Media Marketing Industry Report destacam que cerca de 21% das empresas indicam o LinkedIn como a rede social mais importante para crescer e vender seus produtos e serviços; Twitter ocupa a terceira posição (12%), seguido pelo YouTube (4%) e o Google + (4%).

Embora o Facebook seja considerado a mídia social mais importante de modo geral, o LinkedIn figura em primeiro lugar com os profissionais de marketing B2B: 41% dizem que é a rede mais importante que eles usam (30% escolheram o Facebook). De qualquer forma, as mídias sociais têm forte influência e impacto especialmente sobre a etapa de busca de informação sobre potenciais fornecedores.[9]

Os cinco principais objetivos apontados pelo estudo para o uso do marketing de conteúdo pelo B2B foram, principalmente, aquisição de clientes, conscientização da marca, engajamento, geração de *leads* e retenção de clientes. As principais métricas usadas para avaliação foram: compartilhamento de conteúdo nas redes sociais, feedbacks

---

8. TRACTO CONTENT MARKETING. *Content marketing no brasil benchmarks, orçamentos e tendências em empresas B2B*, 19 dez 2013. Disponível em: https://pt.slideshare.net/tractoBR/content-marketing-no-brasil-benchmarks-oramentos-e-tendncias-em-empresas-b2b. Acesso em: 15 jul. 2019.
9. GIACOMELE, S. Marketing B2B para redes sociais: quais são mais efetivas? *Rockin Blog*, 26 maio 2015. Disponível em https://blog.pmweb.com.br/marketing-b2b-para-redes-sociais-quais-sao-mais-efetivas/. Acesso em: 16 set. 2019.

positivos dos consumidores/clientes, aumento da consciência de marca (*awareness*), aumento da fidelidade do consumidor/cliente e aumento da consciência do produto.

As organizações, de forma geral, ainda sentem que falta maturidade na utilização das ferramentas de marketing de conteúdo e uso das mídias sociais. Um estudo do Content Marketing Institute americano[10] apontou que 55% ainda têm uma estrutura pequena voltada a essa atividade e 42% têm feito mudanças administrativas que vêm impactando a produção de conteúdo. Embora 89% das empresas façam uso de marketing de conteúdo, 61% se vê como adolescente ou jovem no uso das redes sociais.

De qualquer forma, estar presente nas mídias sociais por meio de conteúdo é uma decisão inadiável que impacta positivamente as organizações e o mercado B2B em maior ou menor grau. A maior insegurança das empresas é com relação a que tipo de conteúdo desenvolver, quais as mídias mais adequadas para cada público ou segmento e que tipo de retorno esperar das mídias sociais.

Estar presente nas mídias sociais por meio de conteúdo é uma decisão inadiável que impacta positivamente as organizações.

De acordo com o estudo da Brandwatch:[11]

> Enquanto as **empresas B2C** se lançaram rapidamente no mundo das mídias sociais, as B2B têm sido mais cuidadosas, até porque o ambiente de jogo é diferente. Embora as B2B estejam atrás das B2C na curva de adoção das mídias sociais, elas estão desenvolvendo formas originais e poderosas de municiarem as suas decisões com base em "insights sociais" coletados das redes on-line (...) Atualmente, 76% das marcas estudadas possuem contas no Twitter e no Facebook. Em média, a conta no Twitter das marcas líderes B2B tem 47 mil seguidores, já no Facebook a média é de 211 mil fãs por conta. Surpreendentemente, a proporção de marcas com nenhuma conta ou nenhuma atividade no Twitter é muito alto: 42%.

Embora mais ativas, há o grande desafio de estabelecer um diálogo com os públicos de interesse por meio das mídias sociais. Há espaço para desenvolvimento de muito conteúdo e aprofundamento dos relacionamentos, especialmente no que tange ao processo de inovação,

---

10. CONTENT MARKETING INSTITUTE; MARKETING PROFS; SPORONSED BY BRIGHTCOVE. *B2B content marketing* 2017: benchmarks, budgets, and trends–North America. Disponível em: http://contentmarketinginstitute.com/wp-content/uploads/2016/09/2017_B2B_Research_FINAL.pdf. Acesso em: 15 jul. 2019.
11. SEGURA, M. *IBM é a marca B2B de maior reconhecimento nas mídias sociais*. Disponível em: http://www.huffpostbrasil.com/mauro-segura/ibm-e-a-marca-b2b-de-maior-reconhecimento-nas-midias-sociais_a_21679878/. Acesso em: 15 jul. 2019.

uma vez que as conversações são campo rico de identificação de insights, intenção de compra e feedback sobre produtos e serviços.

O relatório Social Media Marketing Industry Report de 2015,[12] desenvolvido a partir de pesquisa entre 3.700 profissionais de marketing, objetivou identificar a utilização das mídias sociais para crescimento e promoção dos negócios. As principais conclusões do relatório indicam:

- Twitter, YouTube e LinkedIn são as mídias sociais mais consideradas para uso;
- os profissionais de marketing industrial têm interesse em compreender melhor o Facebook, uma vez que 93% usam, mas 68% querem saber mais e 62% pretendem ampliar sua atuação nessa mídia social;
- o vídeo tem se tornado importante, uma vez que 57% usam-no como atividade de marketing e 72% têm interesse em aprender mais sobre seu uso;
- o podcast se encontra em trajetória de crescimento, ou seja, embora apenas 10% dos profissionais estejam envolvidos com essa atividade, há grande interesse em incrementar essa ferramenta;
- Facebook e LinkedIn são as duas mídias sociais mais importantes, mas, se tivessem que escolher apenas uma, 52% escolheriam o Facebook e 21% o LinkedIn, embora não estejam muito certos da efetividade dos seus esforços na mídia;
- ações táticas e engajamento são as áreas em que os profissionais mais desejam obter resultados, isto é, pelo menos 91% dos profissionais de marketing ainda têm dúvidas sobre quais as táticas e melhores caminhos para alcançar o engajamento da audiência em suas mídias sociais.

O Instagram pode gerar até 20 vezes mais engajamento do que o LinkedIn para empresas B2B.

Um estudo feito pela TrackMaven[13] analisou 500 mil postagens em mídias sociais e 100 milhões de interações, identificando que o Instagram pode gerar até 20 vezes mais engajamento do que o LinkedIn para empresas B2B, como mostra o Gráfico 5.4.

12. STELZNER, M. 2015 *Social media marketing industry report*, 2015. Disponível em: http://www.ssbchamber.com.au/uploads/Social-Media-Marketing-Industry-Part-1.pdf. Acesso em: 18 ago. 2017.

13. DANTAS, E. A difícil tarefa de engajar seu público B2B nas redes sociais. *TrackMaven*, 20 dez. 2016. Disponível em: http://www.waah.com.br/blog/a-dificil-tarefa-de-engajar-seu-publico-b2b-nas-redes-sociais. Acesso em: 15 ago. 2019.

Gráfico 5.4
Média de engajamento por rede em empresas B2B

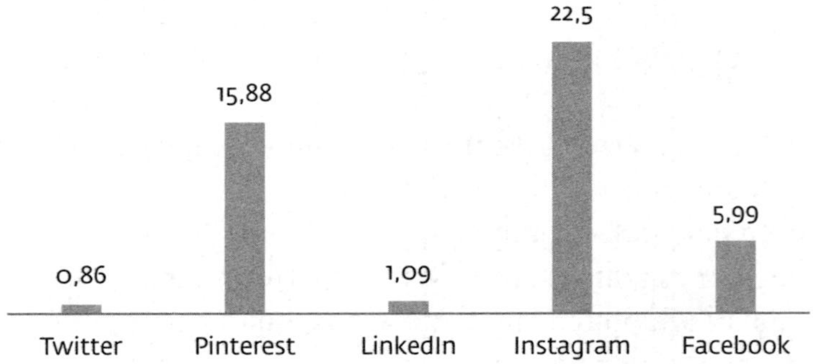

Fonte: TRACKMAVEN, 2016.

A questão crucial é como conseguir o **engajamento** nesse mercado. Para tanto, é necessário um planejamento mais concreto para o uso das mídias sociais, maior profundidade no conhecimento do público-alvo e suas preferências e necessidades, mais foco no desenvolvimento de conteúdos de marca que possam realmente ser relevantes e contribuir para o conhecimento em cada segmento de mercado e – talvez o mais simples – foco no desenvolvimento de material mais atraente em um mercado que sempre se pautou pela excessiva seriedade com pouco esforço criativo na execução dos materiais de comunicação como um todo.

No blog Beta Culture,[14] Gabriela Duarte destaca alguns resultados da pesquisa TrackMaven sobre como os setores da indústria B2B estão organizados nas mídias sociais. A pesquisa aponta que

> os setores da indústria com maior média de crescimento de seguidores por marca estão no topo do eixo vertical, já os setores com as maiores taxas de engajamento – medidos pela média do número de interações por post a cada 1.000 seguidores – são mais altos ao longo do eixo horizontal.

O Gráfico 5.5 apresenta os níveis de engajamento nas mídias Facebook, Twitter, LinkedIn, Instagram e Pinterest, indicando a taxa de

---

14. DUARTE, G. *O que você precisa saber sobre B2B nas redes sociais* – Parte I. 19 jul. 2017. Disponível em: https://medium.com/@gabrielaolmosduarte/as-respostas-que-faltavam-sobre-o-uso-e-o-impacto-das-redes-sociais-para-marcas-b2b-parte-i-fa44edd94120. Acesso em: 8 nov. 2019.

crescimento de seguidores e do engajamento por conteúdo. Para a leitura, considere que, quanto maior for o círculo, maior a presença das marcas em cada segmento nas mídias sociais.

Gráfico 5.5 Níveis de engajamento nas mídias sociais

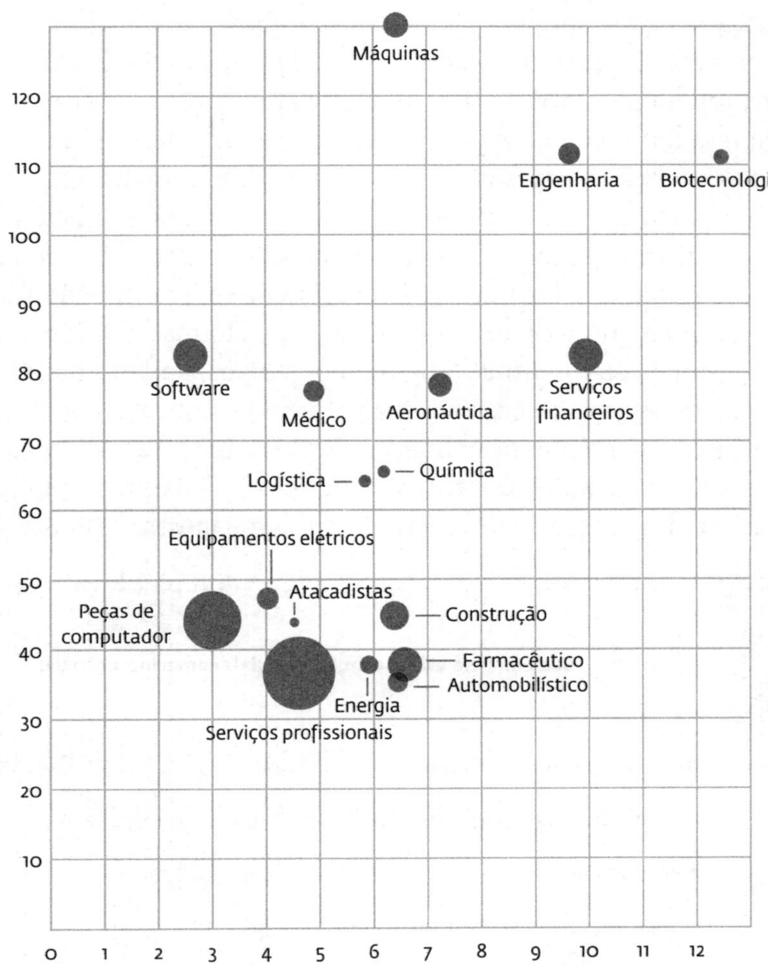

Fonte: TRACKMAVEN, 2016.

O estudo da Ibramerc[15] sobre utilização das mídias sociais nos negócios B2B pesquisou os setores de energia e recursos, manufaturas,

15. IBRAMERC. *Estudo sobre a utilização das mídias sociais B2B*, 2014. Disponível em: http://www.noticiasenegocios.com.br/wp-content/uploads/2013/05/Estudos-mi%CC%81dias-sociais-B2B.pdf. Acesso em: 15 jul. 2019.

serviços, financeiro, imobiliário e varejo em 2012. Nos dois anos do estudo, as mídias sociais mais usadas no Brasil foram Facebook e Twitter, seguidos de YouTube e LinkedIn – em geral, sob a gestão do setor de marketing, 28% dos assuntos divulgados nas mídias eram sobre temas ligados ao mercado de atuação, 26% sobre informações ligadas ao nicho de atuação e 25% depoimentos em vídeo ou informações institucionais.

Outros estudos posteriores, como o Social Media Marketing Industry Report, reiteram o uso das mídias sociais para incremento à exposição da empresa fornecedora, marca, produtos e serviços; para incremento de tráfego, busca de envolvimento e engajamento, provimento de insights no marketplace, geração de leads (contatos), melhora da posição da marca em rankings de busca e outras ferramentas de busca, entre outros.[16]

Quando falamos sobre **linguagem ou tom de voz**, o conteúdo desenvolvido pelas organizações segue uma linguagem formal (34% dos casos), não segue um padrão definido (33%) ou adota linguagem informal (33%). O uso das redes sociais[17] ocorre principalmente com o objetivo de ampliar o efeito dos projetos de marketing já existentes, fazer networking on-line e off-line, conjugar interação nas redes sociais em eventos presenciais e manutenção de relacionamento, como mostra o Gráfico 5.6.

Gráfico 5.6
Intenção no uso das mídias sociais

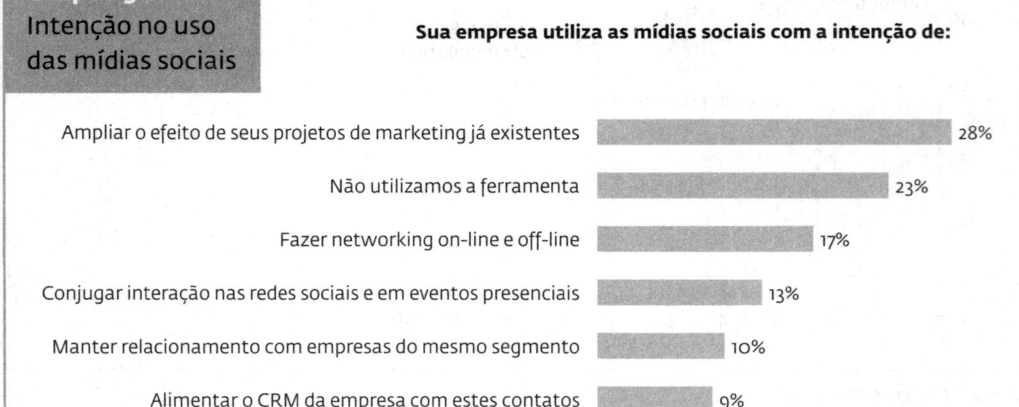

Fonte: IBRAMERC, 2014.

16. GIACOMELE, S. Marketing B2B para redes sociais: quais são mais efetivas? *RockinBlog*. Disponível em: https://blog.pmweb.com.br/marketing-b2b-para-redes-sociais-quais-sao-mais-efetivas/. Acesso em: 8 ago. 2019.

17. IBRAMERC, 2014.

Mas qual seria o verdadeiro potencial de uso das mídias sociais para o mercado B2B?

Um dos aspectos mais relevantes no processo de compra desse mercado reside nas etapas de **avaliação das alternativas** e **avaliação de fornecedores** ou busca de alternativas e busca de fornecedores. Para o comprador de uma organização, localizar a melhor empresa fornecedora de acordo com suas necessidades é absolutamente crucial e é o primeiro passo para uma potencial transação comercial.

Para o comprador de uma organização, localizar a melhor empresa fornecedora de acordo com suas necessidades é absolutamente crucial.

Então, quais são as fontes de informação utilizadas pelos compradores e pelo centro de compras para identificar, qualificar, obter informações e selecionar potenciais fornecedores para os produtos e serviços de que necessita? Quais as ferramentas de comunicação mais adequadas a serem usadas pelas organizações fornecedoras para que sejam encontradas no momento certo pela organização consumidora?

Em artigo para a *Revista de Ciências da Administração*, sobre as fontes de informação utilizadas pelo consumidor organizacional (comprador), Burlamaqui e Godoy[18] afirmam que é difícil identificar as pessoas do centro de compras e o seu grau de influência já que a maioria está dispersa dentro do organograma organizacional e suas influências nem sempre são claramente refletidas em um processo de compra. No entanto, para o consumidor organizacional, é necessário identificar fontes fidedignas de informação em espaço de tempo muito curto, enquanto para a organização fornecedora é crucial para seus negócios que seja encontrada e que as informações que disponibiliza sejam suficientes e eficientes para atrair o potencial comprador.

A **busca de informação** consiste em um esforço do comprador ou da equipe de compras em pesquisar nas fontes possíveis, interna e externamente, as informações que possam servir para identificar e avaliar potenciais fornecedores. Portanto, não se trata apenas de identificar e avaliar produtos e serviços, mas de obter informação suficiente para que o comprador possa tomar a decisão de estabelecer uma relação de compra com determinado fornecedor.

---

18. BURLAMAQUI, P. F.; GODOY, R. Fontes de informação do consumidor organizacional: as compras de medicamentos por hospitais. *Revista de Ciências da Administração*, Universidade Federal de Santa Catarina, 2014. Disponível em: https://periodicos.ufsc.br/index.php/adm/article/view/2175-8069.2008v10n20p163/12679. Acesso em: 9 ago. 2019.

Todo processo de compra já nasce com uma série de expectativas por parte das pessoas envolvidas e em virtude das especificações técnicas a serem atendidas. Essas expectativas são muito diversificadas, pelas mesmas razões, e sofrem influência do resultado de compras anteriores, tanto do mesmo fornecedor como de outros fornecedores. É, então, a **experiência de compra** que interfere na avaliação. Além disso, os membros do centro de compras são pessoas que têm percepções diversas acerca de todo o processo – o que nos leva a concluir que não só o acesso à informação é relevante, mas também a qualidade da informação proporcionada e para quem é proporcionada são fundamentais para o processo de compra organizacional.

Não se trata apenas de identificar e avaliar produtos e serviços, mas de obter informação suficiente para que o comprador possa tomar a decisão.

Em primeiro lugar, é importante destacar que os membros do centro de compras e o próprio comprador já podem ter em mente um conjunto de produtos, serviços e fornecedores que acreditam ser capazes de atender à necessidade ou solucionar o problema identificado. Esse conjunto é elaborado a partir das informações recebidas, coletadas e das experiências prévias tanto do comprador como das pessoas envolvidas no processo de compra. Cada membro do centro de compras pode ter experiências diferentes, conhecimento teórico e técnico distintos e também conjuntos de marcas diferentes. Além disso, muitas vezes, pode não haver experiências ou conhecimentos prévios acerca dos produtos, serviços ou fornecedores, ou ainda o total desconhecimento das alternativas disponíveis para escolha.

Diante desse contexto, as mídias sociais podem ser utilizadas como **fontes fidedignas** para preencher essa lacuna ou apoiar a disseminação de informações relevantes sobre a marca, produtos ou serviços de uma organização, exatamente para os compradores e as pessoas do centro de compras. Normalmente, a busca de informação é feita de duas formas distintas: fontes de informação e ferramentas de busca. Quanto maior risco econômico, técnico ou conflito, maior a confiança do consumidor organizacional em fontes pessoais e comerciais.

Quanto maior risco econômico, técnico ou conflito, maior a confiança do consumidor organizacional em fontes pessoais e comerciais.

1. **Fontes de informação** – pessoais, de marketing, públicas ou outras, fontes de informação são entidades, periódicos, órgãos públicos, pessoas ou outras referências que oferecem informações sobre produtos, serviços e marcas.
   a) mídias sociais, blogs, sites, matérias em site próprio ou de terceiros, vídeos no YouTube etc.
   b) procedentes ou não das ferramentas de marketing, como propaganda, produto, publicidade, vendedores, literatura, folhetos, exposição em ponto de vendas ou sites;
   c) fontes impessoais ou independentes, consideradas mais confiáveis porque não têm interesse pessoal em influenciar a compra;
   d) fontes pessoais como amigos, conhecidos e parceiros comerciais, representantes de vendas.
2. **Ferramentas de busca** – associadas à tecnologia, são fontes impessoais e tendem a ter menor consideração quando à sua fidedignidade, menor confiabilidade e menor frequência de uso, quanto mais complexa, conflituosa ou arriscada for a compra. No entanto, embora não decidam a compra, têm sua importância, especialmente na aquisição de produtos de baixo impacto ou commodities. É importante para as organizações B2B terem um bom planejamento de Search Engine Marketing (SEM) ou Search Engine Optimization (SEO), de forma que sejam facilmente encontradas por essas ferramentas.

A Figura 5.4 busca sintetizar as fontes de informação no mercado B2B.

Figura 5.4
Fontes de informação no mercado B2B

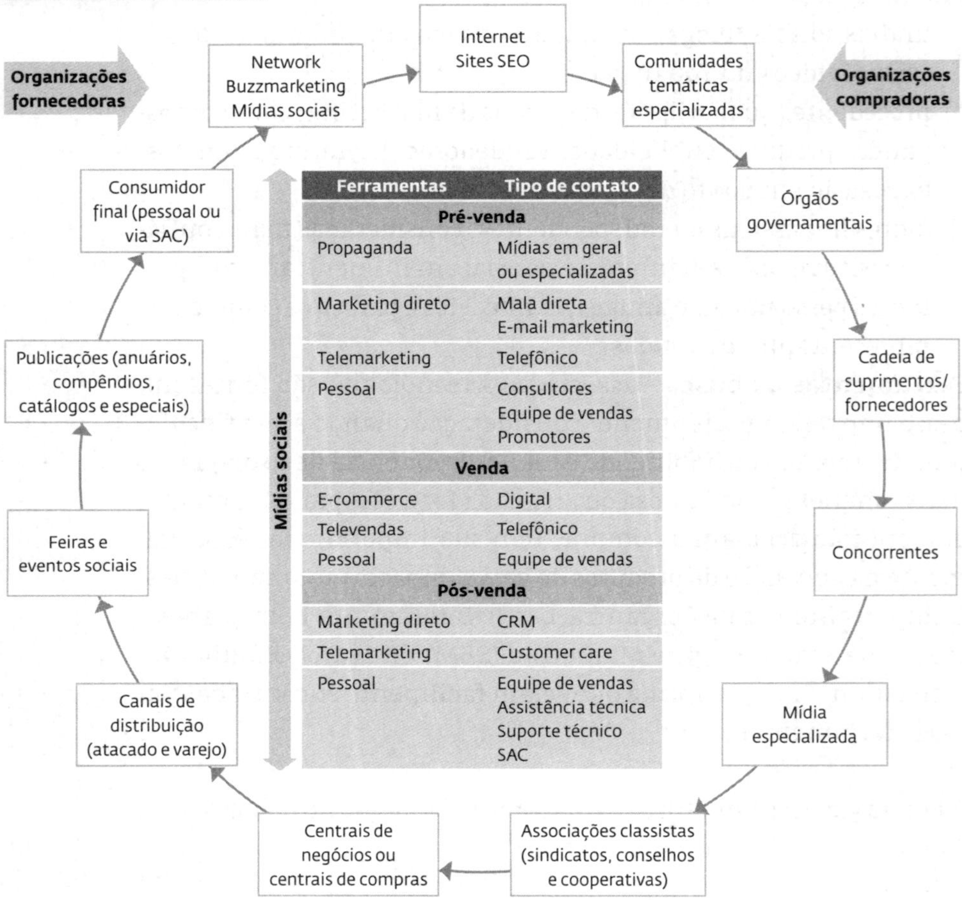

Fonte: ROCHA, M.; TREVISAN, N. *Comportamento de compra e consumo em B2B*. São Paulo: Saraiva, 2017, p. 160 (Coleção Marketing em Tempos Modernos).

As mídias sociais têm o potencial de estar presentes junto a todas as fontes de informação e às ferramentas de comunicação por meio do relacionamento e da oferta de conteúdos relevantes de forma multimidiática e multiplataforma, gerando integração, conectividade, envolvimento e engajamento.

Mas como aproveitar esse potencial?

5.3 O POTENCIAL DE MÍDIAS SOCIAIS PARA B2B

As mídias sociais e a produção de conteúdo devem ser utilizadas de forma estratégica e elaboradas para disseminar informações consistentes, a partir da expertise da organização, sobre seus produtos e serviços, destacando a sua capacidade inovativa e de construção de parcerias para contribuir positivamente para o melhor desempenho possível do negócio de seus clientes, agregando valor a produtos, serviços e marcas por meio do conhecimento, qualidade, suporte e soluções inovadoras que a organização é capaz de prover.

A **presença digital** no B2B precisa ser muito mais focada em conteúdo útil e relevante, a fim de estimular a geração de *leads*, o envolvimento e o engajamento dos clientes – lembrando que tanto o comprador como os envolvidos no centro de compras têm interesse em que o seu próprio trabalho seja destacado e valorizado ao estabelecer uma relação de compra com outra organização, porque seu desempenho superior pode ser fator decisivo em sua carreira profissional. Dessa forma, empresas fornecedoras devem atuar como parceiras.

A presença digital no B2B precisa ser muito mais focada em conteúdo útil e relevante, a fim de estimular a geração de *leads*, o envolvimento e o engajamento dos clientes.

A organização não precisa estar presente em todas as mídias sociais, mas deve selecionar aquelas que fazem mais sentido ao seu tipo de negócio para alcançar os potenciais clientes. Para isso, é necessário conhecê-los melhor. Observe alguns exemplos de uso das mídias sociais por organizações B2B.[19]

1. **Cisco do Brasil no Instagram** – as páginas da Cisco e da Cisco Brasil no Instagram têm imagens do ambiente interno da organização, dos colaboradores e dos eventos. O consumidor passa a ter uma ideia do clima organizacional ao ver as imagens e ler o seguinte texto: "nossas pessoas, produtos e parceiros ajudam a sociedade de forma segura a conectar-se e aproveitar hoje as oportunidades digitais de amanhã. O objetivo é institucional, abrindo uma pequena janela para o universo interior da empresa, o que colabora com a imagem institucional".

---

19. CASTRO, L. *Cinco marcas de B2B que sabem usar as redes sociais*, 2016. Disponível em: https://www.edialog.com.br/midia-social/5-marcas-de-b2b-que-sabem-usar-as-redes-sociais/. Acesso em: 15 ago. 2019.

2. **Oracle no Twitter** – a Oracle utiliza o Twitter para divulgar as ações sociais realizadas pela organização, lembrando que é uma ferramenta de agilidade, cujos seguidores esperam receber informações úteis, relevantes e novidades.
3. **Intel no Facebook** – transmissões ao vivo, conteúdo de marca, linguagem leve e amigável. O perfil da Intel tem 38 milhões de seguidores, com posts que envolvem assuntos diversos, questionamentos e dúvidas dos internautas.
4. **Salesforce no Facebook** – conteúdos em português e inglês que trazem informações sobre a empresa, produtos, lançamentos, vídeos e outros materiais. O fato de a página misturar idiomas deixa um pouco confuso, dando a sensação de falta de objetividade, mas o total de seguidores informados na página é de mais de 730 mil.

Fajardo Silva[20] desenvolveu um extenso trabalho abordando o uso de mídias sociais pelo mercado B2B com foco no marketing de relacionamento. O trabalho traz três estudos de caso sobre as empresas Totvs, HBSIS e XTI, todas na área de tecnologia da informação (TI). Como resultado, desenvolveu um quadro comparativo sobre a atuação de cada uma das empresas em mídias sociais.

Quanto aos **objetivos** no uso das mídias sociais, as empresas pesquisadas apontaram dificuldades de mensurar os resultados sobre os investimentos (ROI), reter clientes por meio de ações nas mídias sociais e criar estratégias específicas para o boca a boca. O foco maior reside em gerar consciência de marca (*awareness*). O reforço de marca (branding) e o engajamento são medidos especialmente por meio de curtidas, comentários positivos, compartilhamentos e, eventualmente, por número de visualizações. A troca de conteúdo busca ressaltar informações relevantes e dados para conhecimento do mercado em que atuam.

A troca de conteúdo busca ressaltar informações relevantes e dados para conhecimento do mercado.

20. FAJARDO S.; SCHMIDLIN, I. *O uso das mídias sociais pelo mercado B2B com foco em marketing de relacionamento*, 2014. Disponível em: http://www.teses.usp.br/teses/disponiveis/12/12139/tde-02092014-182942/pt-br.php. Acesso em: 19 jul. 2019.

Quanto à **finalidade** de uso das mídias sociais, foi identificado que o feedback aos clientes é oferecido, em geral, por meio de help desk ou canal do cliente, e não das mídias sociais. As empresas tentam identificar usuários que façam sentido para os negócios da empresa, em geral, com o auxílio de pesquisa. A ampliação da rede se dá, principalmente, por meio da disseminação de conteúdo. Apenas a primeira empresa tem foco na identificação de usuário de valor por meio das mídias e não há atividades ou ações com foco no ganho de confiança. Nenhuma das empresas especificamente utilizou as mídias sociais em momentos de crise, mas compreenderam que é uma ferramenta que pode auxiliar no esclarecimento de informações, se for o caso. O conteúdo, como instrumento de educação do cliente sobre empresa, produto ou marca, utiliza Slideshare ou YouTube, principalmente. Nenhuma das empresas utiliza as mídias sociais para promoções sociais e culturais, mas usam-na, com frequência, como canal de recrutamento de pessoal. As mídias sociais atuam no reforço da marca para gerar consciência. Assim, as empresas entendem as mídias sociais como instrumentos de relacionamento e não de venda, sem utilizá-las para solucionar os problemas de clientes.

Quanto à **abordagem** do uso das mídias sociais, as três empresas trabalham com estratégias experimentais e tradicionais, enquanto as mídias digitais ou já têm um papel preponderante sobre as mídias tradicionais ou virão a ter, em virtude de custos menores e maior assertividade. O foco está em estratégias de conteúdo, onde dinamismo, flexibilidade e agilidade são fundamentais. As mídias sociais ainda são usadas de forma muito intuitiva.

As empresas entendem as mídias sociais como instrumentos de relacionamento e não de venda, sem utilizá-las para solucionar os problemas de clientes.

Vejamos os Quadros 5.1, 5.2 e 5.3.

Quadro 5.1 Quanto aos objetivos no uso das mídias sociais

Teoria	HBSIS	TOTVS	XTI	
		Objetivos		
Aumento do ROI	Busca o aumento das vendas e do ROI, principalmente em função de explicar o seu uso para os proprietários da empresa, embora ressalte a dificuldade de mensurar esses dados. Plataformas utilizadas: Facebook, Twitter, blog.	Busca o aumento do ROI, mas ressalta a dificuldade de mensurar essas plataformas. Plataformas utilizadas: Facebook, Twitter, blog.	Acredita que o foco das mídias sociais é apenas na imagem, mas seu interesse é nas vendas e ROI. Ressalta-se dificuldade de mensurar os resultados.	Dificuldade de mensurar os resultados com relação ao ROI
Retenção do cliente	Não foram identificadas ações específicas para este fim.	Não foram identificadas ações específicas para este fim.	Não foram identificadas ações específicas para este fim.	Não possuem
Boca a boca	A partir da identificação de usuários de valor para posteriormente seguir estes usuários e a partir de estratégias de conteúdo transformá-los em seguidores. Plataformas utilizadas: Facebook, Twitter.	Não existe estratégia de boca a boca, mas ressalta-se a potencialidade da mídia social para gerar o boca a boca, devido a grande quantidade de usuários nas mídias sociais utilizadas pela empresa.	Não existe estratégia de boca a boca, mas ressalta-se a potencialidade da mídia social para gerar o boca a boca, devido a quantidade de usuários nas mídias sociais utilizadas pela empresa.	
Gerar consciência	Principal objetivo para utilizar as mídias sociais. Plataformas utilizadas: Facebook, Twitter, blog, Slideshare, Flickr, YouTube.	Principal objetivo para utilizar as mídias sociais. Plataformas utilizadas: Facebook, Twitter, blog, YouTube.	Principal objetivo para utilizar as mídias sociais. Plataforma utilizada: YouTube.	Foco em ***awareness***
Engajamento	Auxilia o reforço de marca. Utilizado a partir de estratégias de conteúdo com foco em curtidas, comentários positivos e compartilhamento. Plataformas utilizadas: Facebook, Twitter, blog.	A partir de estratégia de conteúdo com foco em curtidas, comentários positivos e compartilhamento. Plataformas utilizadas: Facebook, Twitter, blog.	A partir de estratégia de conteúdo com foco no número de visualizações. Plataforma utilizada: YouTube.	Branding Engajamento medido por: curtidas, **comentários positivos e compartilhamentos** e número de visualizações
Troca de conteúdo	Disponibilização de informações relevantes e conhecimento do mercado. Plataformas utilizadas: Facebook, Twitter, blog, Slideshare.	Disponibilização de informações relevantes e conhecimento do mercado. Plataformas utilizadas: Facebook, Twitter, blog.	Apenas disponibiliza informação, não captando informações do mercado. Plataformas utilizadas: YouTube, Twitter.	Informações relevantes e conhecimento do mercado

Fonte: FAJARDO SILVA, 2014.

Quadro 5.2 Quanto à finalidade de uso das mídias sociais

Finalidades				
Feedback	Não tem interesse em fazer o acompanhamento dos seus clientes pelas mídias sociais, pelo qual já existem a ferramenta do Help Desk e o Canal do Cliente.	Não tem interesse em fazer o acompanhamento dos seus clientes pelas mídias sociais, pelo qual já existem a ferramenta do Help Desk, o Portal do Cliente e a rede By You.	Não foram identificadas ações específicas para este fim.	**Feedback** por outros canais: Help desk/canal do cliente
Identificar usuário	Busca identificar usuários que fazem sentido para a empresa. Plataformas utilizadas: Facebook, Twitter, blog.	Busca fazer o perfil dos seus usuários, inclusive com o auxílio de pesquisas. Plataformas utilizadas: Facebook, Twitter.	Não foram identificadas ações específicas para este fim.	Busca **identificação do usuário**
Crescimento da rede	Deseja ampliar a rede, mas tem foco qualidade dos usuários. Plataformas utilizadas: Facebook, Twitter, blog.	Não utiliza nenhuma estratégia para ampliar a rede.	O crescimento da rede é feito a partir de estratégia de conteúdo. Plataforma utilizada: YouTube.	**Ampliação da rede** através de conteúdo
Valor da rede	Grande foco na identificação de usuários de valor. Plataformas utilizadas: Facebook, Twitter, blog.	Não possui foco no valor dos usuários.	Não foram identificadas ações especificas para este fim.	
Confiança	Não foram identificadas ações específicas para este fim.	Não foram identificadas ações específicas para este fim.	Não foram identificadas ações específicas para este fim.	
Comunicação em momento de crise	Nunca precisou utilizar para este fim, porém possui um comitê de crise.	Utiliza principalmente para esclarecer informações que saem na mídia, evitando crises. Plataformas utilizadas: Facebook, Twitter.	Não foram identificadas ações específicas para este fim.	**Momentos de crise** - canal de esclarecimento
Educação do cliente	Utilização do Slideshare para tutoriais dos seus produtos.	Utilização do YouTube para vídeos tutoriais.	Não foram identificadas ações específicas para este fim.	Slideshare e Youtube Para fins **educativos**
Promoções sociais e culturais	Não utiliza.	Não utiliza.	Não utiliza.	
Recrutamento	Divulgação de vagas no Facebook, Twitter, LinkedIn.	Divulgação de vagas no Facebook, Twitter, LinkedIn.	Divulgação de vagas no Twitter e no LinkedIn.	Canal de **recrutamento**
Reforço da marca	Uso concomitante ao objetivo de gerar consciência. Plataformas utilizadas: Facebook, Twitter, blog.	Uso concomitante ao objetivo de gerar consciência. Plataformas utilizadas: Facebook, Twitter, blog.	Uso concomitante ao objetivo de gerar consciência. Plataforma utilizada: YouTube.	***Awareness***
Venda	Não utiliza, embora seja o resultado esperado.	A principal preocupação da empresa é não parecer excessivamente comercial. Embora o número seja irrelevante, a empresa já fechou venda com clientes oriundos desses meios.	Embora seu principal objetivo seja o aumento das vendas e do ROI, entende a mídia social apenas como uma ferramenta para comunicação dos seus produtos e marca.	**Foco em relacionamento**, não vendas.
Resolver problemas dos clientes	Nunca precisou e não deseja utilizar para este fim, mas a orientação é direcionar o cliente para o Help Desk.	Não quer utilizar para este fim. A orientação é direcionar para o Help Desk com exceção do By You que a empresa quer que seja utilizado para este fim.	Nunca precisou utilizar para este fim e não existem politicas caso essa situação ocorra. Com exceção do YouTube, que responde as dúvidas referentes às aulas.	**Foco em relacionamento**, não solução de problemas
Mitigar crise	Nunca precisou utilizar para este fim, porém possui um comitê de crise.	Auxilia, principalmente, a prevenir crises.	Nunca precisou utilizar para este fim e não existem políticas caso essa situação ocorra.	

Fonte: FAJARDO SILVA, 2014.

Quadro 5.3 Quanto à abordagem no uso das mídias sociais

	Abordagem			
Estratégia de mídia social	Experimental com algumas práticas emergentes.	Experimental.	Tradicional.	→ **Estratégia experimental**
Comunicação integrada de marketing	Foco maior na comunicação digital com ações pontuais nas mídias tradicionais. Acredita que as mídias sociais são mais eficientes que as tradicionais para o mercado B2B. Considera a mídia social uma mídia mais barata em comparação com as mídias tradicionais. Toda a sua comunicação é integrada.	Planos de diminuir a verba nas mídias tradicionais para focar nas mídias digitais. Acredita que as mídias sociais são menos custosas se trabalhadas da maneira correta. Sua comunicação é integrada, contudo as mídias sociais ainda estão em processo de integração com as outras mídias.	Não foram identificadas ações específicas para este fim.	→ **Mídias digitais e sociais têm papel predominante** em detrimento às mídias tradicionais
Flexibilidade	Com foco, principalmente nas estratégias de conteúdo.	Com foco, principalmente nas estratégias de conteúdo.	Não foram identificadas ações específicas para este fim.	→ Foco **em conteúdo**
Conteúdo	Distintos para as mídias sociais institucionais e de produto. Ainda, se difere na forma que deve ser adequada à plataforma. Reforça o dinamismo e agilidade. Apontado como a principal força motriz para o engajamento.	Distintos para as mídias sociais institucionais e do By You. Ainda, se difere na forma que deve ser adequada à plataforma. Para a rede By You e LinkedIn, o foco é em RH. Ressalta-se o dinamismo e a responsabilidade de gerar conteúdo. Apontado com a principal força motriz para o engajamento.	Para o Twitter, o foco é nas informações sobre a empresa e RH. No YouTube, o foco é somente em cursos técnicos.	→ Dinamismo, flexibilidade e agilidade
Classificação das mídias sociais	Não possui uma classificação formal, mas busca compreender os objetivos e ferramentas de cada plataforma para alinhá-los aos objetivos da empresa, pela utilização do melhor recurso.	Não possui nenhuma classificação. Utiliza as mídias sociais de forma indutiva. Percebe-se dificuldade de compreensão de algumas plataformas, como o YouTube.	Não possui nenhuma classificação. Tem domínio da plataforma e ferramentas do YouTube, mas não possui conhecimento das outras plataformas.	→ Mídias sociais usadas **intuitivamente**

Fonte: FAJARDO SILVA, 2014.

As conclusões da pesquisa nos levam a entender que os principais quesitos para o uso de mídias sociais pelo mercado B2B são:

- definição dos objetivos para as mídias sociais (consciência de marca, apoio à gestão da reputação, comunicação em situação de crise, relacionamento, entre outros);
- definição da função das mídias sociais na estratégia de comunicação da organização (retenção de clientes, boca a boca, feedback, ampliação das redes, comunicação em momentos de crise, fins educativos,

recrutamento e seleção, relacionamento, solução de problemas com clientes, entre outros);

- planejamento (criação de atividades a serem desenvolvidas por meio das mídias sociais);
- esforço e foco em mídias sociais com relação às mídias tradicionais e na integração entre elas;
- definição das métricas adequadas e nas chaves de performance (KPIs);
- monitoramento e conhecimento do mercado para a obtenção de insights, oportunidades ou inovação focados em pesquisa e desenvolvimento de produtos ou serviços;
- monitoramento para identificação de usuários e influenciadores que podem gerar valor para a organização;
- foco no conteúdo (dinâmica, flexibilidade, áreas temáticas e processo de elaboração, aprovação e publicação).

Conhecer bem os públicos-alvo, determinar o objetivo no uso das mídias sociais e selecionar as mídias mais adequadas a ambos é fundamental para iniciar o planejamento da ação em mídias sociais, mas como escolher as melhores mídias sociais para a organização? Identificar as características de cada uma contribui para a definição da estratégia de atuação, embora traçar o perfil do público e definir os objetivos sejam primordiais nessa seleção.

Como escolher as melhores mídias sociais para a organização?

O **Facebook** é a maior mídia social no Brasil em número de usuários. Embora existam profissionais, consumidores e pessoas comuns, nem todos terão uma conexão direta com o produto, marca ou serviço da organização – especialmente no B2B –, mas é uma mídia que pode ser muito importante para um processo de escuta, no sentido de identificar tendências, necessidades e situações problemas que a empresa pode não conseguir solucionar diretamente, por não atender o consumidor, mas que podem trazer insights interessantes para o desenvolvimento de novos produtos e serviços. O compartilhamento de conteúdo educativo e informativo também pode ser um bom caminho, bem como estabelecer parcerias com clientes para levar informações relevantes e conteúdo interessante que possa gerar engajamento e troca de informações.

O **Twitter** é uma ferramenta ágil, cujos usuários têm interesse em atualização constante. Por isso, é um bom instrumento para criar uma rede no segmento de atuação junto a clientes e usuários que permite disseminar informações sobre produtos, serviços e marcas de forma rápida. Entretanto, exige dedicação na gestão e na produção de conteúdo com agilidade e estrutura para providenciar respostas rápidas e atualizações constantes.

O **LinkedIn** é uma excelente ferramenta para a disseminação de conteúdo profissional, técnico, informático e educacional, uma vez que as pessoas conectadas têm a expectativa de que as informações da mídia contribuam para o seu desenvolvimento profissional. Suscitar debates pode ser muito colaborativo para o processo de inovação, envolvendo colaboradores em fóruns, debates e grupos de discussão, e reforçando a expertise da empresa em assuntos específicos.

O **Instagram** é basicamente uma mídia de *appeal*, isto é, de apelo inspiracional e visual. Como vimos, a organização pode usá-lo para disseminar imagens que mostrem o ambiente e o clima organizacional. Deve-se identificar a pertinência e o alinhamento entre a mídia e os negócios em que a empresa atua e investir em um bom material audiovisual, uma vez que os usuários esperam qualidade de imagem, independentemente do segmento de mercado. É interessante para elementos intangíveis da imagem de marca que estejam no entorno do sistema de marca, como ambientes e imagens correlacionadas, simbólicas e inspiradas.

Assim como o LinkedIn, mas de forma mais lúdica, o **Pinterest** pode ser muito interessante para a apresentação de dados e informações com finalidades informativas ou educacionais – os infográficos são muito preciosos para a compreensão de determinados alunos pela sua simplicidade e ludicidade. Conteúdos de qualidade podem ser expressos em quadros, textos, gráficos, infográficos e slides – úteis para ampliação do conhecimento junto a diversos públicos de interesse.

O **YouTube** já é uma das mídias sociais mais usadas pelo B2B, uma vez que seu potencial em disseminação de conteúdo instrutivo, relevante, educativo e profissional é muito grande. A qualidade de produção do conteúdo é muito importante, portanto, deve haver investimento nesse sentido para abordar produtos, serviços e marca de forma dinâmica.

Além dessas, existem mídias sociais de nicho que podem ser muito úteis, dependendo do segmento em que a organização atua. A revista *Exame*[21] publicou, em 2016, um artigo abordando algumas delas.

---

21. PATI, C. Nove redes sociais de nichos voltadas para carreiras. *Exame*, 13 de setembro de 2016. Disponível em: http://exame.abril.com.br/carreira/9-redes-sociais-de-nicho-voltadas-para-carreiras/. Acesso em: 15 jul. 2019.

- **iMeds e iDents** – plataformas gratuitas para troca de conhecimento na área de Medicina e Odontologia, criadas pela iShareLife, empresa especializada em soluções de internet para a área de saúde. Acolhe médicos (iMeds) e dentistas (iDents) com CRM regularizado, bem como estudantes e professores. Além de ampliar a rede de contatos profissionais, também é possível compartilhar artigos e trocar informações sobre casos clínicos.

Existem mídias sociais de nicho que podem ser muito úteis, dependendo do segmento em que a organização atua.

- **Houzz** – voltada para arquitetos, designers de interiores, decoradores e paisagistas, começou em 2009 nos Estados Unidos, em Palo Alto, na Califórnia, e hoje já reúne mais de 1,5 milhão de profissionais e quase 900 mil fotos. Por lá é possível postar fotos de ambientes, projetos e obras, além de participar de grupos e criar os ideabooks, onde as fotos e projetos que o usuário mais gosta ficam reunidos. Funciona ainda como um portfólio para o profissional e foi apelidada pela rede de notícias CNN como a Wikipedia do design de interiores.
- **Noctua** – lançado na feira Educar 2012, o Noctua nasceu com o objetivo de ser uma plataforma de colaboração entre professores e foi criada por Ronaldo Carvalho e Gonçalo Margall, sócios da Sapienti Tecnologia Educacional. No Noctua, os professores podem trocar ideias, experiências e roteiro de aulas.
- **SouMix** – voltada para músicos, a rede social brasileira SouMix é diferente do MySpace, porque é aberta à colaboração. As músicas podem ser criadas on-line por vários usuários, ou seja, além de ser um espaço para divulgar o trabalho, conhecer outros músicos, ouvir novas criações, os usuários da SouMix – criada pela Lector Tecnologia em Informática – podem ter suas criações editadas por outras pessoas. A ferramenta de edição pode ser restringida, assim o usuário mantém o controle sobre quem mexe nas suas criações.
- **Souadministrador** – a rede social brasileira acolhe administradores de empresas e foi criada pelo também administrador Cristóvão Rodrigues, de Maceió. Os usuários podem criar blogs individuais e participar de fóruns para discussão de temas relacionados com a sua área de atuação. Também é uma plataforma para cursos de curta duração e conta com espaço para assessorias e consultorias,e uma plataforma colaborativa de aprendizagem. Tem uma média de 15 mil visitas por mês e 200 usuários cadastrados.

- **Sposting** – surgiu em 2016 e é totalmente focada em esporte, acolhendo atletas dos mais variados tipos. Ao todo, são mais de 900 esportes catalogados, e os usuários, entre atletas profissionais e técnicos, podem criar seus portfólios, compartilhar informações, conteúdos e oportunidades. Segundo o idealizador do projeto, o médico e atleta Victor Jun Kurita, a ideia é que a rede seja uma facilitadora sem intermediários para que empresas e atletas mantenham contato, gerando patrocínios e negócios.
- **DeviantART** – a comunidade virtual artística funciona desde 2000 e conta com mais sete milhões de usuários, promovendo intercâmbio cultural entre os mais variados artistas. De fotografia digital e desenhos à arte clássica e contemporânea, é bem democrático e uma das maiores "galerias de arte na web". É possível navegar com ou sem registro e há versão gratuita e paga. Um dos aplicativos mais interessantes que rodam dentro da rede é DenviantArt Muro, ferramenta de desenho em que também é possível gravar o passo a passo do processo de criação.
- **Comunique-se** – comunidade voltada para os profissionais de comunicação, começou como site, evoluiu para portal e há um ano também se transformou em uma rede social de nicho. A base de dados do portal tem 300 mil usuários cadastrados. Como nas outras redes sociais, é possível montar perfil, manter amigos, participar de grupos e visitar páginas corporativas.

Esses são alguns exemplos de mídias ou redes sociais que atendem a nichos específicos de mercado, embora existam muitas outras e talvez, em determinados segmentos de mercado, haja espaço para criação de algo específico.[22]

5.4 CONTEÚDO CUSTOMIZADO PARA B2B

Existem sites, blogs e autores que fazem uma diferenciação entre **marketing de conteúdo** e **conteúdo customizado**, afirmando que o primeiro consiste na produção e divulgação de conteúdo com o objetivo de atrair *prospects* e consumidores, enquanto o segundo está focado não em atrair uma nova audiência, mas em engajar a audiência já existente.

---

22. FREITAS, G. *Redes sociais de nicho*, 2018. Disponível em: https://querocriarumblog.com.br/redes-sociais-de-nicho/. Acesso em: 15 jul. 2019.

A customização de conteúdo para o B2B é uma forma eficiente de construção de diferencial competitivo. Silva[23] observa que

> em mercados marcados pela competitividade, não basta oferecer um produto ou serviço, é preciso entregar valor para garantir diferencial competitivo sustentável. No caso do mercado B2B, o ciclo de compras é complexo e longo, já que, em geral, o risco subjacente às decisões é alto. Via de regra, trata-se de um processo de tomada de decisão que envolve vários atores, pesquisas e análises. Logo, informações relevantes agregam alto valor. Por sua vez, a web funciona como um repositório de dados rapidamente acessível, garantindo agilidade na coleta das informações necessárias para fundamentar a tomada de uma decisão de compra.
>
> As ferramentas de *web analytics* têm o potencial de transformar esta demanda por informação em valor agregado ao oferecer profundos insights não apenas sobre o perfil do cliente, mas também sobre suas necessidades específicas de conteúdo (...) Uma das melhores maneiras de entregar valor através dos canais digitais corporativos é oferecer conteúdo útil e capaz de atender as necessidades de informação dos agentes envolvidos no processo de tomada de decisão do cliente em potencial. Além de conferir credibilidade e alçar a empresa à posição de referência em seu mercado, a oferta de conteúdo tende a acelerar as etapas do ciclo de compra, uma vez que compradores bem informados sentem-se mais confiantes para tomar decisões que envolvem risco (...) Ao produzir conteúdo original periodicamente a empresa fornece informações valiosas ao potencial comprador, demonstrando seus conhecimentos sobre seu público-alvo, sobre as necessidades desse público e sobre o mercado em que atua (...) Outro aspecto da produção de conteúdo original é a alta probabilidade de ser reproduzido em outros canais (blogs, redes sociais, fóruns, revistas eletrônicas) frequentados por clientes em potencial que, de outro modo, talvez não chegassem a conhecer a empresa. Se o conteúdo é considerado relevante, os próprios leitores tendem a compartilhá-lo com outros possíveis compradores, tornando-se divulgadores e defensores voluntários da marca.

A customização de conteúdo para o B2B é uma forma eficiente de construção de diferencial competitivo.

É importante lembrar de que o processo de compra no mercado organizacional é longo, mais racional, e envolve várias pessoas (centro de compras) com motivações, objetivos e perspectivas diferentes.

---

23. SILVA, N. *Como construir um diferencial competitivo através da customização de conteúdo*, 2015. Disponível em: https://tiinside.com.br/tiinside/webinside/11/05/2015/como-construir-um-diferencial-competitivo-atraves-da-customizacao-de-conteudo/ Acesso em: 9 ago. 2019.

Assim, recomenda-se a customização do conteúdo tanto por segmento de mercado como por uso do produto e pelas pessoas diferentes que precisam de informações distintas – aliás, trocar informações pode favorecer insights que de outra forma seriam difíceis de alcançar.

O processo de compra no mercado organizacional é longo, mais racional, e envolve várias pessoas com motivações, objetivos e perspectivas diferentes.

As ferramentas de *analytics* precisam ser usadas para identificar os assuntos e conteúdos de interesse dos diversos públicos e, a partir daí, adequar conteúdos, mensagens, palavras-chave, assuntos e interações. De acordo com Silva,[24]

> trata-se uma tática com possibilidades de alto retorno em termos de atração e engajamento, pois permite a experiência de utilização do site de acordo com cada business persona e perfil profissiográfico. Esforços de marketing e remarketing podem, assim, ser automatizados e personalizados conforme o público-alvo, aumentando as chances de conversão (...) Entregar valor em forma de conteúdo customizado às necessidades específicas de informação de cada perfil relevante para o negócio traz grande vantagem competitiva de forma contínua.

A customização permite entregar conteúdo com mais valor para públicos de interesse que realmente possam suprir os envolvidos no processo de compra com informações pertinentes, úteis e que contribuam para seu aperfeiçoamento como profissionais. Informações confiáveis e úteis são uma excelente forma de engajamento com as mídias sociais em B2B. Customizar envolve a criação de conteúdo estreitamente alinhado com o público de interesse e a mídia na qual o conteúdo será disseminado ou veiculado.

Customizar envolve a criação de conteúdo estreitamente alinhado com o público de interesse e a mídia na qual o conteúdo será disseminado ou veiculado.

Rafael Rez, no site Marketing de Conteúdo,[25] propõe 15 perguntas para auxiliar no desenvolvimento de um calendário de conteúdos para mídias sociais e digitais:

1. Que necessidades específicas meus clientes têm?
2. Quais são, entre meus clientes, os pontos fracos comuns?
3. Como é possível agregar valor ou fornecer benefícios para os clientes?

---

24. SILVA, 2015.
25. REZ, R. *Marketing de conteúdo para* B2B, 2013. Disponível em: http://www.marketingdeconteudo.com.br/blog/marketing-conteudo-b2b/. Acesso em: 15 jul. 2019.

4. Que serviço ou produto poderia ser efetivamente destacado em um estudo de caso?
5. O que é novo (produtos, serviços, pesquisa, teorias, especulações) na indústria?
6. Por que os clientes são nossos clientes e o que os faz voltar?
7. Como somos diferentes e o que nos destaca de nossos concorrentes?
8. Que informações sobre a empresa as pessoas vão achar interessante?
9. Como podemos realmente criar uma conexão com os clientes potenciais?
10. Como podemos manter e fortalecer as relações com os nossos clientes já existentes?
11. Que perguntas comuns os clientes fazem?
12. Como posso promover o meu conteúdo, uma vez que é publicado?
13 É possível tornar o conteúdo perene, de modo que em um ano ainda terá valor?
14. Como podemos ajudar nossos clientes a completar os objetivos desejados?
15. Como podemos efetivamente comunicar os nossos valores de marca?

Rez[26] fala sobre a necessidade de desenvolvimento de conteúdo para cada etapa do processo de compra organizacional – daí a importância de compreender como se dá esse processo e quem são as pessoas envolvidas, bem como a amplitude da influência e do poder de compra de cada um. Cada etapa do processo deve ser pensada para levar o comprador ao próximo nível, por meio de informações, *call to actions* e equipe de vendas, se for o caso.

Cada etapa do processo deve ser pensada de forma a levar o comprador ao próximo nível.

O conteúdo deve ser distribuído em diferentes canais de comunicação, on e off-line, como observa o autor:[27]

> Para além de blogs e mídias sociais, ainda existem e-mail marketing, newsletters, eventos, palestras e outras ações, sempre em convergência com a equipe de vendas. Obviamente que esses resultados não são alcançados rapidamente e dependem de investimento contínuo em estratégias de comunicação, alimentando o funil de compras: – alcance: acesso aos clientes; – engajamento: clientes envolvidos com a

---

26. REZ, R. *Estratégias para o mercado B2B*, 2016. Disponível em: http://www.novaescolademarketing.com.br/blog/estrategias-para-o-mercado-b2b/. Acesso em: 15 jul. 2019.
27. REZ, 2016.

> informação distribuída; – conversão: vendas e resultados em termos de lucro. Dentro desse processo, investir em termos muito buscados e na conquista de influenciadores de mercado são estratégias positivas, sempre buscando ajudar o cliente.

Estudo de caso, white papers e storytelling podem ser ações interessantes na medida em que apresentam a relação problema-solução-resultados, em geral, de forma didática, ajudando outras empresas a perceberem as possibilidades do produto, marca ou serviço. Trabalhar fortemente a influência de pessoas, profissionais e experts no mercado pode também ser uma estratégia eficiente para firmar o diferencial da organização com relação ao segmento em que atua.

No mercado B2B, conhecimento, expertise, liderança, autoridade, referência e conhecimento técnico são palavras que constroem um posicionamento.

Como o marketing digital se aplica ao B2B e quais são os diferenciais necessários a esse mercado? Para ter uma dimensão da resposta, assista a este vídeo:

5.5 CONSTRUINDO UM POSICIONAMENTO E UM CONCEITO CRIATIVO PARA SUA PRESENÇA NAS MÍDIAS SOCIAIS

As ações citadas até aqui auxiliam a organização na definição e construção de uma identidade, bem como em seu posicionamento, não apenas nas mídias sociais, mas enquanto uma organização que possui conhecimento diferenciado em dado segmento de mercado. No mercado B2B, conhecimento, expertise, liderança, autoridade, referência e conhecimento técnico são palavras que constroem um posicionamento, porque, afinal, o cliente-comprador precisa desenvolver a confiança de que os fornecedores que venham a atendê-lo serão as melhores opções do mercado e contribuirão efetivamente para o desenvolvimento do seu próprio negócio com competência, competitividade e inovação constantes.

Scott[28] propõe um modelo de planejamento que favorece a construção do posicionamento e da persona de marca ou **persona compradora**, como mostra o Quadro 5.4.

---

28. SCOTT, D. M. *Marketing e Comunicação na era digital*: fale diretamente com o cliente. São Paulo: Évora, 2013.

Quadro 5.4 Posicionamento e persona

	Persona compradora
Quem?	• Quem é essa pessoa? Qual a importância da compra para ela e para o seu trabalho? • Quais os desafios que esse comprador enfrenta? O quanto a compra é estratégica para o negócio ou para a carreira do comprador? Quais os fatores de influência no processo de compra? Quais as pessoas do centro de compras envolvidas com esse processo de compra?
O quê?	• Por que esse comprador compra de sua empresa? Quais os atributos positivos e negativos que podem ser relacionados à compra do produto, serviço ou marca? • Quais os atributos tangíveis (preço, qualidade, prazo de entrega, prazo de pagamento) e intangíveis (relacionamento, atendimento, presteza, solução de problemas, conhecimento) percebidos pelos compradores atuais?
Por quê?	• Por que as empresas compram de sua empresa? Quais os valores ou atributos que destacam sua empresa dentre outros fornecedores? Como sua empresa marca presença hoje e se destaca como potencial fornecedor em um processo de compra? Qual o posicionamento da marca hoje? • Quais os indicadores de credibilidade, valor, conhecimento, expertise etc. que compõem os aspectos positivos da sua empresa?
Onde?	• Onde os potenciais compradores buscam informação sobre o segmento de mercado em que atuam? Quais as fontes de informação utilizadas para obter conhecimento e identificar potenciais fornecedores nesse mercado de atuação? Quais as mídias sociais usadas pelos compradores? O que preferem como fonte de informação fidedigna para esse produto, serviço ou marca?
Como?	• Qual a personalidade da sua empresa? Que tipo de empresa é? Quais atributos são a ela associados? • Quais as formas, aparências, elementos audiovisuais e textuais que podem ser associados à marca, produto ou serviço e que refletem melhor os valores de marca, identidade e personalidade? • Qual o tom de voz, a linguagem que a empresa usaria? Qual o tom de voz, a linguagem que o comprador espera encontrar nesse segmento de mercado? • Quais as palavras-chave e frases-chave utilizadas nas ferramentas de busca para encontrar produtos e serviços nesse segmento de mercado? Quais as ferramentas de busca utilizadas pelos compradores? • Quais as táticas mais eficientes hoje para alcançar os compradores: anúncios, blog, Twitter, YouTube, newsletter, e-mail marketing, adds, aplicativos, e-books, webnars, podcasts?
Quando?	• Considerando o processo de compra desse produto ou serviço, quais os momentos em que deve haver contatos com os compradores (antes, durante e depois)?

Fonte: adaptado de SCOTT, 2013.

Uma vez que possam ser respondidas, assim como ocorre no B2C, a recomendação é a construção de uma persona compradora, um comprador em potencial que vai se relacionar com outros compradores por meio das mídias sociais ou comunidades sociais específicas. O próximo passo, segundo Scott,[29] é definir os canais de publicação das informações aos compradores selecionando formas e canais, como mostra o Quadro 5.5.

Quadro 5.5 Formas e canais

Formas/conteúdo	Canais
Textos	Blog próprio
Whitepapers	Blog de terceiros
Estudo de caso	Perfil no Facebook
Casos	Feed no Twitter
Pergunta-resposta	Website
E-books	YouTube
Artigos	Mídias sociais específicas
Imagens	E-mail marketing
Vídeos	LinkedIn
Slides	Skype
Testemunhos	Transmissão ao vivo
Biografia	Apps
Webinars	
Posts	
Releases	
Podcast	

Fonte: adaptado de SCOTT, 2013.

Em conjunto com a seleção da forma como o conteúdo será disseminado e os canais onde estará disponível, é importante definir a ação que se deseja alcançar, o que ajuda a definir os elementos de *call-to-action*, por exemplo, como mostra o Quadro 5.6.

Quadro 5.6 Call-to-action

Participar	Comprar	Download	Perguntar
Assinar e-mail list	Doar	Apresentação de slides	Formulários
Curtir no Facebook	Comprar	E-book	Questionários
Compartilhar	Renovar	Podcast	Solicitações
Seguir no Twitter	Assinar	Vídeo	E-mail
Assinar um blog		Ferramentas	
Registrar e separar um webinar		Apps	
		Recursos	

Fonte: adaptado de SCOTT, 2013.

29. SCOTT, 2013.

O posicionamento no mercado B2B tem íntima correlação com expertise na área *versus* capacidade de apresentar soluções efetivas, porque a relação entre compradores e vendedores é estratégica, isto é, afeta os custos organizacionais e os resultados alcançados em produtos e serviços ofertados ao mercado e também os operacionais.

O posicionamento no mercado B2B tem íntima correlação com expertise na área *versus* capacidade de apresentar soluções efetivas.

A gestão do relacionamento com os clientes (compradores), por parte das organizações fornecedoras, deve considerar um processo em etapas que envolve:

1. o monitoramento das expectativas dos clientes/compradores com relação aos produtos e serviços oferecidos no mercado, mas também com relação ao seu desempenho e relevância dentro do processo produtivo ou na prestação de serviços;
2. o fato de que a comunicação com os clientes deve ocorrer de forma contínua e sistemática, e não apenas em momentos de pré-venda ou de crise;
3. o processo de compra e venda enquanto construção e desenvolvimento de relacionamentos de longo prazo no formato ganha-ganha;
4. boas relações que possam ser gerenciadas em períodos de crise.

Veja a Figura 5.5.

Figura 5.5
Gestão do relacionamento

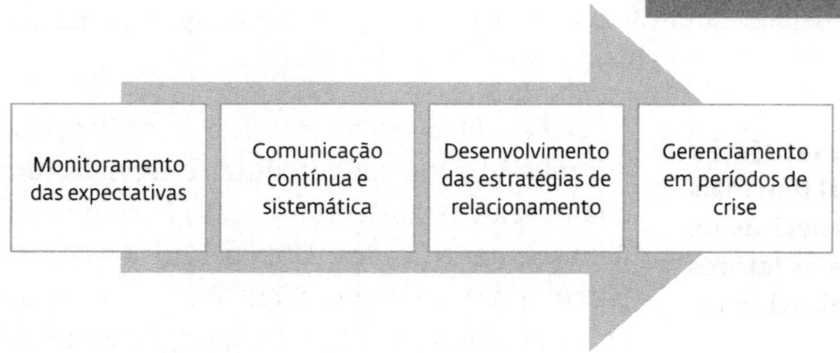

Fonte: elaborada pelos autores.

Olhar esse sistema de gestão e identificar de que forma a atuação em mídias sociais e digitais pode colaborar com cada uma das etapas é fundamental para um planejamento de comunicação adequado neste mercado, pensando nas mídias sociais como ferramentas estratégicas de comunicação e relacionamento.

Identificar de que forma a atuação em mídias sociais e digitais pode colaborar com cada uma das etapas é fundamental para um planejamento de comunicação adequado.

Outro aspecto importante é que, quando se trata de clientes-distribuidores ou intermediários, é por meio deles que o consumidor, digamos, final, terá a sua experiência de compra sendo, portanto, esses clientes-intermediários **pontos de contato** fundamentais da marca com os públicos de interesse.

Construir um posicionamento e um conceito criativo no B2B é, portanto, ser reconhecido pela expertise da organização. Assim como no mercado consumidor, o posicionamento de marca precisa refletir o propósito organizacional, assim como missão, visão e valores, além dos diferenciais que a organização representa no mercado. Esses elementos precisam ser relevantes para as necessidades dos clientes como indivíduos que são e como corporações que representam, de forma clara e distinta da concorrência e consistente em todos os pontos de contato com os públicos de interesse (stakeholders).

> Organizações são organismos complexos. Embora possam parecer uníssonas sob a égide de uma mesma marca, são instituições divididas em áreas diversas, por vezes distantes e com poucos objetivos comuns. Algumas possuem sofisticados mecanismos regulatórios, regras de compliance e, dependendo da iniciativa que se deseja implementar, longas cadeias decisórias. Por isso, sem nem mesmo mencionar questões relativas a orçamento, já temos listadas uma série de questões que tornam o processo de vendas B2B mais longo do que outros tipos de venda, como no caso de shoppers e consumidores finais.[30]

Os fatores de satisfação pessoal têm mais impacto na decisão de compra do que os fatores organizacionais.

Os benefícios percebidos pelos compradores B2B em relação a marcas, produtos e serviços com os quais decide estabelecer uma relação comercial podem ser identificados. Uma pesquisa da CEB, em parceria com o Google, identificou que os fatores de satisfação pessoal têm mais impacto na decisão

---

30. DANTAS, E. *Porque as marcas B2B estão investindo em branding*, 2017. Disponível em: http://www.waah.com.br/blog/por-que-as-marcas-b2b-estao-investindo-em-branding. Acesso em: 15 jul. 2019.

de compra do que os fatores organizacionais, especificamente porque, em geral, o alinhamento entre os principais fornecedores torna-os opções muito similares em termos racionais ou técnicos, como mostra a Figura 5.6.

Figura 5.6 Impacto dos benefícios percebidos no entorno comercial

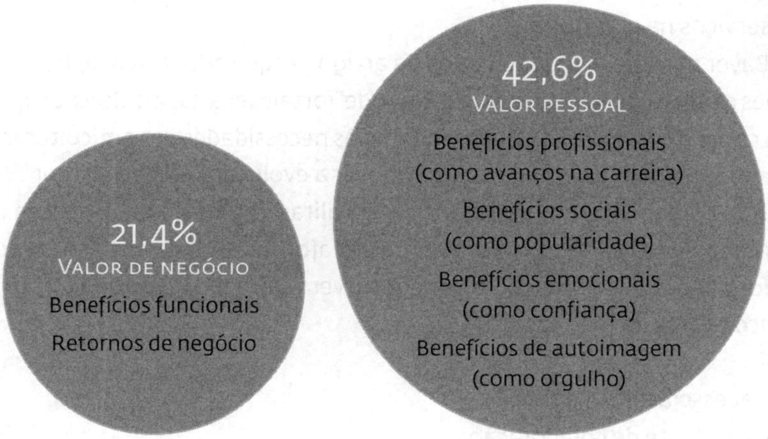

Fonte: DANTAS, 2017.

Um exemplo de gestão de relacionamento com clientes por meio de uma rede social é a Rede AgroServices.[31] Idealizada pela Bayer, a rede é uma plataforma on-line de conteúdo interativo, que objetiva unir os pontos do setor de agronegócio funcionando também como um marketplace. A rede é dedicada ao setor e inclui produtores, distribuidores e fornecedores, contando com "um conjunto de ferramentas de comunicação instantânea, fazendo circular notícias e oportunidades de negócios a todos os que estejam logados".[32]

A rede AgroServices constitui-se em um

> portal de conteúdo aberto com a possibilidade de formação de grupos abertos ou fechados, objetivando conectar os diversos elos da cadeia produtiva – indústria,

---

31. REDEAGROSERVICE. Disponível em: https://www.redeagroservices.com.br/. Acesso em: 15 jul. 2019.
32. ROCHA, J. Nas no Brasil o Facebook do agronegócio. *HSM Management*, n. 117, p. 88-94, 2015.

agricultores, pesquisadores, distribuidores, cooperativas, fornecedores, estudantes, jornalistas, entre outros públicos estratégicos – como fontes de informação, de mercado e de tecnologia.[33]

O portal traz notícias do campo, economia, legislação, tecnologia, mercado, culturas, iniciativas sustentáveis em cooperativas, cases de sucesso e outros assuntos de forma multimidiática em áudio, vídeo, textos e relatórios. Funciona mesmo como uma mídia social específica com a possiblidade de seguir pessoas e fóruns de discussão. A rede tem também moeda própria por meio de um programa de fidelidade que permite a aquisição de produtos e serviços na plataforma.

A Bayer investiu, segundo dados do artigo pesquisado, cerca de R$ 100 milhões na plataforma com a expectativa de "fortalecer a cadeia de valor, gerando competências que ajudem a atender às necessidades dos agricultores, disseminar tecnologia entre eles e promover a evolução de todo o setor".[34]

Dar protagonismo ao produtor rural, facilitar a troca de informações e fomentar a inovação são as diretrizes da plataforma, surgida em virtude de transformações que o setor do agronegócio vem sofrendo nos últimos anos. Os cinco pilares da rede são:

1. acesso à informação;
2. ambiente de colaboração;
3. caráter de rede social;
4. market place de negócios;
5. prestação de serviços.

Para a estruturação da rede, os produtores foram segmentados em clusters e, a partir daí, construídos menus de serviços de acordo com os perfis.

Esse é um exemplo do posicionamento de uma marca considerada expert em sua área de atuação e que desenvolveu uma mídia (rede) social de marca própria, mas com conceito aberto e meta de integração de toda a cadeia produtiva do agronegócio, cujas principais "mercadorias" são a informação e a colaboração.

---

33. ROCHA, 2015, p. 88.
34. ROCHA, 2015, p. 89.

ESTUDO DE CASO

FedEx

Agilidade e rapidez – foi centrada nessas duas virtudes que a FedEx se transformou na maior empresa de entrega expressa de correspondências, documentos e objetos do mundo. A FedEx diminui distâncias com uma eficiência espetacular, fazendo que o planeta vire um simples bairro. Como diz o slogan, "The world on time" ou "o mundo na hora" – nada mais verdadeiro em se tratando de FedEx.

Veja como funciona a FedEx no Brasil!

A HISTÓRIA

A empresa foi fundada por Frederick Wallace Smith, em 1º de agosto de 1971, quando comprou a Arkansas Aviation Sales, uma pequena empresa de manutenção de aeronaves com sede em Little Rock, capital do estado de Arkansas. A ideia, resgatada de um trabalho feito por ele na prestigiada Universidade de Yale, em 1961, quando ainda era aluno do curso de administração, surgiu ao perceber a enorme dificuldade para enviar pequenas encomendas em um prazo de um ou dois dias – e que isso poderia ser feito via área. Nascia, assim, a ideia central para a concepção da Federal Express Corporation. Depois de investir sua herança e recursos captados com investidores, em um montante total de US$ 80 milhões, as operações começaram no dia 17 de abril de 1973, quando 14 aviões, modelo Dassault Falcon 100, decolaram da cidade de Memphis, no estado do Tennessee, para entregar 186 encomendas em 25 cidades americanas – de Rochester, localizada em Nova Iorque, a Miami, na

Flórida. O nome Federal Express foi escolhido por razões patrióticas e por abranger toda a federação de estados do país.

A cidade de Memphis, no estado do Tennessee, foi escolhida como sede da empresa por sua localização geográfica, excelentes condições meteorológicas na maior parte do ano e por apresentar espaço de sobra para uma futura expansão. Somente em julho de 1975, a empresa apresentou seus primeiros lucros. A desregulamentação do mercado cargueiro dos Estados Unidos, ocorrida em 1977, permitiu a rápida expansão da empresa, especialmente com a compra de aeronaves maiores como os modelos Boeing 727 e McDonnell-Douglas DC-10. Em 1981, a empresa inaugurou seus primeiros serviços internacionais para o Canadá. Pouco depois, em 1984, aportou na Europa e na Ásia, ao ingressar no mercado japonês em 1988.

Figura 5.7 Aeronave comprada pela FedEx

© Premier.shutterstock/ Tobias Arhelger

A Federal Express comprou a Tiger International, em fevereiro de 1989, e, ao integrar as aeronaves e rotas que pertenciam a Flying Tigers, tornou-se a maior empresa aérea cargueira do mundo. Mais 21 países, várias aeronaves-modelo Boeing 747 e 727 e instalações levaram a empresa a atingir um total de 200 países servidos na África, Ásia, Austrália, Europa e Américas. Foi nesse ano que se iniciaram os serviços para o Oriente Médio. Em 1993, atingiu faturamento de US$ 1 bilhão. No ano seguinte, a empresa adotou o nome FedEx, uma contração de Federal Express, usado por muitos anos não oficialmente. Era hora de começar uma expansão internacional mais consistente. Em 1995, iniciou serviços para a China, depois de adquirir, no ano anterior, as rotas aéreas da Evergreen International. Em 1996, anunciou a escolha do Aeroporto Internacional de Miami para a construção de suas novas instalações, avaliadas em US$ 50 milhões. Esse centro de distribuição estenderia a presença da empresa para a América Latina e região do Caribe, reforçando assim um elo estratégico em sua rede internacional. Pouco depois, em 1997, iniciou os primeiros serviços de transportes expressos regulares para Mumbai, na Índia.

Em 2004, a FedEx comprou, por US$ 2,4 bilhões, a Kinko's, empresa de fotocópias fundada em 1970, que oferecia xerox, entre outros serviços de impressão, expandindo seus negócios para as mais de 1.400 lojas Kinko's (incluindo mais de 400 unidades com operações 24 horas por dia). Não demorou muito para as lojas ganharem nova identidade visual – FedEx Kinko's Office and Print Centers. Após essa aquisição, foi disponibilizado o serviço de impressão remota, isto é, em vez de efetuar o transporte físico de documentos, estes são enviados eletronicamente para uma loja FedEx Kinko's indicada pelo cliente, onde são impressos, permitindo assim a redução de custos e tempo de transporte.

Nos últimos anos, a FedEx vem investindo para modernizar sua frota e torná-la ecoeficiente. A introdução de veículos elétricos em sua frota faz parte da EarthSmart, uma plataforma mundial de sustentabilidade da FedEx, desenhada para conduzir o seu compromisso ambiental nas comunidades onde atua. Com isso, a FedEx se tornou líder global na implementação de tecnologia de veículos elétricos para coleta e entrega urbana e a operação brasileira foi a sétima no mundo a receber esse tipo de carro em 2013. Ao longo dos anos, a empresa ficou conhecida por prestar serviços com muita eficiência. Alguns consumidores procuram agilidade, outros, economia e muitos as duas coisas, fazendo que a FedEx otimize cada vez mais seus serviços.

As principais divisões

A partir de 2000, a empresa criou inúmeras divisões operacionais, cada qual com sua própria identidade visual. Cada uma dessas divisões, apesar de manter o logotipo uniforme da marca-mãe, utiliza códigos de cores próprios nas letras EX.

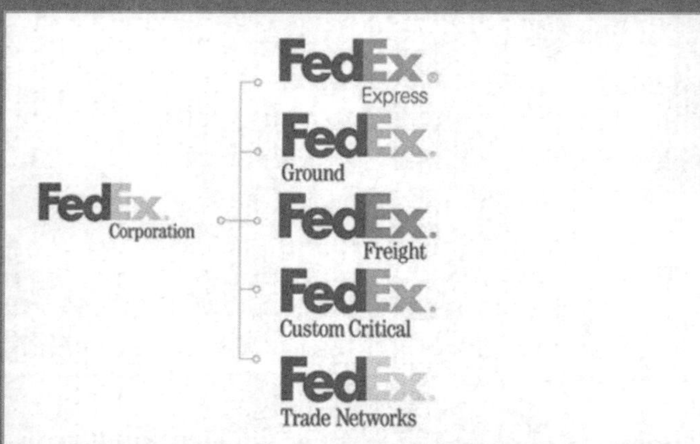

Figura 5.8 Códigos de cores próprios nas letras EX

Fonte: MUNDO DAS MARCAS, 2006.

As principais divisões da empresa são:

- **FedEx Express** (EX laranja): serviços de transporte expresso aéreo de encomendas com atuação nos Estados Unidos e no mercado internacional, abrangendo mais de 220 países e territórios. A maior divisão da empresa, que emprega 160.000 pessoas, opera uma das maiores frotas de aviões do mundo, composta por 656 aeronaves. Aproximadamente 4 milhões de encomendas são entregues diariamente.

- **FedEx Ground** (EX verde): serviços de transporte expresso terrestre de pequenas encomendas no território americano e canadense. Essa divisão emprega mais de 65.000 pessoas, entrega em média 4,5 milhões de pacotes diariamente e possui uma frota de 40.000 veículos motorizados.
- **FedEx Home Delivery**: serviços de transporte expresso terrestre especializado em entregas residenciais de terça-feira a sábado. O logotipo desta divisão, que só opera no mercado americano, inclui um pequeno cachorro carregando uma encomenda na boca.
- **FedEx SmartPost** (EX cinza): serviços direcionados para empresas de venda online e por catálogo, que enviam grandes quantidades de pacotes leves para consumidores finais. Essa divisão mantém uma rede nacional completamente integrada que coleta, classifica e entrega pacotes diretamente nas agências dos correios do Serviço Postal dos Estados Unidos, que faz a entrega final nos endereços pessoais.
- **FedEx Custom Critical** (EX azul): serviços de transporte de encomendas urgentes, valiosas ou perigosas via terrestre e aérea. Essa divisão oferece serviços específicos como o *Surface Expedite®*, em que um caminhão é alocado exclusivamente para o envio do cliente; *Air Expedite®*, que oferece uma série de soluções aéreas premium para atender a prazos urgentes de clientes; e *White Glove Services®*, para envios que exigem um cuidado extra em seu manuseio e controle de temperatura ou que requerem segurança especializada.
- **FedEx Freight** (EX vermelho): serviços de transporte terrestre de cargas grandes ou excessivamente pesadas. Com uma frota de 20.000 veículos, essa divisão entrega diariamente 95.000 encomendas.
- **FedEx Trade Networks** (EX amarelo): serviços de liberação alfandegária, agenciamento de cargas para transporte aéreo e marítimo, logística para pedidos globais, transporte terrestre e distribuição, serviços de assessoria comercial e soluções avançadas para o comércio eletrônico e facilitação de negócios.
- **FedEx SupplyChain** (EX laranja): serviços para empresas de logística (como gerenciamento de transporte e transporte com temperatura controlada), armazenagem aduaneira no aeroporto e liberação alfandegária.
- **FedEx Office** (EX azul-claro com um asterisco colorido): divisão de varejo que oferece serviços como fotocópias, digitalização, impressão, acabamento profissional, acesso a internet, aluguel de computadores,

videoconferências, correio direto e envio de mercadorias e documentos. Esta divisão opera 1.900 lojas em cinco países (Estados Unidos, Canadá, Líbano, Kuwait e Emirados Árabes Unidos).

- **FedEx Corporate Services** (EX cinza): fornece vendas, marketing, tecnologia da informação e comunicação para as outras divisões da FedEx.

A eficiência

A informação sobre uma encomenda é tão importante quanto a encomenda em si. Ao permitir que cada pessoa ou consumidor conheça sua localização exata, a FedEx lhes oferece segurança equivalente a um depósito fixo, do qual apenas o proprietário tem as chaves. Isso foi possível com a utilização de um terminal central de carga (em inglês "Hub"), combinado a uma sistemática de planejamento e controle. Cada movimento é parametrizado, ensaiado e supervisionado. Os dados coletados são usados para melhorar os serviços e a eficiência operacional – é por isso que, entre o ponto de retirada e o de destino, cada pacote é escaneado em média 15 vezes. Em encomendas internacionais, dependendo do destino, pode chegar a 23. O cronograma de voos e viagens terrestres é planejado com 140 dias de antecedência. O departamento responsável pelo planejamento e controle é formado por mais de 200 pessoas, a maioria engenheiros. O centro nervoso desse trabalho é a sala de controle localizada no campus da FedEx na cidade de Memphis. Um mapa do mundo é projetado em uma enorme tela de 80 polegadas e mostra o movimento de todos os aviões, segundo por segundo. Na sala ao lado, uma equipe de 15 meteorologistas trabalha para prever fenômenos climáticos que podem afetar o tempo de voo e as condições de pouso e decolagem, desenvolvendo planos de contingência para evitar atrasos. Todas essas informações são cruzadas e acompanhadas por executivos encarregados de transmitir orientações às torres de controle dos aeroportos e aos pilotos. A disciplina imposta por esse modelo de operação levou à criação de rotas fixas, que conferem uma previsibilidade às entregas.

No Laboratório de Design e de Embalagens da FedEx, localizado em sua sede na cidade de Memphis, os engenheiros de embalagens têm a tarefa de garantir que garrafas de vinhos, biquínis e outros produtos, incluindo itens perecíveis, enviados por clientes, cheguem em boas condições a seus destinos em todo o mundo. Esse laboratório emprega uma equipe qualificada de engenheiros de embalagens, que testam e projetam aproximadamente três mil soluções de embalagens por ano, ajudando empresas, principalmente as pequenas e médias, a economizarem nos custos de remessa e evitarem danos ou perdas. Todos os anos, a equipe do laboratório cria dezenas de soluções personalizadas, desenvolvendo embalagens revolucionárias para as indústrias de vinhos, flores e computadores – isso para mencionar apenas algumas. As soluções personalizadas são baseadas em estudos meticulosos das remessas.

O laboratório possui uma variedade de equipamentos criados especialmente para a FedEx. Primeiramente, os especialistas submetem as embalagens a testes de vibração, que reproduzem o tipo de movimento frequente, porém, em menor intensidade, que as embalagens sofrem enquanto são transportadas por caminhão ou avião. Depois, as embalagens são submetidas a um exame mais rigoroso por meio de testes de compressão, que avaliam a carga da embalagem em relação à resistência da caixa em que é embalada. Os testes de compressão também analisam a pressão exercida pelas outras embalagens ao redor. Finalmente, uma série de testes de quedas avalia a suscetibilidade a danos por impacto. Cada embalagem é submetida a 10 quedas diferentes, incluindo quedas planas, de cantos e de extremidade – tudo para garantir que a encomenda chegue inteira ao seu destino final.

Conheça as estratégias de comunicação da FedEx:

Campanhas que fizeram história

A marca tem forte presença na mídia, com campanhas publicitárias extremamente criativas e originais, sempre destacando com doses de humor as grandes virtudes da empresa – agilidade, rapidez, pontualidade e segurança.

Um dos filmes que mais representa o estilo de comunicação da FedEx é *Desert Island*, criado em 2003 pela agência de publicidade BBDO de Nova Iorque. Nele, vemos um homem com cabelos e barba enormes, segurando uma encomenda nas mãos e tocando a campainha de uma bela casa. Uma mulher atende e ele diz: "Olá, eu fiquei perdido em uma ilha durante oito anos com esse pacote, e jurei que o entregaria a você, porque eu trabalho para a FedEx". A mulher agradece, mas o homem pergunta: "A propósito, o que tem na caixa?". E ela responde: "Ah, nada importante, apenas um telefone celular, um GPS, isca para peixe, um purificador de água e sementes. Somente coisas bobas. Obrigada novamente, continue com o bom trabalho". Um comercial excelente, especialmente para quem assistiu ao filme *O Náufrago*, no qual Chuck Noland (Tom Hanks) sofre em uma ilha deserta durante longos anos – sem comida, sem água, sem ter como pescar e tentando em vão estabelecer contato com alguém.

Assista agora ao FedEx "Desert Island":

Outro filme irônico da FedEx, criado em 2006 também pela BBDO de Nova Iorque, fez enorme sucesso no intervalo do Super Bowl – a final do futebol americano profissional que possui os segundos mais caros e valiosos da publicidade mundial. Intitulado *Caveman*, o filme mostra, de forma inteligente e muito bem-humorada, as dificuldades vividas naquela época quando se tinha que entregar uma encomenda.

A evolução visual

A identidade visual da marca passou por grandes alterações ao longo dos anos. Em 1994, a empresa adotou oficialmente a marca FedEx – como a empresa era conhecida especialmente por quem não falava inglês –, reformulando radicalmente seu logotipo original criado por Richard Runyan, em 1973, que adotou as cores roxa e laranja. Um detalhe interessante do logotipo da marca é a existência de uma seta camuflada entre as letras "E" e "X". Segundo as palavras do criador desse logotipo, Lindon Leader, a seta criava na composição geral um sentido de precisão e rapidez, adjetivos que caracterizam muito bem a missão da empresa. Em 2000, com a criação de diversas divisões de serviços, a empresa adotou um novo logotipo corporativo, nas cores roxa e cinza, com a palavra Corporation escrita abaixo. Em 2006, uma pequena modificação – a cor roxa de FED é substituída por um azul mais escuro.

Assista agora ao Super Bowl XL Commercial FedEx: Stick

Figura 5.9 Substituição de cores no logotipo corporativo da FedEx

Fonte: MUNDO DAS MARCAS, 2006.

O valor

Segundo a consultoria britânica Interbrand, somente a marca FedEx está avaliada em US$ 4,414 bilhões, ocupando a posição de número 92 no ranking das marcas mais valiosas do mundo. A empresa também ocupa a posição de número 64 no ranking da revista Fortune 500 de 2014 (empresas de maior faturamento no mercado americano).

A marca no mundo

A empresa, que oferece ampla gama de serviços de transporte, comércio eletrônico e entregas, apresenta números gigantescos – 650 operações aéreas em mais de 220 países e territórios; 46 centros de atendimento que recebem mais de 500.000 chamadas diariamente; 700 centros de serviços internacionais; 1.900 centros de impressão FedEx Office; 6.300 centros autorizados de envio FedEx e 38.000 caixas de coleta (incluindo 4.975 agências de correios nos Estados Unidos). A empresa, que fatura mais de US$ 45 bilhões anualmente, emprega mais de 300.000 pessoas, incluindo 65.000 *couriers* (entregadores), que entregam, em média, mais de 10,5 milhões de pacotes por dia. Sua frota de veículos motorizados – carros, vans, motos e caminhões equipados com GPS e softwares altamente modernos – é superior a 100.000 e a de aeronaves é de 656, que servem 375 aeroportos no mundo inteiro. Além da sede mundial, localizada em Memphis, a empresa possui sedes operacionais em Hong Kong, Toronto, Bruxelas e Miami.

Você sabia?

- No dia 2 de dezembro de 2013, os funcionários da FedEx tiveram o dia de maior movimento da história da empresa, quando seus funcionários saíram às ruas para entregar 22 milhões de encomendas em todo o mundo.
- Somente os *couriers* (entregadores) da empresa caminham aproximadamente 5 milhões de quilômetros por dia, ou mais de 100 voltas ao redor da Terra. Num período de 24 horas, seus aviões voam 800 mil quilômetros. Esses aviões somados podem transportar mais de 12 milhões de quilos de carga diariamente.
- O primeiro avião da FedEx foi batizado com o nome de *Wendy*, em homenagem à filha do fundador da empresa. Hoje em dia, cada avião da empresa é batizado com o nome de filhos de funcionários.
- A força da marca FedEx é tamanha que desde 2001 ela está entre as 20 empresas mais admiradas do mundo segundo a revista Fortune. Em 2004, a FedEx ficou em oitavo lugar nesse ranking.

Fonte:

FEDEX. O *mundo das marcas*, 8 maio 2006. Disponível em: http://mundodasmarcas.blogspot.com.br/2006/05/fedex-world-on-time.html. Acesso em: 22 jul. 2019.

VAMOS TESTAR SEUS CONHECIMENTOS?

1. Observe o processo de compra organizacional no mercado B2B. Em que etapas as mídias sociais poderiam atuar de forma mais efetiva?

2. O uso de mídias sociais mostra-se relevante também no B2B como fonte de monitoramento de informações, colaboração, insights e *share of voice* das marcas. Qual a diferença de uso das mídias sociais no B2B em relação ao B2C?

3. Quais as características que devem estar associadas à presença digital no B2B?

4. Navegue nas redes sociais indicadas neste capítulo. Quais aspectos positivos e negativos você observa nesse tipo de mídia social?

5. Quais os aspectos mais importantes relacionados ao posicionamento de marca nas mídias sociais no mercado B2B?

6

Melhores práticas em abordagem e controle de resultados

APRESENTAÇÃO

A pressão por resultados leva muitas organizações a optar por meios de comunicação e canais mensuráveis. Resultados advêm de um conjunto de ações estrategicamente planejadas a partir de dois pontos-chave: o comportamento do público-alvo e as necessidades inerentes à gestão de marca. Sem essas duas informações bem apoiadas em dados e pesquisas e especialmente orientadas pelo crivo da inteligência e percepção humanas, nenhum resultado será bom o suficiente.

"Caso os profissionais não desenvolvam conhecimentos sobre métodos de avaliação, mensuração e resultado sobre investimento (ROI) em comunicação, dificilmente terão o devido reconhecimento em suas empresas. Continuarão sem reação diante de cobranças no sentido de "fazer mais com menos recursos" e de perguntas simples como "por que aumentar o seu orçamento de comunicação?"

(MITSURU YANAZE)

OBJETIVOS

Após a leitura deste capítulo, você poderá identificar as principais métricas e Key Performance Indicators (KPIs), ou chaves de performance, envolvidas na avaliação de ações em mídias sociais, associando a medição de resultados a um pensamento estratégico inicial que deve determinar quais os objetivos e resultados esperados de cada ação a ser implementada. Além disso, terá ferramentas para analisar os resultados associando-os a outras variáveis do mix de marketing.

6.1 INDICADORES DE SUCESSO EM MÍDIAS SOCIAIS

6.1.1 Métricas e chaves de performance

Métricas são sistemas de mensuração quantificáveis que permitem medir e avaliar determinado canal ou mídia de acordo com os números que podem ser alcançados por determinada ação. Já **KPI**'s são números que funcionam como chaves ou diretrizes para identificar se determinado resultado foi alcançado.

Quer saber tudo sobre segmentação e métricas?

Métrica é o indicador que mostra determinado comportamento em uma mídia, digital ou não, e representa um dado (número) em forma bruta, como visitas ao site (visitantes únicos ou *pageviews*) ou taxa de rejeição, medindo o comportamento das pessoas com relação a determinada mídia. Já KPI é uma medida de desempenho a partir das métricas, cujo objetivo é a medição de resultados de uma ação ou canal de comunicação, como a taxa de conversão em vendas, tempo de permanência no site ou taxa de abandono, medindo os resultados de determinada mídia e servindo de base para a tomada de decisões.

Priscila Marcenes[1] é bastante didática ao apresentar esses conceitos, destacando a diferença entre objetivos, métricas, KPIs e ações táticas, como mostra o Quadro 6.1.

Quadro 6.1 Definição de conceitos

	Conceito	Exemplo
Objetivo	O que se quer alcançar?	Como ampliar *awareness* de uma marca?
Metas	Tradução do objetivo em número verificáveis × tempo	+20% de *awareness* ao final da campanha junto ao consumidor
Métrica	O que pode ser mensurado quantitativamente?	Audiência de um site
KPI	Números, taxas ou razão que indicam que o objetivo está sendo alcançado, incluindo avaliação qualitativa	Pessoas que interagiram positivamente com a marca
Táticas	Ação implementada para alcançar o objetivo	Melhorar conteúdo editorial do site

Fonte: adaptado de MARCENES, 2015.

Marcenes[2] define métrica como tudo o que pode ser medido (dados quantificáveis) e que apoia a avaliação das ações em mídias sociais. A partir do material de um curso sobre métricas em mídias sociais, do Atlas Media Lab, estabeleceu-se que há dois tipos de métricas, como mostra a Figura 6.1.

Figura 6.1 Tipos de métricas

Dimensão	Interação
Também chamadas de métricas de base, delimitam nosso universo de análise	Também chamadas de métricas de engajamento, correspondem às respostas dos usuários
Audiência total	Audiência ganha
Alcance	Curtir
Impressões	Comentar
Visualizações únicas	Compartilhar

Fonte: MEIRELLES, P. *Métricas em mídias sociais, da Atlas Media Lab e CEC Cursos*, 18 ago. 2015. Disponível em: https://estudandosocialmedia.wordpress.com/tag/kpis/. Acesso em: 9 ago. 2019.

---

1. MARCENES, P. *Métricas em mídias sociais*, 2015. Disponível em: https://estudandosocialmedia.wordpress.com/tag/kpis/. Acesso em: 16 jul. 2019.
2. MERCENES, 2015.

É importante também considerar que há três tipos de mídias possíveis, tanto em digital e social como nas mídias mais tradicionais, como mostra a Figura 6.2.

Figura 6.2
Tipos de mídia

Mídia paga	Mídia própria	Mídia gratuita
Alcance pago	Alcance orgânico	Post espontâneo
Impressões	Usuários envolvidos	Sentimento
Cliques	Curtir	Share of voice
CTR	Comentar	Volume de menção
CPM	Compartilhar	RT
CPC	Fãs	Interação
CPF	Unlikes	Influenciador
CPV	Visualizações	Percepção

Fonte: MEIRELLES, 2015.

A **mídia paga** é aquela na qual a organização compra espaço ou impressões. Trata-se dos tradicionais espaços publicitários nos meios de comunicação ou a compra dos anúncios em mídias digitais e sociais. Os custos variam muito e estão relacionados com o tamanho da audiência. Em mídias digitais e sociais, esses custos envolvem:

- **cliques** – custo por clique (CPC);
- **click thru (clicar na peça)** – custo por click thru (CTR);
- **impressões** – custo por mil impressões (CPM) ou views;
- **likes** – custo por likes (CPL);
- **fãs** – custo por fã (CPF);
- **cadastros** (aquisição) – custo por aquisição (CPA);
- **visualizações** – custo por visualização (CPV);
- **engajamento** – custo por engajamento (CPE).

Veja os principais tipos de compra para mídia paga na Figura 6.3.

Figura 6.3
Tipo de compra para mídia paga

CPC Custo por clique	CPM Custo por impressão	CPA Custo por ação ou aquisição	CPV Custo por visualização
Nesta opção de lance você é cobrado cada vez que um usuário clica em seu anúncio.	Você paga a cada mil visualizações de seu anúncio.	Nesta opção você paga quando o usuário tem uma ação específica em seu site – seja uma compra, uma inscrição, um download etc.	Neste lance você define o preço a pagar quando um usuário assiste ao seu vídeo.

Fonte: MEIRELLES, 2015.

A **mídia própria** (ou proprietária) envolve todos os meios e canais desenvolvidos, construídos e suportados pela própria organização ou marca – como rádio corporativa, televisão corporativa, jornais e revistas, blogs, sites, perfis –, em geral, com alcance orgânico, ou seja, número total de pessoas que viram as publicações por meio de uma distribuição não paga. Sua medição considera usuários envolvidos e ações como curtir, comentar, compartilhar, likes e visualizações. Pode também ser feita uma avaliação qualitativa com relação ao teor das conversas (posts).

A **mídia gratuita** ou **espontânea** ocorre em mídias tradicionais, digitais e sociais e está relacionada com o engajamento das pessoas com o conteúdo ou marca. Em geral, são ações espontâneas, embora possam ser estimuladas, envolvendo posts espontâneos, compartilhamentos, sentimento, *share of voice*, volume de menções, interação, percepção e influência.

Essas mídias estão constantemente estabelecendo uma relação entre si, como mostra a Figura 6.4.

Figura 6.4
Relação entre mídias

Fonte: MEIRELLES, 2015.

A mídia própria apoia e é apoiada pela performance da mídia paga – incluindo aquela que é off-line –, que, por sua vez, influencia a repercussão dos anúncios e estimula a mídia espontânea, que contribui para a viralização de conteúdos – todas estão intrinsecamente conectadas e influenciam-se mutuamente. Nota-se, porém, que os resultados a serem alcançados utilizando apenas um dos tipos de mídia fica aquém do que poderia ser obtido com a sinergia dos três tipos.[3]

Embora o foco deste livro sejam as mídias sociais, vale sempre lembrar que o planejamento de comunicação integrada de marketing deve ter uma visão ampla (360 graus) das possibilidades de contato da marca, produto ou serviço com os públicos de interesse. As ferramentas e mídias devem ser planejadas, buscando sempre a integração e a relação de um tipo de mídia para o outro, tendo como ponto de partida e chegada o consumidor.

Para um planejamento adequado de mídia como um todo e de mídias sociais ou digitais especificamente, é muito importante que a definição das métricas e KPIs seja feita ao longo de todo o processo de planejamento de marketing, comunicação e mídia, do início ao fim, a partir dos objetivos de comunicação para cada ferramenta e objetivos de mídia para cada canal. Somente assim a organização terá certeza de coletar os dados corretos que subsidiem a tomada de decisão e a posterior aferição de resultados.

As métricas e KPIs têm o objetivo de subsidiar o processo de planejamento de marketing e comunicação com informações capazes de tornar a tomada de decisão mais assertiva – portanto, é importante identificar em cada etapa quais são os dados e números capazes de nortear essas decisões. Quanto mais integradas forem as etapas e quanto mais as lideranças estiverem cientes da necessidade de mensuração, mais as métricas e KPIs farão sentido para os setores e pessoas envolvidos. Pior do que não medir é usar métricas incorretas ou avaliar os números pelos números – indicadores aleatórios ou mal dimensionados podem levar a decisões incorretas. Veja a Figura 6.5.

---

3. MEIRELLES, 2015.

Figura 6.5
Planejar a mensuração ao longo do processo de planejamento

Planejamento organizacional	Planejamento de marketing	Planejamento de comunicação	Criação e desenvolvimento das peças	Implementação das campanhas e ações	Veiculação e avaliação de resultados
• Definição das estratégias de negócios • Missão, visão, propósito e valores organizacionais • Objetivos e metas organizacionais de curto, médio e longo prazo • Chaves de performance do negócio (KBR, KPI e ROT)	• Definição das estratégias de marketing • Estratégias de gestão de marca, produtos e serviços • Objetivos e metas de marketing de curto, médio e longo prazos • Identificação do processo ou jornada de compra dos clientes ou consumidores • Chaves de performance do marketing	• Estratégias de comunicação organizacional e de marketing • Ações táticas para a gestão de marcas, produtos e serviços • Objetivos e metas de comunicação de curto, médio e longo prazos • Definição e identificação dos públicos de interesse • Chaves de performance em comunicação	• Definição dos canais e peças a serem desenvolvidas • Testes de usabilidade / pré--testes • Definição da persona de marca e do conteúdo a ser desenvolvido para cada canal • Produção das peças • Programação dos aspectos de interatividade e interface entre as mídias *on* e *off-line* • *Call-to-action*	• Testes, pré--testes e pós--testes – pesquisa de marketing e comunicação • Definição das métricas a serem acompanhadas • Checagem das métricas e avaliação das KPIs • Validação de tags, palavras-chave, métricas	• Mobile, mídias sociais, ferramentas de SEO e SEM • Coleta e análise de dados a partir das ferramentas disponíveis (*analytics*) • Relatórios de performance para a avaliação das ações e campanhas • Correção de rumo, se for o caso
Quais as métricas que podem ser usadas para avaliar a situação atual da organização e dos negócios?	*Marketshare*, *share of mind*, *awareness*, intenção de compra, volume de vendas, taxa de conversão, número de clientes, ticket médio etc.	Percepção de marca, *share of voice*, *share of mind*, *share of heart*, intenção de compra, *awareness*, geração de *leads*, alcance de audiência, pontos de contato, outros	Tags, otimização para ferramentas de busca (SEG), pré-teste de conteúdo, chaves de engajamento, quantificação das ações	Alcance, audiência (GRP, TRP), ação de compra, impacto, impressões, visualizações, engajamento, likes	*Analytics* Volume de vendas *Marketshate* *Brand awareness* *Share of voice* Posicionamento outros

Avaliação dos resultados e reinício do processo de planejamento

Fonte: adaptado de COSTA, T. *Métricas básico*: marketing digital. Disponível em: https://pt.slideshare.net/DigiTalks/mtricas-bsico-marketing-digital. Acesso em: 7 set. 2017.

É importante compreender também que os resultados em mídias sociais podem e devem contribuir para os resultados da organização como um todo, ou seja, os objetivos devem estar conectados, assim como as métricas devem contribuir para a avaliação final dos resultados sobre os investimentos efetuados, como mostra a Figura 6.6.

Figura 6.6
Contribuição dos resultados em mídias sociais para os resultados da organização como um todo

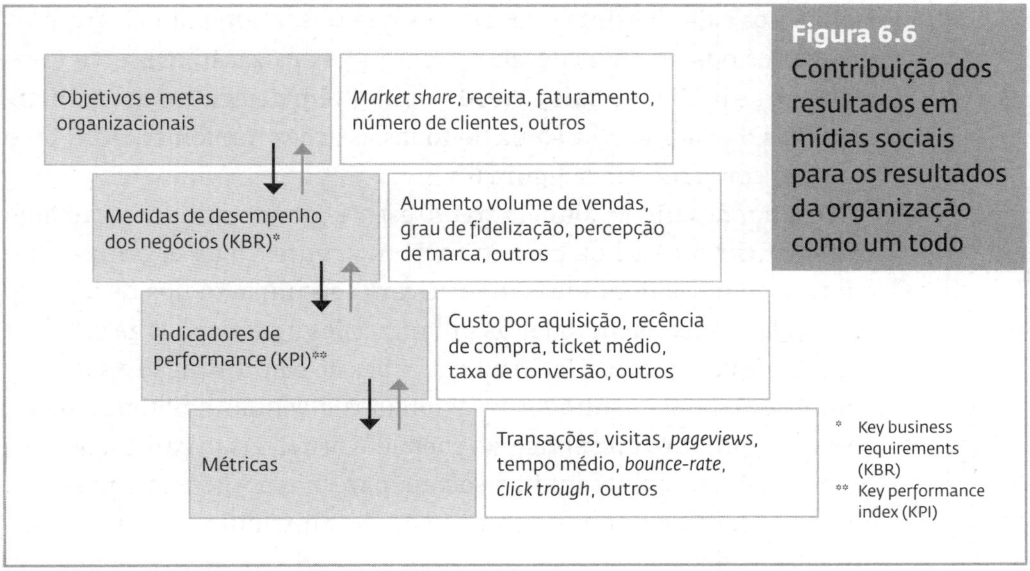

Fonte: DIGITALKS apud COSTA, 2017.

É importante ressaltar que a percepção humana deve sempre estar acima dos números. Por mais que as métricas e KPIs ou KBRs sejam importantes para avaliar o desenvolvimento do negócio e das ações de marketing e comunicação, a interpretação das informações por meio da sensibilidade humana é fundamental.

As métricas são utilizadas para a gestão da organização e identificação dos resultados e podem ser eficazes para conduzir as estratégias da organização, dar foco à direção, setores e colaboradores, apoiar a tomada de decisão e melhorar o desempenho dos departamentos e processos, levando a organização a evoluir sempre. As métricas também precisam ser razoáveis e racionais, agindo como diretrizes e não instrumentos de tortura – em geral, devem ser e**s**pecíficas, **m**ensuráveis, **a**lcançáveis, **r**elevantes e **t**ime-based ou baseadas em tempo (**SMART**).

Dessa forma, as pessoas envolvidas no planejamento de marketing e de comunicação devem estar plenamente cientes da íntima correlação que deve existir entre os objetivos organizacionais e as ferramentas e ações de comunicação que virão a ser implementadas. Ao mesmo tempo, é importante entender cada métrica e a que tipo de resultado pode nos levar, estabelecendo, assim, uma cascata de objetivos correlacionados e de métricas e resultados que se somam para alcançar os resultados operacionais desejados para a organização. Observe também que as mídias sociais, isoladamente, têm determinados resultados, mas o resultado é a soma de todas as ações implementadas on e off-line, como mostra a Figura 6.7.

O maior desafio do planejamento estratégico de comunicação hoje é identificar o papel da comunicação no contexto da organização e a forma como as lideranças identificam seu impacto nos resultados organizacionais. Nem todas as organizações e nem todas as lideranças concordam com a eficiência das ações de comunicação e sua contribuição para os resultados relacionados a vendas e perenidade da empresa, produto ou serviço no mercado atual. As organizações entendem que atuar em mídias sociais parece emergencial, mas não compreendem exatamente como poderão contribuir com os resultados organizacionais.

Então, quais são os aspectos mensuráveis da comunicação como um todo?

De acordo com Yanaze,[4] esses aspectos estão ligados à 1) **eficácia**; 2) **eficiência**; e 3) **efetividade**, como mostra a Figura 6.8.

---

4. YANAZE, M. et al. *Retorno de investimentos em comunicação*: avaliação e mensuração. São Caetano do Sul: Difusão, 2010.

Figura 6.7
Soma de esforços

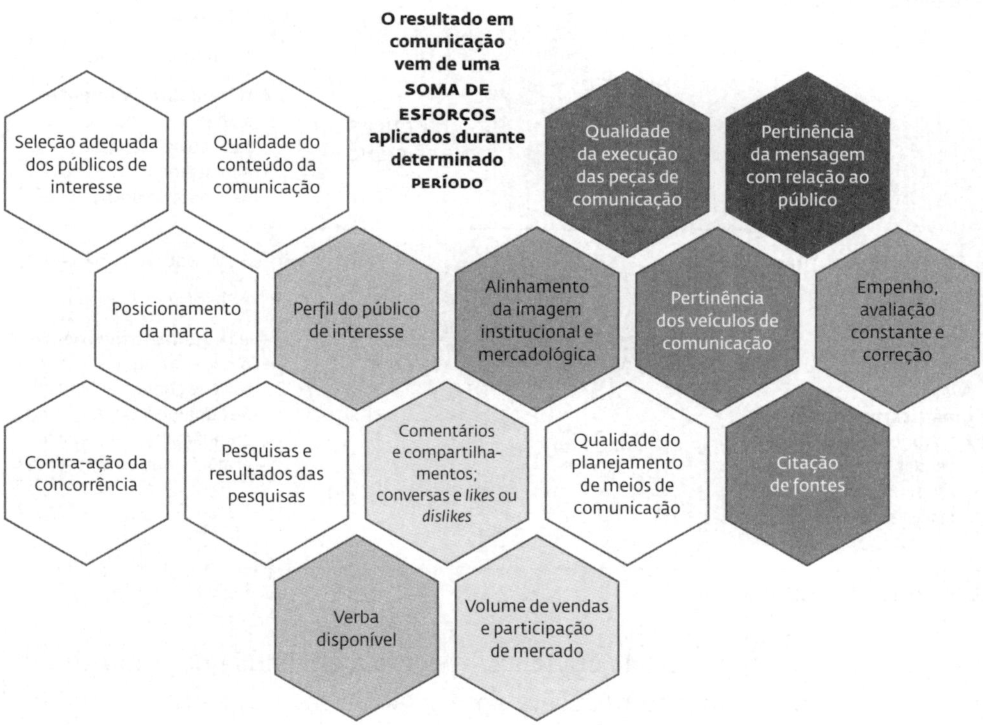

Fonte: ROCHA, M.; IGNÁCIO, S. *Comunicação integrada de marketing*. São Paulo: Saraiva, 2017 (Coleção Marketing em Tempos Modernos).

Figura 6.8
Aspectos mensuráveis da comunicação

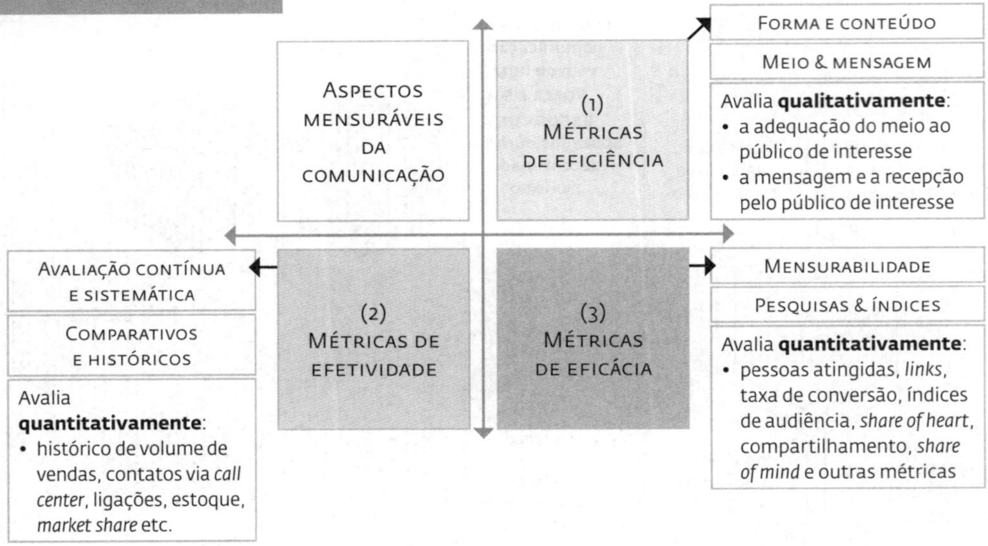

Fonte: adaptada de YANAZE et al., 2010.

As métricas de eficiência medem a eficiência da comunicação no sentido da compreensão, apreensão da mensagem por parte dos públicos de interesse e ação estimulada a partir da recepção da mensagem. Essas métricas estão especialmente relacionadas à forma e ao conteúdo da comunicação.

- **Forma ou formato** – envolve avaliar se um filme de 30" é mais eficiente do que um de 15"; se devem publicar no Facebook anúncios 6sec-adds, um post textual ou uma foto; se o anúncio deve ocupar uma página inteira ou meia página à direita; se o painel deve ser iluminado ou outdoor simples; se devem investir em *product placement* ou merchandising tradicional, entre outros questionamentos.
- **Conteúdo da mensagem** – a mensagem, como foi elaborada, ficou clara? É compreensível? Qual a intenção de comportamento do público após ser impactado pela mensagem? O que foi compreendido é exatamente o que se desejava? O comportamento desejado foi estimulado?

As métricas de eficiência podem avaliar ainda:

- aderência aos objetivos de comunicação da empresa;
- compatibilidade com os objetivos da ação previamente estabelecidos;
- qualidade do conteúdo da mensagem;
- qualidade da forma de apresentação;
- adequação das mídias utilizadas;
- qualidade e adequação da execução;
- cumprimento das etapas e prazos e utilização correta dos recursos, de acordo com o previsto.

As métricas de efetividade compreendem avaliação contínua e sistemática de:

- **dados internos** – business intelligence (BI) e database que permitem comparativos e históricos antes e depois de determinada ação de comunicação, análise de cenários envolvendo histórico de volume de vendas, número de chamadas ou contatos via callcenter, ligações recebidas, oscilação de estoque, participação de mercado, em dois ou mais momentos distintos;
- **dados externos** – pesquisas regulares, adhoc e *analytics;*
- **números variados** – a sugestão é para que possamos identificar na organização os números que já são regularmente apresentados em relatórios e quais poderiam ser contabilizados, colaborando com os índices de performance das ações de comunicação.

As métricas de efetividade podem ter como indicadores:

- taxa de produtividade;
- giro de estoque;
- prazo médio de pagamento;
- volume de vendas;
- participação de mercado;
- *share of mind*;
- taxa de conversão em vendas ou e-commerce;
- taxa de abandono de site.

As métricas de eficácia envolvem dados passíveis de serem medidos de forma quantitativa (que têm mensurabilidade), ou seja, pesquisas e índices que podem ser obtidos por meio da aplicação de pesquisas quantitativas, pela própria organização ou por meio de fontes externas. Podem medir:

- quantidade de pessoas/públicos atingidos;
- adequação das pessoas/públicos atingidos;
- resultados da pesquisa de recall;
- medição dos *shares of voice, of mind, of heart, of power, of market* etc.
- avaliação e mensuração de moedas não financeiras e financeiras relacionadas;
- apuração dos índices econômicos, financeiros e patrimoniais.

De forma geral, poderíamos associar as métricas de eficiência a uma medida da qualidade e adequação da execução, enquanto as métricas de efetividade, de acordo com a proposta de Yanaze,[5] poderiam ser associadas às KPI's ou chaves de performance, e as métricas de eficácia seriam o que outros autores chamam simplesmente de métricas (ou dados numéricos/*analytics*).

Como mostra a Figura 6.9, as métricas e chaves de performance em mídias sociais devem considerar pelo menos quatro aspectos relevantes:

1. **adequação** – mede a qualidade de execução (eficiência);
2. **alcance** – mede os números de audiência e públicos (eficácia);
3. **engajamento** – mede o grau de envolvimento dos públicos (eficácia);
4. **influências** – mede as ações derivadas do maior ou menor engajamento (efetividade).

Figura 6.9 Quatro aspectos das redes sociais considerados pelas métricas e chaves de performance

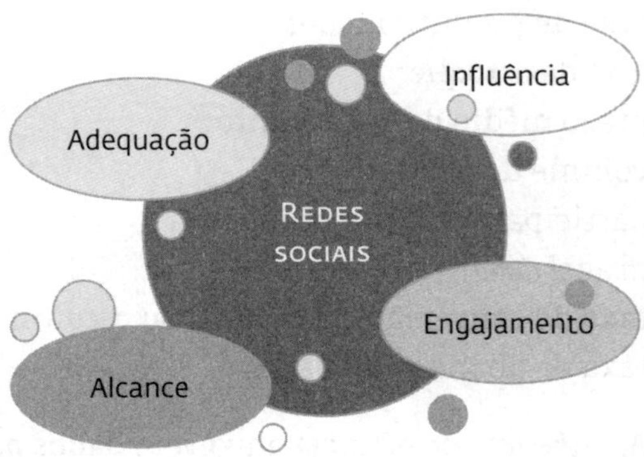

Fonte: elaborada pelos autores.

5. YANAZEM et al., 2010.

Vale lembrar que as principais premissas para as mídias sociais são:

- **diálogo** – ouvir e ser ouvido, falar e deixar falar, considerando sempre a outra parte, sem ser monológico;
- **processo interno** – aproveitamento sistemático de ideias, propostas e sugestões que possam advir das interações com os públicos de interesse;
- **tempo** – qualquer ação em mídias sociais requer tempo para que se possa identificar e estabelecer o tipo de conversação, ritmo, foco, perfil de audiência e expectativas de diálogo e interações possíveis;
- **foco** – foco e perseverança com constante diálogo, sem ficar pulando de uma rede social para outra, considerando sempre públicos de interesse e vocação da organização;
- **colaboração** – manter-se aberto à colaboração ativa dos públicos;
- **pessoas** – redes sociais são feitas de pessoas, para pessoas e com pessoas.

A definição das métricas e KPIs precisa ser feita ao longo do processo de planejamento – deixar para o final do processo a escolha das métricas pode ser um grande equívoco em mídias sociais e digitais. O foco das medições não é apenas de prestação de contas, mas é base para tomada de decisões e ajustes ao longo do processo.

Uri Bar-Joseph, diretor de marketing da Simply Measured,[6] desenvolveu um mapa de métricas com foco em mídias sociais com o intuito de identificar estratégias, atividades, KPIs e impacto no negócio em cada etapa da jornada de compra do consumidor, como mostra a Figura 6.10.

---

6. MEIRELLES, P. *Um mapa de métricas de mídias sociais para os seus objetivos*, 2017. Disponível em: http://www.ibpad.com.br/blog/comunicacao-digital/um-mapa-de-metricas-de-midias-sociais-para-os-seus-objetivos/. Acesso em: 16 jul. 2019.

Figura 6.10
Mapa de métricas em mídias sociais

Jornada de compras	Objetivo	Estratégia de Mídias Sociais	Atividade Social	KPI's Mídia Social	Impacto no Negócio
Consciência	Criar consciência de marca	Expor audiência-alvo a conteúdo de marca	Posts, promoções, impulsionamento	Impressões e alcance	Volume de vendas Share e Top of mind
Consideração	Gerar demanda	Gerar engajamento da audiência alvo com o conteúdo de marca	Posts e respostas	# de engajamento e tipos de angajamento	Visitantes e tráfego (*on* e *off-line*)
Decisão	Direcionar conversão	Direcionar audiência alvo com o conteúdo de marca	Posts e promoções	Links e cliques	Conversões (taxa de conversão) – vendas contatos, downloads, aplicativos etc.
Adoção	Satisfação do consumidor	Direcionar engajamento com produtos e serviços de marca	Respostas e relacionamento social com consumidores	Menções espontâneas positivas, métricas de relacionamento com o consumidor	Sentimento e satisfação do consumidor (ou públicos de interesse)
Defesa de marca	Inspirar evangelismo	Ativar influenciadores	Posts, alcance dos influenciadores e microinfluenciadores, compartilhamento	Impressões e alcance espontâneos (orgânico), conteúdo gerado pelos usuários	Referenciais, atividade dos influenciadores (ou micro), palavras positivas boca a boca, satisfação dos clientes (*net promoter score* – NPS)

Fonte: SIMPLY MEASUREMENT apud MEIRELLES, 2017.

O mais importante é que haja alinhamento entre os objetivos almejados e a forma como serão medidos os resultados. Outro aspecto importante é as lideranças estarem de acordo com o que será medido em cada etapa, compreendendo as métricas e quais resultados ou informações elas nos levarão a identificar. Costa[7] entende métricas como "pistas" que podem transitar entre mídias e plataformas diferentes, levando-nos a compreender a realidade do que ocorre entre as ações planejadas e a atitude e ação dos públicos de interesse, incluindo o consumidor.

Mas que pistas são essas?

Em campanhas de propaganda, por exemplo, além das pesquisas quantitativas de *recall*, a interação nas mídias digitais, o boca a boca, os compartilhamentos podem nos dar uma ideia da repercussão e da percepção do público sobre as peças. *Web analytics* indicam acesso ao site, aplicativos de interesse, dados de navegação, consumo de conteúdo e percepção deste. Painéis de audiência nos dão uma ideia dos hábitos de consumo de mídia dos públicos com relação a canais, sites, blogs. Ferramentas de monitoramento e *social listening* nos dizem o teor das conversas nas redes sociais, influenciadores e microinfluenciadores, além de sua correlação com as mídias como televisão, rádio, revista e jornais.

Rafael Rez[8] destaca as principais medidas de desempenho em mídias sociais de acordo com a atenção das lideranças, como mostra a Figura 6.11.

---

7. COSTA PINTO, M. *Interação entre marcas e pessoas nas redes sociais*: um estudo inicial, 2012. Disponível em: https://pt.slideshare.net/monzacosta/interaes-entre-marcas-e-pessoas-nas-redes-sociais-um-estudo-inicial. Acesso em: 9 ago. 2019.
8. REZ, R. *Estratégias para o mercado* B2B, 2016. Disponível em: http://www.novaescolademarketing.com.br/blog/estrategias-para-o-mercado-b2b/. Acesso em: 15 jul. 2019.

Figura 6.11
Mensuração e relatórios de desempenho

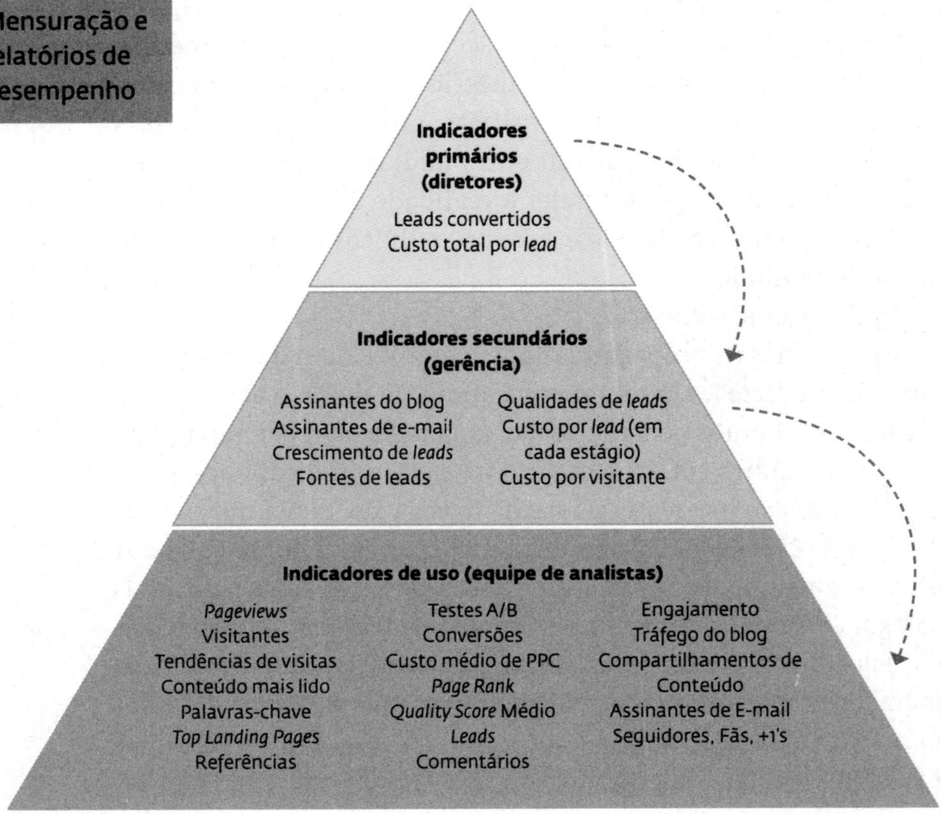

Fonte: REZ, 2017.

De forma sintética, podemos dizer que as principais medidas de desempenho em redes sociais estão na Quadro 6.2.

Quadro 6.2 Medidas de desempenhos em redes sociais

Mídias Sociais Métricas e medidas de desempenho
VISIBILIDADE (VIEWABILITY) • ***Pageviews/views*** ou visualizações, número de vezes que uma página, vídeo, foto, slide ou qualquer outro material foi exibido (visto). • ***Uniquevisitors*** – ou visitantes únicos, quantidade de pessoas diferentes que acessam página, vídeo ou qualquer material. • ***Posts (Threads)*** – quantidade de textos ou tópicos em uma rede social. • **Quantidade de grupos** – número de grupos, fóruns ou listas de discussão sobre determinado assunto, produto, serviço ou marca que existe na(s) rede(s); o tempo de visitação (ou tempo de permanência) – tempo que o visitante permaneceu na página, site, imagem, vídeo ou material. É possível medir qual seção da página ou trecho do vídeo foi mais visto. VISITANTES • ***New visitors*** ou novos visitantes – número de visitantes novos que acessaram o material durante o período de uma determinada ação. É possível comparar o número de visitantes que havia antes, durante e depois da ação. • ***Returning visitors*** – visitantes que retomaram, ou seja, quantos visitantes voltaram a acessar o material depois de um tempo ou de uma ação; mede a retenção da base de visitantes impactada. • ***Traffic sources*** – origem de tráfego: indica de onde vieram os visitantes – acesso pago, direto, através de outros sites, sites de busca, origem geográfica, idioma de acesso. • **Conversões** – quantidade de visitantes que compraram ou se cadastraram CPA (custo por ação) e PPA (preço por ação). • ***Bounce rate*** – percentual de visitantes que acessa apenas uma página e sai do site, mede interatividade e relacionamento. • **Configurações** – por meio de quais configurações o material tem sido acessado, é utilizado para apoiar e orientar o desenvolvimento de peças. É possível identificar: browser, sistema operacional, cores, resolução, versão do Flash, suporte Java e velocidade de conexão. ENGAJAMENTO • **Comentários e *trackbacks*** – um tipo de linkback, ou seja, um post feito em resposta a outro post, mede as respostas de uma comunidade a determinado conteúdo. Podem ser feitos na própria rede ou canal (comentários e scraps) ou no canal de um membro do grupo, comunidade ou canal. • **Perfis preenchidos** – o maior percentual de preenchimento do perfil indica um maior engajamento do membro em uma dada comunidade ou canal. • **Membros ativos** (*hubs* – concentradores) – número de pessoas que participam ativamente de uma comunidade, canal ou rede. Podem ser identificados membros de destaque – os mais e os menos ativos em uma rede. • **Médias** – cálculos que podem envolver média de comentários por post, seguidores por membro, assinantes por blog, amigos por perfil. São utilizados como medida da qualidade do engajamento de uma determinada amostra do canal, rede ou comunidade. • **Menções por período** – medem a quantidade de menções de determinado material em um período definido (dia, mês, ano) e são utilizadas para avaliar a velocidade de propagação de um conteúdo; indicam períodos de sazonalidade. • **Frequência de publicação** – indica a contribuição dos membros nas diversas redes e pode ser diária, semanal ou mensal. Indica o esforço empenhado em um canal, rede ou comunidade. PREFERÊNCIA • **Favoritos** – quantidade de vezes que um conteúdo ou assunto foi armazenado em ferramentas de social. • ***Likes*** – quantidade de vezes que o conteúdo foi marcado com like (gostei) ou dislike (não gostei). • ***Retweets*** – quantidade de vezes em que um conteúdo foi retransmitido em um microblog. • **Publicar-Conversar** – medida que envolve a análise dos recursos como conversação, compartilhamento, comentário, favoritos, enviar para amigo, twittar, etc. Avalia o eixo de conversação de determinado assunto ou conteúdo e tende a estabelecer um senso de comunidade em torno do canal, rede ou comunidade. INFLUÊNCIA • ***Rating/rankings*** – avaliação do canal ou do conteúdo. • **Referência (*referral*)** – quantidade de links apontando para o site, vídeo, foto ou material, canal ou conteúdo. Avalia também a fonte da referência. • **Membros** – quantidade de participantes de uma rede social, comunidade ou canal. • **Conexões** – quantidade de amigos e seguidores dos membros. As medidas de membros e conexões são usadas para definir o tamanho de uma comunidade e o potencial de propagação de um conteúdo dentro desta comunidade.

Fonte: elaborado pelos autores.

Além dessas medidas quantitativas, as redes sociais permitem avaliações qualitativas, como mapeamento de comentários, avaliação do sentimento demonstrado nos comentários e análise do conteúdo postado ou comentado. A análise de elementos de conteúdo procura retratar o capital social, as formas de interação, a construção contextual, o tipo de conversação e pode utilizar metodologias diversas, como etnografia virtual, análise do discurso, análise da conversação, entrevistas, análise de conteúdo, entre outras.

Sobre marketing de conteúdo, Villaverde[9] apresenta como sugestão uma relação das métricas, conforme mostra o Quadro 6.3.

Quadro 6.3 Relação das métricas no marketing de conteúdo

Consumo	**Visualizações de página (*pageviews*)** Visualizações de página informam quantas vezes e quais conteúdos foram consumidos, o que ajuda a identificar os conteúdos com melhor desempenho	**Visitantes únicos (*unique visitors*)** Visualizações de página podem ser distorcidas por visitantes que clicam em diversas páginas ou visitantes repetidos; então, visitantes únicos dizem o tamanho geral da audiência e a repetição do tráfego	**Tempo médio na página** Medida que dá uma ideia sobre como as pessoas estão passando pelo conteúdo, rapidamente ou mais devagar, consumindo as informações
Consumo	**Abertura de e-mails** Ferramentas que identificam quantas pessoas abriram os e-mails e em que horários, traz a informação da melhor hora do dia para o envio e assuntos que mais proporcionam a abertura dos e-mails	**Cliques em e-mails** As mesmas ferramentas podem informar quais links dos e-mails enviados chamaram mais atenção e foram mais clicados, auxiliando o planejamento de ações futuras	**Download de ofertas/ preenchimento de formulários** Para conteúdo fechado, algumas ferramentas de automação de marketing identificam o nível de preenchimento de formulários: quantos foram completamente preenchidos com informações válidas
Retenção	**Taxa de retorno** Mostra quantos dos visitantes estão retornando em comparação com visitantes novos. É bom ter uma mistura dos dois, mas é necessário um relacionamento diferente com cada tipo de visitante	**Taxa de rejeição** Calculada com base em dois cliques: o de entrada e o de saída. Se ambos os cliques acontecem na mesma página, isto é considerado rejeição, porque o visitante não clicou em outros links para explorar a página	**Páginas por sessão** Mostra o número de páginas visitadas pelo usuário em cada sessão
Retenção	**Cancelamento e *opt-outs*** Monitoramento da retenção de uma lista existente de assinantes olhando para os cancelamentos de assinaturas ou *opt-out* ou acompanhando o descimento do número de assinantes (*opt-in*)	**Seguidores** Uma das principais formas de retenção de visitantes é "ser seguido", indica o desejo de continuar recebendo novidades e retornar à página. É importante monitorar o número de seguidores	**Assinantes de feed** É possível medir o número de assinantes do *feed* para calcular a retenção por meio de ferramentas de análise de *feeds*
Engajamento	**Compartilhamento nas redes sociais** Avaliação do tipo de conteúdo que motiva os visitantes a compartilharem. Algumas ferramentas permitem ter uma estatística unificada do número de compartilhamentos pelo tipo de conteúdo de todas as redes sociais em que atua	**Curtidas nas redes sociais** Monitoramento das curtidas (ou *likes*/ *dislikes*) como compartilhamento, considerando que conteúdos curtidos têm mais chances de aparecer no *feed* de amigos e seguidores	**Encaminhamento de e-mails** Não é possível contabilizar todos os encaminhamentos pois depende de como foi feito, mas dá uma ideia comparativa de compartilhamento entre uma campanha e outra

9. VILLAVERDE, L. *Infográfico*: 29 métricas essenciais para o marketing de conteúdo. Disponível em: http://tutano.trampos.co/14071-infografico-metricas-para-marketing-de-conteudo/. Acesso em: 17 jul. 2019.

Leads	**Comentários** O número de comentários em um conteúdo pode dar uma ideia do engajamento dele, lembrando que comentários em redes sociais tendem a ser mais frequentes do que em páginas ou blogs	**Duração da sessão** Tempo de permanência – indica a quantidade de tempo em que um visitante permanece na(s) página(s) em uma visita	**Profundidade da navegação** Mostra quantas páginas de um site foram vistas em uma sessão, se estão lendo o conteúdo e saindo ou interessados em conteúdos diferentes na mesma página
Vendas	**Novos *leads* gerados** Para descobrir o número de *leads* gerados existem ferramentas que calculam quantos novos *leads* (contatos) entraram na base de dados depois de entrar em contato com o conteúdo da marca	***Leads* existentes alcançados** Existem ferramentas que identificam quantos *leads* foram alcançados, quantos interagiram com o conteúdo	**Taxa de conversão do funil** Identificar quais conteúdos mais ajudaram os *leads* a avançar no funil de vendas
Custos	**Canalização gerada** Usando um modelo de atribuição de primeiro contato, é possível agregar o valor total em dinheiro de todas as oportunidades quando o primeiro contato do *lead* associado com a oportunidade foi com um conteúdo de marca	**Canalização alcançada** Agregar valor em dinheiro de todas as oportunidades quando o *lead* associado com a oportunidade entrou em contato por meio de um conteúdo específico da marca	**Receita ($)** Identificação da receita total gerada de uma oferta por meio de contatos associados com um ou mais conteúdos produzidos anteriores à conversão
Custo/produtos	**Tempo de publicação** Quanto tempo a marca demora para transformar uma ideia em um conteúdo publicado? Medir esse tempo e processo pode gerar insights sobre o processo de criação de conteúdo e avaliar a eficiência da estrutura da equipe	**Produção de conteúdo** Avaliação do volume de conteúdo que a equipe/agência produzem em um determinado tempo. Pode ser utilizada para avaliação da eficiência do processo	**Controle de conteúdo** Registro dos conteúdos produzidos para avaliar a rapidez de consumo dos conteúdos: média de dias entre os posts dividida pela média de dias desde a última visita
	Custo de produção por post/conteúdo Cálculo dos custos por conteúdo com base no custo da equipe/agência ou profissional dedicado	**Custos de divulgação por post** Os custos de divulgação por post pode tornar-se crescente, ultrapassando os custos previstos de conteúdo. Cálculo baseado no tempo ou dinheiro gasto na divulgação nas redes sociais ou usando ferramentas de anúncio	Fonte: adaptado de http://tutano.trampos.co/14071 -infografico-metricas-para-inalketing- -conteudo/

Fonte: adaptado de VILLAVERDE.

Transparência e independência nas medições sempre foram desejos do mercado como um todo e das organizações anunciantes em particular. Sacchitiello, Criscuolo e Pacete[10] observam que o compartilhamento de conteúdo pessoal é maior do que o conteúdo de produtos, marcas e serviços, mas houve uma ampliação do compartilhamento de conteúdo ligado a notícias e outros de cunho não pessoal, especialmente em páginas como o Facebook. Ranqueamentos nessa mídia social destacam posts de cunho pessoal, nos quais família e amigos são o centro do feed de notícias. No entanto, a própria direção da mídia tem se preocupado com a disseminação das *fake news* e tem dado prioridade para a disseminação de conteúdo fidedigno e ferramentas de checagem da origem do conteúdo.

10. SACCHITIELLO, B.; CRISCUOLO, I.; PACETE, L. G. Quem compartilha amigo é! *Meio & Mensagem*, p. 36-37, São Paulo, 11 jul. 2016.

As métricas e KPIs em mídias sociais permanecem apoiadas sobre a construção de conteúdo que as pessoas queiram realmente compartilhar. Para isso, a pesquisa constante e uma gestão eficiente do processo e dos conteúdos produzidos pela marca, produto ou serviço é fundamental. A partir de 2013, muitas notícias surgiram por problemas em algumas mídias sociais e também sobre o uso de **truques** para inflacionar artificialmente as métricas. Ribeiro[11] chama a atenção para alguns desses truques, como:

- **refresh automático** – também chamado de reload automático, atualiza a página independentemente do internauta. Home pages e algumas notícias, que podem sofrer atualizações no decorrer da apuração, precisam de refreshing por princípio. O truque torna o reload frequente e exagerado em muitas ou até em todas as páginas do veículo;
- ***pop up under*** – uma janela que abre automática e paralelamente à página principal, geralmente sob ela. Não raro, tem conteúdo desprezível e se fecha rapidamente, antes que o usuário a perceba. Uma variação é o flash pop up, que abre na mesma página, com programação em flash ou html 5;
- **entradas múltiplas** – o link, a partir de uma rede social ou de um reader, não vai diretamente para a notícia, mas para uma página, geralmente a home, onde a nota procurada está em destaque e deve ser novamente clicada;
- ***Landing page*** – link leva a uma página introdutória, que mostra um anúncio ou uma pergunta sobre o internauta, geralmente desnecessária;
- **conteúdo retalhado** – o texto é longo e precisa ser dividido. O truque ocorre quando há exagero nessa divisão, gerando a sensação de que há próximas páginas demais;
- ***bounce rate*** – índice referente a páginas em que você clica esperando o conteúdo desejado, mas ao começar a ler, percebe que nada tem a ver com o que buscava, ou era de fato o conteúdo de interesse, porém barrado por uma página de assinatura. Por mais breve e indesejada que seja sua passagem por essas páginas, são contabilizadas como views;
- **fofoca, animais, bebês, sexualidade** – o destaque a assuntos como esses não tem nada a ver com memes ou qualidade de conteúdo. São

11. RIBEIRO, I. O falso milagre. *Meio & Mensagem*, p. 36, São Paulo, 18 fev. 2013.

simplesmente iscas para criar mais visualizações a partir das *home pages* – não por acaso os canais de notícias bizarras têm proliferado na internet.

No artigo *Fraude no Instagram alerta o mercado*, Karina Julio[12] trata da compra de likes e do uso de *bots* (robots) para inflar a audiência – ação que estaria sendo praticada por alguns microinfluenciadores interessados em atrair marcas para as suas páginas. O artigo fala ainda de empresas que vendem followers e likes para quem tiver interesse. Para Rafael Coca, sócio e codiretor da Spark, empresa de influencer marketing, presente no artigo citado, a compra de followers é "um tiro no pé" para a carreira do próprio microinfluenciador e, embora possam ser comprados, a fraude pode ser identificada pelo engajamento das páginas. Segundo ele, uma breve pesquisa entre os seguidores de determinado perfil já permite identificar se são de fato pessoas reais – além disso, perfis falsos não costumam ter publicações frequentes e os discursos tendem a ser superficiais.

O uso de plataformas proprietárias para a análise de impressões, engajamento, alcance e conteúdo é uma alternativa para tornar as métricas mais assertivas. Existem também ferramentas de monitoramento que ajudam a verificar a autenticidade e a porcentagem de perfis falsos ou inativos dentro de dada audiência. Eric Messa,[13] professor da FAAP, observa que "práticas para inflar os seguidores de um perfil, ou mesmo o uso de perfis *fakes* para iludir o público de determinado produto são recursos antiéticos que desaparecerão naturalmente, conforme marcas e consumidores ganham maturidade em relação a esse meio".

A IAB Brasil vem trabalhando no sentido de desenvolver melhores práticas para a área de digital e conteúdo e o mercado como um todo vem amadurecendo e aprimorando as ferramentas de monitoramento e *analytics*. Conheça as boas práticas relativas às métricas de engajamento do IAB:

12. JULIO, K. Fraude no Instagram alerta mercado. *Meio & Mensagem*, 28 ago. 2017. Disponível em: http://www.meioemensagem.com.br/home/marketing/2017/08/28/fraude-entre-microinfluenciadores-no-instagram-alerta-mercado.html. Acesso em: 17 jul. 2019.

13. JULIO, 2017.

Números, números e mais números.
Essa mensurabilidade em tempo real é que faz das tecnologias digitais e mídias sociais extremamente preciosas para a gestão de marketing e comunicação. Por outro lado, cria-se um grande desafio, uma vez que os profissionais de marketing e de comunicação nem sempre estão preparados para analisar, compreender e tomar decisões baseadas em montanhas de dados proporcionados pelos analytics.
O alinhamento entre criatividade, tecnologia e números é o programático que se insinua em todas as esferas de nossas decisões em comunicação.

Mas como evitar cair nesses truques ou identificar se os dados recebidos são confiáveis? Sempre haverá uma margem de erro, embora recursos como o impulsionamento de postagens dentro da própria plataforma sejam recomendados. O uso de ferramentas de monitamento reconhecidas e recomendadas também gera maior confiança.

6.1.2 Ferramentas de monitoramento de mídias sociais

A gestão das atividades em mídias sociais é fundamental para B2C e B2B. Assim, o mercado apresenta algumas ferramentas de gestão, como mostra o Quadro 6.4.

Quadro 6.4 Ferramentas de gestão de mídias sociais

Ferramenta	Função	Opções
Cotweet	Desenhado para se parecer com um cliente de e-mail, em que é possível ver menções, atualizações dos seguidores, mensagens e explorar todos os recursos do Twitter	https://twitter.com/cotweet
Dinamize	Gestão de mídias sociais	https://www.dinamize.com.br/
Doubleclick	Ferramenta para construir e lançar campanhas de marketing de mídia social, gerar e criar conscientização de marca e analisar o comportamento do usuário em tempo real	https://www.google.com/doubleclick/
HootSuite	Ajuda as organizações a usar a web social para lançar campanhas de marketing, identificar e aumentar a audiência e distribuir mensagens específicas por meio de múltiplos canais	https://hootsuite.com/plans
MediaFunnel	Plataforma de Business Social Media (BSM), propõe-se a colocar empresas em contato com seus clientes nas principais mídias sociais	http://mediafunnel.com/
Postling	Para criar conteúdo, se organizar e alcançar clientes	http://postling.tumblr.com/
Salesforce marketing cloud	Monitoramento e interação com clientes por meio de todos os canais digitais: e-mail, mídia social, mobile e web. Automatização, gerenciamento de campanhas, publicação de conteúdo, analise de resultados	https://www.salesforce.com/
Seesmic	Aplicativo desktop para gestão de redes sociais	https://seesmic-desktop.en.softonic.com/?ex=DSK-173.4

Sendible	Permite gerenciar múltiplos canais sociais, email, SMS e as contas do blog, tudo a partir de uma única interface	https://sendible.com/
Sprout Social	Para gestão de mídia social	https://sproutsocial.com./
TweetDeck	Navegador em tempo real, ligando-o com seus contatos através de múltiplos canais sociais	https://tweetdeck.twitter.com/
Klout	Um dos mais completos e bem elaborados medidores de influência em redes sociais, e também um dos mais conhecidos	https://plus.google.com/110469605246351997796
PeerIndex	Avalia a atividade do usuário em várias redes e calcula um índice que mede seu patrimônio social. Ele também mostra quem influencia a pessoa e quem é influenciado por ela	https://www.facebook.com/PeerIndex/
GetAboutMe	Aplicativo que avalia a atividade do usuário no Facebook e a maneira como o conteúdo publicado por ele reverbera na rede social. Depois, determina sua avaliação social	https://www.microsoft.com/en-us/store/p/getaboutme/9wzdncrdm9zp
Kred	Determina dois índices: influência e alcance. A influência, medida em uma escala de 0 a 1.000, expressa a habilidade de inspirar outras pessoas a agir (Twitter)	http://home.kred/
Twitalyzer	Além de calcular seu próprio índice de influência no Twitter, o Twitalyzer agrega dados dos serviços Klout e PeerIndex. Ele informa índices parciais relativos a aspectos como impacto, generosidade, influência e engajamento, além de dados como o número de retuítes da pessoa	https://twitter.com/twitalyzer
TweetLevel	Criado pela empresa de relações públicas Edelman, usa 40 parâmetros diferentes para avaliar a influência de uma pessoa no Twitter. Junto com o resultado, vêm explicações (em inglês) sobre como o usuário se sai em quatro aspectos diferentes e sugestões para aumentar a influência	https://twitter.com/tweetlevel
TweetGrader	Compara a atividade de uma conta no Twitter com dados estatísticos da rede social para situá-la uem uma escala de influência de 0 a 100. Fornece também dados como a posição do usuário no ranking do Twitter	https://twitter.com/tweetgrader

Fonte: SAMBA TECH. *As 7 melhores ferramentas para gestão de mídias sociais*, 5 dez. 2017. Disponível em: https://sambatech.com/blog/insights/ferramentas-para-gestao-de-midias-sociais/. Acesso em: 9 ago. 2019.

Veja as cinco melhores ferramentas de gestão de mídias sociais avaliadas por usuários na Figura 6.12.

Figura 6.12
Melhores ferramentas de gestão de mídias sociais

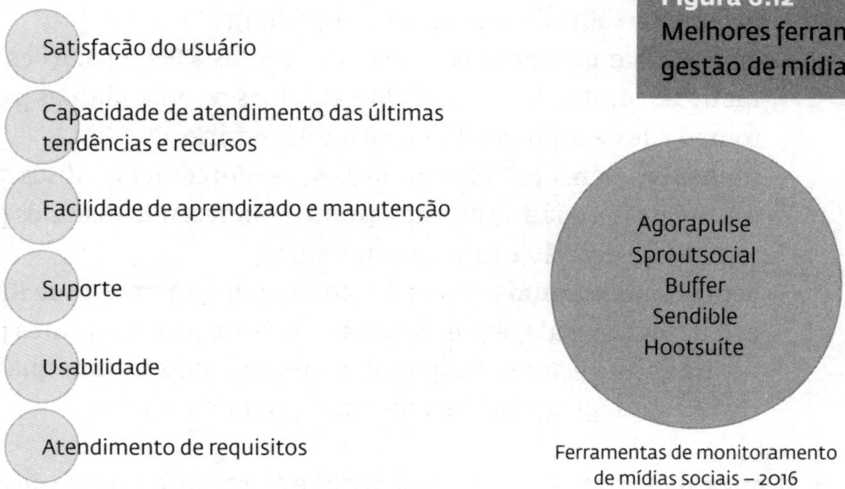

Fonte: O MELHOR DO MARKETING. *As 5 melhores ferramentas de gestão das redes sociais de 2016 [infográfico]*. Disponível em: https://omelhordomarketing.com/5-melhores-ferramentas-gestao-redes-sociais-de-infografico/. Acesso em: 9 ago. 2019.

O monitoramento constante das atividades de comunicação é fundamental em um processo de planejamento estratégico da comunicação organizacional e o retorno sobre investimento é melhor dimensionado quando se trata de uma perspectiva que acompanha todo o processo, do início ao final do planejamento, como vimos anteriormente.

Em mídias sociais, em virtude de sua agilidade e atuação em tempo real, o monitoramento se torna ainda mais premente para as decisões de curtíssimo prazo e para a coleta de dados capazes de apoiar a tomada de decisões de longo prazo. Dessa forma, relatórios são importantes desde que objetivos e focados em questões bem demarcadas e delineadas – excesso de informação é um mal de nossos dias e pode ser mais prejudicial do que sua falta.

De acordo com Meirelles,[14] os relatórios podem ser de tipos diferentes, com finalidades específicas:

---

14. MEIRELLES, 2015.

- **Recorrentes** – com dados mais relevantes e prioritários.
  - **diários** – devem conter alguns KPIs prioritários e, no máximo, o destaque do dia (informações rápidas, resumidas, para tomada de decisões rápidas, geralmente utilizado para analisar a percepção do público sobre determinada campanha);
  - **semanais e quinzenais** – devem conter os KPIs, evoluções nas métricas, destaques do período e algumas recomendações para a tomada de decisão imediata, se for necessário;
  - **mensais** – além dos KPIs e evoluções, devem conter análises mais estratégicas e qualitativas de assuntos, oferecendo insumos para tomada de decisão e futuras estratégias;
  - **semestrais e anuais** – além de todo acompanhamento de KPIs e evoluções mensais, é preciso focar em destaques relevantes para futuras ações e aprendizados, deixando o relatório mais qualitativo e estratégico (análise mês a mês, mais detalhada).

- **Pontuais** – para situações específicas e acompanhamento de análise de histórico.
  - **período analisado e metodologia aplicada** – deixando claro as categorias, a dinâmica da campanha etc.;
  - **painéis quantitativos** – com destaques para números que busquem responder às perguntas dos relatórios mais do que fazer uma análise geral;
  - **análises qualitativas detalhadas** – já que esse relatório geralmente é mais utilizado com fins de pesquisas e diagnósticos de campanha/marca, o foco é qualitativo (relevância de um assunto, post etc.).

Vários blogs e sites alertam para a necessidade de compreender a relação entre **métricas de vaidade × métricas reais**. Métricas de vaidade são conceituadas como aquelas que mostram números maiores e inflam o ego das organizações envolvidas, mas não dão suporte a nenhuma tomada de decisão. A pergunta recomendada é: Essa métrica ajuda a tomar quais decisões? Quando se olha para um número e não é possível identificar o que fazer com ele, provavelmente estamos olhando para uma métrica de vaidade.

Não que devam ser totalmente ignoradas, mas a análise precisa dar um passo além e aprofundar o questionamento. O blog Marketing de Conteúdo[15] recomenda olhar com maior critério as métricas de:

- likes, +1, coraçãozinho no Twitter e afins;
- download de apps;
- cliques;
- compartilhamento;
- taxa de rejeição;
- seguidores;
- *pageviews* (visualizações de páginas).

A recomendação é aprofundar a análise e incluir um olhar qualitativo sobre os dados, evitando tomada de decisões equivocadas. De forma geral, perguntamo-nos: Quais métricas realmente são relevantes em mídias sociais ou digitais? Veja a Figura 6.13.

Figura 6.13 Métricas relevantes em mídias sociais ou digitais

1. Taxa de conversão de campanhas
Conversão deve ser entendida como o objetivo traçado inicialmente. O papel de uma campanha em mídias sociais é gerar oportunidades. Deve-se acompanhar o percentual de conversões que está sendo alcançado.

2. Conversões ao longo do funil
A partir do momento em que se gera um novo inscrito em seu canal, página ou newsletter, isso passa a ser um *lead* (contato) e esse *lead* passa a fazer parte do funil de vendas. É importante identificar o estágio do funil em que o contato se encontra e ofertar conteúdo que o leve ao próximo passo, talvez ligado a páginas que exijam preenchimento ou informações cada vez mais detalhadas de acordo com as etapas.

3. LTV
Do inglês *Lifetime Value*, métrica que define o quanto um cliente vale para a marca. Clientes que tornam a comprar trazem maior lucratividade, menor custo por *lead* e maior LTN.

4. CAC
Métrica chave para empresas que querem manter-se em crescimento saudável. Significa, basicamente, quanto custa um cliente.

5. Número de visitantes
Ao contrário das *pageviews*, esse dado mostra quantas pessoas visitaram o site, independentemente da quantidade de vezes. São novos visitantes que foram acrescidos à audiência e não visitas retornantes. Essa métrica mostra que os conteúdos estão atraindo novos contatos.

Fonte: DIAS, 2018.

15. DIAS, T. *Por que nós precisamos falar sobre as métricas de vaidade?*, 2018 Disponível em: https://rockcontent.com/blog/metricas-de-vaidade/. Acesso em: 9 ago. 2019.

Independentemente de qualquer referência ou fonte, as medidas e chaves de performance mais importantes são aquelas que refletem os objetivos e necessidades de uma marca, produto ou serviço com relação aos públicos de interesse com os quais precisa relacionar-se, ou seja, a melhor métrica e chave de performance é aquela que faz sentido para o seu negócio, aquela que melhor mede a presença digital da marca e o tipo de resultado obtido com isso.

Mas como determinar quais são os objetivos de uma marca com relação à presença nas mídias sociais?

6.1.3 Determinação de objetivos para sua presença em mídia social

Um aspecto que deve ser considerado seriamente pelas organizações é o fato de o ambiente de tecnologia digital e as mídias sociais darem voz às pessoas e, portanto, aos públicos de interesse (stakeholders). Rêgo[16] observa que:

> é necessário que as empresas e suas ramificações mantenham-se sensíveis e em diálogo com o ambiente, e que construam um sistema e inteligência competitiva compatível com o tamanho da responsabilidade adquirida para com a sociedade de modo que ao gerenciarem seu crescimento possam também gerenciar os impactos que causam ao meio ambiente e à sociedade.

Determinar a presença da organização ou marca nas mídias digitais é ter essa perspectiva como diretriz básica das estratégias organizacionais e não apenas comunicacionais. Essa visão torna os **ativos intangíveis** fonte de vantagens competitivas sustentáveis – é, portanto, algo que deve perpassar toda a organização de ponta a ponta.

Galindo[17] observa que, nesse cenário, o ambiente digital e as mídias sociais são espaços de relações sociais onde público e privado se mesclam e onde as organizações colocam-se em cheque quanto à sua dimensão privada. A presença digital das organizações e marcas expõe esse ambiente privado de forma sem precedentes, e as organizações "questionadas, criticadas e à mercê de ações individuais (privadas) que, replicadas coletivamente na rede, ganham uma dimensão até então impensável para quem sempre investiu em sua imagem institucional e

---

16. RÊGO, A. R. A cultura da participação e a gestão da imagem e da reputação corporativa no ambiente das mídias sociais. In: *Estratégias de comunicação nas mídias sociais*. Barueri: Manole, 2015. p. 42.
17. GALINDO, D. S. As organizações e a nova visibilidade público-privada. In: *Estratégias de comunicação nas mídias sociais*. Barueri: Manole, 2015. p. 53.

acreditou na imagem percebida como resultado da imagem projetada". A imagem da organização será, então, um conjunto de interações incontroláveis por meio das diversas plataformas.

Os ativos intangíveis, tanto afetados por esse contexto, envolvem ativos que nem sempre são avaliados financeiramente, mas que pesam na percepção dos públicos de interesse da organização, como:

- **competências individuais** – conhecimento e capacitação;
- **competências organizacionais** – base de dados, tecnologia, rotinas e cultura;
- **competências relacionais** – rede de relacionamentos, reputação, lealdade.

Podemos afirmar que um dos maiores objetivos da presença das organizações em mídias sociais é contribuir de forma direta com o incremento dos ativos intangíveis e, consequentemente, ampliar o valor organizacional e o capital social. Esses ativos, segundo Bueno,[18] envolvem "um conjunto formidável de atributos institucionais e mercadológicos, como as marcas, o portfólio de produtos, índice de inovação, a gestão do capital intelectual, o compromisso com a sustentabilidade e a diversidade corporativa, e inclusive sua competência em comunicação e marketing".

Sendo assim, esses ativos envolvem duas categorias básicas:

1. **associados à geração de valor** – capital intelectual, marca, imagem, reputação, inovação, comunicação e marketing;
2. **com propósito de proteção do valor** – governança corporativa, gestão de riscos, segurança da informação, patentes etc.

Alguns outros ativos estão conectados às duas categorias, como sustentabilidade, conhecimento, grau de interação ou relacionamento com os públicos de interesse. Podemos perceber a correlação entre a construção, gestão e manutenção desses ativos intangíveis e a gestão da presença digital da organização e, mais, perceber que a presença digital deve estar sempre ancorada em atividades concretas em todos os ambientes, ações e atitudes da organização, marca e seus colaboradores. Percebe-se também que os resultados aferidos a partir dessa perspectiva vão além de métricas numéricas.

---

18. BUENO, W. C. Avaliando as organizações nas mídias sociais: muito além das métricas. In: *Estratégias de comunicação nas mídias sociais*. Barueri: Manole, 2015.

Bueno[19] afirma que a percepção dos ativos intangíveis das organizações é amplificada individual e coletivamente pelas mídias sociais. Fazendo referência ao proposto por Galindo, as organizações acostumaram-se a entender a imagem percebida como resultado da imagem projetada a partir dos meios de comunicação de massa, mas essa não é mais a realidade do mercado – pelo menos não em sua totalidade.

As mídias sociais impactam diretamente a construção do capital intangível global das organizações, como mostra a Figura 6.14.

Figura 6.14
Capital intangível global das organizações

CAPITAL INTANGÍVEL GLOBAL DAS ORGANIZAÇÕES

Capital institucional	Resultado do esforço centrado na geração de percepções positivas pelos públicos estratégicos e inclui imagem, reputação, marcas, missão, visão, valores, além dos compromissos com a sustentabilidade e sua inserção nas comunidades.
Capital organizacional	Relaciona-se com os ativos que geram valor a partir do *core business*, estratégia competitiva e mesmo do posicionamento no mercado, e se referem ao modelo de gestão, políticas corporativas, sistema de planejamento, gestão de conhecimento, aos modelos ou sistemas de recrutamento e seleção, remuneração e treinamento, entre outros.
Capital de relacionamento	Compreende a qualidade e eficácia de sua rede de clientes, parceiros e fornecedores, sua atuação com os públicos de interesse (*stakeholders*) – relações com a imprensa, sindicatos, formadores de opinião, relações governamentais e inclusive **sua competência na utilização das redes sociais**.
Capital intelectual	Refere-se à cultura corporativa, propriedade industrial e intelectual, capacidade de inovação, sistema desenvolvido em termos de inteligência competitiva, patentes registradas, metodologias proprietárias.

Fonte: DOMENEGHETTI; MEIER apud BUENO, 2015, p. 75.

Nesse contexto, a comunicação nas mídias sociais pode "desempenhar papel importante na construção do capital intangível global",[20] especialmente no que tange aos capitais de relacionamento e

19. BUENO, 2015, p. 195.
20. BUENO, 2015.

institucionais – nesses quesitos, o paradigma das mídias sociais implica compreender que não é possível controlar o diálogo, mas atuar no sentido de influenciá-lo, pois a organização "não é proprietária ou autora das mensagens", sendo improfícua sua tentativa de fazê-lo.

Bueno[21] alerta para a necessidade de escuta, muito mais do que de fala, reservando amplo espaço para a interação dos públicos em atitude de sincero diálogo. Nesse quesito, transparência é a palavra-chave e, para isso, não pode haver receio do trânsito entre o público e o privado. De acordo com Barger,[22]

> o esforço de comunicação nas mídias sociais exige uma articulação estreita entre inúmeras instâncias de uma organização e não deve estar limitado apenas a uma área específica (comunicação ou marketing, como normalmente se pode imaginar) ou mesmo a um setor especialmente criado para esse fim (gerência de mídias sociais, por exemplo). Como se postula também para outras modalidades de comunicação de uma organização (a comunicação com os públicos internos, por exemplo), as empresas contemporâneas devem criar uma cultura que defina posturas e formas de atuação nas mídias sociais, evitando conflitos e ruídos pela disputa interna de territórios, sobretudo quando a presença nesses ambientes confere prestígio aos que são por eles responsáveis ou na emergência de situações de crise.

Presença e atuação nas mídias sociais deve ser parte da cultura organizacional e, como tal, permear toda a organização, não apenas setores específicos. Assim, quando falamos dos **objetivos da presença da organização em mídias sociais**, estamos basicamente nos referindo à:

- mudança de paradigma com relação à atuação global da organização (público-privada), isto é, mudança da cultura organizacional em todos os níveis;
- construção, manutenção e proteção dos ativos intangíveis e capital intangível global da organização (incluindo o capital social);
- construção de relacionamentos a partir do diálogo transparente e da escuta ativa.

Assim, Bueno[23] alerta que

> muitos indicadores utilizados para caracterizar a eficácia de ações e estratégias de comunicação encerram um viés imediatista, em especial

21. BUENO, 2015.
22. BARGER apud BUENO, 2015, p. 85.
23. BUENO, 2015, p. 96.

aqueles que estão consolidados em métricas que pretendem caracterizar a presença das organizações em mídias sociais e contemplam os seus ativos intangíveis.

As métricas usuais devem ser vistas como indicadores, resultados de campanhas ou ações específicas ou ainda resultado de esforços pontuais, mas sempre relativizadas e com a perspectiva que não é possível tornar estática uma relação que é, por natureza, dinâmica. Há um esforço do mercado como um todo de encontrar caminhos de mensuração que possam aliar aspectos quantitativos com qualitativos, em uma tentativa de melhorar os sistemas avaliativos da presença em mídias sociais das organizações.

Como mostra a Figura 6.15, a avaliação da presença nas mídias sociais deve atender a três propósitos básicos:

1. comprovação do aumento da receita;
2. redução de custos; ou
3. obtenção de vantagens ou melhoria na satisfação dos clientes ou stakeholders em geral.

Figura 6.15 Propósitos básicos da mensuração de presença nas mídias sociais

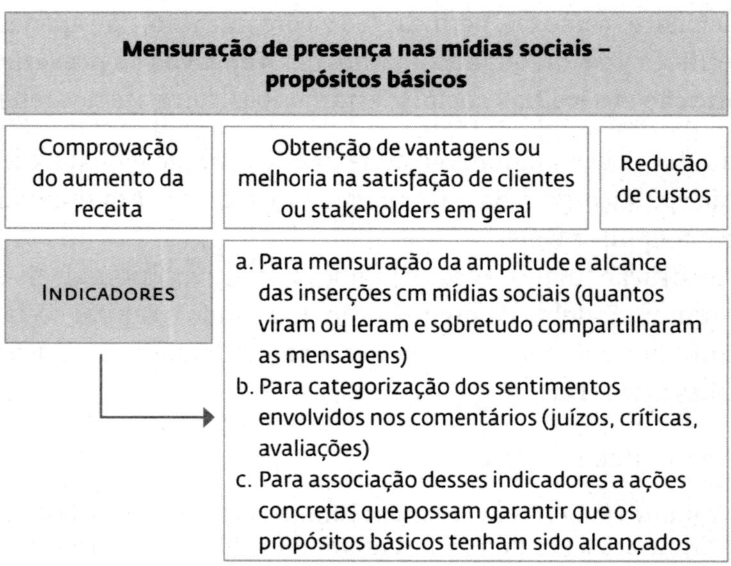

Fonte: BUENO, 2015, p. 102.

A integração entre métricas quantitativas e qualitativas deve ser sempre praticada e deve estar conectada aos objetivos organizacionais, explicitando necessidades estratégicas claras traduzidas pelos KPIs.

6.1.4 Análise de resultados

Amaral e Moschetta[24] abordam a avaliação de resultados na web a partir das perspectivas quantitativas e qualitativas, destacando que a quantitativa tem primazia em virtude das próprias características das mídias sociais, enquanto a avaliação qualitativa deve envolver a qualidade e o impacto do conteúdo sobre as audiências, bem como sua influência sobre os outros perfis das mídias. Isso porque está em jogo a construção da reputação do indivíduo, marca, produto ou organização em virtude do alto grau de exposição proporcionado pelas mídias e alta vulnerabilidade em razão da falta de controle sobre as mensagens trocadas, porque há uma vigilância constante, porém, descentralizada, por meio de diferentes agentes dispersos e heterogêneos, segundo argumenta Fuchs.[25]

A organização não controla essa heterogeneidade e dispersão e a sua reputação é correspondente à opinião das comunidades com as quais se relaciona, direta e indiretamente, sobre o que sabem sobre ela. A reputação e sua gestão é um dos pilares do **capital social**, conceito que considera que as interações sociais têm valor atribuído e podem (ou não) ser convertidas em valor financeiro em algum momento. Confiança, reconhecimento e autoridade também são pilares do capital social.

Recuero[26] aborda o tema e observa que "o diferencial das redes (mídias) sociais é a emergência de tipos de capital social que não são facilmente acessíveis fora do ambiente digital" e, portanto, podem ser identificáveis no ambiente virtual. Zacarias e Martino[27] ressaltam que as ferramentas virtuais são usadas como fonte de produção e transferência do capital social e "há uma lógica entre a lógica da construção de capital social e a exposição da vida particular", seja de indivíduos ou organizações – o que nos leva a compreender que a linha tênue que

---

24. AMARAL, A.; MOSCHETTA, P. H. Visibilidade e reputação nos sites de redes sociais. A influência dos dados quantitativos na construção da popularidade a partir da percepção dos usuários. *VIII Simpósio Nacional da ABCiber Comunicação e Cultura na era de tecnologias midiáticas onipresentes e oniscientes*, ESPM, São Paulo, 3-5 dez. 2014. Disponível em: https://www.abciber.org.br/simposio2014/anais/GTs/adriana_da_rosa_amaral_172.pdf. Acesso em: 28 ago. 2017.
25. FUCHS, 2011 apud AMARAL; MOSCHETTA, 2014.
26. RECUERO apud AMARAL; MOSCHETTA, 2014.
27. ZACARIAS; MARTINO, 2012 apud AMARAL; MOSCHETTA, 2014.

separa o privado do público precisa ser explorada pelas organizações, sob pena de soar falsamente transparente caso não abram suas "casas" para que as pessoas possam adentrá-las.

As mídias sociais, ainda segundo os autores, contemplam uma permanente construção e expressão da identidade dos atores nas mídias. Tal expressão possui indicadores quantitativos, mas, de forma geral, só pode ser observada sob aspectos qualitativos se desejarmos que os dados apoiem inovação e tomada de decisões estratégicas e táticas.

Os autores afirmam ainda que a simples observação do número de seguidores, embora forneça um índice inicial, é insuficiente para aferir o capital social de um indivíduo ou organização – embora permita avaliar a popularidade desta ou daquela marca nas mídias sociais, não se traduz nem em reconhecimento nem em influência.

Falar de análise de resultados em mídias sociais é falar em capital social ou *whuffie*, termo criado por Cory Doctorow para designar uma moeda baseada em reputação on-line, popularidade, rede de relacionamentos (network), valor social e trilha digital, como mostra a Figura 6.16.

Figura 6.16
Capital social

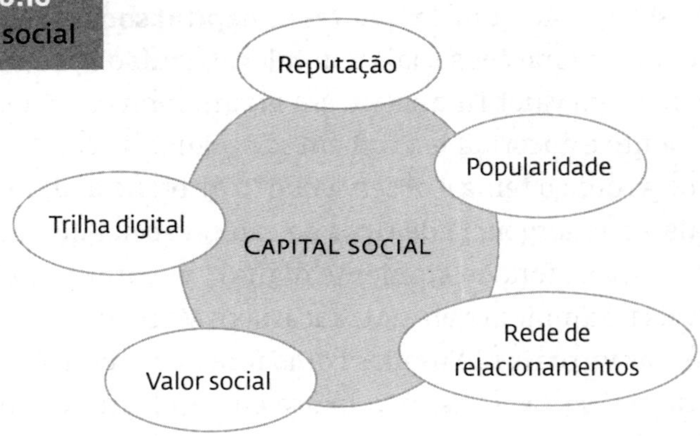

Fonte: RECUERO, 2009, p. 8.

Aprofundemo-nos, agora, em cada um desses elementos.

- **Reputação on-line** – ligada à imagem de uma marca, organização ou indivíduo por meio de suas ações na internet e o conteúdo que postam, é influenciada pelos comentários e críticas dos usuários.

- **Popularidade** – relacionada à audiência, implica compreender as conexões e referências a um indivíduo, marca, organização, produto ou serviço.
- **Network** – rede de contatos que um indivíduo, organização ou marca possui em suas redes sociais.
- **Valor social** (social worth) – conjunto de características de um indivíduo, organização ou marca que determinam a forma como é sua interação com os outros indivíduos e com o meio ambiente.
- **Trilha digital** – rastro digital que um indivíduo, marca ou organização constrói com os conteúdos que posta ao longo do tempo e que permanecem na timeline das mídias sociais.

Capital social é uma moeda de troca nas mídias sociais, baseada em conectar e construir relacionamentos – o que leva tempo. Portanto, os resultados vão requerer tempo, dedicação, esforço humano e financeiro e tempo de atuação ativa nas redes sociais. Primeiro fator significativo com relação à análise de resultados é que não pode haver pressa em alcançá-los. O capital social é, de acordo com Hunt,[28] o resultado residual da reputação e sua medida é dada de acordo com as interações com as comunidades e indivíduos.

Recuero[29] observa que

> um dos valores principais construídos nas redes sociais é a reputação. **Reputação compreendida aqui como a percepção construída de alguém pelos demais atores** e, portanto, implica em três elementos: o "eu" e o "outro" e a relação entre ambos. O conceito de reputação, portanto, implica diretamente no fato de que há informações sobre quem somos e o que pensamos, que auxiliam outros a construir, por sua vez, suas impressões sobre nós. Partindo informalmente das noções do Goffman, por exemplo, poderíamos dizer que a reputação de alguém seria uma consequência de todas as impressões dadas e emitidas deste indivíduo. A reputação, assim, pode ser influenciada pelas nossas ações, mas não unicamente por elas.

A **popularidade** é um valor relativo a como determinado indivíduo, organização ou marca se posiciona dentro de dada mídia social. Recuero[30] observa que "um nó mais centralizado na rede é mais popular,

---

28. HUNT, T. *O poder das redes sociais*. São Paulo: Gente, 2010.
29. RECUERO, R. *Reputação, popularidade e autoridade em redes sociais na internet*, 2008. Disponível em: http://www.raquelrecuero.com/arquivos/reputacao_popularidade_e_autoridade_em_redes_sociais_na_internet.html. Acesso em: 18 jul. 2019.
30. RECUERO, 2008.

porque há mais pessoas conectadas a ele e, por conseguinte, esse nó poderá ter uma capacidade de influência mais forte que outros nós na mesma rede". No entanto, é importante avaliar a influência real, uma vez que muitas métricas inflacionam dado número de seguidores, por exemplo, sem que haja interação real por parte desse "nó central".

Autoridade é um dos aspectos da reputação + popularidade que pode ser alcançado por meio da produção de conteúdo pertinente nas mídias sociais. Refere-se ao reconhecimento de uma expertise, ao domínio de uma informação ou área de conhecimento, ao "poder de influência de um nó na rede social (...) autoridade é uma medida de influência, da qual se depreende a reputação".[31]

Ao abordar esse tema, a autora destaca alguns valores ligados ao capital social que são referenciados com frequência:[32]

- **valores relacionais** – relacionados com a construção da rede em si, estão focados em criar, aprofundar e manter os laços sociais. Essas formas de capital social são importantes, porque auxiliam na manutenção da estrutura social. Esse conceito implica dizer que indivíduos, organizações ou marcas podem agir sobre esse valor quando modificam o funcionamento de uma rede (ou perfil) de forma a torná-lo popular, apropriando-se desse capital social relacional na medida em que cria uma centralidade, exercendo o papel de conector. Já o uso de hashtags (#), por exemplo, busca proporcionar maior visibilidade;
- **valores informacionais (ou cognitivos)** – relacionados com aquilo que circula na rede, mas que não está diretamente ligado à sua manutenção. Essas formas de capital social são importantes, porque fazem circular os valores na estrutura social e só podem acontecer quando a primeira forma de valor está presente. Os valores informacionais podem ser apropriados por indivíduos, organizações e marcas na medida em que há uma ação ativa para obter e divulgar informações sobre determinado conteúdo – podendo contribuir para a reputação como expert em dada área ou como importante curador, construindo uma identidade e identificação associadas a este ou aquele conteúdo.

---

31. RECUERO, 2008.
32. RECUERO, R. *Capital social e redes sociais na internet*, 2009. Disponível em: http://www.raquelrecuero.com/arquivos/capital_social_e_redes_sociais_na_internet.html. Acesso em: 29 ago. 2017.

No trabalho de Neuman,[33] há a indicação de três tipos de capital social:

1. **conexão** – acontece no relacionamento das pessoas com suas próprias famílias e com indivíduos ou grupos com interesses comuns ou de uma mesma comunidade;
2. **ponte** – essa relação social acontece com pessoas de grupos diferentes, por exemplo, raça, geração, gênero, região ou preferência política. Esse tipo de capital social é formado quando as pessoas ultrapassam as fronteiras geográficas, sociais e culturais, o que é amplamente propiciado pelas redes sociais;
- **ligação** – aproxima pessoas de diferentes faixas sociais. Por meio dessas relações, indivíduos obtêm acesso a recursos e conhecimentos aos quais, normalmente, não teriam.

Como mostra a Figura 6.17, os ativos do capital social em mídias sociais envolvem cinco elementos.

Figura 6.17
Ativos do capital social

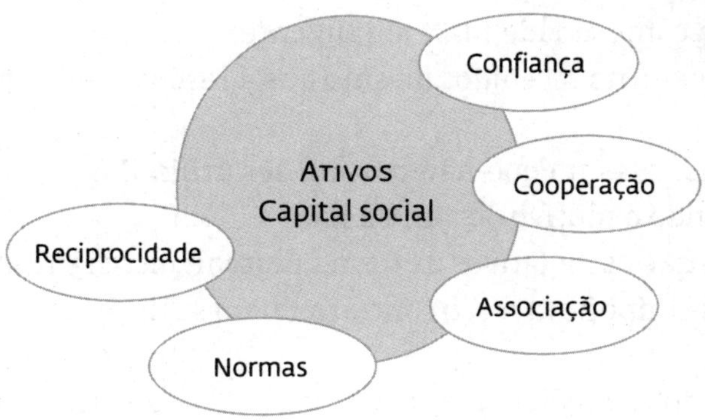

Fonte: BRACHTVOGEL, H. R. *A importância de se construir uma boa reputação corporativa na era das mídias sociais*: a estratégia de comunicação da Zappos. 2014. Dissertação (Bacharel em Comunicação Social) – Universidade do Estado do Rio de Janeiro (UERJ). Disponível em: https://pt.slideshare.net/henriquerosa33/monografia-de-henrique-r-brachtvogel-44187088. Acesso em: 18 jul. 2019.

Assim, quando falamos em avaliação de resultados sob o ponto de vista do capital social, esses ativos devem ser considerados. Além deles,

---

33. NEUMANN, L. T. V. *Desenvolvimento comunitário baseado em talentos e recursos locais*, 2011. Disponível em: http://slideplayer.com.br/slide/2293833/. Acesso em: 28 ago. 2017.

os **conectores**, na dinâmica social, aos quais Recuero[34] se refere como nós, conceituados como indivíduos, organizações ou marcas engajadas, possuem uma extensa rede de conexões e uma influência potencial sobre elas.

Hunt[35] observa que uma das formas de melhorar a performance e ampliar o capital social é integrar o **feedback** na gestão organizacional, não apenas em termos de comunicação, mas na medida em que ele pode ser integrado no processo de elaboração de produtos e serviços de melhor qualidade gerando *improvement*. Hunt[36] declara que

> responder eficientemente (feedback) expande o capital social porque, quando se dá a resposta correta, demonstra-se aos clientes que a organização ou marca está verdadeiramente ouvindo o que estão dizendo e respondendo-lhes, o que gera confiança. Essa confiança irá levar a mais retorno e diálogo, o que aprofunda o relacionamento, ampliando o capital social.

E recomenda:

- ter conselhos e inputs de especialistas, mas sempre planejar o conteúdo para uma comunidade mais abrangente;
- responder todo retorno recebido, mesmo que a resposta seja "não, obrigado!";
- receber as ideias, mesmo que não possam ser utilizadas, agradecendo e explicando o motivo do sim ou não;
- não levar comentários negativos de forma pessoal: eles significam que as pessoas se importam, caso contrário, nem se incomodariam em comentar;
- dar crédito a todos cujas ideias contribuíram para a melhoria da empresa, marca, produto ou serviço, porque o reconhecimento alimenta a confiança;
- se ideias foram implementadas, abrir espaço para avaliar se realmente contribuíram de alguma forma;
- implementar melhorias continuamente, isso mostra que a organização está se movimentando em direção a uma qualidade melhor;

---

34. RECUERO, 2009.
35. HUNT, 2009.
36. HUNT, 2009.

- se o retorno não chega de forma espontânea nas mídias sociais ou e-mail, identificar os comentários feitos sobre a organização, produtos e serviços;
- jamais se deixar abater por críticas, não é possível agradar a todos;
- perseverar.

Alcançar os resultados esperados tem uma relação direta com quais resultados podem ser esperados de diferentes ações e mídias sociais – isso parece óbvio, mas muitas organizações esperam resultados não condizentes com a ação, mídia, esforço ou investimento colocado em determinada campanha. Vamos explorar alguns resultados positivos.

Marca: **Peugeot**

Agência: Publieasy[37]

Campanha para o Salão do Automóvel 2016, com três dias de duração, alcançou 7,5 milhões de impressões. O público-alvo envolvia homens e mulheres interessados em carros, esportes motorizados e esportes de aventura, moradores de São Paulo. O objetivo era divulgar carros conceito da marca e levar pessoas ao evento. Resultados: mais de 11 mil cliques e 0,14% de CTR.

Veja mais aqui:

Marca: **Unilever**

Canal: All things hair (YouTube)[38]

Canal no YouTube centrado em conteúdo, onde as marcas aparecem de forma discreta. O conceito está na postagem de dicas, dúvidas e situações cotidianas envolvendo cabelos e maquiagem. Resultados alcançados: 280.771 inscritos em 28 de agosto de 2017. Existem vídeos no canal com mais de 300 mil visualizações.

Veja mais aqui:

---

37. PUBLIEASY. Casos de sucesso. *Meio & Mensagem*, p. 47, 26 jun. 2017.
38. ROCHA, R. Branded Content: parece, mas não é. *Especial Meio & Mensagem*, 16 nov. 2015.

Marca: **Itaú**

Ação: Branded Content

A partir do contato direto com os públicos de interesse, a equipe de marketing colhe insights que contribuem para a definição da pauta. O objetivo é a relação da marca com as pessoas por meio de assuntos com os quais as pessoas se identifiquem, isto é, conteúdos inspiradores que possam gerar mais conteúdo. Para isso, as ações seguem duas linhas: (1) baseada no core business, associar o negócio em si com entretenimento e conteúdo de qualidade; (2) na linha de publisher (editoriais), buscando identificação e engajamento com causas além do negócio principal, como educação, cultura, mobilidade e esporte.

Assista ao vídeo – Pai por Gustavo Kuerten

Assista ao vídeo – Viver a música #issomudaomundo

Marca: **Natura**

Ação: multiplataforma

Dez anos de atividade com estímulo à produção cultural, consumo e conexão com o conceito de bem-estar por meio da música. Ação ativa da marca Natura com o site, a Casa Natura Musical em São Paulo, cujo canal no YouTube tem 20.734 inscritos, no Facebook, 18.931 seguidores, e muita mídia espontânea.

Veja mais aqui:

Marca: **OMO**

Ação: #MomentosQueMarcam

Agência: FBiz

Com a temática "não deixe a vida passar em branco, porque bons momentos marcam", a campanha on e off-line nasceu para os meios digitais mas, devido ao potencial, envolveu diversos meios. Com estrutura predefinida, o público foi estimulado a participar colaborativamente com o conteúdo. Por meio das mídias sociais, a marca buscou perfis de pessoas que tinham afinidade com a mensagem e as convidou para participar da fase inicial. Depois, o convite foi estendido ao público em geral por canais abertos de televisão e outros meios.

Veja mais em:

YouTube:

Facebook:

O que as marcas têm em comum quando se trata de mídias sociais e conteúdo é a qualidade da produção e o cuidado com o planejamento estratégico. Pense em mídias sociais como uma estratégia de comunicação importante, que deve receber atenção e recursos financeiros e humanos para proporcionar os melhores resultados.

O monitoramento do comportamento do consumidor, desde as ações em plataformas digitais até a loja física (do clique à loja), contribuem muito para alcançar a "performance perdida", conforme afirma Julio.[39] Algumas ferramentas como o Google Atribution[40] se propõem a contribuir para identificar o que funciona em diferentes canais e dispositivos por meio do cruzamento de dados, campanhas regionais e locais nas quais é possível observar o tráfego físico nas lojas por meio de sua localização, geolocalização e associação com um anúncio local em vídeo, por exemplo.

Cada vez mais os softwares buscam a eficiência digital correlacionada com a mensurabilidade, ou seja, quanto mais o digital avança junto ao consumidor, mais desafiadora se torna a compreensão das conexões dos ambientes on e off-line. A *internet of things* (IoT) ou internet das coisas deve vir a contribuir para o cruzamento de dados, tornando a mensurabilidade e a capacidade de acompanhamento desse trajeto muito maiores.

---

39. JULIO, K. B. Em busca da performance perdida. *Meio & Mensagem*, p. 30, São Paulo, 29 maio 2017.
40. CUSTÓDIO, M. *Google attribution*, 2017. Disponível em: https://resultadosdigitais.com.br/blog/google-attribution/. Acesso em: 28 jul. 2019.

ESTUDO DE CASO

Ben & Jerry's

Sorvetes com nomes divertidos, como Cherry Garcia, Berry N'ice, Karamel Sutra, Chocolate Therapy e Chunky Monkey. Sabores diferentes e deliciosos, conhecidos mundialmente pela massa cremosa com pedaços de algo mais, como brownies, cookies, bananas ou amêndoas. Embalagens coloridas e exóticas. Uma imagem descontraída e hippie. Essa é a marca de sorvetes Ben & Jerry's, que, com seu espírito inovador de "divertir-se fazendo delícias geladas e ajudando o próximo", sabe como nenhuma outra empresa ser responsável socialmente com suas ações beneficentes.

A história

Tudo começou quando os hippies Ben Cohen e Jerry Greenfield, amigos de infância e fanáticos por sorvetes, resolveram desenvolver sua própria linha de produtos por não considerarem nenhum sorvete disponível no mercado americano suficientemente gostoso para satisfazer seus refinados paladares. Depois de Ben ser despedido de vários trabalhos temporários e Jerry falhar pela segunda vez na admissão da faculdade de medicina, os dois amigos gastaram irrisórios US$ 5 em um curso de fabricação de sorvetes por correspondência, oferecido pela universidade Penn State. Com o que aprenderam e mais US$ 12 mil, sendo US$ 4 mil obtidos por empréstimo, inauguraram a primeira sorveteria no dia 5 de maio de 1978, na esquina das ruas St. Paul e College, no centro da cidade de Burlington, estado americano de Vermont, dentro de um posto de gasolina reformado com o nome de Ben & Jerry's Homemade Ice Cream Parlor.

Por dentro da marca
Ben & Jerry's

Os sorvetes, inicialmente vendidos em 12 sabores diferentes, eram feitos com o melhor leite proveniente de produtores locais e ingredientes naturais especialmente selecionados, e rapidamente se tornaram famosos na comunidade local. Como Ben não tinha paladar, confiava naquilo conhecido como "sentido da boca" – e, assim, grandes pedaços de chocolate, frutas e frutos secos se transformaram na principal característica dos sorvetes. Começava, então, a nascer uma marca que revolucionaria o mercado americano nessa categoria. Suas tradicionais ações de marketing começaram muito cedo, quando, por exemplo, no verão desse mesmo ano, a dupla organizou o primeiro festival de filmes gratuitos, projetados na parede externa da sorveteria. Em comemoração ao primeiro aniversário da empresa, os proprietários, em outra grande ação de marketing, introduziram, no dia 5 de maio, o famoso Free Cone Day, um dia inteiro de sorvete grátis para todos os consumidores. O que era uma simples comemoração se transformou em uma tradição da marca Ben & Jerry's que, atualmente, em sua 36ª edição, distribui mais de um milhão de sorvetes gratuitamente.

Em 1980, além de lançar novos sabores – menta com tradicionais pedacinhos de bolachas Oreo e baunilha com chocolate –, eles alugaram um espaço em uma antiga fábrica de tambores e bobinas na cidade e começaram a embalar seus sorvetes em pequenos potes de cerca de meio litro. A razão? Os sorvetes começaram a ser distribuídos em pequenas mercearias, lojas de conveniência e restaurantes da região. A distribuição era feita em uma velha perua Volkswagen Squareback pelos próprios donos da empresa. Em 1981, o sucesso levou à inauguração de uma loja, no sistema de franquia, na Route 7, em Shelbourne, também no estado de Vermont. No ano seguinte, a sorveteria mudou de endereço, já que o posto de gasolina onde estava instalada seria demolido para a construção de um estacionamento. Foi nesse mesmo ano que a marca lançou seu sorvete de chocolate que faria tanto sucesso. Em 1983, a primeira loja fora do estado foi inaugurada na cidade de Portland, no Maine. Nessa época, os potes de sorvetes Ben & Jerry's começaram a ser distribuídos na cidade de Boston por sorveterias independentes.

A nova fábrica da empresa foi inaugurada em 1985 e começou a oferecer visitação aos consumidores interessados em conhecer todo o processo de produção dos deliciosos e exclusivos sorvetes da marca no ano seguinte. As primeiras lojas internacionais da rede foram inauguradas em 1988, na cidade de Montreal, no Canadá, e em Israel. Ao final desse ano, já eram mais de 80 sorveterias Ben & Jerry's espalhadas por 18 estados americanos. Na década de 1990, a rede iniciou forte processo de expansão internacional com inauguração de lojas na Rússia (1992) e a distribuição de seus produtos na Inglaterra (1994), França (1995), Japão (1998) e Peru (1999).

No ano 2000, a empresa foi vendida por US$ 348 milhões para a anglo-holandesa Unilever, que se comprometeu a manter o estilo e todos os projetos sociais lançados e engajados pela Ben & Jerry's. Nos anos seguintes, a marca iniciou o lançamento de novos produtos em suas sorveterias, como milk-shakes, sundaes, smoothies e bolos gelados, criando assim novas opções aos consumidores. Além disso, a cada ano são desenvolvidos novos e exclusivos sabores, alguns deles comercializados somente em determinados mercados onde a marca está presente.

No final de setembro de 2014, a marca inaugurou sua primeira loja no Brasil, localizada na badalada rua Oscar Freire, no bairro dos Jardins, em São Paulo. A maior loja da rede no mundo, com 318 m² divididos por dois andares e capacidade para acomodar 80 pessoas sentadas, vende 16 dos mais de 50 sabores de sorvetes do portfólio da marca, entre os quais o Chocolate Chip Cookie Dough (sorvete de creme com massa de biscoito e flocos sabor chocolate) e Cherry Garcia (com pedaços de cereja). As delícias estão disponíveis em casquinhas ou copinhos. Se o consumidor quiser degustar o sorvete em um cone de waffle feito na hora, terá de pagar uma quantia extra. Também é possível encontrar milk-shakes, sundaes, bolos decorados e café expresso – uma adaptação ao mercado brasileiro. Pouco depois, a marca expandiu sua atuação ao segmento de autosserviço, iniciando a venda de potes de sorvetes em empórios e supermercados.

Aliando qualidade de ingredientes a práticas corporativas responsáveis e à preocupação e ao cuidado com as comunidades onde está presente, a Ben & Jerry's se transformou em uma potência nacional – e, posteriormente, internacional – ao vender sabores não convencionais a preços altos, pelo seu modelo de negócios com valores econômicos e sociais e uma boa dose de filantropia.

As coloridas embalagens

Desde o seu lançamento, em 1980, os tradicionais potes dos sorvetes Ben & Jerry's evoluíram, tornando-se um verdadeiro ícone da marca. Em 1998, a embalagem foi totalmente remodelada, ganhando um visual mais moderno e atrativo. Para comemorar esse novo visual, foram introduzidos cinco novos sabores. Em novembro desse mesmo ano, a marca introduziu embalagens feitas com papelão 90% biodegradável e reciclável, batizadas de "Eco-Pint". Em 2001, as embalagens ecológicas foram adotadas para todos os produtos da marca, uma vez que, além de utilizarem tintas à base de água para impressão de seus rótulos, não utilizam PVC em seus lacres. As embalagens de papelão contam com certificação pelo Conselho de Administração de Florestas (FSC), que indica que a polpa do papelão vem das florestas gerenciadas para a proteção do habitat de vidas selvagens, manutenção da biodiversidade e outros critérios de sustentabilidade florestal.

A fábrica gelada

A fábrica da Ben & Jerry's, localizada nas verdes montanhas de Worcester Range, a poucos quilômetros da pequena cidade de Waterbury, estado de Vermont, é uma das principais atrações turísticas da região. Aberta à visitação pública guiada, é possível conhecer todo o processo de produção dos deliciosos sorvetes. O tour de aproximadamente 30 minutos começa em um teatro onde um filme de sete minutos conta a história da marca e o sucesso da Ben & Jerry's junto aos empregados, consumidores e comunidade. Logo depois, é apresentado todo o processo de fabricação do sorvete e, em seguida, é a vez do FlavoRoom (quarto dos sabores), onde são distribuídas amostras grátis dos mais variados sabores da marca. Na saída, encontra-se o Hall of Flavors, onde estão expostos os grandes sorvetes da marca – os mais vendidos.

O visitante também pode conhecer uma réplica do "Cowmobile", um trailer modificado cuja principal função é distribuir sorvete de graça pelos Estados Unidos. A fábrica conta ainda com uma loja temática onde se pode comprar cerca de 50 sabores de sorvetes e muitas lembranças com a marca Ben & Jerry's, como colheres, toalhas, ímãs de geladeira, camisetas, bonés, canecas e bichos de pelúcia. Além de um ambiente fantástico, uma das principais atrações da fábrica é o cemitério de sabores (*flavor's graveyard*) onde lápides estão colocadas em um bem cuidado gramado mostrando os sabores que não são mais fabricados pela marca. Próximo ao cemitério, existe um parquinho de diversão onde as crianças pequenas podem brincar à vontade. A visitação da fábrica custa US$ 4 para adultos, US$ 3 para aposentados e crianças não pagam.

Os sabores de sorvetes, como tudo na vida, têm um início e um fim. Alguns dos sabores da marca mantiveram uma vida longa e feliz, enquanto outros foram descontinuados antes de seu tempo – ou, em alguns casos, bem em tempo. Por isso, não somente na fábrica, mas também no site da empresa, há um curioso cemitério dos sabores, onde é possível conhecer as dezenas de sorvetes e seus excêntricos sabores, que a Ben & Jerry's lançou e depois descontinuou. Para cada sabor, é explicado por que o produto não vingou. Eles já lançaram até um sabor chamado Amazônia Crocante, feito com castanhas-do-pará, que teve o mesmo fim melancólico de tantos outros. Alguns sabores conseguiram até retornar do além, como o White Russian, enterrado em 1996 e ressuscitado no final de 2013.

A vaca móvel

O primeiro Cowmobile, um trailer adaptado e pintado com simpáticas vacas malhadas para distribuir sorvetes de graça, surgiu no ano de 1986. Em uma ação inédita de "marketing drive", o veículo era inicialmente dirigido pelos próprios fundadores da empresa, Ben e Jerry. Quatro meses depois, o veículo pegaria fogo próximo à cidade de Cleveland, no estado de Ohio. Ninguém se machucou no acidente. O episódio não desanimou a dupla, que, no ano seguinte, introduziu um segundo veículo, chamado "*Cow II*", viajando pelos Estados Unidos e distribuindo os deliciosos sorvetes gratuitamente. Em 19 de outubro desse ano, o veículo foi para Nova Iorque, durante o chamado Crash da Bolsa de Valores, para distribuir sorvetes gratuitamente, dando uma demonstração de solidariedade da empresa com o momento difícil e dramático pelo qual passava a economia do país.

Um exemplo social

Quem disse que uma empresa de sorvete não pode ser socialmente responsável? A marca Ben & Jerry's se tornou uma das primeiras empresas a divulgar o conceito de responsabilidade social e incorporá-lo de maneira sistemática em suas práticas corporativas. Apesar de seu espetacular crescimento, os amigos Ben e Jerry não esqueceram seus valores e estabeleceram para sua empresa a seguinte máxima: o negócio tem de ter a responsabilidade de devolver à comunidade parte do que a comunidade está lhe dando! Tudo começou em 1985, quando foi criada a Ben & Jerry's Foundation, com o objetivo de apoiar projetos dirigidos à comunidade. Ficou estabelecido que 7,5% do lucro líquido da empresa seria destinado à fundação. Surgia, assim, uma empresa politicamente correta e comprometida com o respeito ao meio ambiente. Antes disso, poucas empresas falavam sobre responsabilidade social. O compromisso de defender causas desafiantes e o recurso a ingredientes éticos é tão importante como os sorvetes deliciosos com nomes divertidos. Outras ações sociais marcaram a história da Ben & Jerry's, como em 2001, quando desafiou os estudantes das universidades americanas a doar sangue em troca de sorvetes grátis. Outra ação ocorreu em 2007, quando a Food & Drugs Administration (FDA) declarou que acreditava que carne e leite dos animais clonados eram seguros para ingestão. Para demonstrar o descontentamento com a decisão da FDA – e para incentivar os americanos a assumirem uma posição contra clonagem – a empresa enviou uma manada de pessoas fantasiadas de vaca para Washington. Em 2013, a empresa doou aproximadamente US$ 1,8 milhão para causas sociais. Adicionalmente às doações em dinheiro, a marca cede anualmente, de forma gratuita, significante quantidade de produtos para instituições e comunidades em vários estados americanos.

Mais de metade da composição de um potinho de sorvete da Ben & Jerry's é constituída por leite e nata. Por isso, a empresa se preocupa com a proveniência desses ingredientes e se orgulha de poder tratar pelo nome suas vacas e os seus criadores, por meio do programa de sustentabilidade batizado de "Caring Dairy". Cada pote de sorvete da marca carrega a mensagem "Apoia a Farm Aid", uma organização sem fins lucrativos cuja missão é manter as famílias dos produtores agrícolas nas suas terras.

A evolução visual

O logotipo da Ben & Jerry's evoluiu muito ao longo dos anos. O original era bastante diferente e, já nos anos de 1980, sofreu a primeira alteração. Esses dois primeiros logotipos possuíam símbolos que remetiam à produção artesanal dos sorvetes da marca.

Figura 6.18
Evolução do logotipo da Ben & Jerry's

Fonte: BENJERRY. *What's new*, 2016. Diponível em: https://www.benjerry.com/whats-new/2016/38-birthday-fun-facts. Acesso em: out. 2019.

Porém, como os logotipos ovais não eram tão práticos, foi criado, nos anos 1990, o tradicional logotipo na horizontal, depois acrescido o símbolo de um sorvete de casquinha, que acabou sendo adotado como imagem pouco tempo depois. O logotipo atual é apenas uma evolução, sendo constituído pelo nome da marca dentro de um retângulo preto curvado.

Figura 6.19
Logotipo atual da Ben & Jerry's

Fonte: BENJERRY. *What's new*, 2016. Diponível em: https://www.benjerry.com/whats-new/2016/38-birthday-fun-facts. Acesso em: out. 2019.

Uma marca engajada

Em maio de 2017, Merel,[41] em artigo para o blog B9, falou da campanha da marca na Austrália, destacando a importância de produtos e marcas serem fiéis ao seu propósito a despeito das circunstâncias. Na Austrália, 72% da população é a favor do casamento entre pessoas do mesmo sexo – o que não é permitido pela lei do país. Tomando posição quanto à sua perspectiva, a marca decidiu não vender mais sorvetes com duas bolas do mesmo sabor até que a legislação local seja alterada. O comunicado local da empresa dizia:

A Ben & Jerry's lutou pela igualdade de direitos na Austrália. Quer ver como?

> Imagine pedir duas colheres do seu sabor favorito e descobrir que não é permitido. Você ficaria furioso. Mas isso não se compara à forma como você ficaria furioso se alguém dissesse que você não tem permissão para casar com a pessoa que você ama.

Para reforçar seu posicionamento, a marca desenvolveu um filme e trabalhou as mídias sociais com a sua proposta.

Figura 6.20
Trabalho realizado no Instagram

Fonte: TWITTER BEN & JERRY'S.

Uma ação realizada em 2016 pegou carona na discussão política que envolve o país. De um jeito diferente, a marca propôs o diálogo entre pessoas que pensam diferente em prol de paz, amor e sorvete para ajudar a acalmar as coisas e, até mesmo, reatar algumas amizades.

41. MEREL, R. *Ben & Jerry's*: o sorvete engajado. Disponível em: http://www.b9.com.br/74581/ben-jerrys-o-sorvete-engajado/. Acesso em: 2 jul. 2017.

Por que a Ben & Jerry's acredita que toda marca deveria ser ativista?

Fonte:

Ben & Jerry's. O mundo das marcas, 7 jul. 2007. Disponível em: http://mundodasmarcas.blogspot.com.br/2007/07/ben-jerrys-fun-ice-cream.html. Acesso em: 22 jul. 2019.

BIGARELLI, B. Por que a Ben & Jerry's acredita que toda marca deveria ser ativista. *Época Negócios*, 30 set. 2017. Disponível em: http://epocanegocios.globo.com/Marketing/noticia/2017/09/por-que-ben-jerrys-acredita-que-toda-marca-deveria-ser-ativista.html. Acesso em: 22 jul. 2019.

MAIA, L. Paz, amor, sorvete e propagandas que façam sentido. *Blue Bus*, 4 abr. 2019. Disponível em: http://www.bluebus.com.br/paz-amor-sorvete-e-propagandas-que-facam-sentido/. Acesso em: 22 jul. 2019.

MEREL, R. *Ben & Jerry's*: o sorvete engajado. Disponível em: http://www.b9.com.br/74581/ben-jerrys-o-sorvete-engajado/. Acesso em: 2 jul. 2017.

VAMOS TESTAR SEUS CONHECIMENTOS?

1. Qual a diferença entre métricas e KPIs? Exemplifique.
2. O que é mídia proprietária e qual seu alcance?
3. O uso de métricas está claramente presente na análise de resultados por meio dos relatórios de *analytics*, mas é correto afirmar que o uso de métricas está restrito à coleta de dados nas mídias sociais?
4. É possível mascarar as métricas? O que as organizações podem fazer para evitar métricas inflacionadas e buscar maior assertividade?
5. O que é capital social e qual sua relação com a atuação das organizações em mídias sociais?

7

Tópicos emergentes

APRESENTAÇÃO

Internet das coisas (IoT), inteligência artificial (IA), mobilidade, mídias sociais, *big data*, *cloud computing*, *frog computing*, aplicativos, robótica, genômica, *machine learning*, computação cognitiva... Estamos mergulhados em plena transformação digital e a tecnologia parece ditar os caminhos do futuro e das relações organizacionais e individuais. No entanto, mais do que a tecnologia em si, é a mentalidade nas organizações que precisa mudar.

Chegar em casa depois do trabalho ou da universidade e ver a geladeira vazia. Nada para comer. E se a sua geladeira percebesse, listasse os itens necessários, enviasse um pedido de compras para o supermercado mais próximo e recebesse em casa? E se o micro-ondas registrasse tudo que você consome, calculasse as calorias e enviasse uma sugestão de cardápio para a próxima refeição? A IoT tem possibilidades que ainda não conseguimos imaginar – dos carros inteligentes à automação de todo o seu lar, são muitas as possibilidades de inovação ligadas às mídias digitais e sociais. Estamos apenas começando a trilhar esses caminhos.

OBJETIVOS

Após a leitura deste capítulo, você poderá identificar as principais tendências e mudanças em termos de tecnologia digital e mídias sociais, bem como as correntes de mudanças e a forma como algumas organizações estão se preparando para um futuro muito próximo. Verá que as mudanças tecnológicas são a base para uma mudança mais significativa que deve transformar as relações humanas, a forma como realizamos negócios e até a importância do capital financeiro em curto espaço de tempo – a mudança de mentalidade.

7.1 MAIS DO QUE SIMPLESMENTE *BIG DATA*

Uma pesquisa da PwC, em 2017, publicada no Especial CEOS,[1] indicou que o maior desafio hoje, no Brasil e no mundo, quanto ao desenvolvimento de estratégias de atuação em negócios, é a obrigação de atender uma ampla variedade de públicos de interesse. De acordo com a pesquisa, 96% dos executivos pesquisados viam esse desafio como crucial para o desenvolvimento dos negócios na "era do valor para o stakeholder".

O artigo no qual a pesquisa foi publicada indicava dois caminhos possíveis para o desenvolvimento de estratégias, no sentido de alcançar o desafio proposto:

1. **diagnóstico** – no sentido de um conhecimento profundo da organização, unidades de negócios, chão de fábrica, processos, despesas e níveis de gestão;

---

1. MARACY, H. Novas pressões sobre os CEOs e as soluções. *HSM Management*, Dossiê HSM. São Paulo: HSM, 2017, ed. 119, p. 34-39.

2. **priorização dos stakeholders a serem alcançados** – conhecimento da jornada de compras e uso das mídias sociais para compreender o comportamento do consumidor.

Focar a experiência do consumidor significa oferecer uma experiência melhor do que a concorrência.

A proposta, ainda no sentido da execução de estratégias alinhadas aos desafios indicados, é "focar a experiência do consumidor para oferecer uma experiência melhor do que a concorrência".[2]

De acordo com a Figura 7.1, é possível traduzir essa **experiência superior** como um conjunto de quatro frentes de atuação.

Figura 7.1 Experiência superior

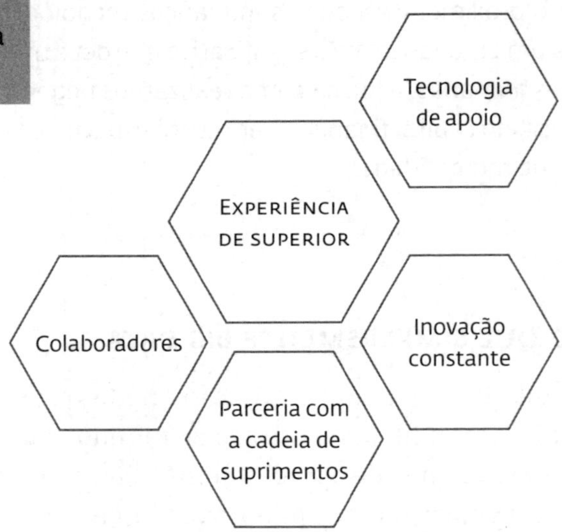

Fonte: adaptado de MARACY, 2016.

Aprofundemo-nos, agora, nessas quatro frentes de atuação.

1. **Colaboradores** – envolvimento com o staff interno, em que o foco no cliente se traduz em atitudes, atividades, políticas e filosofias compatíveis e compartilhadas por todos. Devemos basear as estratégias nos **momentos da verdade** ou *moments of truth* (MOT), isto é, nas situações em que os pontos de contato da organização com os

2. CHARAM; RAM apud MARACY, 2017, p. 36.

públicos de interesse e o consumidor determinam a confiança na empresa, buscando, constantemente, melhorar esses contatos.
2. **Tecnologias de apoio** – focar a transformação digital da organização como forma de fortalecimento da relação com os públicos de interesse, trazendo agilidade na execução das tarefas e engajamento, ouvindo os públicos e abrindo a organização ao diálogo.
3. **Inovação constante em produtos e serviços** – em virtude da intensa dinâmica dos mercados, alinhada às exigências da sustentabilidade dos negócios e da responsabilidade socioambiental, suscitando parcerias com a cadeia de suprimentos e distribuição, fator-chave para cumprir os quesitos anteriores.

Parece que o impulso para dar esse salto está efetivamente na tecnologia que, ao mesmo tempo que traz esses e tantos outros desafios, é também a solução. A tecnologia abriu as organizações ao diálogo e à transparência, aumentando a pressão dos públicos de interesse sobre ela. Atua como intensa força de disrupção, presente e futura, em virtude dos ciclos de mudança mais curtos e custos decrescentes que vem impondo. De acordo com Douglas Woods:[3] "é preciso entender que o grande fator impulsionador das pressões dos stakeholders é a mudança demográfica, que transforma a tecnologia em uma ferramenta de apoio crucial para a execução das estratégias organizacionais".

A tecnologia abriu as organizações ao diálogo e à transparência, aumentando a pressão dos públicos de interesse sobre ela.

A transformação não é apenas demográfica, mas cultural e de mentalidade. A forma como os jovens veem o mundo e a maior facilidade para lidar com a tecnologia gera maior desconfiança – e a mudança, segundo Woods, não é apenas junto a consumidores, uma vez que os próprios jovens colaboradores das organizações são diferentes:[4]

> esse grupo está chegando ao mercado de trabalho com valores bem diferentes. Eles não pretendem ficar muitos anos em uma mesma organização e buscam maior equilíbrio entre a vida pessoal e profissional. Não querem passar tantas horas em uma empresa em detrimento de sua satisfação pessoal.

---

3. WOODS apud MARACY, 2017.
4. MARACY, 216.

Schwab[5] faz referência à 4ª Revolução Industrial, baseada nas tecnologias digitais que envolvem máquinas inteligentes e conexão, desde sequenciamento genético a nanotecnologia e biotecnologia, em um processo de fusão de conhecimentos e interação que torna o fenômeno atual diferente das revoluções anteriores. O autor[6] afirma que "a fusão destas tecnologias e a interação com as dimensões física, digital e biológica" traz mudanças sem precedentes em nossa história.

Desmistificando o nosso olhar sobre o jovem em três, dois, um...

A tecnologia vem também romper com os padrões de inovação anteriores, uma vez que as mais recentes inovações disruptivas não exigiram enormes volumes de investimento financeiro para iniciar suas operações, e ainda assim trouxeram impactos definitivos em produtos e serviços. A chamada **transformação digital** é ampla e afeta a todos e a cada um, em maior ou menor medida, mas há unanimidade em afirmar que é uma mudança sem retorno que – exceto caso algum fator alienígena ou outra disrupção mude o curso da história –, a princípio, implica não apenas uma mudança física, mas mental.

A chamada transformação digital é ampla e afeta a todos e a cada um, em maior ou menor medida.

Use estes 11 cases de marketing digital para você se inspirar:

O relatório 2017 do Global Human Capital Trends, da Deloitte, publicado em artigo de Silva,[7] indica que o futuro digital é preocupação de 88% das organizações pesquisadas, porque compreende-se a necessidade de profunda transformação de mentalidade para lidar com esse futuro, envolvendo especialmente a capacitação das pessoas envolvidas em todos os níveis da organização – capacitação essa baseada em aprendizado contínuo (item crítico para todos os negócios), estímulo às pessoas para se reinventarem e curadoria de conteúdos flexíveis que

5. SCHWAB, K. Começou a 4ª revolução industrial. *HSM Management*, São Paulo, p. 20-25, ed. 120, jan./fev., 2017.
6. SCHWAB, 2017, p. 22.
7. SILVA, S. R. Mindset digital é a chave. Dossiê transformação digital, *HSM Management*, São Paulo, p. 36-40, ed. 122, maio/jun., 2017.

propiciem esse aprendizado e transformação constantes, necessários à adaptabilidade que o cenário exige.

Seja a educação formal ou *in company*, deve haver uma evolução para tecnologias mais avançadas que permitam ao indivíduo, como parte de uma organização ou sociedade, lidar com as mudanças que se avizinham.

O futuro digital é preocupação de 88% das organizações.

A **mentalidade digital** (*digital mindset*) está sendo acelerada em virtude da conectividade social, mobilidade e *big data*.[8] Maracy[9] alerta que a transformação desse mindset digital não é superficial no sentido de digitalizar o *front office*, mas implica uma mudança ampla e profunda na forma de fazer negócios, inovar e atuar nos diversos mercados. Segundo Steve Case,[10] as qualidades para enfrentar essa transformação digital são perseverança (persistir na capacitação e inovação), parceria (especialmente com a cadeia de suprimentos) e política (políticas públicas que afetam a expansão da tecnologia).

A transformação do mindset digital implica uma mudança ampla e profunda na forma de fazer negócios, inovar e atuar nos diversos mercados.

Ainda no artigo da revista *HSM Management*,[11] lemos que, para a IBM, são três as decisões de arquitetura tecnológica que uma organização deve tomar para preparar-se para essa transformação digital, como mostra o Quadro 7.1.

Quadro 7.1 Decisões a tomar para preparar-se para a transformação digital

Big data	Seleção da tecnologia a ser adotada para organizar os dados estruturados (estatísticas, previsões, planilhas, outros) e não estruturados (*social listening*).
Cloud computing	Armazenamento de dados na nuvem, em uma arquitetura que permite a gestão da oscilação da demanda (picos).
Inteligência artificial (IA)	Como e quando usar a IA nas relações com os clientes e públicos de interesse (assistentes digitais) e seus desdobramentos como computação cognitiva*, IoT** e blockchain***.

*Computação cognitiva – uso de tecnologia de aprendizagem de máquina para embasamento da tomada de decisão; ** IoT – otimização de processos e ampliação exponencial dos dados disponibilizados na cadeia produtiva; ***blockchain – tecnologia derivada da criptomoeda bitcoin.

Fonte: MARACY, 2017.

8. SILVA, 2017
9. MARACY, H. E começou a mudança. Dossiê transformação digital. *HSM Management*, São Paulo, ed. 122, mai-jun-2017, p. 28-54.
10. CASE, STEVE apud MARACY, 2017, p. 29.
11. SCHWAB, 2017, p. 20-25.

A **Revolução Industrial 4.0**[12] ou manufatura avançada é parte dessa transformação digital, uma vez que permite viabilizar as outras instâncias dessa revolução, como a individualização de produtos e serviços, envolvendo tecnologias diversas, processos e modelos de negócios, e apresentando quatro prioridades:

1. sistemas flexíveis de manufatura;
2. manufatura digital (simulação de processos produtivos em ambiente virtual);
3. planejamento, sequenciamento e otimização de operações ao longo da cadeia de valor; e
4. sistemas de apoio à tomada de decisão.

Todos os dados coletados, seja em *big data*, IoT ou *social listening*, servem a essas quatro prioridades, além do embasamento à tomada de decisão e o relacionamento com os stakeholders.

A Revolução Industrial 4.0 é parte da transformação digital.

A Telecom Embratel, destacada como exemplo no artigo de Schwab,[13] desenvolve portfólio de soluções tecnológicas convergentes em telecomunicações, tecnologia da informação (TI) e mobilidade, buscando oferecer soluções digitais em prol da integração entre a inteligência cognitiva, inteligência de segurança de dados, *big data* e IoT.

Schwab[14] afirma que, das tecnologias ligadas à Revolução Industrial 4.0, a IoT parece ser a que mais avança e impulsiona o desenvolvimento de medidores inteligentes, gestão de frotas, *video analytics*, sensores conectados e aplicações de melhoria na operação industrial – o que afeta toda a cadeia de suprimentos e de distribuição, da extração de matéria-prima à reciclagem.

A IoT deverá impactar enormemente a quantidade de dados (*big data*) disponíveis e forçar o redimensionamento das redes. Estima-se "que o *big data analytics* ganhará maior relevância e deve fazer emergir a arquitetura de *fog computing* (extensão da computação em nuvem para as camadas de acesso à rede)".[15]

Mas, afinal, o que é ***big data***? Trata-se de um termo usado para descrever o imenso volume de dados estruturados e não estruturados que

---

12. SCHWAB, 2017.
13. SCHWAB, 2017.
14. SCHAWAB, 2017.
15. SCHWAB, 2017, p. 24.

impactam as organizações, negócios e indivíduos – volume esse que deve ampliar-se infinitamente a partir do momento que as coisas também puderem ser conectadas e registrar comportamentos de seus usuários, como uma geladeira capaz de indicar as marcas consumidas. Os conceitos de *big data* e IoT estão conectados pela ideia de *fog computing* (computação em névoa) que define "uma arquitetura de dados que estende a capacidade de computação de dados e armazenamento para as camadas de acesso da rede, permitindo que dados sejam analisados e transformados em informações ou ações antes de serem simplesmente transmitidos".[16]

Os conceitos de *big data* e IoT estão conectados pela ideia de *fog computing*.

De acordo com a Cisco,[17] a ***fog*** é como se fosse uma extensão da *cloud* para dentro do mundo físico, atuando na IoT. A proposta visa a lidar com a imensa massa de dados que deve advir da conexão e que, se enviados e centralizados, implicariam ampliação dos custos de processamento e armazenamento. A *fog* considera uma pré-análise dos dados no local onde foram coletados e depois efetua a transmissão de dados interessantes, descentralizando o processo inicial. Esses dados seriam processados em roteadores, switches, pontos de acesso e câmeras, por exemplo, antes de seguirem para a nuvem. Veja a Figura 7.2.

Figura 7.2
Fog e cloud

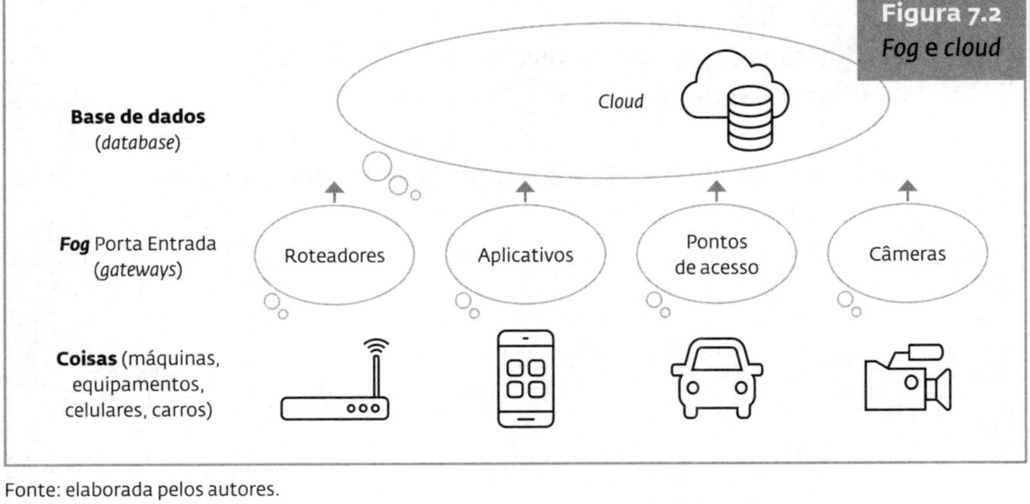

Fonte: elaborada pelos autores.

16. CIO. *Fog computing é o novo paradigma para a internet das coisas, diz CISCO*, 2017. Disponível em: https://cio.com.br/fog-computing-e-o-novo-paradigma-para-a-internet-das-coisas-diz-cisco/. Acesso em: 9 ago. 2019.
17. CIO, 2017.

Segundo o Canal Comstor:[18]

> A Computação em Névoa (*fog computing*) tem a finalidade de ampliar a capacidade do computador e o armazenamento em Nuvem em toda a rede. É essencialmente uma camada intermediária entre a Nuvem e o hardware permitindo um processamento, análise e armazenamento de dados mais ágeis. A infraestrutura permite que certos processos ou serviços de aplicativos sejam gerenciados na borda da rede por um dispositivo inteligente, reduzindo a quantidade de dados que precisam ser transportados para a Nuvem. A Fog Computing passa a ser uma nova extensão de virtualização de informações ou comandos para os profissionais que trabalham com Nuvem e IoT.

Ainda sobre IoT, Murad[19] afirma que se trata de um ecossistema no qual ninguém faz nada sozinho. Para que funcione, é necessário integração entre os players, uma vez que envolve infraestrutura de tecnologia, conectividade por meio de telecomunicações, IA, tecnologia de informação de dados, conteúdo e gestão de branding.

Dessa forma, deve haver integração crescente e transição entre as vertentes dos setores:

- **telecomunicações** – conteúdo e soluções tecnológicas inteligentes;
- **plataformas tecnológicas** – comunicação e conteúdo;
- **TI** – dados e mensuração;
- **comunicação e marketing** – tecnologia e consultoria;
- **Ad Techs** – consolidação.

Como mostra a Figura 7.3, as camadas do futuro envolvem integração.

---

18. CANAL COMSTOR. *Fog computing*, 2017. Disponível em: http://blogbrasil.comstor.com/fog-computing-um-novo-paradigma-para-a-iot. Acesso em: 18 jul. 2019.
19. MURAD, F. IoT: bem-vindos ao presente. Especial Próxxima. *Próxxima*, São Paulo, p. 24-25, 8 maio 2017.

Figura 7.3
Integração das camadas do futuro

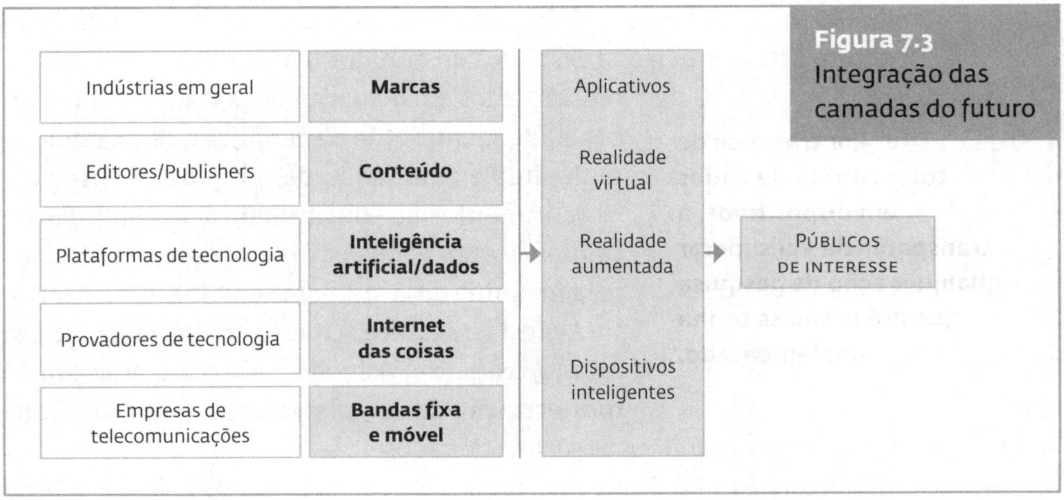

Fonte: MURAD, 2017.

No desenvolvimento das tecnologias, a transformação digital envolve a mistura dos pilares que, até então, atuavam de forma mais ou menos separada, como mostra a Figura 7.4.

Figura 7.4
Mistura dos pilares

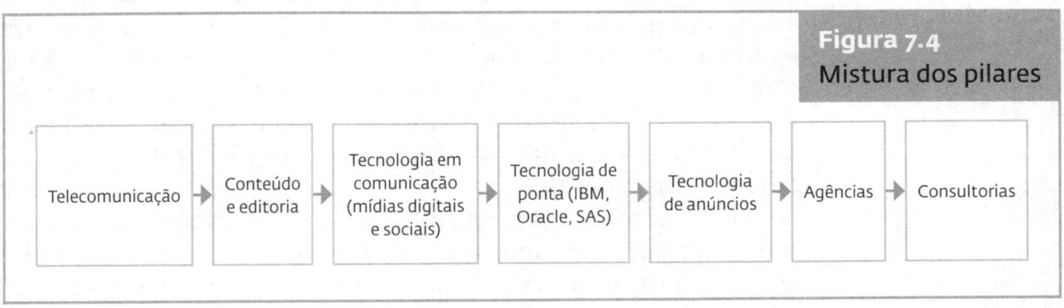

Fonte: MURAD, 2017.

Ainda de acordo com Murad,[20] a IoT terá, conforme as projeções para 2020, 50 bilhões de dispositivos conectados para uma população de 7,8 bilhões de pessoas – cerca de 6,5 aparelhos por pessoa. A Cisco, empresa de computação, chama a isso de **vórtex digital**. O volume de dados que poderá ser coletado a partir desses dispositivos é absurdamente grande – daí o conceito de *fog computing*, como forma de desenvolver uma análise prévia dos dados.

---

20. MURAD, 2017.

O interessante, nessa fonte de informações, é que os dados virão do comportamento real e exato do consumidor. Por tratar-se de coleta direta de dados em dispositivos, a transparência vai superar qualquer ação de pesquisa que até então se tenha implementado, uma vez que não envolverá os sentimentos do consumidor nem seu juízo de valores – serão dados puros e simples, fornecidos pela máquina de lavar, por exemplo, ou pelo carro.

Por tratar-se de coleta direta de dados em dispositivos, a transparência vai superar qualquer ação de pesquisa que até então se tenha implementado.

Além da integração citada por Murad, do *big data* e da *fog computing*, Schwab[21] destaca o processo de **monetização do ecossistema** em torno da IoT, da robótica e de conceitos correlacionados.

Um exemplo dessa monetização a que Schwab se refere é o Samsung Artik:[22]

> A Samsung Electronics anuncia a Monetização da Samsung ARTIK™ Cloud para Internet das Coisas (IoT), novo serviço para monetizar os dados compartilhados por dispositivos de IoT e possibilitar economia de dados da IoT. Pela primeira vez, fabricantes de dispositivos e provedores de serviços podem se conectar a um ecossistema aberto e criar planos de serviços que geram receita diretamente das interações dos dispositivos e serviços. Com esse modelo único de monetização de dados, os fabricantes de dispositivos podem aproveitar as características extensivas de interoperabilidade da Samsung ARTIK™ Cloud para gerar novos fluxos de receita e implementar novos modelos de negócio, entre os quais o hardware como um serviço.
>
> A Monetização da Samsung ARTIK™ Cloud proporciona um sistema integral de gerenciamento, medição e pagamentos. Além disso, confere aos fabricantes de dispositivos uma forma fácil de tornarem seus dispositivos interoperáveis com os dispositivos e aplicativos de terceiros, e monetizarem o uso dos dados. Com o portal do desenvolvedor da Samsung ARTIK™ Cloud, os fabricantes de dispositivos têm a flexibilidade de definir os planos de serviço que atendem as suas necessidades corporativas. A Samsung ARTIK™ Cloud gerencia e mede as interações do usuário perante o plano definido e gera as atualizações, os pagamentos e a distribuição da receita de volta ao OEM (na sigla em inglês, fabricante original do equipamento) do dispositivo.

---

21. SCHWAB, 2017.
22. SAMSUNG. *Samsung Electronics lança nova solução de monetização de dados para a IoT usando a Samsung ARTIK™ Cloud*. Disponível em: https://news.samsung.com/br/samsung-electronics-lanca-nova-solucao-de-monetizacao-de-dados-para-a-iot-usando-a-samsung-artik-cloud. Acesso em: 18 jul. 2019.

Aliado a tudo isso, teremos a chamada **computação cognitiva**, isto é, a capacidade de os computadores "pensarem", como forma de buscar insights com foco em otimização, novos processos e melhoria do engajamento dos públicos de interesse.[23] Trata-se de assistentes virtuais atuando de forma efetiva no cotidiano das organizações e indivíduos.

Computação cognitiva é a capacidade de os computadores "pensarem", como forma de buscar insights com foco em otimização, novos processos e melhoria do engajamento dos públicos de interesse.

Robótica, *chatbots* e assistentes virtuais podem tornar o atendimento aos públicos mais ágil e com custo mais baixo, transferindo de *bots* para humanos e vice-versa, se for necessário. Jenni Palocsik[24] chama a isso de **experiência omnichannel holística**, o que significa que, seja no varejo ou na comunicação, os públicos terão uma experiência ligada a todos os canais ou a quaisquer canais de venda, comunicação ou relacionamento.

As máquinas, assistentes virtuais e a possibilidade de "aprendizado" (*machine learning*) melhoram a experiência do consumidor na medida em que, ao contrário de apenas analisar os dados, esses recursos aplicam algoritmos que entendem padrões de comportamento e criam modelos de ação. Um exemplo prático pode ser encontrado nos sites da Amazon e Netflix, que utilizam o recurso de *machine learning* quando recomendam produtos (livros e filmes), com base em comportamentos anteriores do usuário. Assim, a experiência *omnichannel* considera um conjunto de tecnologias integradas como *machine learning* e IoT para proporcionar uma experiência rica ao consumidor.

O Quadro 7.2 destaca ainda as megatendências da Revolução Industrial 4.0.

Quadro 7.2 Megatendências da Revolução Industrial 4.0

Físicas	Digitais	Biológicas
• Veículos com direção autônoma. • Impressão 3D e 4D. • Robótica avançada (colaboração humano--máquina). • Novos materiais inteligentes.	• Internet das coisas. • Sensores inteligentes. • *Big data*. • *Cloud* e *fog computing*.	• Sequenciamento genético e produtos e aplicativos daí derivados. • Biologia sintética (customização de organismos).

Fonte: SCHWAB, 2017.

---

23. MURAD, 2017.
24. PALOCSIK apud SCHWAB, 2017.

Observamos, então, que a transformação digital vai muito além das mídias sociais e do *big data* para permear a vida cotidiana das organizações e indivíduos, mudando a forma como as coisas são feitas, passando pela comunicação e pela geração de capital financeiro. Maracy[25] coloca a tecnologia como problema e como solução – solução na medida em que a escuta social (*social hearing*), entendida aqui como um conjunto de medidas prioritárias para a execução de estratégias no ambiente tecnológico atual, é parte obrigatória e ferramenta de conhecimento acerca do que se fala sobre a organização nas mídias sociais e na web como um todo, complementando a base de dados advindas de outras fontes, e suportando a tomada de decisões organizacionais em todos os níveis.

A transformação digital vai muito além das mídias sociais e do *big data* para permear a vida cotidiana das organizações e indivíduos.

Paula Bellizia, da Microsoft Brasil,[26] afirma que "a transformação digital pode não só realinhar as relações das organizações com seus stakeholders, como ser o estímulo à inovação", ouvindo externamente, promovendo maior colaboração e comunicação no ambiente interno e contribuindo para o aumento da produtividade, qualidade de vida e motivação. Veja a Figura 7.5.

Figura 7.5
Transformação digital

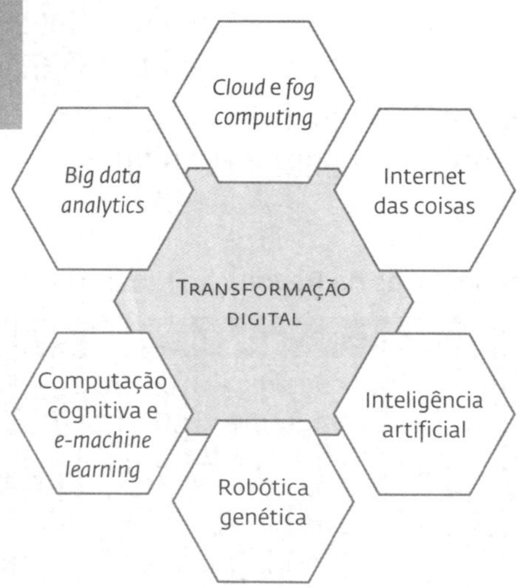

Fonte: elaborada pelos autores.

---

25. MARACY, 2017.
26. BELLIZIA apud MARACY, 2016.

A tecnologia atua como apoio à inovação constante, uma das diretrizes básicas para a competitividade atual, por meio das ferramentas de *data analytics*, *cloud computing*, *fog computing* e IA. Um exemplo apresentado no artigo da revista *HSM Management*[27] fala sobre a execução estratégica alavancada pela tecnologia utilizada pelos clubes de futebol, como Palmeiras e Real Madri, utilizando customer relationship management (CRM) por meio de computação em nuvem, com o objetivo de mapear o comportamento de compra dos torcedores visando a aumentar as vendas de ingressos para os jogos.

A transformação digital deve alcançar a gestão da cadeia de suprimentos como único caminho de desenvolvimento conjunto.

A inovação, alavancada e sustentada pela tecnologia, não só é um anseio dos públicos de interesse como fator primordial de competitividade para as organizações. Para que ocorra, a transformação digital deve alcançar a gestão da cadeia de suprimentos, não apenas compartilhando os dados coletados a partir de *social hearing* ou IoT, mas como único caminho de desenvolvimento conjunto – inclusive porque a IoT prevê o acompanhamento de todo o ciclo produtivo.

A **gestão integrada da cadeia de suprimentos (SCM)** é uma estratégia sistêmica, direcionada à melhoria da competitividade das empresas por meio de seus fornecedores e apoiada em conceitos-chave como parceria, colaboração, cocriação, eficiência e TI. O compartilhamento de dados e o mapeamento dos processos produtivos podem trazer diretrizes que deem à empresa-mãe, por meio do *big data* e seus desdobramentos, muito mais influência e controle para que possam atingir a excelência de serviços em todos os níveis.
A transformação digital implica dizer que todos os elos devem estar integrados e alinhados porque não poderão existir isoladamente.

A transformação digital implica dizer que todos os elos devem estar integrados e alinhados porque não poderão existir isoladamente.

Para que isso ocorra, as organizações devem estar abertas a essa inovação. Jay Rao, no Dossiê QI Inovação,[28] alerta que a cultura da inovação deve envolver valores, comportamento, clima organizacional, recursos, processos e resultados – os valores norteiam as decisões e as priorizam, refletindo como a organização aplica seus

27. MARACY, 2017.
28. RAO, J. QI de inovação. *HSM Management*, São Paulo, 2014, ed. 102, jan./fev., 2014.

recursos; o comportamento envolve a forma como os colaboradores agem em prol desse novo cenário; o clima dá o tom de convivência e é fundamental em tempos nos quais o consumidor busca proximidade com as organizações e relações H2H (human-to-human); os recursos humanos, sistemas, projetos e processos devem estar alinhados com a transformação digital; e os resultados devem caminhar no sentido de obter êxito na inovação.

Abordamos aqui a questão da inovação dada sua relação intrínseca com a transformação digital, que, por sua vez, traz novas exigências diante do que Schwap chamou de Revolução 4.0. Mas quais as fronteiras que as organizações devem superar nesse momento para efetivar a transformação digital e lidar com os desafios apontados?

Veja o Quadro 7.3.

Quadro 7.3 Fronteiras a superar para a transformação digital

Organizações	Academia	Sociedade
• Compliance, performance e gestão de processos operacionais. • Economia movida por dados (*data-driven economy*). • Demanda por competências específicas relacionadas ao tratamento e gestão de dados.	• Ensino de competências específicas (*nanodegrees*). • Alinhamento entre a formação acadêmica e as demandas do mercado. • Ciências humanas começam a incluir humanidades digitais, que incorporam tecnologia na pesquisa (etnografia). • Pesquisa movida por dados (*data-driven research*)*.	• Coleta de dados que permitem compreender melhor os problemas urbanos em busca de melhoria (*smart cities*). • Maior transparência.

**Data driven research* – nas ciências humanas, analogamente às ciências exatas e naturais, tem-se popularizado o processo de pesquisa movida por dados, também conhecida como *e-science*. Nessa modalidade, realizam-se inúmeros testes de hipóteses em grandes massas de dados como preâmbulos exploratórios e, à medida que se encontram caminhos promissores derivados dos dados, busca-se aprofundá-los quantitativa e qualitativamente, por meio de mudanças de foco interativas.

Fonte: SOUZA, R. R. Três fronteiras humanas do mundo movido por dados. *HSM Management*, São Paulo, ed. 110, 2014.

Organizações, academia e sociedade estão em processo de transformação digital e os desafios da implementação e aplicabilidade prática desse ***big data analytics*** são tão imensos quanto nebulosos. Há bastante relutância em ampliar os investimentos tanto em tecnologia como em recursos humanos em virtude do grau de incerteza sobre qual é o melhor caminho, além da desconfiança e do desconhecimento por parte dos usuários e consumidores, diante dos processos organizacionais que ainda são excessivamente hierarquizados e burocráticos e têm dificuldade de acompanhar as mudanças necessárias.

Organizações, academia e sociedade estão em processo de transformação digital e os desafios da implementação e aplicabilidade prática desse *big data analytics* são tão imensas quanto nebulosas.

De forma geral, as organizações vêm implementando soluções aos poucos, em situações específicas, customizando ferramentas e avançando em termos de acessibilidade, usabilidade e custos. As próprias organizações precisam estabelecer metas de transformação digital, porque o processo é lento e acaba esbarrando em resistência humana, custos, processos, funções e cultura organizacional. Mas o que os autores da área sugerem que seja feito?[29]

- **Foco na gestão da mudança** – estimulando a confiança dos colaboradores e mudando o processo de tomada de decisão, permitimos maior autonomia, pelo menos em pequenos setores e processos, a princípio.
- **Foco no redesenho das funções** – a automatização de diversas funções, a IA e a assistência virtual criam a necessidade de redesenhar as funções organizacionais e a realocação de colaboradores.
- **Incorporação do *big data analytics* na cultura organizacional** – os processos e procedimentos internos, além das pessoas envolvidas, devem desenvolver a habilidade e competência de incorporar dados e informações no cotidiano, de forma frequente e dinâmica, como parte do modo de operação diário da organização.

Veja a Figura 7.6.

29. O LADO Humano do Big Data. *HSM Management*, Dossiê HSM Management, São Paulo, p. 31-52, ed. 110, 2017.

Figura 7.6
O processo do *big data analytics*

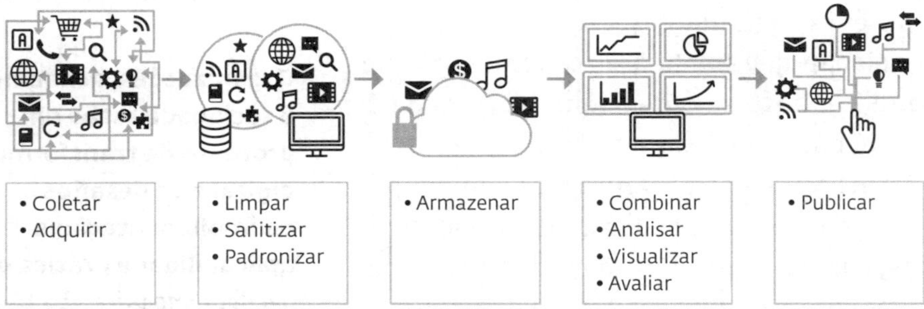

Fonte: *HSM MANAGEMENT*, 2017, p. 31-52.

Como ferramenta de coleta e análise de dados, o *big data analytics* tem potencial utilização em processos de inovação constante e competitividade, baseada no monitoramento e análise de dados, mas, como foi ressaltado, constitui uma mudança de mentalidade para a organização e precisa ser incorporada na cultura organizacional. Trata-se de uma ferramenta eficiente para a otimização de processos operacionais, tomada de decisão e desenvolvimento de modelos prescritivos, análise de cenários e planejamento estratégico de negócios, marketing e comunicação.

***War room* tem a função de ajudar a direcionar estratégias em tempo real para as marcas e conectar pontos para a comunicação.**

Ribeiro,[30] no artigo *Formalmente informal*, entrevista Pete Blackshaw, vice-presidente global de digital da Nestlé desde 2011, que fala sobre o que ele chama de ***war room*** da organização ou Centro de Engajamento de Consumidor (DAT). Essa área, também existente em muitas outras companhias, tem a função de ajudar a direcionar estratégias em tempo real para as marcas e conectar pontos para a comunicação, fornecer insights, monitorar as conversas em mídias sociais, acelerar a transformação digital da empresa, escutar, engajar e transformar, apoiando a construção de uma cultura mais empreendedora.

30. RIBEIRO, I. Formalmente informal: entrevista com Pete Blackshaw. *Meio & Mensagem*, p. 26-27, São Paulo, 12 jun. 2017.

As *war rooms*, salas de guerra, salas de crise ou, ainda, salas de performance, são termos usados para denominar um centro de comando em mídias sociais. Por meio de telas e softwares de monitoramento de dados em tempo real, uma equipe é capaz de analisar os dados coletados, comparando-os com objetivos predefinidos, e tomar decisões e ações em tempo real – muitas vezes, esse processo ocorre em poucas horas, entre a identificação de um *insight* e uma ação efetiva da marca nas mídias sociais.

Como mostra o Quadro 7.4, há dois tipos de salas de guerra focadas em mídias sociais: o centro de comando em mídia social (*social media command center*) e o centro de comando em mídia paga (*paid media command center*).

Quer ver como são as *war rooms* das grandes marcas?

Super Bowl

Gatorade

Quadro 7.4 Tipos de salas de guerra

Social media command center	*Paid media command center*
Tem como função monitorar e analisar os comentários feitos sobre a marca e os produtos nas redes sociais – como Twitter, Facebook, Instagram, entre outras – em tempo real. O centro de comando pode indicar quem controla a mensagem e quem deve ser observado de perto – os meios de comunicação e os principais influenciadores na internet, por exemplo –, bem como responder imediatamente às perguntas e reclamações feitas pelos clientes nesses canais, endereçando os problemas às áreas responsáveis. Outro grande benefício desse formato é a agilidade no gerenciamento de crises, permitindo respostas em tempo real e controlando a situação com rapidez.	Visa a monitorar e otimizar os investimentos de mídia paga em tempo real e com autonomia plena, além de gerenciar dados das campanhas e plataformas digitais da marca, garantir independência e flexibilidade na compra de mídia e na escolha de parceiros e fornecedores, acelerar as conversões e otimizar o retorno sobre investimento (ROI).

Fonte: BIANCHI, G. *Salas de performance*: para ter sucesso, construa sua estratégia com base em dados, 2017. Disponível em: https://iabportugal.net/elibrary/salas-de-performance-para-ter-sucesso-construa-sua-estrategia-com-base-em-dados/. Acesso em: 6 set. 2017.

Bianchi[31] observa:

> Atualmente, grandes companhias como SKY, Itaú, Kroton e Fiat vêm implementando as salas de performance em suas estruturas organizacionais. No entanto, embora existam boas iniciativas e o conceito seja

31. BIANCHI, 2017.

bastante atraente, com seus benefícios evidentes, a implementação dessa estrutura de forma eficaz e eficiente não é tarefa simples.

O primeiro passo para isso é construir um modelo de operação que reúna, em um único ambiente, profissionais de diferentes áreas que se complementem e trabalhem em prol de um único objetivo de negócio, rompendo, assim, os silos e modificando a estrutura da empresa em busca de agilidade.

Depois, é necessário escolher os perfis certos para compor essa estrutura. Essa escolha deve estar diretamente ligada ao objetivo do negócio. Por exemplo, para um *Social Media Command Center* é recomendado escalar profissionais de inteligência de dados, *community manager*, dupla de criação e gestor de operação. Já para um *Paid Media Command Center* é recomendado escalar profissionais de inteligência de dados, mídia, UX, criação e um gestor de operação. Em ambos os casos, é fundamental ter perfis estratégicos e de negócios que tenham como função garantir o alinhamento do propósito da sala com o do negócio.

Um modelo de sala de performance é ilustrado pela Figura 7.7.

Figura 7.7
Modelo de sala de performance

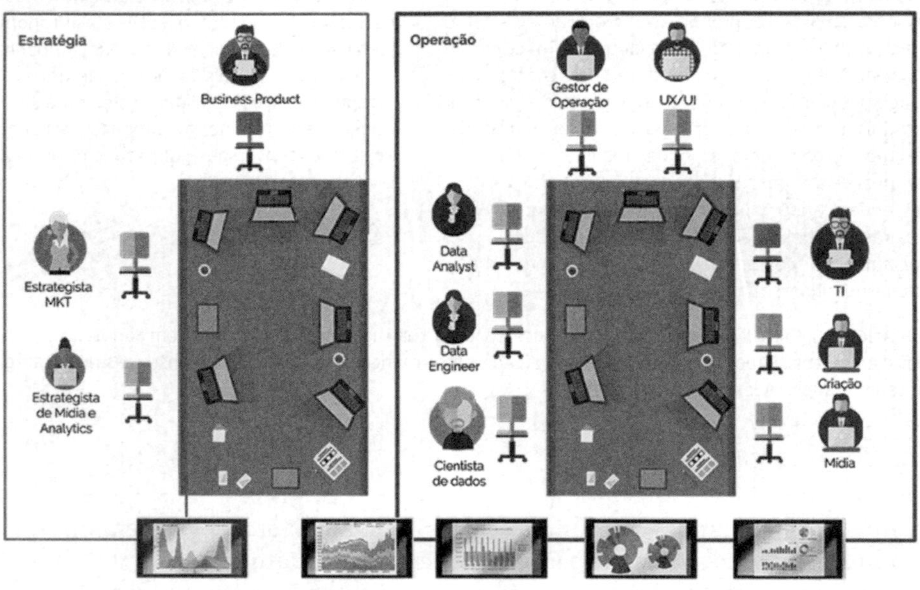

As salas de performance reúnem profissionais com competências complementares, em um ambiente multidisciplinar.

ciandt.com

Fonte: BIANCHI, 2017.

A sala de performance ou *war room* envolve uma atividade ligada à transformação digital, sobre a qual temos conversado até aqui. Fica claro que se trata de uma mudança profunda na forma como a organização atua – inclusive porque há um investimento considerável envolvido, tanto em sistemas e softwares, como em recursos humanos capazes de dar conta do processo. Sem dúvida, é uma mudança que deve começar dos altos escalões organizacionais, uma vez que exige o envolvimento de toda a organização, e não apenas de marketing ou comunicação.

De forma geral, a sala de performance e as atividades lá realizadas seguem uma sequência que pode acontecer em poucas horas, como mostra a Figura 7.8.

Observamos, nas práticas de ações nas mídias sociais, que existe uma grande diferença entre o que é possível realizar e o que é realmente realizado. Embora as mídias sociais alterem o campo das relações sociais e o ampliem, são "as relações que as pessoas estabelecem entre elas e com as tecnologias que vão definindo a construção das materialidades sociais"[32] – incluindo o que tange a relação entre organizações, marcas e indivíduos.

As organizações afetam e são afetadas pelas ações que implementam.

Ao estabelecer as bases da transformação digital e utilizar o *big data analytics* para direcionar as decisões estratégicas, as organizações afetam esse campo de relações sociais, constituído do envolvimento entre um ecossistema midiático multiplataforma e seu impacto na sociedade e na cultura, ou seja, há uma relação dialógica entre as partes. As organizações afetam e são afetadas pelas ações que implementam.

A teoria do campo de força de Lewin[33] é uma teoria de comportamento que valoriza a percepção individual no comportamento e na motivação pessoal. Para os autores, tão ou mais importante do que a realidade contextual dos públicos é a percepção que o indivíduo possui dessa realidade na sua experiência prática – fator determinante de suas ações e resultados. Assim, ao utilizar os dados como base para a tomada de decisão, precisamos ter duas coisas em mente:

1. as ações realizadas pela organização em mídias sociais afetam e são afetadas, em uma relação dinâmica, nunca estática ou isolada;

---

32. MEDINA FILHO, 2015.
33. MEDINA FILHO, 2015.

Figura 7.8
Sequência de atividades da sala de performance

Objetivos	Insigths	Público-Alvo	Análise Concorrência	Modelo Disruptivo	Autodisrupção	Intervenção Digital	Marketing	Financeiro
Definição dos objetivos gerais do negócio, marca, produtos e serviços	Buscar nos dados ideias, propostas, inovações que possam gerar ações.	Satisfação, reclamações, sentimentos e diálogos do público alvo.	Análise da concorrência incluindo os diálogos e sentimentos do público	Diretrizes que podem criar disrupção (parcerias, serviços agregados, outros)	Padrões de comportamento que podem causar disrupção (soluções, engajamento)	Seleção das plataformas de intervenção digital	Definição da estratégia de comunicação e marketing	Definição dos recursos a serem utilizados para as ações e definição de ROI

Fonte: adaptada de WIPRO. *Mahindra War Room Season 8*, 2017. Disponível em: https://pt.slideshare.net/Versatilevipul/mahindra-war-room-season-8-aaj-k-vijeta-iim-kozhikode-club-mahindra. Acesso em: 9 ago. 2019.

2. a experiência de marca conta muito na influência sobre a percepção individual e o consequente comportamento do público.

Gonçalves e Medina Filho[34] observam, acerca dessa dinâmica de construção e reconstrução de sentidos e representações por meio das interações em mídias sociais, que

> a intervenção de marcas, produtos e serviços deve ocorrer no aspecto dinâmico desta representação social, através do movimento de informações, experiências, conhecimentos e estímulos às percepções que venham ao encontro das necessidades dos públicos de interesse balizados pelo que "podemos fazer por você", atuando como um input positivo em direção ao que a organização almeja, mas deixando de lado a torpe tentativa de controlar o incontrolável.

Daí que, apesar dos dados, é necessário deixar de lado a ideia de que é possível controlar esse universo e aceitar que o marketing em mídias sociais sempre lidará com variáveis incontroláveis.

É necessário aceitar que o marketing em mídias sociais sempre lidará com variáveis incontroláveis.

Outro aspecto ressaltado por Medina Filho é que "em nossas redes sociais nos cercamos daqueles que são nossos semelhantes e evitamos o contato com o que é diferente" – a esse fenômeno o autor dá o nome de **bolha da internet**. Algoritmos e protocolos tendem a acentuar essa bolha, impedindo o acaso, a surpresa, o mistério – nas palavras do autor – e, então, as redes acabam sendo uma projeção para determinadas configurações, aspecto com o qual temos de nos preocupar ao utilizar dados para análise e tomada de decisões.

Por fim, deparamo-nos com outro aspecto já citado e profundamente relevante, que tem se mostrado um *gap* no mercado e que deve se acirrar nos próximos anos, caso mercado e academia não busquem caminhos de inovação e colaboração: **profissionais capazes de capitanear a transformação digital.**

A tecnologia é o motor da transformação digital, mas ainda são as pessoas que analisam os dados e tomam as decisões estratégias. Sob esse aspecto, há duas lacunas:

---

34. GONÇALVES, F.; MEDINA FILHO, A. L. de. *Comunicação, organização e cultura digital*. Rio de Janeiro: EdUERJ, 2015. p. 113.

1. pessoas capazes de ler e compreender as informações, indo além dos dados e atuando orientadas por eles, mas com forte traço de intuição, aptas a tomar decisões muito rápido e a abraçar mudanças de rumo inesperadas;
2. profissionais que unam as competências de TI com ciência de dados.

A tecnologia é o motor da transformação digital, mas ainda são as pessoas que analisam os dados e tomam as decisões estratégias.

Esse *gap* constitui um desafio em duas frentes:

1. a identificação dos profissionais adequados, atraindo e retendo-os dentro da organização;
2. a identificação e capacitação de talentos internos.

Mauro D'Angelo, da IBM,[35] sobre o perfil do profissional capacitado a atuar com IA, voltado ao atendimento ao consumidor (chat, webcasts, videoconferência etc.), afirma:

> Era comum termos arquitetos que conheciam muito hard e software, mas agora estamos migrando muito para esse mundo de inteligência artificial e cloud. Hoje, temos muito mais developers que modificam código rapidamente. Houve muitas reciclagens de executivos por um lado e, por outro, muita gente que já vivia nesse novo mundo e foi assumindo posições de liderança.

A transformação digital, como vimos, é um assunto amplo que requer competência em toda estratégia e visão, pessoas e cultura, processo e governança, tecnologia e capacidades, conforme mostram as Figuras 7.9 e 7.10.

35. D'ANGELO apud RIBEIRO, I. Espaços a conquistar. *Meio & Mensagem*, p. 24-26, 31 jul. 2017.

Figura 7.9
Âmbitos da transformação na organização

Transformação da experiência do cliente

- Entendendo o cliente
- Nova forma de engajamento com o cliente
- Pontos de contato com o cliente

Transformação dos processos operacionais

- Digitalização de processos
- Capacitação do colaborador
- Gerenciamento de performance

Transformação dos modelos de negócios

- Modelos de negócios digitais
- Novos negócios digitais
- Globalização digital

Transformação das relações de trabalho

- Novos perfis e novas competências e habilidades
- Formação diversificada e constante
- Aprendizagem contínua

Fonte: adaptada de EVANS, N. *Assessing your organization's digital transformation maturity*, 2017. Disponível em: https://www.cio.com/article/3201016/digital-transformation/assessing-your-organization-s-digital-transformation-maturity.html. Acesso em: 18 jul. 2019.

Figura 7.10
Transformação digital

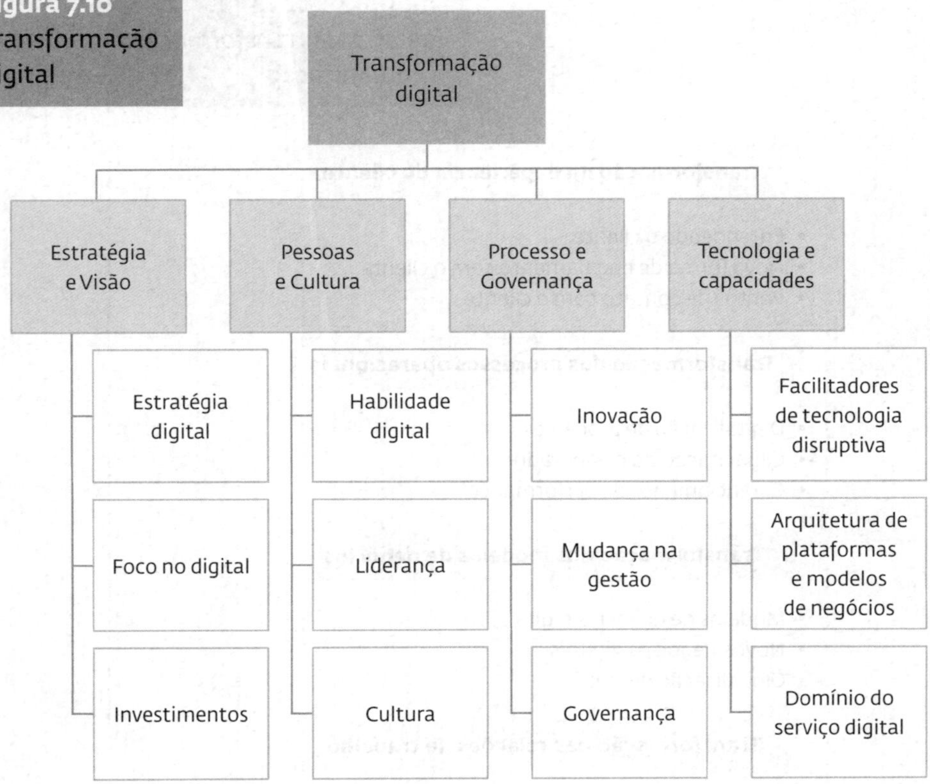

Fonte: EVANS, 2017.

7.2 MARKETING DE CONTEÚDO PARA O JOVEM DIGITAL

Você é um jovem das gerações Y ou Z e a própria jornada de compras é, para você, uma cultura, um ato que o difere das outras pessoas e o aproxima dos seus grupos sociais.[36] Você não compra por impulso (ou admite não fazê-lo), suas compras vêm no contexto de um ciclo completo de posts, likes e tags e se empenha em ganhar aprovação e exercer influência. Prefere WhatsApp e e-mail para saber sobre novos produtos e serviços, diferentemente dos americanos que preferem

36. NAVARRO, V. Novas gerações, velhos hábitos? *Meio & Mensagem*, p. 26, São Paulo, 21 nov. 2016. Estudo da Agência Iris, intitulado *Desvendando as gerações Y e Z: como construir marcas mais influentes na jornada dos novos consumidores*, e realizado em 2015-2016 no Brasil, Estados Unidos e Reino Unido. Pesquisa quantitativa com 900 pessoas, qualitativa com 45 pessoas, *social listening* com mais de um milhão de interações.

Facebook, Instagram e Pinterest, ou ainda, diferente dos britânicos que preferem Snapchat e Instagram.

Como mostra o Quadro 7.5, no seu processo de compra – seja antes, durante ou depois da aquisição de um produto –, tudo é parte de um ciclo de influência de cinco fases:

1. inspiração;
2. validação;
3. canal de compra;
4. compra completa; e
5. voz ativa.

Durante o processo de compra, tudo é parte de um ciclo de influência.

Quadro 7.5 Ciclo de influência social do processo de compras

	Geração Y Nascidos de 1980 a 1995	Geração Z Nascidos de 1995 a 2010
Inspiração	32% preferem descobrir novas marcas nas lojas 30% preferem descobrir novas marcas on-line	36% preferem conhecer novas marcas por meio do círculo social
Validação	Acessa/pede opiniões para validar comportamento	
Canal de compra	48% compram em loja física	53% compram em loja física (pelo desejo de testar o produto ou tê-lo em mãos rapidamente)
Compra completa	Transação funcional	Celebra a compra e busca aceitação pelo grupo
Voz ativa	Revela e recomenda para receber aprovação	Procura feedback direto

Fonte: NAVARRO, 2016.

Como profissional, a geração Y é mais imediatista e questionadora, enquanto a geração Z é colaboradora, busca objetivos organizacionais que estejam alinhados com os seus, é multitarefa, faz várias coisas ao mesmo tempo apoiada pelas tecnologias digitais, sempre em busca de informações atuais e soluções rápidas para seus problemas. Está 24 horas conectada em todas as plataformas possíveis e nelas exerce suas atividades, como ler, estudar, divertir-se e trabalhar. Não se preocupa em ser fiel a marcas e organizações, domina a tecnologia, tem pressa, não gosta de hierarquias engessadas e gosta de trabalhar em equipe.

É o profissional que as organizações precisam e buscam para efetivar a transformação digital, em todos os âmbitos e níveis da organização, incluindo conteúdo.

A geração Y é mais imediatista e questionadora, enquanto a geração Z é colaboradora.

As principais áreas dessa transformação estão indicadas na Figura 7.11.

Figura 7.11
Principais áreas da transformação digital

Computação em nuvem

A maneira como encaramos diversos aspectos tecnológicos, como infraestrutura, plataformas, software ou até mesmo processos de negócios sobre uma rede de computadores, é transformada diante da computação em nuvem.

O ponto central da computação em nuvem se baseia no compartilhamento de recursos para maximizar resultados sob diversos aspectos. Os recursos na nuvem não são só compartilhados com múltiplos usuários, mas também dinamicamente realocados de acordo com a demanda.

Mídias sociais

Os consumidores atuais criam, compartilham ou fazem uso de informações online com o objetivo de educarem uns aos outros sobre marcas, produtos, serviços, problemas e soluções.

As mídias sociais proporcionam às empresas a oportunidade de envolver os consumidores no início do ciclo de vida, envolvendo interativamente os clientes em seus processos de inovação e desenvolvimento de novos produtos e serviços.

Mobilidade

Um dos pontos chaves da produtividade é que o ambiente de trabalho atual está em toda parte e entrega uma excelente experiência aos clientes, colaboradores e parceiros.

Para serem competitivas nesta nova realidade, as empresas precisam disponibilizar acesso ininterrupto, sem quebra na comunicação, e disponibilizar aplicações de alto desempenho sem comprometer os dados da empresa e a segurança destas informações.

Big data

A quantidade de dados eletrônicos está crescendo exponencialmente. O *big data* representa o desafio crescente das organizações em lidar com estas informações, organizando-as e processando-as muitas vezes em tempo real.

O *big data* será um elemento chave de sucesso nas empresas e aquelas que efetivamente transformarem dados em ideias, em tempo real, tomarão decisões rápidas e sairão na frente. Quando combinados à inteligência virtual, os resultados podem ser surpreendentes.

Fonte: MICROWARE. *O que é transformação digital?* Disponível em: http://transformacao.digital/. Acesso em: 18 jul. 2019.

Mas, pelo menos por enquanto, não espere que as universidades o preparem para esse cenário – embora sejam fundamentais em termos de pensamento estratégico, base de conhecimento e repertório. A tendência é que o conhecimento se torne mais fragmentado e as competências e habilidades sejam desenvolvidas conforme as escolhas do caminho profissional a seguir forem acontecendo. Aprender é para sempre, todos os dias, e pode ser muito interessante com as opções multiplataforma – a carreira é, hoje, algo muito diferente e, talvez, muito mais divertido.

Aprender é para sempre, todos os dias, e pode ser muito interessante com as opções multiplataforma.

O grande paradigma das tecnologias é a informação como matéria-prima. Segundo Saad,[37] antes, a informação agia sobre a tecnologia, mas hoje a tecnologia age sobre a informação – a transformação digital nasceu do mercado, do comportamento do consumidor e não de decisões corporativas prévias. A partir daí, o processo de trabalho passou a implicar a transformação de trabalho, de capital financeiro e humano, de matérias e de informação em produtos e serviços com alto valor agregado.[38]

Para isso, o profissional deve compreender os princípios da configuração dessa realidade digital. Downes e Mui[39] destacam a reconfiguração do ambiente e das tarefas, a construção de novos relacionamentos e conexões e a redefinição dos ambientes internos nas organizações. Acrescentamos a isso as novas relações de trabalho e a necessidade de autogerenciamento da carreira, baseando-se nos objetivos de vida de cada indivíduo, suas aptidões, habilidades, competências e disponibilidade de recursos. O mercado não dita mais as regras do trabalho individual, mas cada um deve traçar o caminho que almeja.

O mercado não dita mais as regras do trabalho individual, mas cada um deve traçar o caminho que almeja.

Hoje, qualquer profissional pode e deve visualizar e traçar suas estratégias digitais – de dentistas a encanadores, de professores a atendentes em call-center – e isso abre espaço para muita prestação de serviço autônoma em diversas áreas, incluindo construção de conteúdo e marketing de conteúdo.

37. SAAD, 2003.
38. CHRISTIANSEN apud SAAD, B. *Estratégias para a mídia digital*: internet, informação e comunicação. São Paulo: Senac, 2003.
39. DOWNES; MUI apud SAAD, 2003.

Em setembro de 2016, a revista *Exame*[40] apresentou um conjunto de carreiras que deve interessar muito aos jovens nativos digitais. Veja as possibilidades na Figura 7.12.

Figura 7.12
Futuras carreiras dos nativos digitais

Engenharia ambiental ou gestão ambiental	Ciências naturais	Ecologia	Nutrição orgânica	Engenharia agrícola e de pesca
Engenharia hidráulica	Oceanografia	Biotecnologia e biossistemas	Engenharia de energia	Design de jogos
Empreendedorismo ou trabalho em *startup*	Desenvolvimento de software	Tecnologia da informação	*E-learning*	Computação gráfica
Gestão de mídias sociais e marketing digital	Diplomacia digital	Gestão de negócios com foco em relacionamento humano	Direito digital	Consultoria
Gestão da inovação	*Web design*	Engenharia aeroespacial	Nanotecnologia	Fisioterapia/ educação física (com foco na terceira idade)
Arquitetura (voltada para a terceira idade)				

Fonte: GASPARINI; PATTI, 2016.

Qualquer que seja a carreira escolhida, algumas competências são bastante importantes. Assim, podem e devem ser desenvolvidas como mostra a Figura 7.13.

---

40. GASPARINI, C.; PATI, C. 26 carreiras que têm tudo para fisgar os jovens da geração Z. *Exame*, 13 set. 2016. Disponível em: http://exame.abril.com.br/carreira/26-carreiras-que-tem-tudo-para-fisgar-os-jovens-da-geracao-z/. Acesso em: 18 jul. 2019.

Figura 7.13
Competências para o profissional do século XXI

❶ Organização Um grande profissional precisa estar sempre organizado para não deixar que sua vida vire um caos. A organização diz respeito não só à ciência de ter uma agenda e um local de trabalho bem arrumados, mas também engloba a organização mental, muito importante para qualquer pessoa que deseja uma vida saudável em amplos aspectos.	**❷ Senso crítico** É de grande valia ter discernimento na vida corrida que nos persegue. Saber diferenciar o inovador do mirabolante e ter o senso crítico para saber quando parar ou mudar alguma atitude ou projeto é extremamente valioso.	**❸ Comunicabilidade** Saber se expressar de forma clara e objetiva nunca é demais. A comunicabilidade é capaz de abrir um leque incrível de oportunidades, trocas de experiências e novas ideias, esclarecimentos e consolidar um bom networking.	**❹ Interação** Conhecer e interagir com as pessoas a sua volta, seja na vida profissional ou pessoal, é muito saudável. A interação muitas vezes diz respeito ao interesse e à vontade de sempre enriquecer relacionamentos.
❺ Cidadania Cidadania quer dizer respeito; respeitar ao próximo e a si mesmo. Trabalhando em parceira com a empatia, a humildade e a solidariedade, o cidadão se torna uma pessoa capaz de expandir e passar adiante seus valores e pensamentos.	**❻ Aplicabilidade** É de extrema importância saber onde e quando aplicar determinadas ideias, conhecimentos e experiências. Não adianta ter a receita do bolo sem saber fazê-lo; a aplicabilidade trará discernimento em fazer tudo que precisa ser feito no momento e em condições corretas.	**❼ Flexibilidade** Ser flexível é estar disposto a transformar situações ruins em novas oportunidades. Ter tempo para se divertir e saber separar a atenção necessária às diferentes situações da vida cotidiana, sem precisar levar nada ao "extremo".	**❽ Inovação** No mundo em que vivemos, não podemos estar no patamar do "mais do mesmo". Ser capaz de inovar, em qualquer aspecto, significa estar aberto ao mundo que vivemos hoje, compreendendo-o e estudando-o sempre, sem perder as oportunidades apresentadas à nossa frente a todo momento.

Fonte: ADMINISTRADORES.COM. *As oito competências do profissional do século XXI*, 27 abr. 2017. Disponível em: http://www.administradores.com.br/noticias/carreira/as-8-competencias-do-profissional-do-seculo-xxi/118547/. Acesso em: 7 jul. 2019.

Tais competências podem ser desenvolvidas por qualquer profissional, em qualquer idade, e sua importância está relacionada com o trabalho que cada uma desenvolve. Algumas competências são mais relevantes do que outras, dependendo da carreira escolhida. Queremos com isso levar o leitor a pensar que suas atividades podem ir muito além do marketing de conteúdo e que é importante compreender o que a transformação digital vem exigindo do profissional de marketing e comunicação.

É importante compreender o que a transformação digital vem exigindo do profissional de marketing e comunicação.

Alguns artigos[41] têm falado sobre a busca por um *chief growth officer* (CGO), isto é, um profissional com respostas sobre como se adaptar ao mundo em que o consumo foi substituído pela experiência do cliente, a tecnologia dita os rumos e os *players* de mídia e da publicidade estão em mutação. Damasceno[42] cita:

> Nos últimos anos, ascenderam a internet, a digitalização dos meios e, principalmente, o consumidor, que se tornou mais ativo do que nunca na determinação do objeto de desejo de compra. Nesse processo, as marcas perderam o controle de si mesmas: pertencem, em última instância, à forma com que os consumidores as percebem, como interagem e, notadamente, como respondem ao público.

Os investimentos em marketing têm caído e algumas das maiores empresas anunciantes do mundo têm anunciado cortes significativos em seus investimentos em marketing e comunicação, como P&G e Unilever. As organizações Google e Facebook já respondem, segundo ranking da Zenit Optimedia,[43] por 20% dos investimentos globais em publicidade. A ascensão das consultorias tem sido também significativa, como observa Damasceno,[44] afirmando que no top 10 das maiores agências (de propaganda) globais, figuram quatro unidades de serviços de consultoria como Accenture, PwC, IBM e Deloitte – isso porque "não acreditamos mais que as marcas são construídas a partir de publicidade, e sim a partir de um amálgama de experiências do cliente".[45] Nesse contexto, surgem, por um lado, oportunidades e tentativas das organizações em acompanhar as mudanças e buscar profissionais capazes de lidar com essas demandas e, por outro, a busca por engajamento por parte dos consumidores com relação a marcas, produtos e serviços.

Wilson Bueno, professor e pesquisador, cita em seu blog:[46]

> Engajamento digital? Mais difícil do que parece. As boas empresas sabem disso. E estão bastante preocupadas com este fato. A utilização ampla e intensiva das tecnologias de informação e comunicação, em particular das mídias sociais, pode dar a impressão de que o processo de transição para o engajamento digital no sistema produtivo e nas relações de trabalho é fácil. Mas não é.

---

41. DAMASCENO, S. Nada será como antes. *Meio & Mensagem*, p. 22-23, 8 maio 2017.
42. DAMASCENO, 2017.
43. ZENIT OPTIMEDIA, 2017.
44. DAMASCENO, 2017.
45. WHIPPLE, B. apud DAMASCENO, S. Metamorfose ambulante. Série Especial CEOs, parte 3, serviços. *Meio & Mensagem*, 31 out. 2016, p. 46-59.
46. BUENO, W. C. *Blog comtexto*. Disponível em: www.comtexto.com.br. Acesso em: 18 jul. 2019.

> As organizações modernas sabem como tem sido difícil incorporar os trabalhadores neste processo e têm se empenhado muito para promover o engajamento digital. Certamente, e talvez isso elas não percebam, o problema não é só de capacitação, mas se deve a vários motivos. Empresas não democráticas, rigidamente hierarquizadas, que não distribuem seus lucros para todos e apenas favorecem uma minoria (seus dirigentes) não conseguem (ainda bem) enfiar goela abaixo dos trabalhadores medidas que trazem vantagens unilateralmente.
>
> Por que os trabalhadores iriam estar comprometidos com um engajamento digital que favorece apenas os patrões? (...) Ninguém veste a camisa das empresas porque elas querem. A resistência é natural. (...) O engajamento só acontece a partir de uma abordagem democrática, com intenção democrática, e não com a pressão absurda para que os trabalhadores se transformem... para continuar dando lucro (cada vez maior) para as empresas.

O mercado exige uma reinvenção do profissional de marketing e procura, sobretudo, um profissional que saiba monitorar o ambiente digital, que tenha criatividade para fazer mais com menos recursos e esteja antenado com o mundo. Um profissional arrojado, dinâmico, estratégico, bem informado, focado em objetivos e com habilidades de liderança, sabendo de antemão que não encontrará o profissional almejado pronto e à disposição.

O mercado compreende a necessidade de capacitação constante. Uma crítica feita ao ambiente acadêmico consiste no distanciamento entre o mercado e a velocidade das mudanças e o conteúdo dos cursos superiores na área, indicando que há um descompasso entre as necessidades do mercado e as grades curriculares dos cursos de marketing e comunicação.

O mercado compreende a necessidade de capacitação constante.

Segundo artigos publicados nos volumes do jornal *Meio & Mensagem*,[47] que viemos acompanhando há alguns anos, as competências desejáveis ao profissional de marketing são:

- visão completa da marca;
- visão completa do contato com o público-alvo;
- visão estratégica;
- agilidade para acompanhamento das mudanças nos pontos de contato com o consumidor;

---

47. Especial profissional de marketing, Caderno especial *Meio & Mensagem*, publicado anualmente de 2004 a 2017.

- amplo conhecimento do funcionamento da empresa, da fabricação à distribuição, divulgação e vendas;
- profundo conhecimento das diferentes partes do negócio;
- olhar adiante, inovador;
- capacidade dos analistas de marketing em transformar grandes massas de dados em informações, produtos e serviços aos clientes.

Para dar conta desses desafios, a educação corporativa cresce a passos largos – organizações como P&G, Unilever, Johnson & Johnson e Whirpol investem consistentemente em desenvolvimento de talentos, habilidades e competências em suas unidades ao redor do mundo. Por meio de *job training*, *coaching* ou *mentoring*, o objetivo é desenvolver as competências e sanar as deficiências em negócios, aspectos comportamentais e de gestão de pessoas, bem como formação técnica. Além de atender às lacunas que a educação formal não tem atendido, são ações que se prestam à retenção de talentos e desenvolvimento das equipes.

Além das competências citadas, o mercado espera um trabalho muito próximo do profissional de marketing com a área comercial, no sentido de aplicar a visão do profissional à identificação de oportunidades de novos negócios. Para isso, o profissional de marketing deve desenvolver a habilidade de fazer um bom diagnóstico da situação, a fim de formular um plano de ação e, por meio da capacitação de suas equipes, adaptar-se às mudanças em curso – ou seja, o potencial de transformação desse profissional é valorizado pelo mercado. Damasceno[48] exemplifica o caso da Coca-Cola, que, em 2017, extinguiu a função de diretor de marketing para substituí-la por CGO, **fundindo marketing e vendas** e concentrando as atividades sob a responsabilidade desse profissional, que passa a atuar "orientado para o crescimento e centrado no consumidor".

O mercado espera um trabalho muito próximo do profissional de marketing com a área comercial, no sentido de aplicar a visão do profissional à identificação de oportunidades de novos negócios.

Observamos que o profissional de marketing tem múltiplos desafios a enfrentar. Esses desafios estão sintetizados de acordo com a opinião de diversos especialistas ouvidos ao longo das reportagens em cada um dos especiais pesquisados. Os principais desafios apresentados nessa lista complexa estão especialmente ligados à gestão da comunicação (forma e conteúdo), gestão administrativa (processos

48. DAMASCENO, 2017.

internos e pessoas), planejamento estratégico como pano de fundo para quaisquer ações, foco no consumidor e mercado e, finalmente, a revisão da remuneração das agências e fornecedores no mercado, como mostra a Figura 7.14.

Figura 7.14 Desafios do profissional de marketing

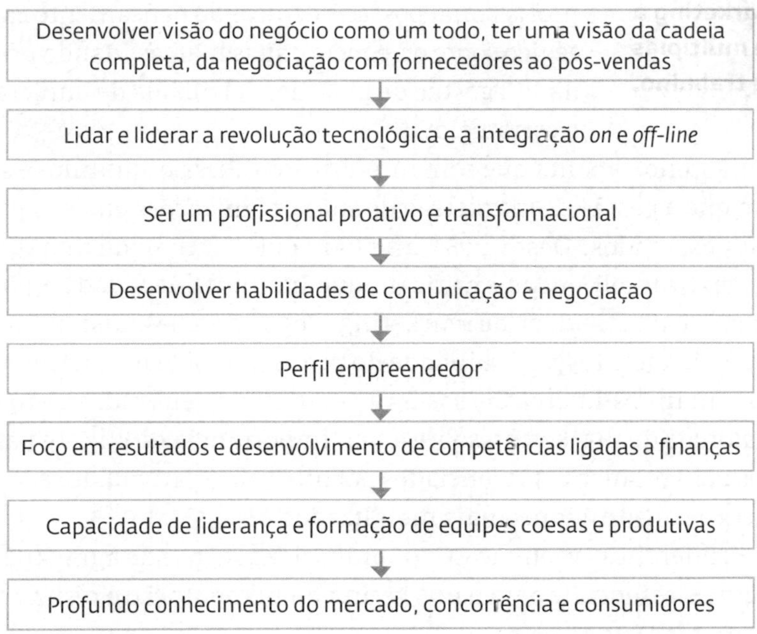

Fonte: adaptada de *Especial profissional de marketing*, 2004 a 2017.

De maneira geral, o que observamos no período é que, de 11 desafios enumerados, sete estavam relacionados com a comunicação, persistindo a necessidade de compreensão do digital, de adaptação às tecnologias no processo de relacionamento com o consumidor. Entretanto, houve aumento nos desafios associados à gestão do negócio, vendas e de pessoas, especialmente em virtude do viés transformacional que se espera desse profissional. Muitas vezes, há uma tendência do profissional de marketing, até por uma questão de gestão de tempo, de ater-se ao seu setor de atuação, perdendo a visão macro do negócio, que, nessa perspectiva contemporânea, deve envolver as cadeias produtivas e de distribuição.

O crescimento de áreas como o digital leva os profissionais de marketing a lidar com novas e múltiplas interfaces de trabalho, aumenta o número de fornecedores em comunicação entre agências e parceiros, agiliza e amplia a troca de informações. Por isso, capacitar-se e organizar-se para dar conta das demandas é fator primordial.

O crescimento de áreas como o digital leva os profissionais de marketing a lidar com novas e múltiplas interfaces de trabalho.

Organização, afastamento das tarefas puramente operacionais, delegação de responsabilidades e decisões são atitudes necessárias para que o profissional possa se dedicar ao pensamento estratégico sobre o negócio e suas marcas, dando prioridade à gestão de pessoas, derrubada de burocracia e estratégia.

Damasceno[49] aponta que somente 26% dos CEOs pesquisados[50] afirmaram que a gestão de marketing de suas organizações entrega os resultados esperados. Destes, 78% afirmam que a função de marketing é potencializar as vendas e criticam que há muita atividade e pouco valor perene na atividade de marketing. Segundo a pesquisa, essa atividade é, de fato, responsabilidade do profissional de marketing porque, afirmam os líderes dessas empresas, "falta entendimento dos profissionais de marketing sobre a real importância do cliente para a empresa em momentos vivenciados por alta competitividade, excesso de oferta e consumidores mais mobilizados".[51]

Essas lideranças veem no CGO o profissional capaz de agregar duas abordagens essenciais para o marketing hoje: reputação e resultados. Como afirma Damasceno,[52]

> enquanto o marketing de reputação maximiza o valor da empresa e da marca a partir da construção e perpetuação positiva de sua imagem e credibilidade no tempo (por meio de branding, experiência multicanal, relacionamento com stakeholders, patrocínios, protagonismo em comunidades e redes sociais), o marketing de resultados é formatado na instantaneidade e tem atividades mais transacionais, de suporte a vendas, de curto prazo (lançamento de produtos e serviços, promoções, marketing online e merchandising).

O grande desafio apontado seria a mudança de mentalidade (*mindset*), a atuação forte no sentido do crescimento disruptivo, a proatividade e a ação auxiliando as organizações a sobreviver à transformação

---

49. DAMASCENO, 2017.
50. DASMASCENO, 2017.
51. DAMASCENO, 2017.
52. DAMASCENO, 2017, p. 22-23.

digital, tornando-as capazes de contribuir para a criação e a manutenção da relação da organização/marca com os públicos de interesse e estabelecendo a ponte necessária no setor de TI, marketing e comunicação, de forma integrada e centrada em inovação, soluções e relacionamento.

O grande desafio é a mudança de mentalidade (*mindset*), a atuação forte no sentido do crescimento disruptivo, a proatividade e a ação auxiliando as organizações a sobreviver à transformação digital.

Além dos espaços dentro dos anunciantes, de qualquer porte que seja, ou atuando como empreendedores, os jovens profissionais têm no mercado da comunicação uma mudança também profunda e em plena ebulição, que faz oportunidades de trabalho – nem sempre bem remunerados, convenhamos – surgirem em frentes múltiplas e diferentes.

A transformação digital no âmbito das agências de propaganda e na área de comunicação como um todo, envolvendo todos os seus *players*, de agências a veículos de comunicação, passando por plataformas digitais, tem relação com o consumidor, mas também com a transformação do negócio em si. José Gonçalves, da Accenture,[53] em entrevista a Damasceno, afirma que "não adianta desenhar uma marca do lado aspiracional, linda e maravilhosa, se a experiência entregar outra coisa" – o que nos diz muito sobre a necessidade de total integração entre as atividades ligadas à comunicação e aquelas ligadas à atividade de marketing e organizacional.

Esse papel de integração e rompimento, chamado pelo mercado de **disrupção**, tem sido exercido por consultorias – muitas de marketing, outras de relações públicas – que se posicionam como planejamento e visão integrada do negócio e que têm trazido soluções mais eficientes do que as agências de propaganda. A integração entre produtos, marcas, tecnologias e serviços é uma oportunidade, para as organizações e para os profissionais que tenham essa visão, de ter a capacidade de estabelecer parcerias e realmente auxiliar as organizações a efetivar essas transformações.

A integração entre produtos, marcas, tecnologias e serviços é uma oportunidade para as organizações e para os profissionais.

A comunicação, em parceria com o setor de marketing ou com o CGO, tem no *big data* a oportunidade de buscar insights e transformá-los em ações concretas, mas, nessa relação, entra a tecnologia e a capacidade de extrair informações e insights de um

53. DAMASCENO, 2017, p. 12.

conjunto de dados que tende a se tornar cada vez maior – esse triângulo precisa atuar de forma coesa e com foco na experiência de marca. Raja Rajamannar, CMO da Mastercard,[54] afirma que o planejamento vem antes da criação, ou seja, "o que falar e o que fazer" pode ser direcionado por dados de *analytics*, mas a forma como será falado e feito é tarefa da área de criação das agências e fornecedores.

Rajamannar destaca que a análise das mídias sociais por si só já é muito rica em insights que podem embasar decisões. O problema é que a mesma informação está disponível para "todo mundo", embora nem todos tenham a mesma visão. O CMO diz que para a marca Mastercard a busca é consistentemente direcionada ao desenvolvimento de experiências realmente distintas, "coisas que as pessoas realmente se importam", às quais a empresa dá o nome de "ponto de paixão".

A análise das mídias sociais por si só já é muito rica em insights que podem embasar decisões.

Rajamannar[55] afirma:

> As agências (de propaganda) inteligentes devem compreender essa nova realidade, em que centenas de milhões de pessoas estão evitando a publicidade. Não deveriam ficar em estado de negação. É um período de transição: umas agências estão se movendo rapidamente, outras mais vagarosamente. É preciso buscar alternativas para falar com o consumidor, de maneira inovadora, que não pareça (e nem seja) um comercial (...) o foco precisa estar na criação de experiências e na comunicação destas experiências (...) esse é um processo muito mais imersivo. É preciso olhar (e compreender) as tecnologias (...) esse é o principal drive de mudança que as agências devem buscar.

Algumas universidades já oferecem o curso de mídias digitais ou gestão de mídias sociais, mas é importante compreender que as oportunidades de trabalho são múltiplas e podem atender a diversos perfis e objetivos profissionais e de vida. Uma delas é a Faculdade Belas Artes que oferece curso de dois anos de Mídias Sociais Digitais. Segundo Maria Carolina,[56] coordenadora do curso, os profissionais podem atuar nas seguintes áreas:

---

54. FURTADO, J. Marketing com crédito. *Meio & Mensagem*, entrevista com Raja Rajammannar, p. 6-7, 31 jul. 2017.
55. FURTADO, 2017.
56. LOPES, M. *Mídias sociais digitais*: mundo de opções. Disponível em: http://www.vagas.com.br/profissoes/carreiras/comunicacao/midias-sociais-digitais-mundo-de-opcoes/. Acesso em: 18 jul. 2019.

- produção de conteúdo para mídias sociais digitais, tanto em agências especializadas como no segmento corporativo (*branding*);
- curadoria de conteúdo para mídias sociais digitais (especialmente para e-commerce);
- storytelling e direção de arte para mídias sociais digitais (para marketing digital em multiplataformas);
- monitoramento e métricas de resultados;
- construção de imagem e reputação on-line;
- monitoramento de influenciadores digitais;
- empreendedorismo em mídias sociais digitais (*blogging, crowdsourcing, crowdfunding*);
- análise de comportamento de consumo on-line;
- digital *coolhunting*;
- concepção de aplicativos, *fashion films* e *webseries*.

Algumas áreas em expansão e que constituem oportunidade de trabalho, de acordo com a coordenadora, são:

- pesquisa e produção de conteúdo para multiplataformas;
- coordenação de equipes de criação em multiplataformas;
- elaboração de imagem de marca em ambientes digitais;
- análise e metrificação de resultados em mídias sociais digitais;
- conceituação de projetos em mídias sociais digitais.

Mídias sociais orientadas para resultados

ADIDAS E IMPRESSÃO 3D[57]

O que fez?

Uma parceria da Adidas com a Carbon 3D tem a meta de alcançar a impressão de 100 mil pares de tênis até final de 2019.[58] A proposta da organização,

57. HSM EXPERIENCE. Adidas lança impressão 3D em massa. *HSM Management*, ed. 122, p 14, 2017. Disponível em: https://experience.hsm.com.br/posts/adidas-lanca-impressao-3d-em-massa. Acesso em: 18 jul. 2019.
58. GUYOT, O. *Adidas investe em impressão 3D para validar sua estratégia de inovação*, 4 jun. 2018. Disponível em: https://br.fashionnetwork.com/news/Adidas-investe-em-impressao-3D-para-validar-sua-estrategia-de-inovacao,984029.html#.XUnA_FVKjIU. Acesso em: 9 ago. 2019.

em um primeiro momento, é testar a tecnologia com um modelo único e, ao longo do tempo, proporcionar a personalização da meia-sola dos tênis de acordo com as características individuais dos pés de cada consumidor. Cada pessoa poderá ter o molde dos pés e solicitar um tênis sob medida a partir daí. O grande desafio é o alinhamento entre o benefício que já faz parte dos anseios de muitos consumidores com o custo de uma produção em larga escala. O processo tem potencial para imprimir a meia-sola em 90 minutos hoje.

Diferencial

O interessante é que a proposta nasce dos anseios dos consumidores com relação à configuração particular de cada pé e passada. Um produto desenvolvido dessa forma tem grandes possibilidades de uso inclusive pelos portadores de alguns problemas ortopédicos, como pés pronados, por exemplo, cujo tênis de linha sai hoje por cerca de R$ 800.

Uso em mídias sociais

Todo o desenvolvimento de produto, os resultados alcançados e a tecnologia têm grande potencial para desenvolvimento de conteúdo para mídias e também em causar *buzz*, ampliando o *share of voice* da marca, especialmente se forem bem-sucedidos na proposta.

General Electric e a transformação digital[59]

O que fez?

A General Electric (GE) é uma gigante mundial em diversos setores de atuação, notadamente em energia, e tem investido consistentemente em energias alternativas ao petróleo, como eólica e solar. Segundo Rafael Santana, presidente e CEO para a América Latina, a transformação digital é necessária para tornar a empresa mais atrativa para a geração de negócios e captação de talentos.

A organização se posiciona como empresa digital industrial e tem buscado tornar isso concreto por meio de mudanças culturais, como aproximação com universidades e áreas de pesquisa, agregar realidade aumentada na rotina dos colaboradores e tornar a avaliação de desempenho mais ágil em diferentes plataformas. Investimentos foram feitos, segundo matéria na revista HSM Management, em uma "plataforma de conexão de máquinas

---

59. SANTANA, R. Elas estão fazendo a virada: casos brasileiros mostram na prática, como esse desafio vem sendo enfrentado. *HSM Management*, Dossiê HSM transformação digital, ed. 122, p. 50-54, maio/jun., 2017.

inteligentes com todos os atores do ecossistema, chamada Predix",[60] objetivando a ampliação da produtividade. A Predix tem sistema aberto, a fim de que elementos da cadeia produtiva possam criar aplicativos para o sistema. Em 2016, a organização já contava 200 mil ativos administrados na plataforma, 100 aplicativos e 20 mil desenvolvedores trabalhando com a plataforma.

Além disso, há outros projetos, como o Digital Power Plant, soluções tecnológicas para usinas de energia térmica com maior eficiência de operação; Digital Wind Farm, para parques eólicos que registram e analisam, em tempo real, dados de cada turbina em um sistema interligado; e soluções tecnológicas para a área de saúde, monitorando os processos, visando à melhoria e apoiando a tomada de decisão.

Diferencial

Os casos citados são da área de business-to-business (B2B). A transformação digital da organização tem como objetivo o apoio a fornecedores e clientes, tornando a execução dos projetos e o resultado mais rentáveis e tecnologicamente mais eficientes do que seriam se não houvesse o sistema Predix e outras ações. Os investimentos auxiliam clientes a encontrar caminhos de geração de energia mais limpa e maior produtividade em suas plantas fabris.

Uso em mídias sociais

90% dos colaboradores indicariam a empresa a amigos, é o que diz a página Love Mondays,[61] com uma nota média de 3,99 – sendo a nota mais alta para a cultura da organização com 4,03. Na página da Indeed,[62] a nota da empresa é 4,1. Em 2016, a empresa esteve entre as 150 melhores empresas para se trabalhar do Guia Você SA. Esses são alguns exemplos da repercussão das atividades de transformação da GE no Brasil e no mundo – esses dados e muitos outros vêm contribuindo para a construção da reputação digital da organização.

60. SANTANA, 2017, p. 51.
61. GLASSDOOR. Disponível em: www.lovemondays.com.br. Acesso em: 18 jul. 2019.
62. INDEED. Disponível em: www.indeed.com.br. Acesso em: 18 jul. 2019.

Banco Santander e a sua relação multicanais[63]

O que fez?

O Banco Santander vem atuando fortemente em sua transformação digital. Cassius Shymura, diretor de plataformas multicanais, observa que esse tipo de mudança precisa acontecer "top-down", isto é, a mais alta direção da organização assume a mudança e a vê como forma de reorganização do negócio e não simplesmente como uma estratégia – o que foi fundamental nas mudanças implementadas pelo banco.

Em 2016, a subsidiária brasileira do banco tornou-se a divisão mais rentável do grupo e credita esse sucesso à transformação digital, acompanhando as mudanças no comportamento do consumidor e a demanda por maior mobilidade, informação e escolha. Compartilhada pelo CEO brasileiro e pela presidente mundial, a visão de que a transformação digital é fato concreto mobiliza ações que visam a dar mais transparência e poder aos clientes do banco por meio de novos produtos e serviços.

A equipe comandada por Cassius tem 700 pessoas – metade programadores e metade designers, especialistas em usabilidade, experiência do usuário, cibersegurança e área de negócios e comercial. Shymura afirma que "é uma oportunidade única de reformular todos os canais do banco criando uma plataforma de desenvolvimento para melhorar produtos e serviços (...) atuando como uma central que catalisa todas as iniciativas de inovação e irradia motivação (...)"

Diferencial

As ações do banco, segundo as informações obtidas, estão centradas na melhoria da interação, usabilidade das ferramentas e experiência dos clientes. Além disso, o desenvolvimento prioriza a velocidade de inovação, baseando-se em pequenos grupos, com objetivos claros de pequenas inovações constantes, como as equipes de designers, que trabalham na consistência gráfica dos produtos e itens de interface.

63. SCHYMURA, C. Elas estão fazendo a virada: casos brasileiros mostram na prática, como esse desafio vem sendo enfrentado. *HSM Management*, Dossiê HSM transformação digital, ed. 122, p. 50-54, maio/jun., 2017.

Em mídias sociais

A organização tem três páginas no Facebook – Teatro Santander (12.830 seguidores), Banco (3.099.167 seguidores) e Santander Cultural (14.526 seguidores). Em setembro de 2017, o patrocínio do Santander Cultural à Exposição Queermuseu – Cartografias da diferença na arte brasileira, ocorrida em Porto Alegre, causou manifestações em suas páginas. Depois de mais de 20.000 manifestações negativas, a marca retirou o patrocínio e manifestou-se nas mídias sociais acerca de seu posicionamento.

Figura 7.15
Pronunciamento do Santander Cultural em sua página do Facebook

Fonte: FACEBOOK SANTANDER CULTURAL.

A repercussão do caso foi bastante grande. Em uma matéria do jornal *Folha de S.Paulo*,[64] em 12 de setembro de 2017, observamos uma crítica ao abandono do patrocínio pelo banco dizendo:

> Obras de arte são um reflexo de seu tempo e suas contradições. Sustentar diante da vida um espelho que revela suas distorções e atritos não deixa de ser o que alguns dos artistas da mostra de Porto Alegre fazem com maior ou menor eloquência (...) Nada, no entanto, justifica a censura. Boas ou ruins, as obras ali despertam um debate mais do que necessário. Ao ceder a protestos vazios, instituições como o Santander Cultural passam atestado de incompetência e insensibilidade (...) Neste país em que bancos, shoppings e gigantes da telecomunicação apoiam a arte só até o ponto em que as obras não causem prejuízo à sua imagem institucional, o caso de Porto Alegre arrisca se a tornar uma triste rotina.

A ação do banco foi rápida em uma tentativa de proteger, segundo consta em matéria de O Globo,[65] a integridade das obras e funcionários da instituição. O que é importante notar nesse caso de comunicação organizacional e mídias digitais é o alcance da repercussão dos posts, o número de pessoas impactadas diretamente pelos comentários na página do Facebook do Santander Cultural e a repercussão nas mídias convencionais, gerando uma quantidade enorme de mídia espontânea, positiva e negativa.

Niely e a sua relação com influenciadoras

O que fez?

Criada em 1986, no Rio de Janeiro, a Niely é uma marca de cosméticos que, hoje, faz parte do grupo L'Oréal. Sua linha de produtos Diva de Cachos,[66] lançada em agosto de 2017, foi o resultado de uma criação colaborativa com 12 influenciadoras digitais, convidadas a participar do desenvolvimento dos produtos, participar da campanha e compartilhar suas experiências. Com forte concentração em mídias digitais,[67] a campanha inclui clipe e web série de 12 capítulos no YouTube, Facebook e Instagram.

---

64. MARTI, S. Caso da "Queermuseu" corre o risco de se tornar triste rotina no país. *Folha de S.Paulo*, 12 set. 2012. Disponível em: https://www1.folha.uol.com.br/ilustrada/2017/09/1917632-caso-da-queermuseu-arrisca-se-tornar-triste-rotina-no-pais.shtml. Acesso em: 9 ago. 2019.
65. GOBBI, N. Em nota a clientes, Santander explica encerramento de mostra LGBT em Porto Alegre. *O Globo*, 11 ago. 2017. Disponível em: https://oglobo.globo.com/cultura/artes-visuais/em-nota-clientes-santander-explica-encerramento-de-mostra-lgbt-em-porto-alegre-21807901#ixzz-4sU1exkO9. Acesso em: 18 jul. 2019.
66. FIQUE DIVA. Disponível em: http://www.fiquediva.com.br/divadecachos. Acesso em: 18 jul. 2019.
67. MEIO&MENSAGEM. Niely lança produtos com influenciadoras. *Meio & Mensagem*, p. 18, 31 jul. 2017.

Figura 7.16 Site da Fique Diva Niely

Fonte: FIQUE DIVA. Disponível em: http://www.fiquediva.com.br/divadecachos. Acesso em: 18 jul. 2019.

Diferencial

O processo de comunicação envolveu todas as etapas da cocriação dos produtos, aproveitando-se da inovação que representa o desenvolvimento colaborativo como conteúdo de marca a ser divulgado nas mídias sociais. A página da empresa no Facebook tem mais de 3,6 milhões de seguidores (2019), o post que anuncia o projeto de cocriação teve 16 mil curtidas em maio de 2017 e a empresa desenvolveu uma campanha multiplataformas com participação ativa das influenciadoras.

Veja o clipe do *Rap da felicidade*, uma paródia da Diva de Cachos Niely:

Mídias sociais

Facebook em todas as fases, bem como Instagram e YouTube, além de Twitter. A empresa também desenvolveu releases para os meios de comunicação tradicionais. A integração digital da campanha é ressaltada pela diversidade de plataformas e pelo buzz causado por meio das diversas influenciadoras parceiras e não parceiras da marca.

7.3 COMO DESENVOLVER UM PLANO DE MARKETING PARA MÍDIAS SOCIAIS?

Considere sempre que as ações em mídias sociais estão necessariamente atreladas às ações de comunicação e marketing da organização – não podem e não devem ser desconectadas dos objetivos organizacionais e de marketing. Portanto, em um contexto de comunicação integrada de marketing, as mídias sociais constituem mais um canal de comunicação com os públicos de interesse, respeitadas suas características.

Considere sempre que as ações em mídias sociais estão necessariamente atreladas às ações de comunicação e marketing da organização.

É possível desenvolver todo um plano de comunicação utilizando apenas mídias sociais? Sim, é totalmente possível e viável, mas os resultados podem demorar um pouco mais. Envolver outras mídias ou ações tradicionais contribui para a geração de tráfego orgânico nas redes sociais e melhora a visibilidade de alcance das mídias sociais em que a organização estiver atuando.

A proposta a seguir oferece dicas, considerando as diversas fontes pesquisadas, mas é sempre bom ressaltar que um plano de marketing é mais profundo e abrangente do que está exposto abaixo. No entanto, indicamos alguns passos para que uma organização desenvolva um plano de comunicação para mídias sociais.

7.3.1 Defina os objetivos de marketing e comunicação para as mídias sociais

É importante compreender e definir qual a perspectiva da organização acerca das mídias sociais, isto é, se serão adotadas como meio de comunicação apenas porque estão "na moda" ou se realmente a organização tem uma perspectiva de dialogar com seus públicos de interesse. Se for o primeiro caso, selecione poucas mídias e mantenha regularidade de postagens, mas não espere grandes resultados por esse caminho. Atuar em mídias sociais, como vimos até aqui, deve ser parte da transformação digital da organização – o que inclui abertura ao diálogo e coerência entre discurso e prática das atividades organizacionais.

É importante compreender e definir qual a perspectiva da organização acerca das mídias sociais.

Uma vez que a perspectiva da organização acerca dessas atividades de comunicação esteja clara, devem ser definidos os objetivos com relação à atuação em mídias sociais, sempre atrelados aos objetivos organizacionais e mercadológicos – lembrando que mídias sociais são parte de um plano de comunicação integrada de marketing. Além disso, os objetivos devem estabelecer metas capazes de ser medidas (mensuráveis).

7.3.2 Faça uma avaliação das mídias sociais que mais se adequam à organização × propósitos

A partir do perfil da organização, da persona de marca e, principalmente, do público de interesse com o qual desejamos nos comunicar, é muito importante pesquisar, identificar e compreender quais as mídias sociais mais adequadas em termos de estilo e conteúdo. Nos capítulos anteriores, tratamos do perfil de cada mídia social, uma vez que nem todas as mídias se adequam a todas as organizações e não há obrigação de estar presente em todas elas.

Observe o custo – mídias como YouTube exigem um investimento maior em produção de conteúdo de qualidade – e a responsabilidade pela execução, manutenção e avaliação das mídias: A organização tem equipe para isso ou vai terceirizar? Lembrando que as mídias sociais são muito mais trabalhosas do que veicular anúncios em mídias tradicionais.

7.3.3 Crie ou renove os perfis da organização em mídias sociais

Uma vez selecionadas as mídias sociais que serão utilizadas pela organização, crie, se não existirem, ou renove os perfis da organização nas mídias em que já atua. Vários sites, e-books e agências digitais têm dicas muito interessantes sobre como deve ser o perfil em cada tipo de mídia social. Lembre que a qualidade do material e do conteúdo são fundamentais para as empresas.

Lembre que a qualidade do material e do conteúdo são fundamentais para as empresas.

7.3.4 Avalie os concorrentes e o que outras empresas estão fazendo

Acompanhe de perto os concorrentes e outras empresas, tanto nacionais como internacionais, observando o que estão desenvolvendo, apenas como forma de inspiração, mas tome cuidado para não perder a identidade da marca, produto ou serviço.

7.3.5 Desenvolva um plano de marketing de conteúdo e um calendário de conteúdo para as mídias sociais

É importante desenvolver um cronograma de conteúdos a serem divulgados, estabelecendo datas e responsabilidades sobre sua elaboração, evitando correrias e posts de última hora, mas é importante também que haja flexibilidade para posts de oportunidades e outros conteúdos que venham a surgir. Um calendário de conteúdo também auxilia na manutenção da frequência adequada em cada mídia.

Agora é a hora de decidir se a empresa vai desenvolver as atividades com equipe própria ou por meio de fornecedores, como agências de propaganda ou de digital. Observe que realizar as atividades "em casa" pode ser aparentemente interessante em termos de custo, mas o profissionalismo e o conhecimento específico são fundamentais para o sucesso das ações e campanhas em mídias sociais – por isso, buscar profissionais especializados trará sempre melhores benefícios a médio prazo.

7.3.6 Inicie as ações mantendo a frequência, monitore e interaja de acordo com as características de cada mídia

A melhor característica das mídias sociais é, em geral, o retorno (ou efeito) em tempo real.

A melhor característica das mídias sociais é, em geral, o retorno (ou efeito) em tempo real. Portanto, monitorar constantemente as mídias em que a organização atua é fundamental, além de responder sempre, preferencialmente de forma individual.

Em geral, ouvimos por aí as histórias de sucesso das empresas. Mas e os fracassos? Leia isto:

7.3.7 Avalie os resultados obtidos, reavalie e faça os ajustes necessários

Como em qualquer planejamento, uma vez implementado, deve ser acompanhado constantemente, reavaliado e ajustado conforme as informações que forem colhidas no processo.

A Figura 7.17 apresenta dicas sobre um plano básico para algumas mídias sociais.

Um calendário de conteúdo é a base de toda estratégia bem-sucedida de social media marketing. As agendas de conteúdo podem ajudá-lo a empregar uma abordagem estratégica quanto à sua presença nas redes sociais, para que você compreenda melhor de que forma suas ações se adequam aos seus objetivos principais de negócios.

(KEVIN DONNELLY)

Figura 7.17
Plano básico para mídias sociais

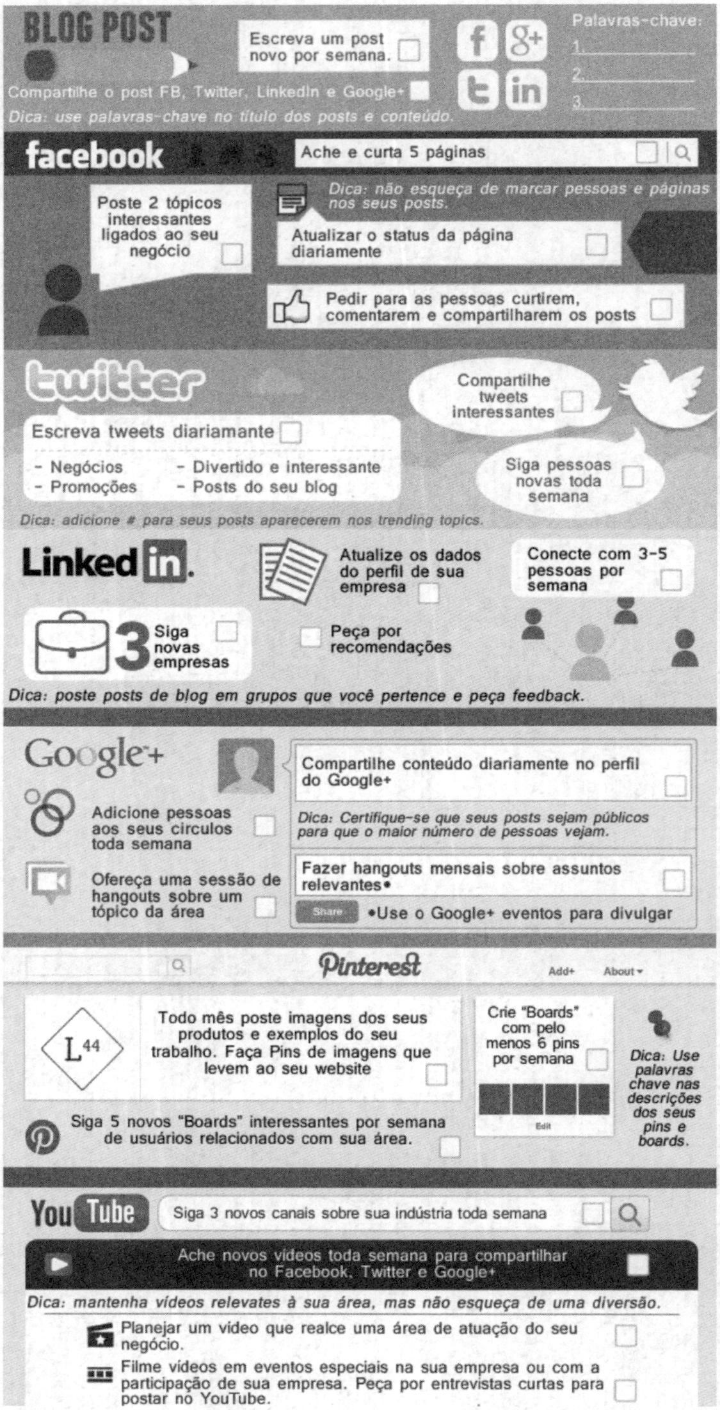

Fonte: LOFT 44, 2014. Disponível em: www.loft44.com.br. Acesso em: 18 jul. 2019.

ESTUDO DE CASO

Buzzfeed

Empresa norte-americana fundada em 2006 como mídia de notícias, o Buzzfeed tem sede em Nova Iorque e atua em diversos países do mundo. A empresa cobre uma variedade de tópicos com orientação para entretenimento e diversão, em uma linguagem ágil e focada no público nativo digital. Em 2011, foi contratado um editor-chefe com o intuito de expandir o site e adentrar o mundo do jornalismo sério, com base em investigação e reportagens mais longas e consistentes. O Buzzfeed está presente nas principais mídias sociais, como Facebook (11.894.484 milhões de seguidores), Twitter, YouTube (19,3 milhões inscritos), Instagram (4,9 milhões seguidores) e Pinterest (2 milhões de seguidores), além de site e aplicativo para celular.

Figura 7.18
Página do BuzzFeed

Vivan,[68] em artigo para o Congresso Internacional da Comunicação (Intercom), aborda as cinco estratégias que o Buzzfeed Brasil utiliza para viralizar as publicações no Facebook. A autora comenta que o BuzzFeed é "um site de notícias e entretenimento conhecido por produzir conteúdo altamente compartilhável. O nome do site surgiu com a junção de duas palavras em inglês (buzz + feed) e tem o significado de alimentar (como conteúdo) aquilo que se espalha facilmente na rede (...) Em 2013, surgiu a versão brasileira da página".

Com um faturamento acima de US$ 250 milhões por ano, o valor de mercado da empresa é estimado em torno de US$ 1,5 bilhão. Em agosto de 2017, a empresa reforçou sua equipe de negócios para atuação no Brasil com novos gerentes de estratégia de marca vindos de empresas como TV Globo e Outbrain, operador de anúncios e mídias sociais oriundo do Facebook e um estrategista para desenvolvimento de marca que veio do LinkedIn.

Aliando hipertextualidade, multimidialidade, personalização de conteúdo, memória, atualização contínua e interatividade, a plataforma usa o formato *listicle* (list + article):[69]

> segue um modelo em que o texto é formatado com itens numerados e explicados por meio de frases curtas. As publicações costumam ser acompanhadas de imagens para ilustrar o que está sendo dito – que pode ser algo voltado para o humor ou uma notícia mais séria, normalmente como um resumo do que aconteceu. Além das listas, também são publicados quizzes e vídeos que, em função do formato e objetividade, são muito compartilhados em postagens nas redes sociais e dispositivos móveis. Um dos diferenciais do site é a não utilização de banners publicitários. No BuzzFeed, a publicidade entra como conteúdo, na maioria das vezes, alguma lista voltada ao interesse da marca e assinada por ela. Em junho de 2016, entrou ao ar a primeira lista brasileira que possibilitava ao internauta comprar os produtos da loja virtual da marca diretamente do site do BuzzFeed. Dados recentes da própria empresa mostram que 75% do tráfego de referência vem de sites como Twitter e Facebook.

Mas por que o BuzzFeed teve crescimento exponencial até tornar-se um caso a ser estudado? De acordo com Guimarães, porque "buscou compreender a cultura da internet e não apenas migrou conteúdo, como fazem os tradicionais veículos jornalísticos",[70] quebrou paradigmas ou criou uma disrupção.

---

68. VIVAN, A. C. M. *Cinco estratégias que o Buzzfeed Brasil utiliza para viralizar as publicações no Facebook*. 2017. Monografia (Iniciação Científica em Comunicação). Universidade Caxias do Sul, Rio Grande do Sul. Disponível em: http://portalintercom.org.br/anais/sul2017/resumos/R55-0207-1.pdf. Acesso em: 22 jul. 2019.
69. VIVIAN, 2017.
70. GUIMARÃES, A. F. *Jornalismo "buzzfeed"*: a ascensão de um dos maiores sites de entretenimento da atualidade como mídia e sua consequente contribuição para um novo modelo de webjornalismo, 2016. Disponível em: http://monografias.brasilescola.uol.com.br/comunicacao-marketing/jornalismo-buzzfeed-ascensao-um-dos-maiores-sites-entretenimento-atualidade.htm. Acesso em: 22 jul. 2019.

Além disso, se destaca por produzir material que pode ser facilmente compartilhado – uma das características do público-alvo. Peretti, fundador da empresa, procurou, em 2006, compreender como e por que as coisas eram compartilhadas e, com a experiência adquirida, fundou a BuzzFeed.

Com o fenômeno das *fake news* avançando e confundindo os feeds de notícias, organizações como o Buzzfeed posicionam mais fortemente suas características de jornalismo investigativo como um contraponto. Mark Schoofs, editor de investigação e projetos da unidade norte-americana, destaca os smartphones como oportunidade de disseminação de textos longos e reportagens mais sólidas.

Com o objetivo de consolidar-se como organização de notícias, o Buzzfeed criou uma divisão investigativa, divulgando reportagens sérias e consistentes, mas sem deixar de lado sua característica de objetividade e entretenimento. O editor de investigação afirma ter contribuído com mudanças importantes nos Estados Unidos e Inglaterra, a partir de denúncias efetuadas por meio da plataforma, e buscar no Brasil furos e histórias que tragam relevância e reconhecimento. Sua estrutura no Brasil é construída por e para brasileiros, afirma ele, constituindo-se em unidade autônoma com a meta de competir com grandes organizações de notícias do país.

Ao visar ser a empresa mundial de notícias e entretenimento para o século XXI sem a pretensão de aproximar jornalismo de entretenimento, a organização parece ter uma visão de que são coisas diferentes e assim estabelece a gestão estratégia de suas ações. Vídeos curtos, listas, gráficos e outros recursos são utilizados para dar maior atratividade às informações e notícias. Usabilidade e leitura, por meio de smartphones, são vistas como oportunidade, já que 70% da audiência do Buzzfeed visualiza o conteúdo por meio desses dispositivos. Portanto, facilidade de navegação e design intuitivo fazem parte da forma como as notícias são apresentadas, mas a proposta é ser multiplataforma.

Os posts são criados a partir da análise de dados sobre os hábitos de navegação do target e transformados em algoritmos sofisticados. Esses sistemas ajudam a solucionar problemas, como períodos de baixa audiência, pouca procura por determinados assuntos, mas sempre com foco no interesse dos internautas. Além disso, a equipe produz constantemente conteúdo para ser postado em diversas mídias sociais com o objetivo de ampliar a visibilidade da empresa.

Métricas são importantes – visualizações e tempo gasto na leitura de um artigo são indicativos, mas não a única forma de medir os resultados de um post. A quantidade de pessoas que leem por meio do site, e-mail, mídias sociais e smartphones, bem como o compartilhamento do conteúdo, são utilizados para avaliar os resultados.

Tantas coisas acontecendo no Brasil e no mundo levam as pessoas a buscar conteúdos com confiabilidade e que possam esclarecer os fatos. Schoofs acredita que a reportagem investigativa constrói a marca Buzzfeed e consolida uma audiência leal. Fugindo de notícias rasas e manchetes atrativas, mas enganadoras, as chamadas *clickbaits*, a plataforma prefere optar por manchetes que traduzam o real conteúdo do que será lido em seguida, preservando sua credibilidade.

Com a bandeira de lutar contra as *fake news* e *clickbaits*, o Buzzfeed tem se consolidado no mundo como uma plataforma de credibilidade jornalística.

Fontes:

GUIMARÃES, A. F. *Jornalismo "buzzfeed"*: a ascensão de um dos maiores sites de entretenimento da atualidade como mídia e sua consequente contribuição para um novo modelo de webjornalismo, 2016. Disponível em: http://monografias.brasilescola.uol.com.br/comunicacao-marketing/jornalismo-buzzfeed-ascensao-um-dos-maiores-sites-entretenimento-atualidade.htm. Acesso em 22 jul. 2019.

JÚLIO, K. B. Um estranho no feed. *Meio & Mensagem*, p. 30, 31 jul. 2017.

MEIO & MENSAGEM. BUZZFEED Brasil contrata em negócios. *Meio & Mensagem*, 23 ago. 2017. Disponível em: http://www.meioemensagem.com.br/home/gente/acontece_no_meio/2017/08/23/buzzfeed-brasil-contrata-em-negocios.html. Acesso em: 22 jul. 2019.

VIVAN, A. C. M. *Cinco estratégias que o Buzzfeed Brasil utiliza para viralizar as publicações no Facebook*. 2017. Monografia (Iniciação Científica em Comunicação). Universidade Caxias do Sul, Rio Grande do Sul. Disponível em: http://portalintercom.org.br/anais/sul2017/resumos/R55-0207-1.pdf. Acesso em: 22 jul. 2019.

VAMOS TESTAR SEUS CONHECIMENTOS?

1. O *big data* tem a possibilidade de elevar a outro patamar a experiência do consumidor, tornando-a melhor. Quais são as quatro frentes de atuação para que essa experiência superior se torne tangível?

2. A transformação digital das organizações públicas e privadas vai além da adoção das tecnologias digitais. Quais as implicações dessa transformação na condução dos negócios para o século XXI?

3. Muitos são os desafios para a efetiva transformação digital. Quais são as fronteiras a serem superadas pelas organizações?

4. Quais as atividades desenvolvidas nas *war rooms* e qual o impacto do monitoramento das mídias sociais em tempo real para a estratégia de comunicação das organizações?

5. Tantas mudanças, um cenário de tecnologia integrada, a IoT e a quantidade de dados a serem colhidos e analisados. Nesse contexto, quais as competências necessárias ao profissional de marketing para lidar com a transformação digital?

8

O futuro em mídias sociais

APRESENTAÇÃO

Inquieto, o mercado de mídia social é rápido e continuamente inovador. O usuário deseja transformações constantes e se cansa daquilo que não muda. Assim, a inovação contínua é o grande desafio do mercado de mídias sociais e digitais. Com o mobile tomando a frente absoluta como principal canal de acesso às mídias sociais, as organizações precisam preparar-se para atuar e oferecer produtos e serviços por meio de nosso companheiro de todas as horas: smartphones. O futuro é dos aplicativos!

"Desmitificar a tecnologia e as ferramentas digitais é uma das principais tarefas de quem vai desenvolver atividades de marketing na era pós-digital. Consumidores de qualquer classe social estão cada vez mais familiarizados com essas tecnologias e acostumados a tudo aquilo que antes era magia e agora é padrão (default). Houve uma época em que mostrávamos para os amigos que o iPhone podia descobrir o nome da música ambiente, com o aplicativo Shazam, e todos ficavam maravilhados. Ou então matávamos os colegas de rir com agressões ao Talking Tom, o gato falante que repetia ofensas. Tudo era mágico, inesperado, fascinante. Agora, não podemos mais nos diferenciar pela tecnologia. Todos têm acesso e possuem o superpoder digital. O que antes nos separava da maioria pela posse, agora nos afasta da tribo pelo oposto. Quando a tecnologia – esteja ela em um iPhone, tablet ou em um novo aplicativo – se torna ubíqua e permeia todas as classes sociais, é difícil reter ou resgatar seu status aspiracional. Ela passa, então, a ser como o ar ou a água, notada muito mais por sua ausência que presença".

(WALTER LONGO)

OBJETIVOS

Ao final deste capítulo, você terá uma visão do que nos espera, em curto espaço de tempo, na era pós-digital. Conhecerá, além disso, duas empresas que vêm inovando em aplicativos, mas que enfrentam a dificuldade de aliar rentabilidade com inovação constante. Por fim, poderá refletir sobre que caminhos podemos tomar para continuar inovando e colaborando com a transformação em curso.

8.1 APP MARKETING – O MUNDO É DOS APLICATIVOS

Com mais de 230 milhões de celulares no Brasil, segundo dados da Anatel,[1] e mais de sete bilhões no mundo,[2] a era pós-digital é dos aplicativos. Mendes,[3] em artigo intitulado *App Marketing: um passo além das mídias sociais*, observou que "o mundo mobile não é de search, mas de aplicativos capazes de atrair e reter uma audiência claramente definida e, principalmente, motivá-la a ações que reforcem o caixa das marcas". No Capítulo 2, vimos que 91% das pessoas acessam a internet pelo celular e, embora ainda o façam por meio de tablets e desktops para mídias como LinkedIn, por exemplo, o acesso às mídias sociais é feito especialmente pelos dispositivos móveis.

Com mais de 230 milhões de celulares no Brasil e mais de sete bilhões no mundo, a era pós-digital é dos aplicativos.

Quando, no início da internet no Brasil, no final do século XX, vários programas governamentais e

---

1. ANATEL. *Total de telefones celulares*, maio 2019. Disponível em: http://www.teleco.com.br/ncel.asp. Acesso em: 19 jul. 2019.
2. UOL. *UIT diz que número de celulares no mundo passou dos 7 bilhões*, 2015. Disponível em: https://noticias.uol.com.br/ultimas-noticias/radioonu/2015/05/26/uit-diz-que-numero-de-celulares-no-mundo-passou-dos-7-bilhoes-em-2015.htm?cmpid=. Acesso em: 19 jul. 2019.
3. MENDES, F. App Marketing: um passo além das mídias sociais. *Meio & Mensagem*, Especial Plataformas de Mídia, 31 ago. 2015.

muitos pesquisadores se preocupavam com a exclusão digital, esperava-se que o déficit de acesso a computadores fosse suprido por iniciativas públicas. Em seguida, veio a febre das lan houses, até chegar a televisão digital, cuja implementação no Brasil atrasou alguns anos, cogitada como uma forma de reduzir ou eliminar a exclusão digital. O que talvez não fosse esperado é que o déficit fosse suprimido pelos smartphones.

O Brasil está em 18ª posição em um ranking de 75 países que identifica as condições de acesso à internet, realizado pela The Economist Intelligence Unit.[4] O estudo mediu o nível de internet inclusiva e avaliou atributos como viabilidade de custo e ambiente econômico favorável. A nota do Brasil foi 78 de 100 – o que o coloca em primeiro lugar entre os países da América Latina. Mesmo assim, o Brasil tem ainda cerca de 70 milhões de pessoas sem acesso à internet e muitos estudos procuram avaliar o impacto dessa exclusão em termos sociais. Em 2019, segundo dados do Instituto Brasileiro de Geografia e Estatística (IBGE), três em cada quatro municípios brasileiros têm acesso à internet.[5] Em 2018 foram estimadas 116 milhões de pessoas com acesso.[6]

Por outro lado, o acesso à internet por meio do celular chegou a mais de 92% dos lares brasileiros, segundo dados do EBC Brasil, em 2017:[7]

> O número de acessos móveis à internet no país ultrapassou a marca de 200 milhões, de acordo com balanço da Associação Brasileira de Telecomunicações (Telebrasil). A associação disse que, no mês de junho, o número de acessos nas tecnologias 3G e 4G chegou a 202 milhões.
>
> Segundo a Telebrasil, associação que representa as operadoras do setor, ao todo 5.030 municípios já contam com infraestrutura móvel de internet, cobrindo localidades onde moram 98,4% da população brasileira.

---

4. MEIO & MENSAGEM. Inclusão digital ainda é desafio para o Brasil. *Meio & Mensagem*, 3 mar. 2017. Disponível em: http://www.meioemensagem.com.br/home/ultimas-noticias/2017/03/03/inclusao-digital-ainda-e-desafio-para-o-brasil.html. Acesso em: 19 jul. 2019.
5. INSTITUTO BRASILEIRO DE GEOGRAFIA E ESTATÍSTICA (IBGE). *PNAD contínua TIC 2017*: internet chega a três em cada quatro domicílios do país. Disponível em: https://agenciadenoticias.ibge.gov.br/agencia-sala-de-imprensa/2013-agencia-de-noticias/releases/23445-pnad-continua-tic-2017-internet-chega-a-tres-em-cada-quatro-domicilios-do-pais. Acesso em: 9 ago. 2019. FGV. *Mapa da exclusão digital no Brasil*, 2003. Disponível para download em: https://portal.tcu.gov.br/biblioteca-digital/mapa-da-exclusao-digital.htm. Acesso em: 14 set. 2017.
6. GOMES, H. S. *Brasil tem 116 milhões de pessoas conectadas à internet, diz IBGE*, 21 fev. 2018. Disponível em: https://g1.globo.com/economia/tecnologia/noticia/brasil-tem-116-milhoes-de-pessoas-conectadas-a-internet-diz-ibge.ghtml. Acesso em: 9 ago. 2019.
7. NASCIMENTO, L. Brasil tem mais de 200 milhões de celulares com acesso à internet. *Agência Brasil*, 28 jul. 2017. Disponível em: http://agenciabrasil.ebc.com.br/geral/noticia/2017-07/acesso-de-celulares-internet-ultrapassa-200-milhoes. Acesso em: 19 jul. 2019.

> Os acessos em 4G apresentaram o maior crescimento, subindo 103% nos últimos 12 meses. A Telebrasil informou que o sinal 4G já chega a 2.654 municípios, atingindo 80,6 milhões de acessos em junho.
>
> No que diz respeito a cobertura 3G, houve a ativação das redes em 226 novos municípios nos últimos 12 meses, alcançando um total de 5.030 municípios. "Esse número de cidades ultrapassa em muito a meta que deveria ser cumprida somente em dezembro de 2017, que é de 4.417 municípios", disse a associação.

Não há dúvidas que a inclusão digital se fez por meio dos dispositivos móveis – claro que isso não invalida o ainda grande problema do analfabetismo digital, que dificulta o uso das informações na internet e o real aproveitamento das possibilidades daí resultantes.

Como ganhar dinheiro por meio das redes?

Esse crescimento dos smartphones, ocorrido especialmente a partir de 2010, atingiu todas as classes sociais e ajudou a expandir o acesso às redes sociais, criando uma espécie de euforia para a presença das marcas nesses espaços. Embora seja um campo imenso a ser explorado, onde nada é definitivo, há uma perceptível dificuldade na monetização das ações por meio das mídias sociais que preocupa as organizações: Como ganhar dinheiro por meio das redes? Grande parte dos textos afirma que as redes se prestam à construção de relacionamentos, mas a maioria é pouco eficiente na geração de *leads* e no efetivo fechamento de uma venda, por exemplo.

Vimos que a presença de organizações, marcas e produtos nas mídias sociais precisa estar atrelada à entrega de conteúdo relevante e consistente que faça sentido para o público conectado às mídias.

Cada mídia social tem sua característica e sua linguagem, métricas e resultados específicos e isso vai ficando mais claro à medida que amadurecem e o mercado aprende a entendê-las. Vimos que a presença de organizações, marcas e produtos nas mídias sociais precisa estar atrelada à entrega de conteúdo relevante e consistente que faça sentido para o público conectado às mídias.

Um dado apontado por Mendes[8] afirma que, nos Estados Unidos, por exemplo, os aplicativos consomem 86% do tempo de uso do smartphone. Em pesquisa da Opinion Box,[9] 81% dos brasileiros baixaram

---

8. MENDES, 2015.
9. SCHERMANN, D. Opinion Box e Mobile Time pesquisam: uso de apps no Brasil. *Opinion Box*, 23 dez. 2016. Disponível em: http://blog.opinionbox.com/uso-de-apps-no-brasil-quarta-edicao/. Acesso em: 19 jul. 2019.

pelo menos um aplicativo no mês de novembro/dezembro de 2016. Em pesquisa da Avazu,[10] os resultados foram:[11]

- o número de usuários de internet móvel no Brasil alcançou 85 milhões em 2015;
- o sistema operacional mobile mais utilizado no Brasil é o Android, com 72% dos usuários;
- atualmente, o aplicativo móvel mais popular no Brasil é o WhatsApp, com 47 milhões de usuários;
- a categoria de aplicativo mais popular no Brasil é a social, com 20% dos usuários;
- o aplicativo de mensagens mais popular, WhatsApp, está presente em 95% dos usuários.

O uso de aplicativos tem se tornado cada vez mais relevante no mundo. Segundo artigo de Damasceno,[12] os aplicativos "são os maiores condutores do processo de reinvenção dos serviços" e, até setembro de 2016, os downloads na Appstore e Google Play haviam totalizado cerca de R$ 18,1 bilhões, de acordo com dados do mercado brasileiro. Na ordem, as categorias mais compradas e baixadas são: games, foto, vídeo e entretenimento – o aplicativo do Uber foi o mais baixado em todo o mundo em 2016.

É importante compreender que o universo dos aplicativos como ferramentas, seja de comunicação ou serviços, agregados a produtos ou não, e e-commerce, constitui uma abordagem de atividade de relacionamento que se mostra, a princípio, inesgotável, e representa um avanço natural das tecnologias.

O mundo mobile é um mundo de aplicativos e não de search, como é o acesso por meio de outros dispositivos.

O mundo mobile é um mundo de aplicativos e não de search, como é o acesso por meio de outros dispositivos. O mercado nacional de aplicativos movimenta cerca

10. DUB SOLUCOES MOBILE. *Estatísticas de uso de aplicativos no Brasil*, 15 maio 2017. Disponível em: https://www.dubsolucoes.com/single-post/estatisticas-de-uso-de-aplicativos-no-Brasil. Acesso em: 14 set. 2017.
11. AVAZU. *Global Internet Industry Research*. Disponível em: http://avazuinc.com/wordpress/wp-content/download/en/Global%20Internet%20Industry%20Research%20-%20Brazil(Full%20Edition).pdf. Acesso em: 19 jul. 2017.
12. DAMASCENO, S. Metamorfose ambulante. *Meio & Mensagem*, Série Especial CEOs, parte 3, p. 46-59, 31 out. 2016.

de US$ 25 bilhões, com expectativa de chegar a US$ 70 bilhões, em 2017, de acordo com a projeção do Ministério da Ciência, Tecnologia e Inovação (MCTI).[13] Como mostra o Gráfico 8.1, os aplicativos mais usados pelos brasileiros são: WhatsApp, Google Play e buscador do Google.

Gráfico 8.1
Aplicativos móveis mais populares (milhões)

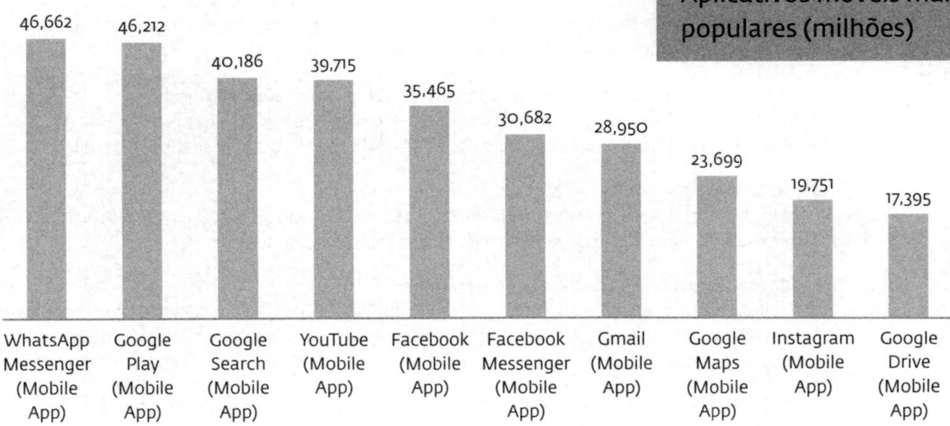

Fonte: DUB SOLUÇÕES MOBILE, 2017.

O Quadro 8.1 apresenta as principais tendências relacionadas a mobile e aplicativos em 2019.

Quadro 8.1 Sete tendências de desenvolvimento em mobile e apps em 2019

1 – Aprendizado de máquina e inteligência artificial Ambos estão conectados com os aplicativos na forma, por exemplo, de chatbots como a Siri. Algumas das principais mudanças que propiciam são: • Empoderamento dos motores de busca: dá autonomia ao usuário a pesquisa por voz, imagens e não apenas mais no modo de texto. • Integração com IoT (*Internet of Things*): a combinação com os aplicativos deve trazer mudanças através da coleta de dados em tempo real para que os dispositivos possam aprender a funcionar sozinhos. • As câmeras dos smartphones melhoram a cada dia na detecção de assuntos, tornam-se inteligentes, sua interface pode facilmente detectar o assunto no quadro da câmera, como comida, paisagem, fogos de artifício e trabalha de acordo a situação, ajustando as configurações para obter a melhor imagem possível.

13. [S.A.]. Brasil decola na indústria de apps e mercado acumula lucros nesta década. *Correio Brasiliense*, 12 maio 2015. Disponível em: http://www.correiobraziliense.com.br/app/noticia/tecnologia/2015/05/11/interna_tecnologia,482694/brasil-decola-na-industria-de-apps-e-mercado-acumula-lucros-nesta-deca.shtml. Acesso em: 19 jul. 2019.

2 – Wearables (usáveis/acessórios) IoT Desenvolvimento de aplicativos para dispositivos *wearable* (como *smartwatches*) e IoT. Uma das indústrias que tem crescido nestes aplicativos é a do *fitness*.
3 – AMP e EMM Integração, pelo Google, do APM - *Application Performance Management* (gestor de performance). Com essa integração na estrutura dos aplicativos, os desenvolvedores podem usar a versão resumida do HTML para melhorar a experiência e a retenção do usuário, com o Facebook Instant Articles sendo uma das muitas histórias de sucesso.
4 – Chatbots O mercado global de *chatbots* está projetado para crescer 250 milhões de dólares até 2025, fazendo parte integrante dos aplicativos. São assistentes virtuais.
5 – Aumento da popularidade dos aplicativos de serviços sob demanda Aplicativos de serviço sob demanda, como o Uber, devem crescer, pois mais empresas passam a adotar este tipo de aplicativos sob demanda para entregar produtos e serviços com eficiência.
6 – Realidade aumentada e virtual Pokémon Go foi um sucesso instantâneo entre as pessoas logo após seu lançamento. Aplicativos com realidade aumentada e realidade virtual são mudanças concretas.
7 – Carteiras mobile e gateways de pagamento O *e-commerce* e o *everywhere commerce* (comércio em todo lugar) devem crescer mais a partir de portas de pagamento (*gateways*) e carteiras virtuais como Google Wallet, Paypal que fornecem criptografia segura.

Fonte: GALANTE, V. *7 tendências para desenvolvimento em mobile em 2019*, 17 abr. 2019. Disponível em: https://usemobile.com.br/7-tendencias-de-desenvolvimento-mobile-em-2019/. Acesso em: 9 ago. 2019.

Considerando esse cenário, pensar em **app marketing** tem dois sentidos:

1 a gestão de aplicativos da marca (produtos ou serviços), com foco na sua criação, desenvolvimento, comunicação e distribuição ao mercado; e
2 a realização de atividades de marketing por meio de aplicativos próprios ou de terceiros.

Não há possibilidade de escolher entre atuar em internet sem atuar em mobile, portanto, as ações de comunicação e relacionamento da organização devem considerar sempre sua usabilidade, aplicabilidade e oportunidades por meio de aparelhos móveis.

Não há possibilidade de escolher entre atuar em internet sem atuar em mobile.

A taxa de conversão em vendas por meio de aplicativos é maior do que a taxa em outras plataformas, mas é importante compreender que, para o consumidor e outros públicos, baixar o aplicativo gratuito ou pago só é interessante se obtiver benefícios concretos a partir daí – e não estamos falando apenas de descontos, premiações ou fidelização, mas algo que realmente contribua para que a experiência com a marca se torne diferenciada.

Um estudo da Pontomobi, Mobility Index,[14] avaliou as marcas mais preparadas para a atuação em mobile. Léo Xavier, CEO da agência, observa que "a mobilidade é maior que o mobile. É mais que um app ou fazer mídia no Google e Facebook. É colocar o consumidor no centro e redefinir sua relação com a marca". Segundo o estudo, de 235 marcas avaliadas pelo ranking do Kantar Ibope Media, nenhuma marca foi considerada mobile zero, mas a maioria se encontra nos níveis básico ou iniciante (*beginner*) quanto ao uso do mobile em suas atividades de marketing e comunicação. De 32 setores econômicos analisados, as mais bem situadas são das áreas financeira, telecomunicações e varejo, enquanto o mercado de viagens tem evoluído com marcas como Azul, Gol, Smiles e Localiza, além dos setores de cosmético e beleza, com Sephora e Natura.

Trata-se de colocar o consumidor no centro e redefinir sua relação com a marca.

A pesquisa analisou a presença das marcas nas diferentes soluções mobile, a estratégia aplicada ao negócio e como elas estão estruturadas a partir de 60 critérios – que evoluíram ao longo das três edições do Mobility Index. Como comenta Xavier:

> Há cinco anos, SMS era uma realidade. Apps era uma área para se experimentar. Hoje, é impossível ignorar chatbot, realidade aumentada, rede social, conteúdo e vídeo na vertical. O digital virou mobile: 90% do tráfego do Facebook é mobile. 100% do Instagram. As audiências estão acostumadas a procurar serviços, soluções e produtos no mobile primeiro.

O ranking da Figura 8.1 indica as marcas com melhores atuações em mobile.

14. MURAD, F. Vivo lidera indicador de mobilidade. *Proxxima*, 17 ago. 2017. Disponível em: http://www.proxxima.com.br/home/proxxima/noticias/2017/08/17/vivo-lidera-indicador-de-mobilidade.html. Acesso em: 19 jul. 2019.

Figura 8.1
Ranking das marcas com melhores atuações em mobile

Top 10	
1	Vivo
2	Itaú
3	Bradesco
4	Tim
5	Azul
6	Claro
7	Oi
8	Sephora
9	Skol
10	Gol

Fonte: MURADI, 2017.

Com relação à atuação da Vivo em mobile, o artigo[15] relata:

> Dos cem milhões de clientes da operadora, 18 milhões já fizeram o download do aplicativo Meu Vivo – o volume de download cresceu 96% em junho na comparação com o mesmo período de 2016. O app, que nasceu no desktop e evoluiu para o celular, permite que o usuário acesse todas as informações da sua conta, faça recargas e compartilhe o pacote de internet com outros clientes.

Segundo colocado no ranking do estudo,[16] o Itaú também tem atuado fortemente no segmento mobile:

> "A ubiquidade mobile, estar presente no canal que o cliente necessitar a qualquer momento; oferecer experiências impecáveis, evolução constante das arquiteturas de interface; e a utilização da tecnologia para interpretar a necessidade do cliente e prestar atendimento nos canais digitais", conta Ellen Kiss, superintendente de canais digitais do Itaú

15. MURADI, 2017.
16. MURADI, 2017.

Unibanco. Os lançamentos do App Abreconta, em setembro de 2016, que possibilita a abertura de conta corrente de forma 100% digital, sem a necessidade de ir até uma agência, e do App Light, em junho deste ano, que prioriza as experiências mais simples, com interface mais fácil e tamanho reduzido (bem mais leve), são dois exemplos dessas premissas.

Assim, é importante que a organização desenvolva sua página na web, mas que também pense na forma como sua página e suas redes sociais serão acessadas por meio de aplicativos. Percebemos que, hoje, não é possível pensar em uma relação próxima e direta com o consumidor sem pensar em aplicativos. No entanto, é também bastante óbvio que o consumidor não vai baixar para seu smartphone nada que não seja realmente relevante para ele.

Não é possível pensar em uma relação próxima e direta com o consumidor sem pensar em apps.

Compreenda, então, em primeiro lugar, como os públicos de interesse utilizam seus smartphones, especialmente com relação ao segmento de mercado em que a empresa atua, considerando usos diferentes de acordo com cada público-alvo (stakeholder). Em seguida, conheça as ferramentas de *app store optimization* (ASO) e *search engine optimization* (SEO) para mobile. O ASO considera técnicas para otimizar a busca e a presença de determinado aplicativo nas lojas *Apple Store* e *Google Play Store* – fator importante, especialmente se o aplicativo tiver custo de download – enquanto o SEO considera essa otimização no ambiente da internet.

Compreenda como os públicos de interesse utilizam seus smartphones, especialmente com relação ao segmento de mercado em que a empresa atua.

Segundo a página da ODIG Digital Experts,[17] em 2016, a participação do sistema IOS no mercado de smartphones estava em 14% contra 83% Android, mas continua sendo relevante o desenvolvimento de aplicativos nos dois sistemas. Segundo relatório Native X, "nome do aplicativo, CTR, velocidade e total de downloads são os principais fatores on e off-page que impactam na relevância de um aplicativo na App Store".[18] Veja o Gráfico 8.2 e o Quadro 8.2 que indicam os fatores que impactam a ASO na Apple Store.

---

17. BARBONI, F. ASO na app store. *ODIG Digital Experts*, 3 set. 2016. Disponível em: https://odig.net/aso-na-app-store-otimizacao/. Acesso em: 19 jul. 2019.
18. BARBONI, 2016.

Gráfico 8.2
Fatores que impactam a ASO na Apple Store

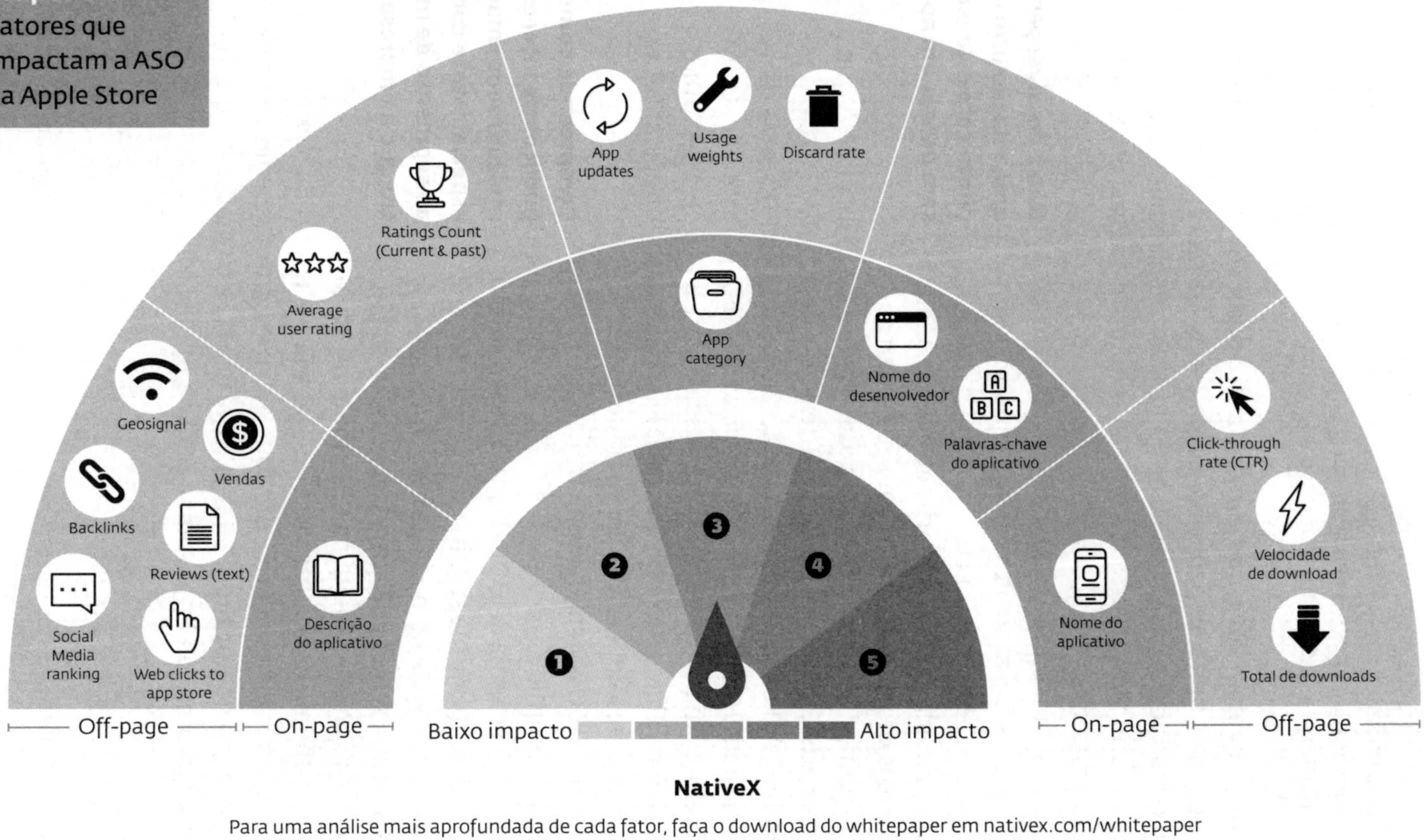

Fonte: BARBONI, 2016.

Quadro 8.2 O que impacta a exibição de um aplicativo na Apple Store?

	Baixo impacto	Médio impacto	Alto impacto
Fatores *off-page*	• **Geosignal:** a localização do usuário não tem tanto peso na App Store. Não há tanta relevância para cada usuário sua localização na hora de baixar o aplicativo. • **Backlines:** os links externos que o desenvolvedor consegue emplacar internet afora, direcionando para a página do aplicativo, também possuem baixo impacto na App Store. Ainda assim, vale investir na contratação de uma assessoria de imprensa no lançamento do aplicativo, nem que seja para divulgar a marca e promover testes. • **Social Media Ranking:** a popularidade de um aplicativo nas redes sociais, seja Facebook, Twitter ou qualquer outra, é importante, mas não chega a ser decisiva na App Store. Parece que o pessoal de Cupertino não é mesmo afeito a redes sociais! • **Sales:** curiosamente, as vendas não impactam tanto na relevância de um aplicativo da App Store. Lógico, os melhores apps em vendas tendem a se posicionar melhor, mas outros fatores pesam mais, sem dúvida	**Rating Count (Current & Past)** • **Average User Rating:** os apps que recebem o maior número de avaliações positivas, ou seja, que obtêm mais de três estrelas, têm mais chance de se destacar na loja, mas não espere milagres na App Store apenas por ser bem avaliado. • **App Updates:** para a App Store, é importante que o aplicativo continue recebendo suporte e melhorias. • **Usage Weights:** com qual frequência o aplicativo é aberto pelos usuários? A App Store tem controle disso e usa os dados para impactar na relevância dele na loja. • **Discard Rates:** se os usuários estão baixando seu aplicativo, mas ele vai para a lixeira pouco tempo depois, cuidado: isso pode prejudicar a relevância do seu produto na App Store. Não é um dos fatores mais importantes, mas tem impacto considerável.	• **Click-Through Rate (CTR):** algo bem comum em Analytics e na compra de mídia programática, como Adwords e Facebook Ads, o CTR é a taxa de cliques, resultado da divisão de cliques por impressões, vezes que o aplicativo apareceu para os usuários na App Store. • **Velocidade de download:** a velocidade do download, por não estar no controle direto do desenvolvedor, é considerada um fator off-page. A App Store considera importantíssimo que os aplicativos tenham melhor performance na hora de baixar e instalar, ou seja, vale avaliar o mercado no qual o desenvolvedor pretende atuar, verificando as velocidades de conexão média, para focar parte do desenvolvimento no tamanho final do aplicativo. • **Total de downloads:** cada vez que um aplicativo é baixado, a App Store bonifica com relevância. Semelhante à Google Play Store, é a prova social em sua forma mais primitiva: se é muito baixado, deve ser bom ou ter uma boa reputação. Isso é um dos grandes desafios dos desenvolvedores iniciantes, pois naturalmente o aplicativo não terá muitos downloads no início.
Fatores *on-page*		• **App Category:** uma das principais diferenças em fazer o ASO na App Store é trabalhar bem a categoria do aplicativo. A própria Apple ensina os desenvolvedores (em inglês) o que deve ser considerado na hora da escolha.	• **Nome do desenvolvedor (Developer name):** O nome do desenvolvedor faz a diferença na hora de atribuir relevância. Para desenvolvedores menores, muitas vezes pode trazer um bom impacto incluir ao lado do nome o principal foco da empresa: "Estúdio Games", por exemplo, no caso de um jogo a ser lançado na App Store. • **Palavras-chave:** Diferente da loja do Google, o ASO na App Store leva em consideração as palavras-chave e aqui é possível inseri-las na hora de cadastrar o aplicativo. São permitidos até 100 caracteres para definir as palavras-chave, o que exige muita sabedoria, planejamento e conhecimento do público-alvo ao escolhê-las. • **Nome do aplicativo:** O nome do aplicativo tem alto impacto em sua exibição. Assim, se um aplicativo de calculadora receber esse nome, as chances de ser encontrado são maiores do que se tiver um nome estilizado ou que não revela seus reais objetivos. O problema é que nem todos os desenvolvedores imaginam seu produto com um nome genérico como "calculadora".

Fonte: BARBONI, F. ASO na app store: como fazer seu aplicativo se destacar na loja da Apple. *Odid Digital Experts*, set. 2016. Disponível em: https://odig.net/aso-na-app-store-otimizacao/. Acesso em: set. 2019.

Por outro lado, os fatores que impactam a ASO quando falamos da Google App Store podem ser vistos no Gráfico 8.3 e no Quadro 8.3.

Gráfico 8.3
Fatores que impactam a ASO na Google App Store

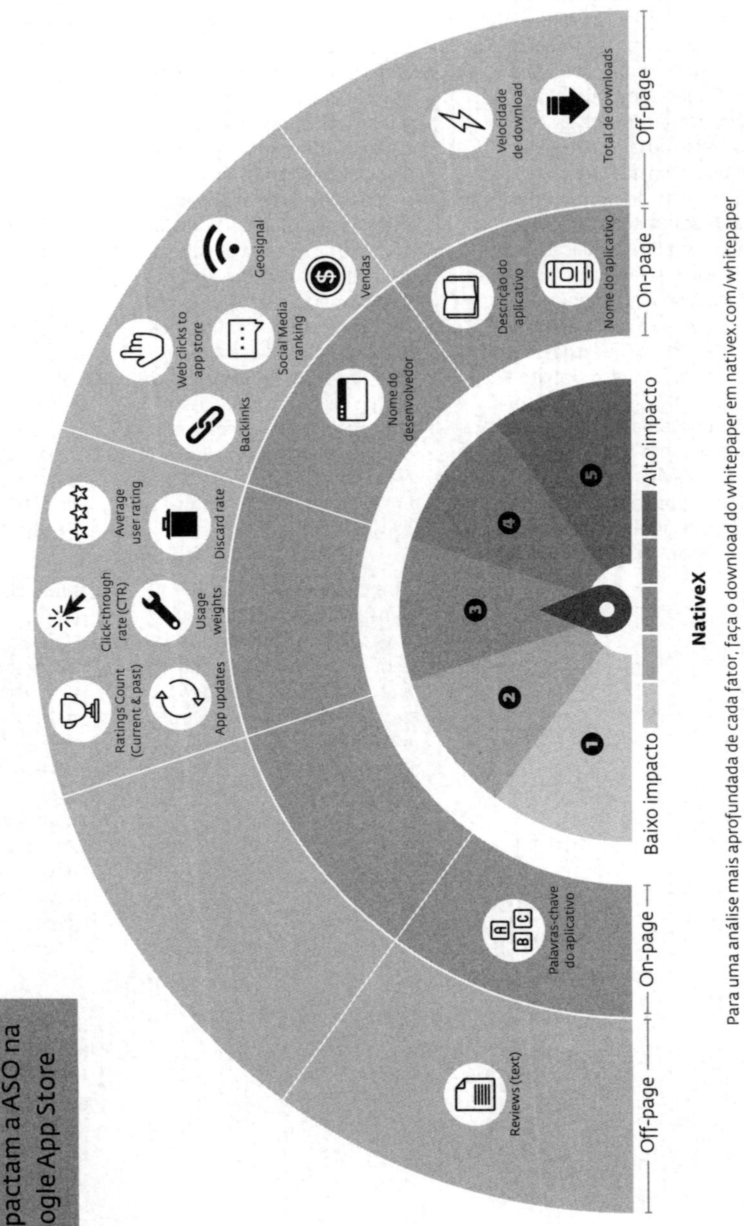

Fonte: BARBONI, 2016.

Quadro 8.3 O que impacta a exibição de um aplicativo na Google App Store?

	Baixo impacto	Médio impacto	Alto impacto
Fatores *off-page*	• **Reviews (comentários):** diferente do que muitos pensam, o fator social, os elogios ou críticas escritos pelos usuários após a avaliação têm um impacto menor na relevância do aplicativo. Mesmo assim, continuamos vendo aplicativos que nos pedem um comentário, com o clássico "deixe sua opinião".	**Rating Count (Current & Past)** • **Click-Through Rate (CTR):** para quem já está habituado ao Google Analytics e ao Adwords, não deve ser difícil: CTR é a taxa de cliques, resultado da divisão de cliques por impressões, vezes que o aplicativo apareceu para os usuários na Play Store. • **Average User Rating:** os aplicativos que recebem o maior número de avaliações positivas, ou seja, que obtêm mais de três estrelas, têm mais chance de se destacar na loja. • **App Updates:** aplicativos com atualizações mais recentes tendem a aparecer primeiro na Google Play Store. Os updates mostram para a loja que o aplicativo continua recebendo suporte e melhorias, fator positivo. • **Usage Weights:** com qual frequência o aplicativo é aberto pelos usuários? A Play Store sabe e isso impacta na relevância dele na loja. • **Discard Rates:** se os usuários estão baixando seu aplicativo, mas ele vai para a lixeira pouco tempo depois, cuidado: isso pode prejudicar a relevância do seu produto na Play Store. Não é um dos fatores mais importantes, mas tem impacto considerável.	**Web Clicks to App Store** • **Geosignal:** a localização do usuário é um fator importante para que a Play Store defina a relevância do aplicativo para cada usuário, conforme o país de origem do desenvolvedor, idioma etc. • **Backlines:** os links externos que o desenvolvedor consegue emplacar internet afora, direcionando para a página do aplicativo, impactam na interpretação de relevância de um aplicativo na Google Play Store. Assim, vale investir na contratação de uma assessoria de imprensa no lançamento do aplicativo. • **Social Media Ranking:** um aplicativo popular nas redes sociais se sai melhor na Play Store, principalmente no Google+, mas obviamente o Facebook também tem grande peso. Fica fácil entender por que a maioria dos aplicativos faz uso da integração com redes sociais. • **Sales:** quanto mais um aplicativo vende, mais lucro dá para a Play Store, então esse é um fator bastante previsível, mas também complexo para desenvolvedores que estão apenas começando. • **Nome do desenvolvedor (Developer name):** o nome do desenvolvedor faz a diferença na hora de atribuir relevância. Para desenvolvedores menores, muitas vezes pode trazer um bom impacto incluir ao lado do nome o principal foco da empresa: "Estúdio Games", por exemplo, no caso de um jogo a ser lançado na Play Store. • **Velocidade de download:** a velocidade do download, por não estar no controle direto do desenvolvedor, é considerada um fator off-page. A Google Play Store privilegia aqueles aplicativos que terão melhor performance na hora de baixar e instalar, ou seja, vale avaliar o mercado no qual o desenvolvedor pretende atuar, verificando as velocidades de conexão média, para focar parte do desenvolvimento no tamanho final do aplicativo. • **Total de downloads:** cada vez que um aplicativo é baixado, a Play Store bonifica com relevância. É a prova social em sua forma mais primitiva: se é muito baixado, deve ser bom ou ter uma boa reputação. Isso é um dos grandes desafios dos desenvolvedores iniciantes, pois naturalmente o aplicativo não terá muitos downloads no início.

Fatores *on-page*	• **Palavras-chave:** OLA definitivamente não é SEO. Ao menos, não na Play Store. Aqui, as palavras-chave são importantes, mas não são cruciais para um aplicativo ganhar relevância. Óbvio, o trabalho tem de ser bem feito, até porque aí entra o princípio de utilidade. A loja do Google não oferece uma maneira de adicionar palavras-chave manualmente. Assim, se uma desenvolvedora quer destacar seu aplicativo de calculadora, precisa trabalhar bem outros fatores, como o Nome do Desenvolvedor, do Aplicativo ou Descrição para se destacar.		• **Descrição do aplicativo:** com a impossibilidade de inserir palavras-chave, a descrição se torna a única forma – ao lado do nome – de ressaltar as características do aplicativo e direcionar o público. A descrição precisa ser concisa e destacar as palavras-chaves planejadas para a divulgação do aplicativo. Se é uma calculadora, essa palavra tem de ser realçada, seguindo princípios de SEO. • **Nome do aplicativo:** o nome do aplicativo tem alto impacto em sua exibição. Assim, se um aplicativo de calculadora receber esse nome, as chances de ser encontrado são maiores do que se tiver um nome estilizado ou que não revela seus reais objetivos. O problema é que nem todos os desenvolvedores imaginam seu produto com um nome genérico como "calculadora".

Fonte: BARBONI, 2016.

Além de aplicar técnicas para que o aplicativo da marca esteja bem posicionado nas buscas, é importante compreender quem e quais são os concorrentes para aquele produto – isso é o básico para buscar uma diferenciação consistente. Por outro lado, a comunicação do aplicativo também é muito relevante e as mídias sociais são recomendadas para essa divulgação, seja do nome ou características, seja do resultado, como faz o Snapchat, por exemplo, ou os aplicativos de voz que oferecem coisas divertidas para compartilhar.

Léo Xavier, em artigo para a revista *Próxxima*,[19] compartilha algumas dicas com base em sua experiência no desenvolvimento e criação de aplicativos móveis, como mostra o Quadro 8.4.

19. XAVIER, L. 9 coisas que preciso te contar sobre apps. *Próxxima*, 28 jun. 2017. Disponível em: http://www.proxxima.com.br/home/proxxima/how-to/2017/06/28/9-coisas-que-preciso-te-contar-sobre-apps.html. Acesso em: 19 set. 2019.

Quadro 8.4 Dicas para o desenvolvimento e criação de aplicativos móveis

1. O que é um aplicativo mesmo? Um aplicativo é a materialização de um serviço de uma empresa, portanto, Uber, Waze e Whatsapp não são aplicativos, mas sim grandes e fundamentais serviços de grandiosas empresas. Portanto, não pense no aplicativo como o negócio em si. Sua empresa é maior que seu aplicativo, sempre.
2. Aplicativos não são tão novos assim Pensemos no que caracteriza um aplicativo como conhecemos hoje: 1. Uma tela conectada; 2. Um bom desenho de experiência do usuário; 3. Uma bela interface; e 4. A entrega de um serviço, uma solução. Claro que não dá para levar um ATM no bolso, mas os conceitos estão ali. E veja, desde 1972, data em que se registra o nascimento do primeiro ATM como conhecemos. Portanto, verdade seja dita, aplicativos não são uma invenção tão recente assim, tampouco surgiram com o advento dos smartphones ou das app stores.
3. Faça as perguntas certas Sugiro que a organização (marca) sempre pergunte: Por quê? Para quem? Para quê? Sempre use essa régua quando pensar em fazer um aplicativo. Questione por que alguém baixaria seu aplicativo, quem faria isso e, por fim, para que o usaria. Muitas vezes um bom site móvel pode entregar boa parte da experiência de um aplicativo, inclusive com algumas vantagens, como ser mais rápido e barato de desenvolver, ter manutenção mais simples, cobertura mais ampla, não depender de downloads e ser imune às diversas atualizações dos sistemas operacionais. Importante lembrar dos chatbots, que também se apresentam como ótima alternativa aos aplicativos, reunindo muitas das vantagens apontadas acima.
4. O mundo está cheio de aplicativos/continue fazendo aplicativos Saiba que seu aplicativo vai disputar espaço com outros 4,2 milhões de opções nas duas principais app stores. Fora isso, difícil mesmo será estar entre os 9 usados, em média, diariamente pelas pessoas ou até mesmo entre os 28 usados ao longo do mês. Para complicar ainda mais as coisas, saiba que, mesmo após ser baixado, as chances de seu aplicativo continuar a ser utilizado são bem pequenas. No entanto, aplicativos ainda serão muito baixados nos próximos anos e será através deles que haverá grande parte das interações entre marcas, produtos e serviços com seus consumidores, até mesmo porque o smartphone continuará sendo o mais pulverizado e poderoso dispositivo de conexão digital.
5. O paradigma do Waze É muito conhecido o mantra "always Beta" no mundo da tecnologia, que prega que seu produto deve estar sempre em constante evolução. Claro que é um bom e poderoso conceito, porém eu prefiro usar o que se chama de Paradigma do Waze: em 10 anos de existência, o produto sofreu 15 atualizações.

6. A matriz evolutiva da mobilidade

Uma estratégia mobile envolve três passos: Criar Presença, Desenvolver Ferramentas e Promover Experiências. Somado a isso, importante notar que aplicativos (salvo exceção de games e redes sociais) são facilmente distribuídos em três tipos: Conteúdo, Serviços e Transacionais.

Se distribuirmos ao longo da matriz os 50 aplicativos mais usados pelos brasileiros (a partir de ranking nas app stores) vamos notar o seguinte:

1. Muito embora fossem a maioria na primeira onda do mercado, são atualmente raríssimos os aplicativos de presença e conteúdo. O valor percebido desse tipo de aplicativo é baixo e a mobile web se encarrega de atender o consumidor em busca de conteúdo.
2. Há uma grande concentração de aplicativos que oferecem ferramentas (ou utilidades) como serviços. Em geral, são estes os aplicativos que mantemos instalados e usamos com maior frequência. Desafio aqui é se destacar no mar sangrento de opções.
3. Ainda são poucos os aplicativos Transacionais, seja em Ferramentas ou Experiência. Mesmo que os acessos à web sejam cada vez mais mobile e aconteçam, sobretudo, em aplicativos, ainda há um desafio claro para garantir processos simples e intuitivos que elevem as taxas de conversão aos níveis da desktop web.
4. Por fim, aplicativos que promovem Experiências, seja em Conteúdo, Serviços ou Transação, ainda também são pouco presentes. O complexo aqui é ter um pensamento originalmente inovador e se ocupar em construir soluções encantadoras para os clientes e consumidores, sendo capaz de redefinir ou ressignificar a entrega de serviços e conteúdos. É neste espaço que startups se destacam, ao desafiar os players estabelecidos e se esmerar em criar experiências incomparáveis.

7. O ecossistema pessoal

Cada pessoa tem o que se chama de Ecossistema Pessoal de Aplicativos.

Isso é muito importante, principalmente porque demostra que cada um tem uma rede específica de aplicativos para resolver suas necessidades e problemas do dia a dia. Com o tempo, cada vez mais aplicativos farão parte desse ecossistema e cada vez menos você se perceberá recorrendo à web móvel. Juntamente com este movimento, entendemos a força da aplicatização na relação entre marcas/produtos/serviços e seus consumidores.

8. A voz, não se esqueça da voz

Vivemos ainda dentro de um pensamento que se baseia em interfaces gráficas, focadas em cliques nos desktops e toques nos smartphones. No entanto, será a voz o grande novo aspecto na interface homem-máquina. Esta realidade cria novo mapa de jogo para arquitetos e designers, que terão de agregar ao seu repertório a voz como auxiliar ou até mesmo protagonista em toda usabilidade nos produtos digitais. Muda também muita coisa para os especialistas em SEO, Inbound e Content Marketing.

9. Pense apps como aplicações e não aplicativos

É um exercício simples que vai garantir um maior desprendimento do seu mapa mental. Ato contínuo, você vai perceber que não se limitará imaginar apps para smartphones como conhecemos hoje e se verá pensando em outras formas de se relacionar com consumidores no ambiente mobile, seja por meio de um site, um game, um chatbot, um dispositivo conectado ou uma experiência em realidade virtual.

Fonte: XAVIER, 2017.

Vamos conhecer um pouco sobre aplicativos que buscam a inovação constante: Snapchatt e Happn.

Snapchat e seus desdobramentos

Na página brasileira do Snapchat, lê-se que a Snap Inc. é uma "empresa de câmeras que acredita que reinventar a câmera representa a maior oportunidade de aprimorar a maneira como as pessoas vivem e se comunicam". Segundo ela, os produtos que a empresa disponibiliza empoderam as pessoas para que possam expressar-se, viverem seus momentos e aprender sobre o mundo divertindo-se juntas.[20]

O Snapchat tem na instantaneidade seu maior diferencial, constituindo-se em um aplicativo de rede social de mensagens instantâneas para sistemas Android e iOS, desenvolvido por Evan Spiegel, Bobby Murphy e Reggie Brown. É utilizado para envio de texto, foto e vídeo e, embora seja um programa de bate-papo,[21] a diferença é que o material compartilhado é apagado após a visualização – assim, segundo o artigo, fotos comprometedoras podem ser enviadas com a segurança de que não serão compartilhadas em outros locais. Essa característica tornou-se atrativa entre os jovens que curtem seus recursos, como Lenses (filtros divertidos para fotos que permitem a adição de efeitos exclusivos em selfies e imagens), Geofiltros (só podem ser usados em locais específicos do mundo) ou Stories (permite criar pequenas narrativas para fotos e vídeos).

Em janeiro de 2017, o aplicativo tinha 300 milhões de usuários ativos – comparando com seu concorrente direto, embora a proposta seja diferente, o Instagram, com 400 milhões de usuários ativos, poderíamos dizer que o Instagram é o aplicativo das imagens, enquanto o Snapchat é o aplicativo dos momentos fugidios.[22] O Snapchat é propriedade da empresa Snap Inc., segundo o artigo de Pyr Marcondes. Um dos destaques dos modelos comerciais da empresa para o mercado de mídia é o Snapchat Discover, plataforma de notícias que hospeda canais de meios de comunicação (CNN, ESPN, BuzzFeed e Vogue) com o objetivo de proporcionar uma experiência de conteúdo com diversidade de exibições de informação, como gráficos, textos,

---

20. SNAPCHAT. Disponível em: www.snapchat.com.br. Acesso em: 19 jul. 2019.
21. KURTZ, J. O que é Snapchat? *Techtudo*, 29 fev. 2016. Disponível em: http://www.techtudo.com.br/dicas-e-tutoriais/noticia/2016/02/o-que-e-snapchat.html. Acesso em: 19 jul. 2017.
22. MARCONDES, P. Snapchat × Instagram: a batalha mundial pela geração z. *Proxxima*, 17 jan. 2017. Disponível em: http://www.proxxima.com.br/home/proxxima/blog-do-pyr/2017/01/17/snapachat-x-instagram-a-batalha-mundial-pela-geracao-z.html. Acesso em: 19 jul. 2019.

sobreposição, som e animação. A estimativa é que o aplicativo tenha cerca de 10 bilhões de views por dia.

Em busca de eficácia em métricas, visando às oportunidades de publicidade e relação com produtos e marcas, o Snapchat[23] comprou, por cerca de US$ 125 milhões, uma startup chamada Placed, com o objetivo de medir a eficácia off-line de campanhas on-line. A possibilidade de estabelecer uma relação off-line do que é desenvolvido on-line representa não só um desejo, como uma necessidade que vem sendo desenvolvida por outras empresas, incluindo o Google. O grande X da questão é a comprovação do retorno sobre o investimento (ROI) dos anunciantes no aplicativo. A ideia é que a Snap expanda seus esforços em correlacionar e comprovar que seus anúncios contribuem para o direcionamento de usuários para lojas físicas.

O Snapchat é uma ferramenta que atende ao gosto dos adolescentes – 41% dos jovens de 13 a 17 anos usam o aplicativo; entre meninas e meninos, é usado por 47% delas e 31% deles; e os *heavy-users* têm entre 15 e 17 anos.

Mas como o Snapchat pode ser usado para os negócios? Com o objetivo de conquistar seguidores e gerar interação, marcas podem utilizar algumas ações como promoções e premiações por meio do app, utilizando recursos como combinação de fotos, emoticons, desenhos ou fotos com a marca, produto ou experiência de compra. Uma das vantagens é que esse tipo de ação se enquadra como campanha cultural e, portanto, não necessita de qualquer autorização por órgão específico – estratégia que pode envolver descontos e brindes, embora não possa envolver qualquer tipo de sorteio, uma vez que, para isso, há legislação específica.

Lançamento ou pré-lançamento de produtos ou serviços também pode ser uma boa opção para gerar curiosidade e disseminação da informação, bem como mostrar eventos exclusivos ou imagens dos bastidores de um evento ou campanha para gerar buzz e interação com o público – a interação, inclusive, é uma ação que pode ocorrer no Snapchat por meio do chat privado, abrindo um canal de informação e diálogo com o público. Parcerias com os formadores de opinião do aplicativo também podem ser relevantes.

Além disso, há funcionalidades que podem ser úteis,[24] como a inserção de emoticons, filtros e efeitos, criação de legendas para imagens, desenho

---

23. MEIO & MENSAGEM. Snap compra startup que mede eficácia off-line de campanhas on-line. *Revista Proxxima*, 8 jun. 2017. Disponível em: http://www.proxxima.com.br/home/proxxima/noticias/2017/06/08/snap-compra-startup-que-mede-eficacia-offline-de-campanhas-online.html. Acesso em: 19 jul. 2019.
24. IINTERATIVA. Como usar o Snapchat para o seu negócio. *Infobase interativa*, 13 fev. 2016. Disponível em: http://www.iinterativa.com.br/infografico-como-usar-snapchat-para-seu-negocio/. Acesso em: 19 jul. 2019.

com pincéis e cores, e outros recursos, mas é importante ter em mente a palavra-chave para qualquer mídia social: **relevância**. Isso significa que qualquer movimentação, nessa ou em outras mídias sociais, deve considerar a pertinência das ações e mensagens com a marca (missão, visão, valores e propósito) e aquilo que o público tem interesse em consumir – não dá para ser "engraçadinha" se a marca e a persona de marca não têm o perfil da mídia.

Algumas propostas de atividade para que empresas e marcas atuem no Snapchat com maiores chances de fazer um bom trabalho estão resumidas na Figura 8.2.

Figura 8.2
Proposta de atuação no Snapchat

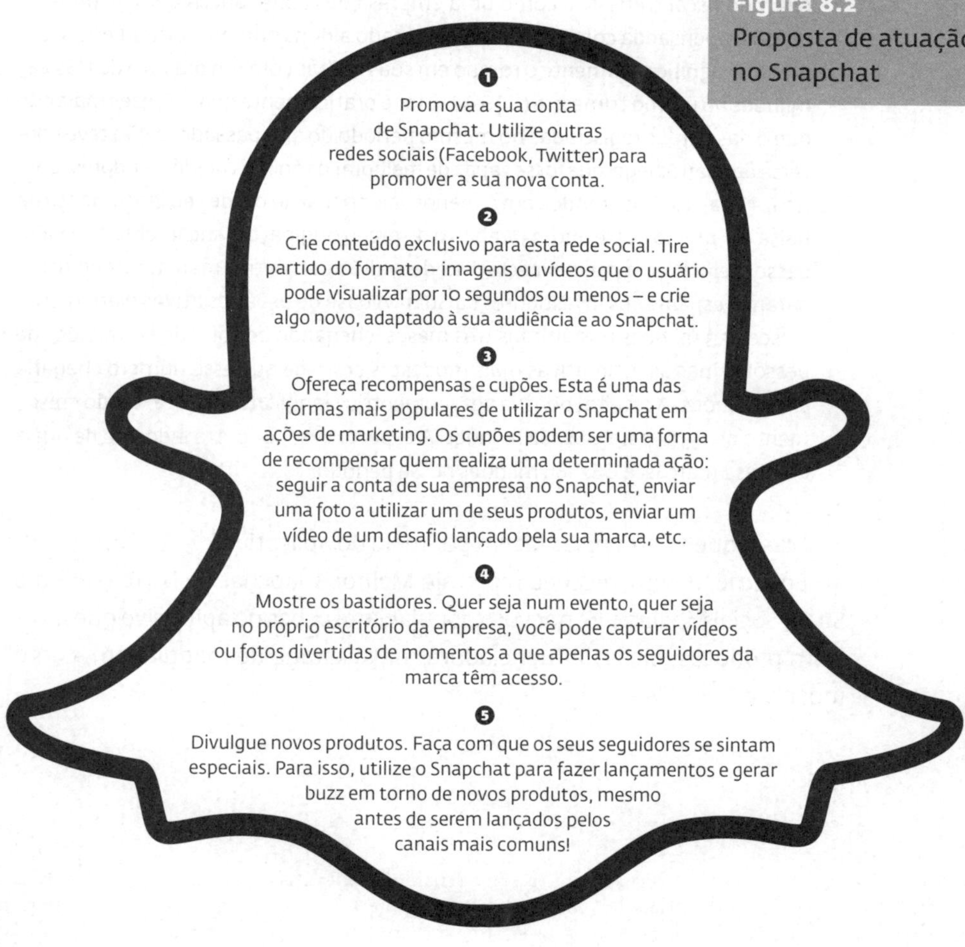

Fonte: BASTOS, A. *Infográfico. GDC*, 2015. Disponível em: http://gestaodecomunidades.com/infograficos/infografico-como-integrar-o-snapchat-na-sua-estrategia-de-marketing. Acesso em: 19 jul. 2019.

A inovação constante é uma das características do universo digital. Segundo artigo do Tecmundo,[25] o número de usuários do aplicativo teve queda no ano de 2017, uma vez que produtos como Facebook, Instagram, WhatsApp e Messenger incorporaram muitas funcionalidades que eram exclusivas do Snapchat. Objetivando o crescimento e a inovação, a Snap Inc. anunciou a introdução de conteúdo roteirizado para os snaps. A ideia envolve uma parceria para a disponibilização de séries criadas exclusivamente para essa mídia social.

Nessa luta por um mercado bilionário, mas instável, a Snap, em agosto de 2017:[26]

> registrou uma queda de 17% no valor de suas ações depois de publicar o seu segundo relatório fiscal trimestral como uma empresa de capital aberto. Isso aconteceu porque, apensar da companhia ter melhorado alguns números de audiência, aumentou significativamente o rombo em suas contas com um prejuízo de US$ 443 milhões no último trimestre (...)Esse valor é praticamente quatro vezes maior do que o das perdas registradas no mesmo período do ano passado, e não teve conversa de Evan Spiegel que fosse capaz de melhorar os ânimos dos investidores. Com isso, a Snap está operando com o menor valor por ação desde seu lançamento na bolsa em março deste ano, 33% abaixo do preço original de lançamento (...) Além desse prejuízo acima das expectativas de Wall Street, outras marcas também ajudaram a espantar os investidores da Snap. A base de usuários ativos diariamente cresceu 7,3 milhões nos últimos três meses, chegando ao total de 173 milhões de pessoas, mas as estimativas mais modestas eram de que esse número chegaria a 175 milhões. A receita, por sua vez, aumentou significativamente, tendo crescimento de 153%, para US$ 182 milhões. A expectativa, por outro lado, era de que a empresa marcasse US$ 186 milhões nesse período.

Mas o que as empresas fazem por meio do aplicativo?

Em 2016, a Avon recebeu o prêmio Melhor Snapchat de Marca, Prêmio Share Social Media 2016, por voto popular com ações no aplicativo que mostram produtos, dicas, influenciadores e backstage de maquiagem, como mostra a Figura 8.3.

25. FARINACCIO, R. Snapchat vai apostar na criação de séries e terá estreia até o fim do ano. *Tecmundo*, 23 ago. 2017. Disponível em: https://www.tecmundo.com.br/redes-sociais/121194-snapchat-apostar-criacao-series-tera-estreia-fim-ano.htm. Acesso em: 19 jul. 2019.

26. MULLER, L. Ações do Snapchat caem 17% depois de relatório fiscal decepcionante. *Tecmundo*, 11 ago. 2017. Disponível em: https://www.tecmundo.com.br/mercado/120720-acoes-snapchat-caem-17-relatorio-fiscaldecepcionante.htm. Acesso em: 19 jul. 2019.

Figura 8.3
Avon no Snapchat

Fonte: AVON BRASIL, 2016.

O Banco Bradesco também vem fazendo incursões no aplicativo por meio do uso de influenciadores. Durante os Jogos Olímpicos Rio 2016, o banco patrocinou os jogos, firmando parceria com Taynara OG. A snapper, que conta com milhões de views na rede social, convidava seus seguidores a assistir à cobertura de todo o evento no canal da marca, como mostra a Figura 8.4.

Figura 8.4
Bradesco no Snapchat

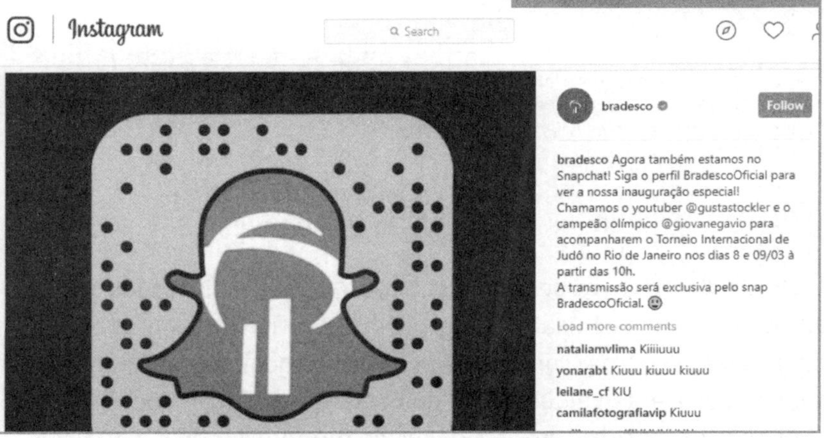

Fonte: BRADESCO, INSTAGRAM, 2016. Disponível em: https://www.instagram.com/p/BCp_GUZQ7tP/. Acesso em: 19 jul. 2019.

Veja na Figura 8.5 algumas dicas para as empresas que desejam usar o Snapchat para promover marca, produtos ou serviços.

Figura 8.5
Dicas para resultado em vendas

1 - Construa uma estratégia (como *storytelling*)
É possível utilizar o Snapchat para promover o lançamento de produtos e serviços como centro de uma campanha ou evento, além de ações para o seu público-alvo, usando outras redes como suporte. É importante lembrar que tudo é ao vivo. Por isso, é essencial ter um *storytelling* bem desenhado, que gere um conteúdo atrativo.

2 - Mostre seu produto em ação
Aproveite o aplicativo para mostrar as funcionalidades e benefícios de seu produto ou serviço. Utilize filtros e ferramentas de edição para adicionar humor nas "stories", criando vídeos criativos e divertidos.

3 - Mostre os bastidores
Na era dos reality shows, já não é novidade o fato das pessoas serem muito curiosas, então uma coisa legal de fazer é mostrar os bastidores da empresa. Usar as redes para mostrar como foi concebido o produto ou serviço, a equipe que teve a ideia ou cuidou do desenvolvimento daquilo que você está querendo divulgar pode gerar um *buzz* positivo e criar uma conexão com seu público-alvo

4 - Peça feedback de seu público
Faça parcerias com blogueiras e produtores de conteúdo para mostrar ou fazer review do produto e peça para que deixem um espaço para que o público deles passe um feedback. O aplicativo permite que os seguidores respondam aos clipes diretamente. Eles podem perguntar, por exemplo, se seus seguidores tem alguma opinião sobre o produto/serviço postado.

Usar Instagram e Snapchat Stories pode ser uma ótima oportunidade para o conteúdo e a marca. Pode ajudar a engajar seguidores, criando assim uma conexão mais forte para impulsionar as vendas.

Fonte: REDAÇÃO. 4 maneiras para aumentar as vendas com snapchat e instagram stories.*Mundo do marketing*, set. 2016. Disponível em: https://www.mundodomarketing.com.br/ultimas-noticias/36770/4-maneiras-para-aumentar-as-vendas-com-snapchat-e-instagram-stories.html. Acesso em: 20 jul. 2019.

Happn e a evolução do cupido digital

Gostaria de identificar as pessoas que cruzam seu caminho todos os dias e descobrir sua alma gêmea? O Happn é um aplicativo de paquera que localiza e indica as pessoas com as quais cruzamos todos os dias – incluindo se a pessoa estiver em algum lugar ou passando de carro. Com mais de seis milhões de inscritos em 25 cidades do mundo, Londres, São Paulo e Paris são as cidades que mais o utilizam. Em São Paulo, são 800.000

usuários[27] – 60% são homens, 40% mulheres e um pouco menos da metade tem entre 26 e 35 anos.

Segundo pesquisa realizada pela Yougov,[28] 60% dos brasileiros utilizam aplicativos de paquera como o Happn ou o Tinder. A pesquisa ouviu uma amostra de 1.000 pessoas, sendo 52% mulheres e 48% homens. Leia sobre alguns resultados na Figura 8.6.

Figura 8.6
Resultados da pesquisa sobre uso do Happn

happn

De acordo com o levantamento:

- 20% dos entrevistados encontraram o atual ou o último parceiro em redes sociais ou em aplicativos e sites de relacionamento. A mesma porcentagem reflete as vias "tradicionais" dos encontros, já que 20% afirmou conhecer parceiros no trabalho ou na faculdade e 24%, por meio de amigos.
- O amor ou encontros casuais nem sempre são a prioridade dos usuários de aplicativos, tendo em vista que 71% das pessoas disseram que "fazer amigos" é a principal razão para se arriscar no mundo dos aplicativos de relacionamento. O segundo e terceiro objetivos, segundo as pessoas consultadas, é encontrar relacionamentos casuais (45%) ou sérios (40%).
- Na hora de oficializar um relacionamento, por ordem de importância, a pesquisa apurou que 70% dos brasileiros consideram a personalidade do parceiro como o fator mais importante, enquanto que 55% acreditam que a química entre os dois conta mais. Apenas 25% consideram o sexo o fator determinante.
- Dentre os que não usam essas ferramentas, 13% têm muita dificuldade em conhecer pessoas novas e apenas 31% iniciariam uma conversa com alguém que não pertence ao seu círculo de relacionamento.

Fonte: IDGNOW, 2017.

---

27. ÖBERG, B. O Tinder que se cuide: novo aplicativo de paquera cresce rápido em SP. *Veja*, 1 jun. 2017. Disponível em: https://vejasp.abril.com.br/consumo/aplicativos-namoro-happn-tinder/. Acesso em: 20 jul. 2019.
28. IDGNOW. 60% dos brasileiros utilizam aplicativos de paquera como Happn e Tinder. *Portal Terra*, 19 jun. 2017. Disponível em: http://idgnow.com.br/internet/2017/06/19/60-dos-brasileiros-utilizam-aplicativos-de-paquera-como-happn-e-tinder/. Acesso em: 20 set. 2017.

Diferentemente de outros aplicativos de paquera e relacionamento, o Happn se propõe a monitorar os passos do usuário, cujos dados não são divulgados, e cruzá-lo com os de outras pessoas, exibindo aquelas com as quais se encontra na rua – caso queira estabelecer contato, é possível curtir a pessoa de forma anônima, e, caso ela curta em retorno, abre-se um canal de diálogo para iniciar uma conversa. A maioria das pessoas admite sentir-se mais à vontade para iniciar um diálogo dessa forma, bem como para abordar assuntos como sexo e fetiches.

Heros de Moraes, em artigo publicado no LinkedIn,[29] fala sobre o acúmulo de dados e de que forma são utilizados pelas mídias sociais. O autor observa:

> Os quatros apps que analisamos – Tinder, Happn, OkCupid e Grindr – cedem informações sobre seus usuários para parceiros. Isso significa, por exemplo, que seus gostos, padrões de comportamento, horários de conexão e outras informações podem ser analisados e utilizados por outras empresas para vários fins. Eles vão desde a exibição de propagandas direcionadas até a venda de um pacote de informações a um data broker, empresa dedicada a comercializar e analisar grandes volumes de dados (...) Todas essas informações recolhidas podem ficar disponíveis mesmo que você saia do aplicativo e cancele sua conta. Isso porque, guardando nossos dados, fotos e históricos de conversa, as empresas podem seguir ganhando com os perfis que traçam baseadas em nossos dados, mesmo quando já não usamos seus serviços.

Sobre esse troca-troca de informações, acompanhe a Figura 8.7.

29. MORAES, H. Suruba de dados: o troca-troca sem consentimento dos apps de encontros. *LinkedIn*. Disponível em: https://pt.linkedin.com/pulse/suruba-de-dados-o-troca-troca-sem-consentimento-dos-apps-de-moraes. Acesso em: 20 jul. 2019.

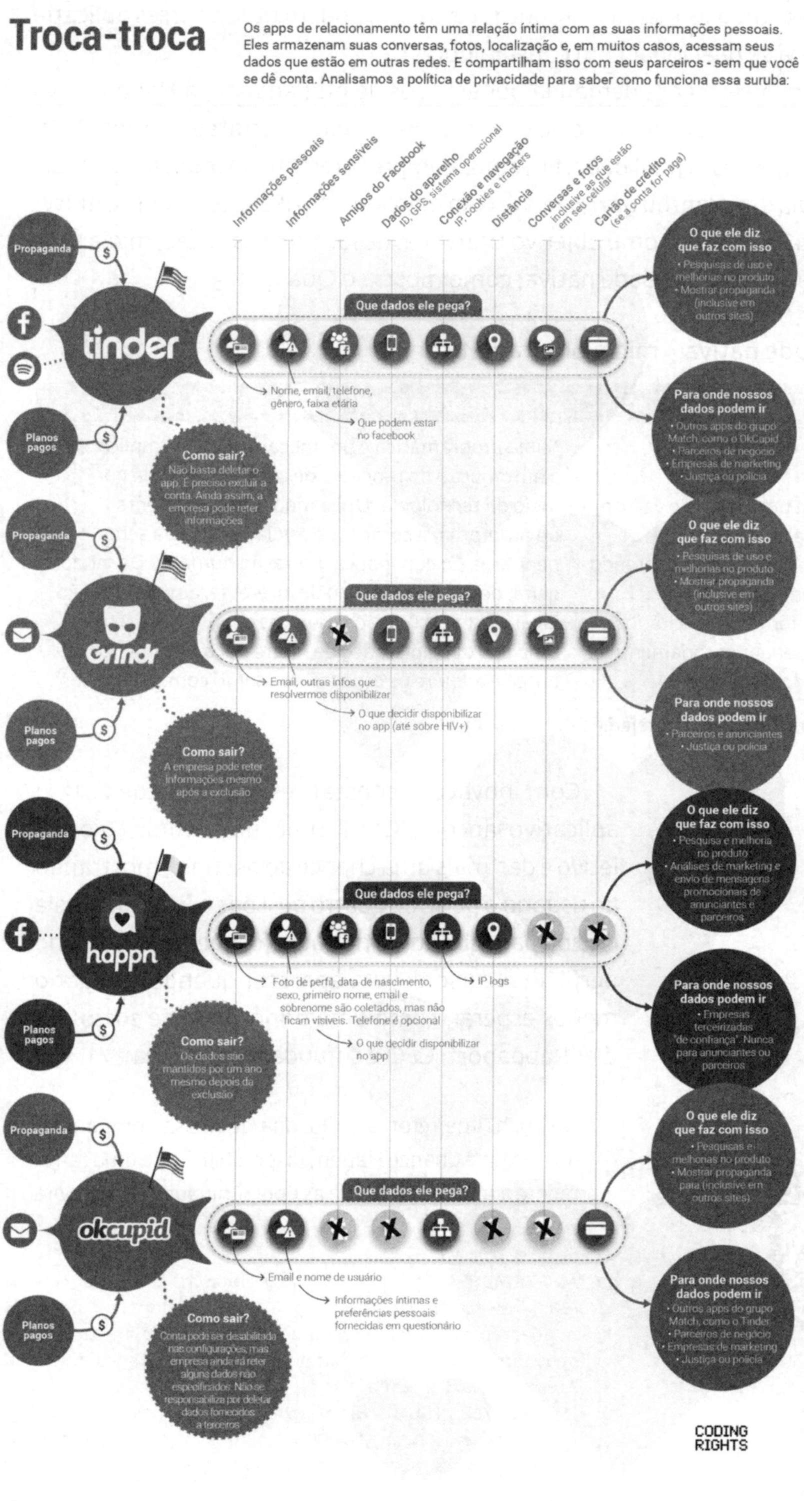

Figura 8.7 Troca-troca de dados entre empresas

nte: *MORAES*, 2017.

Mas como as marcas, produtos e serviços podem utilizar esses aplicativos para se relacionar com consumidores?

Com a crescente demanda por espaços de propaganda, a Happn criou uma área com esse foco,[30] cujo objetivo é desenvolver estratégias e ampliar a receita para essa finalidade. Em 2016, a empresa testou um modelo de venda de mídia e implantou um AdServer com marcas como Ikea, Coca-Cola e BMW. Seu AdServer tem como objetivo trabalhar, de forma mais eficaz, mídia programática e publicidade nativa, como mostra o Quadro 8.5.

Quadro 8.5 Publicidade nativa × mídia programática

Publicidade nativa (*native advertising*)	**Mídia programática**
Método de publicidade na web em que o anunciante tenta ganhar a atenção dos consumidores, fornecendo um conteúdo valioso no contexto da experiência do usuário, sem interferir ou interromper o consumo do conteúdo no canal escolhido. Basicamente, envolve marketing de conteúdo, informes publicitários e *branded content*, mas deve ser obrigatoriamente identificado como conteúdo de marca.	Mídia programática é um mecanismo que implica a automação do processo de compra de mídia por meio da tecnologia. Utilizando uma ferramenta ou programa, a compra de mídia é efetuada sem nenhuma ou com pouca interação humana. De modo geral, define-se o público de interesse, a segmentação ideal e faz-se o upload das peças criativas. A partir de uma oferta pelo espaço de interesse, a ferramenta busca e adquire os espaços de acordo com os critérios.

Fonte: elaborado pelos autores com base nas referências bibliográficas.

A mídia programática tem aberto espaço para muitas profissões novas, como *data scientist*, *data intelligence*, *media trader* e outros. Acesse o infográfico sobre essas profissões e conheça um pouco mais.

Com inovações constantes, em julho de 2017, o aplicativo lançou o Crush Time, um recurso cujo objetivo é dar "mais uma chance ao destino", mostrando ao usuário o perfil de quatro pessoas com as quais ele cruzou para que adivinhe quem foi que deu um like no perfil. O recurso deverá aparecer quando o usuário menos esperar, como uma brincadeira de sorte. Didier Rappaport, CEO e cofundador, observa:[31]

> O CrushTime reforça a filosofia de nossa companhia, que é 'Make Chance Happn', disponibilizando uma ferramenta a mais que otimiza as oportunidades e empodera

30. MEIO & MENSAGEM. Após AdServer, Happn cria área de publicidade. *Meio & Mensagem*, 25 abr. 2017. Disponível em: http://www.meioemensagem.com.br/home/ultimas-noticias/2017/04/25/apos-implantar-adserver-happn-cria-area-de-publicidade.html. Acesso em: 20 jul. 2019.
31. JORNAL WEB DIGITAL. *Happn apresenta nova ferramenta*: o crushtime. Disponível em: http://jornalwebdigital.blogspot.com/2017/07/happn-apresenta-nova-ferramenta-o.html. Acesso em: 9 ago. 2019.

nossos usuários para que eles aproveitem os encontros fortuitos da vida real da melhor maneira possível. Para cumprir esse objetivo, introduzimos inteligência artificial no nosso sistema, trazendo inovação ao aplicativo para enriquecer a experiência de nossos usuários.

Em abril de 2017, o aplicativo entrou no mercado indiano e soma atualmente 33 milhões de usuários no mundo.

Você tem curiosidade para saber como acontece a paquera e o relacionamento no Happn? Veja o vídeo:

8.2 A ERA PÓS-DIGITAL

Tecnologia ampla e onipresente, acesso ilimitado ao universo digital, conexão permanente e parte integrante de nossa vida cotidiana, pessoal e profissional. Essa faculdade (quase) divina de estar concomitantemente presente em toda parte, chamada de **ubiquidade**, é proporcionada pela tecnologia digital e tem impactos percebidos e inimagináveis em nossas vidas, sociedade e futuro.

A faculdade (quase) divina de estar concomitantemente presente em toda parte, chamada de ubiquidade, é proporcionada pela tecnologia digital e tem impactos percebidos e inimagináveis em nossas vidas, sociedade e futuro.

Quando já ultrapassamos o momento da emoção, da fascinação causada por algo novo, a paixão vai cedendo lugar a uma percepção mais realista dos prós e contras. Estamos aprendendo a otimizar as possibilidades trazidas pela tecnologia e avaliar como permitiremos que ela continue invadindo nossa privacidade. Clay Shirky[32] diz que "a revolução não acontece quando a sociedade utiliza novas ferramentas e sim quando adota novos comportamentos" – e como nossos comportamentos têm mudado, não é verdade?

Quando a transformação digital teve início no final do século XX, a convergência das mídias[33] e as plataformas multimidiáticas[34] eram as

32. LONGO, W. Bem-vindos ao mundo pós-digital. *Galileu*, 5 jan. 2015. Disponível em: http://revistagalileu.globo.com/Revista/noticia/2015/01/bem-vindos-ao-mundo-pos-digital.html. Acesso em: 20 jul. 2019.
33. Convergência das mídias – conceito desenvolvido por Henry Jenkins, consiste em entender que os diversos meios de comunicação tradicionais tendiam a convergir para a internet como suporte de distribuição de seu conteúdo.
34. Multimídia – tecnologias com suporte digital para criar, manipular, armazenar e pesquisar conteúdos. Aplica-se também à diversidade de plataformas de acesso à internet.

expectativas que se tinham até então. Passado o primeiro período, a era pós-digital passou a demonstrar que os caminhos tendem a ser diferentes, baseando-se na **divergência** e na **unimídia** – divergência no sentido de que os aparelhos têm funções diferentes e específicas e, embora o smartphone conjugue diversas atividades como exibição de vídeos, fotos etc., percebe-se, hoje, que a convergência total não é possível nem desejável; e unimídia como sinônimo de um único meio, o digital, também chamado de hipermídia, em que toda informação e todos os aparelhos terão o digital como algo comum e intercomunicável.

Essa realidade pós-digital implica compreender que a transmissão de informações, antes centralizada e unidirecional, agora é multidirecional, ou seja, vem e vai para todas as direções. A recepção de conteúdo e de informações é ativa e o universo digital é um ambiente veloz e atemporal, de relação e engajamento.

A realidade pós-digital implica compreender que a transmissão de informações, antes centralizada e unidirecional, agora é multidirecional.

Esses são os principais aspectos que afetam nosso cotidiano. Pode-se realizar qualquer atividade em qualquer momento. Longo[35] afirma que

> viver, produzir e se perpetuar na Era Pós-Digital não é mais uma questão de utilizar ferramentas ou armas digitais, e sim de possuir uma **alma digital** (...) algo que vai muito além de sites, blogs ou páginas no YouTube, mais que e-commerce ou redes sociais. Estamos falando de uma outra dimensão do envolvimento digital, aproveitando a onisciência, onipotência e onipresença que ele proporciona (...) Precisamos abraçar o big data e os algoritmos, incentivar o home office e as reuniões por videoconferência, implementar sistemas colaborativos e generativos, eliminar estruturas piramidais para operar em rede, rever hierarquias de poder e estabelecer o diálogo em todos os aspectos da comunicação com o mercado.

Deixam de existir barreiras entre o mundo on-line e off-line e sucumbimos às tendências da efemeridade, multiplicidade e sincronicidade.

Possuir uma **alma digital** e aproveitar o envolvimento digital – onipresença, onipotência e onisciência. Trata-se da sociedade digital, imprevisível e mutante, como somos todos nós. Deixam de existir barreiras entre o mundo on-line e off-line e sucumbimos às tendências da **efemeridade,**

35. LONGO, 2015.

multiplicidade e sincronicidade.[36] O mundo dos nativos digitais é outro. Veja o Quadro 8.6.

Quadro 8.6 Efemeridade, multiplicidade e sincronicidade

#Efemeridade: ao estarmos conectados 24 horas por dia, sete dias por semana, não é de se espantar que, com toda essa velocidade de acesso às informações, seja mais difícil retê-las como acontecia há algum tempo. Tudo muda o tempo todo. Não é à toa que ferramentas como Snapchat cresceram como nunca. Para o ano que vem, a tendência é que essa mídia em tempo real se expanda ainda mais. Assim, irão se destacar no mercado as marcas que conseguirem passar sua mensagem de forma curta e direta através de um conteúdo exclusivo, fazendo com que seus consumidores se sintam conectados e únicos ao mesmo tempo.	**#Multiplicidade:** se tudo muda o tempo todo, vale lembrar que tudo também está conectado, interligado. Pense na quantidade de dados pessoais que apenas um smartphone tem em sua memória. Essas informações conectadas à Internet das Coisas têm um poder imensurável. Por isso, é tão importante que os profissionais de marketing já comecem a utilizar esses dados para se envolver com seus clientes de diversas formas. Para atingir um público de maneira efetiva, os anúncios deverão ser direcionados de acordo com os movimentos e comportamentos das pessoas que se pretende acessar.	**#Sincronicidade:** outra característica desses tempos modernos é que, hoje, as pessoas não mais são, elas estão. Por isso, é preciso entender os problemas reais e necessidades dos clientes para definir com qual linguagem, ferramenta e abordagem você poderá se comunicar com eles. As informações não são estáticas; cada vez mais, é necessário perceber em que estágio de vida e, consequentemente, de compra, o seu consumidor está. É aí que o Inbound Marketing apresenta seu grande potencial, uma vez que, ao mapear o estágio de compra do público-alvo, propicia às marcas uma abordagem mais estratégica e eficaz.

Fonte: ALMEIDA, 2016.

Segundo explica Walter Longo,[37] a era pós-digital é o terceiro movimento ou terceira onda da transformação digital. A primeira onda compreendeu o período de 1985-1999, quando ocorreu a criação da internet e a preocupação era conectar as pessoas com o mundo. A segunda onda compreendeu 2000-2015, quando a preocupação era a criação de startups na área de buscas, mídia social e mobile, com base na internet, conectando pessoas com pessoas. A terceira onda, a partir de 2016, refere-se ao exercício de aprimoramento, de criação de uma realidade na qual a conexão ocorre todo o tempo por meio de todos os aparelhos, principalmente com o crescimento da IoT, em que o usuário é o centro de tudo. Veja a Figura 8.8.

A era pós-digital é o terceiro movimento ou terceira onda da transformação digital.

36. ALMEIDA, J. 2017: como fica a comunicação na era pós-digital? *Portal Administradores*, 29 nov. 2016. Disponível em: http://www.administradores.com.br/noticias/marketing/2017-como-fica-a-comunicacao-na-era-pos-digital/115189/. Acesso em: 20 jul. 2019.

37. LONGO, 2015.

Figura 8.8
Onda da transformação digital

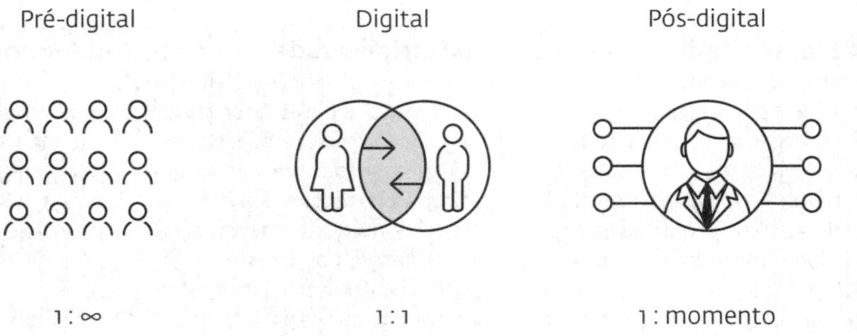

Fonte: AGUILHAR, L. Como o mundo pós-digital vai mudar sua vida. *Estadão*, 9 jun. 2016. Disponível em: http://link.estadao.com.br/blogs/ligia-aguilhar/como-mundo-pos-digital-vai-mudar-sua-vida/. Acesso em: 20 jul. 2019.

Ganham espaço os *chatbots* – softwares que criam robôs para desempenhar tarefas rotineiras e responder às perguntas dos usuários como se fossem uma pessoa – e os assistentes virtuais, mas é na necessidade do usuário que as coisas e as soluções se concentrarão.

E como fica o papel do marketing e da comunicação organizacional nesse cenário? Gonçalves e Maia[38] apontam que as tecnologias digitais funcionam como um catalisador do fenômeno interativo, ressaltando que a tentativa de antecipação e controle do uso de blogs e mídias sociais é, na verdade, uma tentativa de sistematização pelas organizações geridas e medidas por elas, mas que sofrem mudanças constantes e inesperadas por parte dos públicos de interesse – portanto, a aceitação do princípio do não controle é fundamental para as organizações atualmente e no futuro.

As tecnologias digitais funcionam como um catalisador do fenômeno interativo.

Temos e teremos mais do que nunca de lidar com esse aspecto de imprevisibilidade, pois a antiga sistemática controladora, segundo afirmam os autores, não condiz com a própria natureza das ferramentas em si – o imprevisível é parte da terceira onda da transformação digital.

38. GONÇALVES; MAIA, 1987, p. 69 apud GONÇALVES; MEDINA FILHO, 2015, p. 31.

Deleuze[39] observa que, para as organizações e suas estratégias de marketing e de comunicação,

> não basta simplesmente estar conectado ou interagir para comunicar algo ou produzir mudanças, estudar apenas as conexões em si não ajudam a entender as dinâmicas ou os fenômenos em comunicação organizacional, por exemplo, há uma necessidade de seguir as conexões e ver o que elas produzem, transportam e transformam nesse movimento.

Apreende-se, a partir disso, que a questão central para as mídias sociais e os aplicativos não é um monitoramento qualitativo constante com base em métricas, mas uma **interação qualitativa**. As tecnologias digitais nas organizações, como vimos em capítulos anteriores, vêm demandar mudanças muito mais profundas do que apenas modificar a forma como elas se comunicam.

Além disso, a compreensão das conexões e relacionamento via mídias sociais exige dos profissionais envolvidos um esforço adicional de compreensão da realidade. Analisar as conexões destituídas do seu contexto para tentar explicá-las, dissecando-as, deixa de ser especialmente significativo no momento atual. Mas, perguntamo-nos, como enquadrar a análise e o conhecimento dessas conexões por meio das mídias sociais que se constituem em um processo de interação constante e dialógico?

O simples isolamento de uma relação ou conexão em determinado trecho do processo deixa de fazer sentido, porque seu sentido justamente se dá especificamente na interação dinâmica com seu próprio ecossistema. Assim, as organizações precisam aprender a compreender o movimento – claro que demanda daí uma complexidade e uma dificuldade inerente, bem como a observação das consequências desse movimento em determinado espaço de tempo.

Gonçalves e Medina Filho[40] propõem, de forma teórica, a análise da **relação ator-rede** como forma de analisar e explicar a interação e a geração de fatos que se faz em rede, observando "fluxos e narrativas que evidenciam as mediações, os momentos e modos como as operações que produzem sentido para as interações, práticas e discursos que observamos ocorrem", ou seja, observar a interação, o movimento e os sentidos construídos – a isso os autores chamam de **perspectiva etnográfica na comunicação**.

---

39. DELEUZE apud GONÇALVES; MEDINA FILHO, 2015.
40. GONÇALVES; MEDINA FILHO, 2015, p. 114.

Não podemos confundir as ferramentas de comunicação com estratégias, por meios digitais ou não. A comunicação e a organização como um todo estão caminhando para transformar, com a tecnologia, a forma como esta se relaciona com a sociedade como um todo e é a partir dessa perspectiva de ação e relação que a interação acontece, de forma fluida e líquida. Os autores fazem referência a diferentes utilizações da mídia nos momentos pré e pós-digital, como mostra o Quadro 8.7.

A comunicação e a organização como um todo estão caminhando para transformar, com a tecnologia, a forma como esta se relaciona com a sociedade como um todo.

Quadro 8.7 Uso da mídia na era pré e pós-digital

Utilização repressiva da mídia	Utilização emancipatória da mídia
• Planejamento/programação de mídia centralizada, controlada • Um transmissor e muitos receptores • Comportamento passivo de consumo de mídia • Despolitização • Produção por especialistas/profissionais • Controle proprietário ou burocrático	• Planejamento/programação de mídia descentralizada • Cada receptor é também um transmissor • Mobilização de conjuntos/grupos/comunidades e de indivíduos • Interatividade e feedback • Processo de aprendizado político • Produção coletiva ou não profissionais • Controle social por auto-organização

Fonte: GONÇALVES; MEDINA FILHO, 2015, p. 114.

Assim, é importante compreender que a realidade pós-digital é modelada "por meio de ações concretas das redes de atores, da interação em rede de atores humanos e não humanos",[41] e entre marcas, coisas e objetos, quando falamos de IoT.

A abordagem da incerteza e a forma de relação no pós-digital deve considerar o proposto por Tapscott:[42] "para um executivo não vale mais o padrão de se buscar apenas a decisão correta, mas sim de se engajar num processo de tomada de decisão que busca ampliar as chances de se fazer a melhor escolha entre um conjunto de alternativas propostas pelo ambiente". É a abordagem da incerteza que reconhece o planejamento como um todo e o marketing e a comunicação como um

41. GONÇALVES; MEDINA FILHO, 2015, p. 114.
42. TAPSCOTT apud SAAD, 2003, p. 112.

processo de aprendizagem contínua com flexibilidade suficiente para responder às mutações ambientais.

Quais seriam, então, as formas de superar os obstáculos que as marcas enfrentam para atingir as gerações nativas digitais, como consumidoras e como potenciais colaboradoras? Navarro[43] afirma:

A abordagem da incerteza reconhece o planejamento como um todo.

- a necessidade de criar e celebrar as comunidades de consumidores e fazer que tenham o poder de compra no ambiente criado pela própria marca;
- a criação de produtos personalizados pelo próprio cliente, permitindo o aumento de compartilhamento e troca de experiência pelo próprio público-alvo;
- a mistura de ideias culturais, influenciadores e parceiros com o objetivo de conceber produtos relevantes para o mercado;
- a criação de novos canais de vendas por meio do comércio contextual;
- a entrega de um serviço social no ato de compra, gerando um motivo de compartilhamento pós-compra;
- como entregar gratificações ao cliente antes, durante e depois da compra.

O pós-digital exige mudanças em comunicação, especialmente na postura das organizações em prol de ações concretas no sentido em que desejam ser reconhecidas junto aos seus públicos de interesse. Mais do que isso, as mídias sociais, que são objeto desta obra, podem integrar-se às estratégias de marketing por meio de:[44]

- **e-market place** – a sugestão é introduzir o impacto das mídias sociais nessa configuração, envolvendo todos os públicos tanto na cadeia de fornecimento como na cadeia de distribuição. Como foi tratado no Capítulo 7, as informações e os insights advindos das mídias sociais podem contribuir com os processos de comunicação, desenvolvimento de produtos e serviços, inovação e melhoria constante do desempenho organizacional, como mostra a Figura 8.9.

---

43. NAVARRO, V. Novas gerações, velhos hábitos? *Meio & Mensagem*, p. 26, São Paulo, 21 nov. 2016.
44. LIMEIRA, T. M. V. *E-marketing*: o marketing na internet com casos brasileiros. 2. ed. São Paulo: Saraiva, 2007.

Figura 8.9
E-market place

Fonte: LIMEIRA, 2007, p. 63.

- **jornada de compra** – introduzir a discussão, os insights e o resultado do monitoramento das mídias sociais, aplicando-o à jornada de compra do consumidor, como mostra a Figura 8.10.

Figura 8.10
O processo de decisão de compra

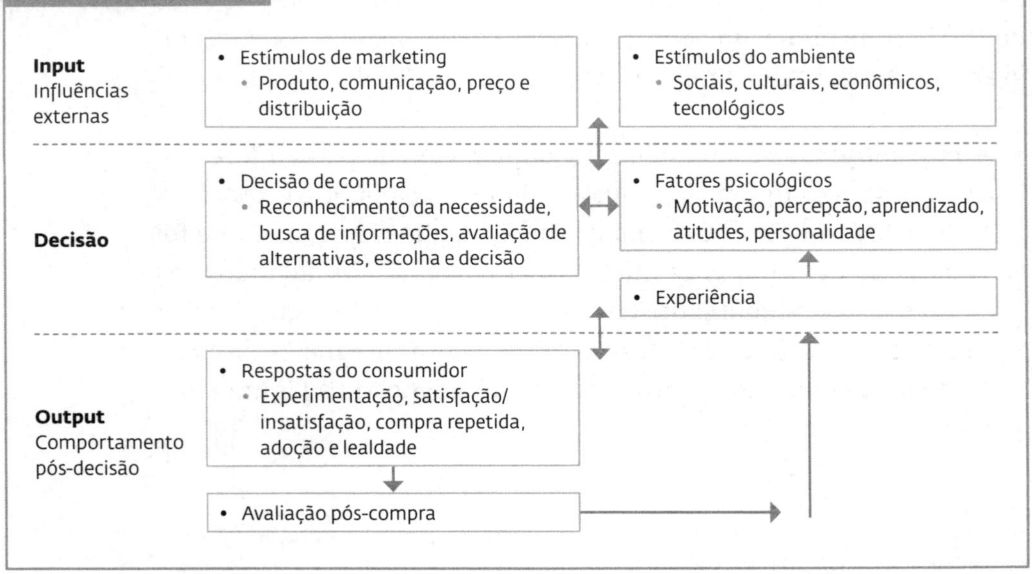

Fonte: LIMEIRA, 2007, p. 79.

- **atividades na internet** – monitorar, compreender e contribuir para as atividades realizadas pelos diversos públicos-alvo, por meio da internet, independentemente dos dispositivos usados para isso.

***Earned attention* significa ganhar a atenção do consumidor e de outros públicos.**

Outro ponto-chave na era pós-digital está relacionado com o marketing de permissão, embora vá um pouco além de apenas estabelecer uma relação ou comunicação baseada na permissão dos diversos públicos-alvo, oferecendo conteúdo tão relevante que o consumidor venha em busca de informação e relacionamento com a marca e organização. Trata-se de ganhar a atenção do consumidor e de outros públicos – o que foi classificado como ***earned attention***.

Essa é uma importante mudança de paradigma que faz um contraponto ao tradicional marketing de interrupção existente até então, em que marca e organização bombardeavam – e muitas continuam fazendo isso – os públicos com informações e propaganda indesejadas. Para que o público escolha receber voluntariamente informações acerca de produtos e marcas, ele precisa ter um motivo bastante forte para fazê-lo, como tratamento e descontos diferenciados, informação, inovação ou quaisquer outros benefícios que sejam relevantes para ele.

Quando o marketing passa a agir de forma diferente, os clientes tendem a tornar-se mais conectados com a marca e organização simplesmente porque têm interesse em que isso ocorra. O marketing tradicional tratava de identificar uma *unique selling proposition* (USP) (proposta única de vendas),[45] envolvendo posicionamento e imagem de marca, enquanto o cenário atual pede que continue havendo uma proposta única de vendas, envolvendo imagem e posicionamento, mas por meio da compreensão em monitoramento das mídias sociais é possível acrescentar dois outros aspectos bastante relevantes:

1 **ideia-vírus** – algo capaz de levar o consumidor a disseminar uma proposta, imagem ou informação acerca do produto, serviço ou marca;

---

45. Diferencial ou característica que difere um produto ou serviço das outras opções do mercado.

2 **fatores de fixação** – elementos que favorecem a construção de uma relação respeitando os interesses dos públicos.

Uma ideia-vírus é intrigante, irresistível e chama a atenção,[46] enquanto os fatores de fixação (*stickiness factors*) são palavras, imagens, propostas diferenciadas que fixam a mensagem e não nos deixam esquecer o que vimos e ouvimos, cercando a ideia central e constituindo-se em estímulos que provocam influência, engajamento e compartilhamento. O autor destaca que o processo de *design thinking* pode auxiliar a traçar caminhos e definir tanto potenciais ideias como fatores de fixação.

Ganchos são pretextos para iniciar uma conversa, ligados aos interesses dos públicos-alvo, mas também a marca, organização, produto ou serviço, situação e contexto pertinente.

Outro item importante que pode advir tanto do monitoramento das mídias sociais como do *design thinking* e que contribui para entabular diálogos por meio das mídias sociais é a identificação de **ganchos**, ou seja, pretextos para iniciar uma conversa, ligados aos interesses dos públicos-alvo, mas também a marca, organização, produto ou serviço, situação e contexto pertinente.

A Figura 8.11 traz um interessante diálogo entre um cliente e o Banco Bradesco como um exemplo da forma de resposta que o cenário pós-digital pede às organizações quando pessoas lidam com pessoas (marketing H2H).

Considerando uma realidade em que todos estão conectados o tempo todo e onde o usuário deve ser o centro de todas as estratégias de marketing e comunicação, percebemos que ficará cada vez mais árdua a construção de um relacionamento entre as pessoas e as marcas sem que haja razão concreta. Portanto, o que Chetochine[47] indica como vetores e meio confirma-se muito relevante – e falamos aqui de um olhar estratégico das organizações sobre os desafios da era pós-digital.

46. CHETOCHINE, G. *Buzz marketing*: sua marca na boca do cliente. São Paulo: Prentice-Hall, 2006.
47. CHETOCHINE, 2006.

Figura 8.11
Diálogo entre marca e cliente no cenário pós-digital

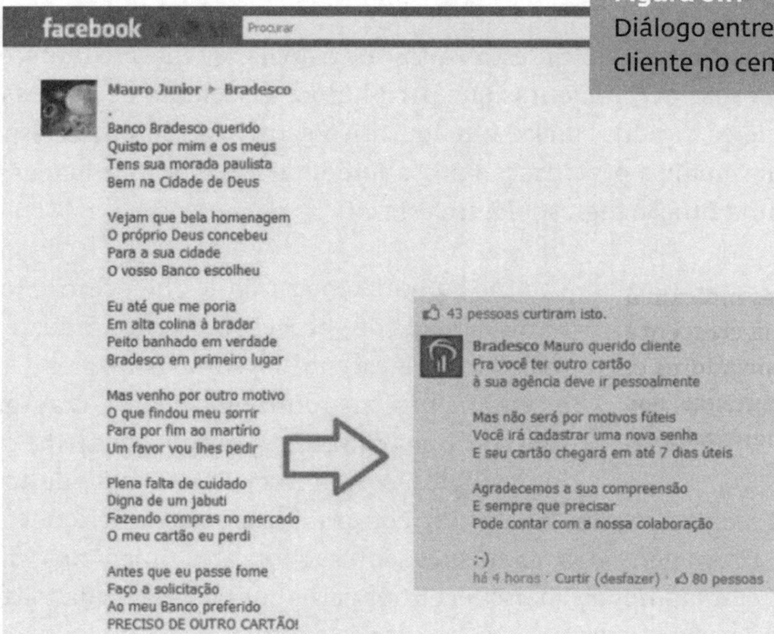

Fonte: CAFÉ COM GALO. Disponível em: https://www.facebook.com/cafecomgalo. Acesos em: 10 set. 2017.

Meios, comunidades, contextos, alvos e modelo de desenvolvimento do mercado devem ser alvo de atenção das organizações, pois é por meio deles que elas encontram oportunidades de se fazer presente e útil.

Meios, comunidades, contextos, alvos e modelo de desenvolvimento do mercado devem ser alvo de atenção das organizações.

Vale lembrar que os grupos de pessoas reunidas, por motivos diversos, podem envolver comunidades:

- **objeto (ou de objetivo)** – local onde os indivíduos realizam atividades com frequência, representa uma oportunidade de geolocalização, por exemplo, ou de motivos para a conexão on com off-line;
- **formais** – associações e organizações comunitárias formais, das quais o indivíduo participa e que são importantes para ele;
- **circunstanciais** – promover, estimular, criar ou apoiar associações por circunstâncias especiais pode ser um excelente recurso para dar

destaque a ideias ou funcionar posteriormente como fatores de fixação;

- **on-line** – promover, estimular, criar, apoiar ou mesmo fornecer ou favorecer ferramentas que permitam a associação de pessoas por meios digitais, talvez um aplicativo da marca, ou outros espaços nos quais a organização possa fomentar essas comunidades sem uma função mercadológica específica.

Os vetores indicam a importância crescente dos influenciadores e, mais recentemente, dos microinfluenciadores.

Ainda sobre a proposição de Chetochine,[48] o que o autor chama de **vetores**, podemos traduzir pela importância crescente dos influenciadores e, mais recentemente, microinfluenciadores. O autor define três tipos de vetores, termo que define como indivíduos que podem ser classificados de acordo com seu comportamento, a partir de uma visão etnográfica que forma perfis bem definidos, como inovadores, adotantes, imediatos, maioria, retardatários ou quaisquer outros perfis que possam ser delineados.

Veja como os vetores podem ser no Quadro 8.8.

Quadro 8.8 Vetores

Conectores	Experts	Persuasores
Indivíduos que têm boa rede de relacionamentos on e off-line, são populares e com relacionamentos ativos.	Pessoas que sabem tudo sobre tudo, especialistas formais e informais que se constituem em referências.	Indivíduos com fortes características de persuasão, influência e convicção.

Fonte: GLADWELL apud CHETOCHINE, 2006.

Não se trata de ser piegas ou previsível, mas de criar contextos coerentes entre a organização e seus públicos de interesse.

A questão proposta envolve o desenvolvimento de contextos que favoreçam a atenção de cada indivíduo de acordo com sua característica, funcionando como um vetor que permite aos assuntos – matérias, notícias, posts, novos produtos e outros – ganhar espaço de divulgação e relevância. Não se trata de ser piegas ou previsível, mas de criar contextos coerentes entre a organização e seus públicos de interesse.

48. CHETOCHINE, 2006.

Para isso, Chetochine[49] sugere contextos que podem ser usados como base ou referência:

- **Naturais ou de calendário** – assuntos e oportunidades ligados a eventos pré-fixados que fazem parte do cotidiano, como datas festivas, mas fica o alerta sobre o risco de todos fazerem a mesma referência, tornando mais difícil destacar-se em meio à multidão ou criar algo que fuja aos estereótipos.
- **Institucionais** – grandes eventos, causas sociais, datas comemorativas institucionais ou outras ocasiões que podem se tornar relevantes, sempre considerando de que forma é possível revertê-los em algo de interesse dos públicos.
- **Atualidades** – coisas atuais e senso de oportunidade aguçado podem ser oportunidades de criar assuntos interessantes, mas também representam um risco, assim como as datas comemorativas, pela dificuldade de referir-se a eles sem estereótipo, sem pieguismo e com criatividade.
- **Artificiais** – criação de causas, assuntos, oportunidades de contar histórias (storytelling).

No cenário pós-digital, existem alguns aspectos que continuarão sendo relevantes ou tornar-se-ão cada vez mais fundamentais para as organizações – a diferença entre o sucesso e o fracasso ocorrerá pela competência em geri-los, como mostra o Figura 8.12.

Figura 8.12 Aspectos relevantes para as organizações

SEO	**Geolocalização**	**Mídias sociais**	**Aplicativos**	**Integração**
As ferramentas e técnicas de otimização de sites, perfis e aplicativos serão cada vez mais refinadas e fundamentais	Informações, produtos, serviços baseados em geolocalização de forma contributiva otimizando o dia a dia do usuário	Informação, relacionamento, influenciadores e microinfluenciadores; mídias sociais presentes integralmente nas estratégias organizacionais	Aplicativos que tragam informações e benefícios aos usuários; forma mais direta de relação entre marca e consumidores	E-business, integração de dados como suporte para a tomada de decisão e gestão organizacional

Fonte: elaborado pelos autores com base nas referências bibliográficas.

49. CHETOCHINE, 2006.

8.3 *INFLUENCERS* – ATÉ ONDE VAI SUA INFLUÊNCIA?

A "bola da vez" são os **microinfluenciadores**, pessoas que têm de quatrocentos a pouco mais de mil seguidores em sua base nas mídias sociais, cujas ações têm demonstrado gerar maior engajamento do que aqueles que têm um número maior de seguidores.

De acordo com artigo publicado no jornal *Meio & Mensagem*, em agosto de 2017,[50] os influenciadores são separados em três categorias – microinfluenciadores, influenciadores e celebridades – como mostra a Figura 8.13.

Figura 8.13
Categorias de *influencers*

MICROINFLUENCIADOR

Produtores de conteúdo para mídias sociais com maior engajamento proporcionalmente do que influenciadores e celebridades. Na maioria dos casos, abordam assuntos de nicho, cocriando conteúdos com as marcas. Exemplos: Rafael Arty, Claudia Métne, Tito Melo, Louise Porto e Nátaly Neri.

★★★★★ Engajamento
★ Alcance
★★★★★ Segmentação
★★★★★ Proximidade
★ Dispersão
★★ Investimento

INFLUENCIADOR

Com mais seguidores nas redes sociais, normalmente falam sobre temas genéricos, como comportamento, cotidiano, moda e comédia. Também costumam produzir conteúdo junto às marcas. Exemplos: Luba, Felipe Castanhari, Kéfera, Whindersson Nunes e Manual do Mundo.

★★★ Engajamento
★★★★ Alcance
★★ Segmentação
★★ Proximidade
★★★ Dispersão
★★★ Investimento

CELEBRIDADE

Geralmente são atores, atletas e apresentadores muito famosos que estão em diversas plataformas, para além do universo digital. Possuem grande poder de fogo, mas geralmente menor engajamento e, em muitos casos, não coproduzem com as marcas. Exemplos: Anitta, Luciano Huck, Grazi Massafera, Taís Araújo e Bruna Marquezine.

★ Engajamento
★★★★★ Alcance
★ Segmentação
★ Proximidade
★★★★ Dispersão
★★★★ Investimento

Fonte: CRISCUOLO; MONTEIRO; NAVARRO, 2017.

50. CRISCUOLO, I.; MONTEIRO, T.; NAVARRO, V. Microinfluenciadores: quem são? *Meio & Mensagem*, 8 ago. 2017. Disponível em: http://www.meioemensagem.com.br/home/midia/2017/08/08/microinfluenciadores-quem-sao.html. Acesso em: 20 jul. 2019.

Os *influencers*, então, são capazes de gerar:

- **engajamento** – capacidade de gerar interações (comentários, curtidas e compartilhamentos) sobre determinado assunto;
- **alcance** – volume de pessoas atingidas pelo microinfluenciador;
- **proximidade** – nível de envolvimento entre o microinfluenciador e seu público-alvo;
- **dispersão** – base de pessoas que seguem o influenciador, mas não interagem;
- **investimento** – valor para a marca contratar ações que a incluam no conteúdo, o que tende a ser relativo, dependendo da moeda de troca (pode ser permuta) ou do tipo de ação (pode ser espontânea).

Fernanda Dantas[51] diz que o influenciador é:

- apaixonado pelo assunto que aborda;
- conhecedor, sabe como ninguém sobre o que está falando;
- fonte para um grupo (como inspiração, por exemplo);
- não busca recompensa financeira (pelo menos no início);
- pouco profissionalizado (produz conteúdo de forma caseira).

O grande desafio para esses influenciadores é manter-se firmes nos mercados em que têm ascendência e, sobretudo, provar constantemente seu poder de engajamento. Chamados, a princípio, de formadores de opinião, os influenciadores e microinfluenciadores de hoje são essencialmente produtores de conteúdo digital, pessoas que exercem ações capazes de mudar o comportamento de grupos, pessoas ou organizações – alguém cuja opinião tem relevância e é respeitada.

Os influenciadores e microinfluenciadores de hoje são essencialmente produtores de conteúdo digital.

A diferença entre o marketing tradicional e o chamado marketing de influência é que há uma configuração diferente na forma como a comunicação e as ações se disseminam, como mostra a Figura 8.14.

---

51. DANTAS, F. Microinfluenciador: sempre foi a sua vez. *Meio & Mensagem*, 21 jul. 2017. Disponível em: http://www.meioemensagem.com.br/home/opiniao/2017/07/21/microinfluenciador-sempre-foi-sua-vez.html. Acesso em: 20 jul. 2019.

Figura 8.14
Diferença entre marketing tradicional e marketing de influência

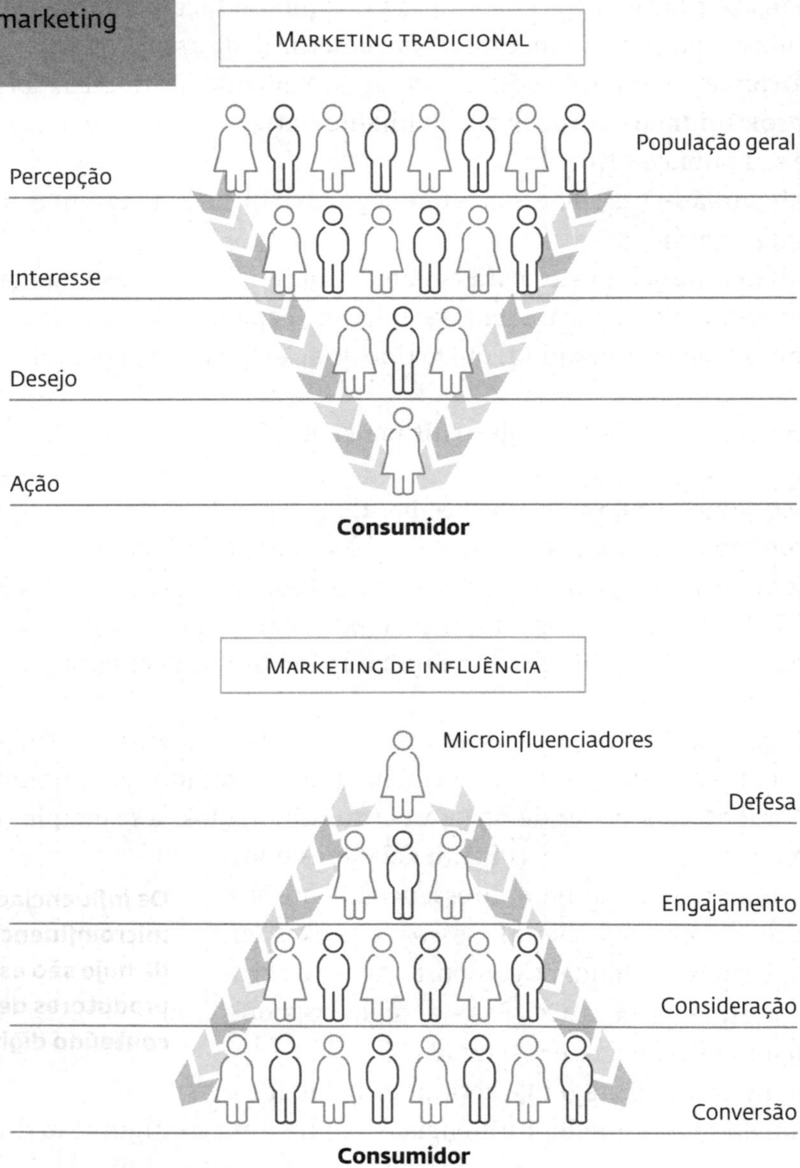

Fonte: CUNHA, R. *Microinfluenciadores digitais estão se tornando mais importantes para as marcas do que as celebridades*. Disponível em: http://www.stylourbano.com.br/micro-influenciadores-digitais-estao-se-tornando-mais-importantes-para-as-marcas-do-que-as-celebridades/. Acesso em: 7 set. 2017.

Quem são os microinfluenciadores? São aqueles indivíduos que escrevem em seus blogs e utilizam as mídias sociais no dia a dia, mostrando sua paixão sobre determinado assunto, no qual são considerados especialistas. Normalmente são pessoas comuns que trabalham em um setor específico ou têm conhecimento profundo de um assunto e, quando recomendam alguma coisa, fazem isso com autenticidade.[52]

Para isso, no entanto, é importante compreender que há um sentido de corresponsabilidade para todas as partes sobre a informação e as consequências de sua divulgação. Os públicos têm exigido cada vez mais uma correlação clara entre o influenciador e as marcas, produtos, serviços ou organizações que endossam, no sentido de haver coerência entre as duas coisas – seja ele uma celebridade ou não, não basta se os consumidores percebem que não há relação real e transparente com aquilo que propaga.[53]

O grande "poder" desses influenciadores reside na sua capacidade de hipersegmentação e a proximidade que alcançam junto a seus seguidores.

O grande "poder" desses influenciadores reside na sua capacidade de hipersegmentação e a proximidade que alcançam junto a seus seguidores. O crescimento desses grupos se deu em virtude das tecnologias digitais, sem dúvida, e dos custos acessíveis para o alcance dos diversos públicos e é, hoje, uma força cultural e econômica que deve ser considerada pelas organizações. Um exemplo de aplicativo que tem forte atuação de microinfluenciadores é o Musical.ly, plataforma que promove a cultura *influencer* por meio de vídeos curtos, *lip-sync* (dublagem) e transmissões ao vivo.

Veja, na Figura 8.15, um trecho do artigo do jornal *Meio & Mensagem* sobre microinfluenciadores.

Quer ver o alcance e o poder de um *influencer* atualmente?

52. CUNHA, 2016.

53. LEMOS, A. Z. Influenciar e ser corresponsável. *Meio & Mensagem*, p. 3, 7 ago. 2017.

Figura 8.15
Os microinfluenciadores

meio&mensagem

Microinfluenciadores: quem são?

Versão dos influenciadores mais segmentada e com maior engajamento proporcional tem chamado a atenção de agências e anunciantes

Por Isaque Criscuolo, Thaís Monteiro e Victória Navarro

Pesquisa realizada por Youpix, GfK e Airstrip mostra uma correlação direta entre a base de fãs e seu nível de envolvimento com a produção do influenciador. Criadores de conteúdo que possuem de 400 a 500 seguidores geram engajamento de 7,8% de sua base. Os que possuem de 900 a 1.100 seguidores geram engajamento de 3,4% e assim por diante até chegar ao nível dos grandes influenciadores, que têm 900 mil e 1,1 milhão e somente 1,8% da base engajada (por engajamento subentende-se o fã que compartilha, curte ou deixa comentários). O estudo foi feito por meio de entrevistas presenciais e questionário online com 300 usuários e por meio de um banco de dados de mais de 230 mil influenciadores.

Outro levantamento, com 2.040 posts contratados pela agência de marketing de influência BR Media, também dá sinais sobre a eficiência dos microinfluenciadores: posts publicitários são curtidos por 4,6% dos fãs de criadores que têm até 10 mil e 30 mil possuem engajamento de 3,12% e aqueles que possuem um milhão de seguidores têm 1,4% de curtidas em publicações relacionadas a marcas. Macroinfluenciadores, com mais de dez milhões de seguidores, engajam 0,66%. Ainda que 4,7% de dez mil (470 pessoas) sejam muito menos do que 0,66% de 10 milhões (66 mil), a diferença proporcional pode ser relevante quando é considerado o custo por mil (CPM) para ativar um micro ou um macroinfluenciador.

A NetCos, focada em estratégia envolvendo vídeo on-line, estima que há mais de 250 mil microinfluenciadores no Brasil. "Quando esses criadores são agregados e trabalhados de forma coordenada, podem fazer uma diferença importante nos objetivos das marcas", diz André Zimmermann, sócio-fundador da NetCos. Embora as opiniões sobre qual amplitude da base separa microinfluenciadores de criadores de grande alcance, alguns especialistas colocam a primeira categoria num leque de cinco mil a cem mil seguidores e, segundo Carlos Tristan, cofundador e CMO da Squid, possuem um grupo de influência bem definido. "São pessoas comuns que em sua grande maioria possuem um trabalho regular e levam seus perfis nas redes sociais como hobby", afirma o executivo. "Falar que alguém com cerca de 500 mil seguidores é um microinfluenciador pode soar loucura, mas se paramos para pensar que o maior nome do humor na internet do Brasil tem quase 22 milhões de inscritos (Whindersson Nunes) no YouTube, alguém com 2,5% desta audiência (cerca de 540 mil) pode ser considerado, sim, um microinfluenciador", aponta João Pedro Carvalho Motta, diretor de tecnologia da BR Media Group.

> "Acredito que mais do que uma guerra entre o micro e o grande influenciador, é importante as marcas entenderem o que cada um deles pode entregar de melhor: entendimento e confiabilidade versus alcance e prestígio", diz Marcelo Bazan, Diretor de Planejamento da SalveTribal Worldwide. "É óbvio que as marcas vão trabalhar com números, mas o trabalho com influenciador tem que ser mais qualitativo e menos quantitativo. Então é preciso olhar para o nicho e tentar identificar os poderes deste influenciador para saber se ele é ou não um influenciador de fato. E daí, micro ou macro tanto faz, né?", diz Issaaf Karhawi, pesquisadora do COM+ (ECA-USP).

Fonte: CRISCUOLO; MONTEIRO; NAVARRO, 2017.

Transparência e corresponsabilidade são fatores-chave na hora de selecionar e utilizar influenciadores, especialmente no que tange as ações em mídias sociais, onde, rapidamente, manifesta-se uma aversão quando não há pertinência entre o influenciador e as marcas das quais fala, ou ainda, quando o envolvimento é claramente artificial com fins exclusivamente mercadológicos. A própria Associação Brasileira dos Agentes Digitais (ABRADI) lançou um manual com o intuito de estimular as boas práticas e a ética na relação com influenciadores, chamado *Código de Conduta para Agências Digitais na Contratação de Influenciadores*.[54]

Transparência e corresponsabilidade são fatores-chave na hora de selecionar e utilizar influenciadores.

A primeira diretriz observa:

> Adotar a transparência como posição central e identificar claramente que as peças digitais publicadas por influenciadores contratados são peças publicitárias. Ser transparente é não confundir o público, deixando claro que o influenciador foi remunerado ou beneficiado para endossar a marca/anunciante.

Outra pesquisa, essa exclusiva da Youpix, divide os influenciadores em sete tipos, como mostra o Quadro 8.9.

Quadro 8.9 Os sete tipos de influenciadores

1. Top Celeb	Pessoas famosas nativas ou não nativas digitais, sem relação com o tema ou público da empresa. A ampla audiência desse tipo de influenciador é ideal para ajudar a sua marca a falar com um grande número de pessoas ao mesmo tempo. Mas, por não ter relevância direta com o assunto do seu produto ou serviço, não representa uma boa opção para gerar conversão em vendas. Sua audiência costuma ser genérica, o que não contribui para trabalhar percepção de marca.
2. Fit Celeb	Pessoas famosas nativas ou não nativas digitais, com relevância e correlação com os assuntos da marca. Encontrar uma celebridade que tenha sinergia total com os assuntos da marca representa uma chance para chegar em grandes audiências e convertê-las. Porém, esse tipo de influenciador, por seu tamanho, exige uma remuneração alta por parte das marcas – quanto maior a audiência, mais difícil é criar uma relação emocional entre a marca e o consumidor.

54. ABRADI. *Código de conduta para agências digitais na contratação de influenciadores*. Disponível em: https://abradi.com.br/projetos/codigo-de-conduta-para-agencias-digitais-na-contratacao-de-influenciadores/. Acesso em: 9 ago. 2019.

3. Autoridade	Respeitados dentro de determinado segmento ou região, têm enorme ressonância e fit com tema ou target. Sua audiência costuma ser influente também. O influenciador que é especialista em determinado tema ou região, por ter grande proximidade com a comunidade de interessados (e falar com eles a partir de uma linguagem especializada), ajuda a empresa a trabalhar a percepção sobre a marca e também a converter usuários em uma escala menor. Seu endosso é o seu maior ativo.
4. Ecossistema	Muitos pequenos influenciadores dentro de um tema que podem mover o ponteiro quando abordados juntos. O que diferencia o "ecossistema" da "autoridade" é o seu poder de repercussão. São importantes dentro de uma estratégia de onipresença de marca, o que pode ajudar a construir melhor o posicionamento dela.
5. *Trendsetters*	Pessoas que são experts em seus campos de atuação e respeitadas por serem *early adopters* ou líderes/advocates de um tema ou causa. Reconhecidos por estarem conectados ao novo ou por serem líderes de causas e discussões, têm uma respeitabilidade muito alta – o que contribui para trabalhos focados em posicionamento de marca.
6. Jornalistas	Trabalham na mídia tradicional e têm um grande alcance. Por conta disso, podem, ou não, ter relevância direta com o tema.
7. Público interno	Funcionários da própria empresa, ou seja, microinfluenciadores da marca.

Fonte: NUNES, A. Os sete tipos de influenciadores. *Alexandria Marketing*, 2017. Disponível em: http://alexandria.marketing/os-tipos-de-influenciadores/. Acesso em: 20 jul. 2019.

Por meio do levantamento de dados *analytics* e monitoramento das mídias sociais, as marcas devem identificar quem são os influenciadores e microinfluenciadores em seus segmentos de mercado.

As marcas devem identificar quem são os influenciadores e microinfluenciadores em seus segmentos de mercado.

Em geral, são pessoas que produzem conteúdo com alta frequência e a sua característica principal é a "paixão e autenticidade com que produz o conteúdo",[55] sua determinação e consistência na produção. Bia Granja[56] observa que, se o influenciador não demonstra paixão no que produz, passa a ser apenas um oportunista. Um influenciador não é necessariamente uma celebridade, mas pode ser; sua influência nem sempre tem uma relação direta com

55. ALEXANDRIA MARKETING. *Identificando influenciadores*, 2017. Disponível em: https://www.slideshare.net/alexandriamarketingdigital/identificando-influenciadores. Acesso em: 20 jul. 2019.
56. ALEXANDRIA MARKETING, 2017.

números e é sua autenticidade que o faz um influenciador. Não se deve definir um influenciador pelo número de seguidores, mas pela qualidade do compartilhamento e da relação que mantém com os seguidores.

Você sabe como identificar um influenciador?

É no engajamento que se deve buscar a identificação dos influenciadores (ou microinfluenciadores) de uma marca, produto ou serviço – isso significa comentários, compartilhamento, resposta, marcação, recompartilhamento (*reply*), tempo que as pessoas permanecem na página ou canal (*time spend*) e tempo em que assistem/consomem o conteúdo produzido pelo mesmo (*watch time*). O diálogo é a peça-chave que indica a proximidade com a comunidade formada em torno do influenciador e a forma como estabelece essas relações.

O desafio para as organizações é como localizar esses influenciadores. Os sites e blogs ligados a marketing de conteúdo e mídias sociais dão algumas dicas:

- pesquisar a lista de seguidores da própria organização/marca;
- pesquisar as hashtags mais comuns no mercado de atuação;
- procurar e identificar blogueiros locais;
- utilizar ferramentas de pesquisa;
- utilizar o Google.

É no engajamento que se deve buscar a identificação dos influenciadores (ou microinfluenciadores) de uma marca, produto ou serviço.

Esse conjunto de atividades deve auxiliar a organização a identificar influenciadores e muitos outros dados que virão a ser úteis na segmentação e planejamento de ações de marketing e comunicação em suas mídias sociais. Gui Rios[57] observa:

> Se ninguém tem dúvidas da capacidade dos microinfluenciadores em motivarem a decisão de compra, o problema agora é encontrá-los, envolvê-los e, principalmente, garantir que a mensagem da marca não se perca. Alcance e engagement são objetivos diferentes e que as marcas

57. RIOS, G. O poder dos microinfluenciadores. *Marketeer*, 2017. Disponível em: http://marketeer.pt/2017/06/26/o-poder-dos-micro-influenciadores/. Acesso em: 20 jul. 2019.

A utilização de influencers nas estratégias de marketing e comunicação é fundamental hoje, independente de quais públicos são alvo destas estratégias. A marca, produto ou serviço deve, no entanto, certificar-se de atuar sob dois aspectos:

1. pertinência - o influencer ou formador de opinião deve ser pertinente para o público-alvo e
2. etica e honestidade - a credibilidade advinda da ação do influencer depende disso.

podem priorizar em momentos diferentes. Apesar da tentadora lógica de que 100 microinfluenciadores com mil seguidores geram o mesmo alcance e mais engagement que um influenciador com 100 mil seguidores, as estratégias são distintas e, muitas vezes, complementares. Um dos pontos fundamentais é entender que o grande valor deste público está no conteúdo e não no capital social (audiência) e a escolha de parceiros deve priorizar o enquadramento com a marca. A estratégia parece-se mais com RP do que com publicidade, pois prioriza o relacionamento que, quando genuíno, garante que as pessoas de fato acreditem nessas figuras que tanto se parecem com elas.

Pós-digital, *influencers*, aplicativos, mídias sociais, não importa a tecnologia a que possamos nos referir, toda ferramenta é válida se definida e planejada a partir de uma visão estratégica de marketing e comunicação. O mundo está mudando? Sim, a uma velocidade que, muitas vezes, nos assombra, mas acreditamos que o planejamento coerente é sempre o melhor caminho para todas as decisões. Hoje temos muito mais acesso a informações em tempo real que podem embasar decisões grandes e pequenas, mas, muitas vezes, ainda falta tempo para um planejamento acurado ou profissionais capacitados a compreender as informações e tomar decisões a partir delas.

Não adianta se enganar: sem planejamento não há estratégia ou recurso tecnológico que trará os resultados que a organização almeja. Não importa a ferramenta, plataforma ou meios que a organização contrate, adquira ou desenvolva, o pensamento estratégico vem antes de tudo. Além disso, o envolvimento global da organização para com a transformação digital é fundamental – querer que o sucesso venha do reposicionamento de um único setor é uma falácia fadada ao fracasso.

Definir metas e objetivos claros, conhecer os públicos de interesse e o que devemos oferecer a cada um deles, envolver a organização toda nos conceitos de "público" e "usuário" como foco das estratégias e ações é fundamental.

Não importa a ferramenta, plataforma ou meios que a organização contrate, adquira ou desenvolva, o pensamento estratégico vem antes de tudo.

Todo o restante é apenas consequência de uma lição de casa bem-feita.

ESTUDO DE CASO

Fintechs

Fintech é um termo que define organizações ligadas a *financial technology* (tecnologia financeira), isto é, startups que, por meio de aplicativos, operam de forma similar a uma instituição financeira convencional. Maracy[58] observa ser a junção de *finance + technology*, organizações cujo foco é utilizar a tecnologia para resolver problemas que os sistemas bancário e financeiro carregam há décadas sem encontrar soluções adequadas.

Em 2015, foram mais de US$ 22 bilhões em investimento nesse tipo de empresas digitais. No Brasil, são em torno de 200 empresas que atuam basicamente com meios de pagamento, renegociação de dívidas, crédito e cartão de crédito, seguros, câmbio e criptomoedas.

As fintechs possuem, em geral, tecnologia de ponta, estrutura robusta, elevado aporte de capital e faturamento anual considerável, de acordo com Maracy.[59] Buscando construir uma experiência diferente das instituições convencionais, esse tipo de organização baseia-se em um grande nível de fluidez, interatividade máxima com seus clientes, distanciando-se da imagem de uma instituição financeira tradicional, mesmo ligada a uma marca-mãe, como Bradesco ou Santander.

Damasceno[60] destaca fintechs de três tipos:

1. as que derivam de bancos tradicionais, como a Next (Bradesco) ou Superdigital (Santander);
2. as que aproveitaram as possibilidades do mundo da internet para viabilizar-se no varejo, como a Neon ou Inter;
3. as que são essencialmente digitais, como o Original.

As fintechs nasceram como um caminho para a diversificação dos produtos financeiros – quando ligadas a bancos tradicionais, levam vantagem dada

58. MARACY, H. Fintechs começam a focar o B2B. *HSM Management*, ed. 120, p. 66-69, São Paulo, jan./fev. 2017.
59. MARACY, 2017.
60. DAMASCENO, S. Bancos reinventam-se no digital. *Meio & Mensagem*, p. 38-39, 26 jun. 2017.

a amplitude de serviços que oferecem e devido ao fato de que o consumidor ainda gosta de concentrar a resolução de suas questões financeiras em um único lugar (pacotes de soluções), além de gozarem de credibilidade por serem representantes de instituições consideradas sólidas.

No entanto, o mercado entende que a pulverização de serviços é irreversível e o movimento obriga maior agilidade por parte desse tipo de organização – coisa que bancos maiores têm dificuldade de atender. Espera-se também que, de forma geral, as fintechs venham a contribuir para melhorar a imagem geral dos bancos.

Damasceno[61] observa que temos tido nos bancos os maiores expoentes da transformação digital em curso – mais de 70% da população economicamente ativa do Brasil é correntista em bancos, isto é, são cerca de 103 milhões de pessoas, de acordo com dados do IBGE, com conta-corrente ativa. Os outros 20% a 30% da população que não atuam com bancos são alvo potencial, pertencentes à geração millenial, essencialmente, com faixa etária entre 20 e 34 anos, ou seja, um público nativo digital na sua maioria.

Nesse perfil de público, reside a oportunidade para esse tipo de organização, uma vez que o millenial ou nativo digital pode querer ter um serviço financeiro similar às demais ofertas na world wide web (www), ou seja, serviços que trazem consigo simplicidade, objetividade e nenhuma burocracia. Os bancos tradicionais não poderiam ignorar essa oportunidade e alguns deles se posicionaram criando organizações independentes para assumir a relação.

O maior diferencial das fintechs está na sua comunicação e relacionamento com o público-alvo. A abordagem, posicionamento, tecnologia e segmentação baseada em comportamento são as chaves para esse novo mercado. Trata-se de um público hiperconectado, com cerca de 60 milhões de brasileiros com alto índice de empregabilidade.

Sérgio Rial, chairman do Grupo Santander Brasil, em entrevista à HSM Management, afirmou que a principal transformação exigida para esse novo cenário está relacionada à transformação cultural, muito mais do que tecnológica, e indica sete disrupções que estão sendo empregadas no banco para levá-lo a ter mais modernidade e agilidade.

1. Transformar bancários em empreendedores.
2. Repensar a estrutura rígida da instituição.
3. Ter, além da qualidade técnica, a diversidade de opiniões como algo estratégico.
4. Buscar a customização rentável.
5. Ter lideranças que celebrem o desconforto e que tenham empatia, além de estarem dispostas a quebrar paradigmas.

---

61. DAMASCENO, 2017.

6. Associar-se com empresas de tecnologia em várias partes da cadeia de valor.
7. Transformar as agências em espaços de negócios, em vez de espaços de execução de processos.

Por outro lado, Teles,[62] em artigo intitulado *Por que o Brasil pode ser líder no movimento fintech*, listou alguns momentos em que ganhamos destaque em inovação nesta área.

- **Tecnologia *contactless*** – desde 2008, o Brasil possui o que é chamado de parque de aceitação dessa tecnologia, considerado um dos maiores do mundo, com mais de 70% das maquininhas (POS) aceitando pagamento sem contato. Em 2016, o brasileiro foi pioneiro no uso de *wearables* de pagamento como anéis, pulseiras e relógios.
- ***Chatbots*** – fomos destaque em duas ocasiões: em parceria com o ShopFacil.com que possibilita escolha e compra de produto sem sair do bate-papo do Facebook; e com o robô criado para o programa de educação financeira da Visa, chamado Finanças Práticas, em que o usuário resolve suas dúvidas na mídia social.
- **Consumo digital** – o Score Digital é um modelo estatístico desenvolvido pela Visa Performance Solutions para análise de dados e apoio à tomada de decisão.
- **Segurança** – a Visa Brasil foi uma das primeiras a colocar chip em todos os cartões – coisa que os Estados Unidos estão fazendo há cerca de dois anos e foi concluída no Brasil no final da década passada, além do Token Service que permite a compra em qualquer dispositivo conectado, incluindo IoT.

Essas características traduzem não só uma ótima oportunidade para as fintechs, como demonstram a abertura do país para uma nova forma de efetuar transações bancárias. As plataformas tecnológicas das fintechs foram pensadas a partir do comportamento do público-alvo, do que o incomodava no modelo do banco tradicional, como relacionamento por meio de maior número de dispositivos, redes, conversas e marcas de segmentos próximos que já estão imbricados na vida das pessoas.

Tanto o Next (Bradesco) quanto o Superdigital (Santander), embora ligados a instituições tradicionais, nasceram independentes e mais ágeis. O Next, por exemplo, foi cocriado em parceria com o mercado – por meio dos dez maiores influenciadores digitais, foi feito um trabalho de feedback do protótipo,

---

62. TELES, F. Por que o Brasil pode ser líder no movimento fintech? *HSM Management*, São Paulo, ed. 123, p. 86, jul./ago. 2017.

para, depois, irem a campo compreender efetivamente o comportamento e os anseios do público-alvo.

Fintechs são quase um serviço *on demand*, afirma Damasceno,[63] porque precisam ter maior velocidade de resposta ao mercado, mais agilidade e posicionamento como um não banco, com foco nas pessoas e não nos números. O banco Itaú, por sua vez, entende que o digital é uma forma de se relacionar com o cliente e que envolve uma experiência completa no ambiente digital, mas também considera outros pontos de contato, como as agências.

As fintechs vêm para tornar os serviços bancários e financeiros mais leves, com foco na ampliação da base de usuários de smartphones, a atuação por meio de aplicativos, a divulgação em mídias sociais e também off-line, que formam um perfil diferente de organização e serviços.

Outros exemplos de fintechs são o Nubank (conta-corrente), Guia de Bolso (sistema de contabilidade pessoal) e o Neon, nova marca do antigo banco Controle, que nasceu como um aplicativo gerenciador financeiro e mudou de nome em 2016 para crescer. Seu foco são os chamados "bancarizados", ou seja, pessoas abertas a um modelo digital de relacionamento e transação. A comunicação do Neon baseia-se em diálogo e experiência dos usuários, engajamento em mídias sociais, inovações por meio de assistentes virtuais como a Siri e atendimento ao cliente.

Há também a Sofisa, com o Sofisa Direto, plataforma digital pioneira como fintech e descendente de uma instituição financeira de mais de 55 anos direcionada a pessoas jurídicas, e o Original, parte do grupo JBS, cujas operações digitais iniciaram-se em abril de 2016 com o lançamento de uma campanha que tinha Usain Bolt como garoto propaganda, destacando os atributos do banco – ser diferente, rompimento de padrões, solidez e evolução constante.

Entretanto, o mercado de fintechs não se restringe ao B2C. O banco Votorantim, por exemplo, fez, em 2017, um aporte de R$ 3 milhões no Fundo BR, uma startup cujo objetivo é atuar fortemente junto ao mercado B2B. O objetivo do Banco Votorantim é tornar o banco mais conectado, estimulando o contato dos colaboradores com novos empreendedores.

Mas o que as fintechs têm a oferecer ao mercado B2B? Maracy[64] afirma que é, especialmente, a redução de custos, o crédito mais acessível e a solução de problemas específicos, além da automatização das atividades.

Outro exemplo é a empresa Tá Pago, na região de Marília, no interior do Estado de São Paulo. Trata-se de um sistema de gestão de benefícios (vale-refeição e vale-alimentação), com pagamentos por aplicativo em smartphones ou SMS, homologada no Programa de Alimentação do Trabalhador do Ministério do Trabalho (PAT). Há também a F(x), uma plataforma que conecta empresas

63. DAMASCENO, 2017.
64. MARACY, 2017.

que precisam de empréstimos com potenciais financiadores e a Empréstimo Fácil, fintech de crédito que atua em parceria com os Bancos Itaú, Bradesco e BMG, fundada em 2005, que já movimentou mais de R$ 250 milhões em crédito para 50 mil clientes.

Não esqueçamos as fintechs promissoras de *blockchain* (tecnologia de base de dados distribuída e utilizada na criptomoeda bitcoin), as P2P lending (empréstimo de pessoa para pessoa por meio de uma tecnologia disruptiva que elimina, segundo artigo de Maracy,[65] a dor do usuário diante da obrigação de pagar taxas de juros a um intermediário) e de renegociação de dívidas.

Temos ainda a fintech Meu Câmbio, cujo objetivo é facilitar a compra e venda de moedas estrangeiras; QueroQuitar e Kitado, de negociação de dívidas; e Equal, conciliação de vendas e gestão financeira para o mercado varejista.

As fintechs no mercado B2B podem contribuir para a desconcentração do mercado e a correção de distorções de crédito, entrando com um antídoto à extrema concentração do sistema bancário no Brasil, onde o número de instituições gira em torno de quatro a cinco, enquanto nos Estados Unidos são mais de 1.300.

É importante salientar que, diferentemente das fintechs que atuam com o mercado B2C, as B2B têm obrigações fiscais e jurídicas diferentes.

Fontes:

DAMASCENO, S. Bancos reinventam-se no digital. *Meio & Mensagem*, p. 38-39, 26 jun. 2017.

GOMES, A. S. O verdadeiro desafio é a transformação cultural. *HSM Management*, São Paulo, ed. 123, p. 8-9, jul./ago. de 2017.

MARACY, H. Fintechs começam a focar o B2B. *HSM Management*, ed. 120, p. 66-69, São Paulo, jan./fev. 2017.

PUGA, I. Entrevista com Igor Puga. *Meio & Mensagem*, 26 jun. 2017.

TELES, F. Por que o Brasil pode ser líder no movimento fintech? *HSM Management*, São Paulo, ed. 123, p. 86, jul./ago. 2017.

65. MARACY, 2017.

VAMOS TESTAR SEUS CONHECIMENTOS?

1. O Tinder e o Happn são aplicativos concorrentes. Já usou algum deles? Se não, pesquise e compare os aplicativos, observe o que as organizações estão fazendo em termos de divulgação de marcas e relate suas descobertas.

2. O uso de aplicativos vem crescendo junto com o crescimento do uso dos smartphones e, com eles, o acesso à internet via mobile. Como as empresas podem fazer uso de aplicativos para estar próximas de seus consumidores?

3. Comparando Google Play e App Store, quais os fatores de maior impacto na exibição de aplicativos *on page*?

4. Quais as principais mudanças que o mercado espera nessa era pós-digital?

5. Microinfluenciadores ou influenciadores? Qual o melhor caminho para organizações que desejam construir um relacionamento com seus públicos de interesse?

Referências

[S.A.]. Brasil decola na indústria de apps e mercado acumula lucros nesta década. *Correio Brasiliense*, 12 maio 2015. Disponível em: http://www.correiobraziliense.com.br/app/noticia/tecnologia/2015/05/11/interna_tecnologia,482694/brasil-decola-na-industria-de-apps-e-mercado-acumula-lucros-nesta-deca.shtml. Acesso em: 19 jul. 2019.

[S.A.]. Starbucks desce para o sul do país. *Folha de S.Paulo*, Uol mercado. Disponível em: https://www1.folha.uol.com.br/mercado/2019/08/starbucks-desce-para-o-sul-do-pais.shtml. Acesso em: dez. 2019.

ABIT. Disponível em: http://www.abit.org.br. Acesso em: 21 jul. 2019.

ABRADI. *Código de conduta para agências digitais na contratação de influenciadores*. Disponível em: https://abradi.com.br/projetos/codigo-de-conduta-para-agencias-digitais-na-contratacao-de-influenciadores/. Acesso em: 9 ago. 2019.

ABRADI. *Código de conduta*. Disponível em: http://www.abradi.com.br/conteudo/padroes-e-modelos/. Acesso em: 23 jul. 2019.

ADMINISTRADORES.COM. As oito competências do profissional do século XXI. *Portal administradores*, 27 abr. 2017. Disponível em: http://www.administradores.com.br/noticias/carreira/as-8-competencias-do-profissional-do-seculo-xxi/118547/. Acesso em: 7 jul. 2019.

ADNEWS. *Infográfico mostra o perfil do usuário brasileiro no Instagram*. Disponível em: http://adnews.com.br/internet/infografico-mostra-perfil-do-usuario-brasileiro-no-instagram.html. Acesso em: 8 jul. 2019.

AGÊNCIA BRASIL EBC. *Mais da metade da população mundial está conectada à internet, diz a ONU*, 7 dez. 2018. Disponível em: http://agenciabrasil.ebc.com.br/internacional/noticia/2018-12/mais-da-metade-da-populacao-mundial-esta-conectada-internet-diz-onu. Acesso em: 6 ago. 2019.

AGUILHAR, L. Como o mundo pós-digital vai mudar sua vida. *Estadão*, 9 jun. 2016. Disponível em: http://link.estadao.com.br/blogs/ligia-aguilhar/como-mundo-pos-digital-vai-mudar-sua-vida/. Acesso em: 20 jul. 2019.

AKATU. *Pesquisa Akatu 2018 traça panorama do consumo consciente no Brasil*, 25 jul. 2018. Disponível em: https://www.akatu.org.br/noticia/pesquisa-akatu-2018-traca-panorama-do-consumo-consciente-no-brasil/. Acesso em: 9 ago. 2019.

AKATU. *Sumário de conclusões da Pesquisa Akatu 2012*: rumo à sociedade do bem-estar. Disponível em: https://www.akatu.org.br/publicacoes/sumario-de-conclusoes-da-pesquisa-akatu-2012-rumo-a-sociedade-do-bem-estar/. Acesso em: 8 nov. 2017.

ALEXANDRIA MARKETING. *Identificando influenciadores*, 2017. Disponível em: https://www.slideshare.net/alexandriamarketingdigital/identificando-influenciadores. Acesso em: 20 jul. 2019.

ALMEIDA, C.; LAS CASAS, A. L. *Marketing interativo*: a utilização de ferramentas e mídias digitais. São Paulo: Saint Paul, 2010.

ALMEIDA, J. 2017: como fica a comunicação na era pós-digital? *Portal Administradores*, 29 nov. 2016. Disponível em: http://www.administradores.com.br/noticias/marketing/2017-como-fica-a-comunicacao-na-era-pos-digital/115189/. Acesso em: 20 jul. 2019.

ALQUIMIA. *Mapa de pontos de contato*. Disponível em: http://alquimia.cc/mapa-de-pontos-de-contato/. Acesso em: 11 jul. 2019.

AMARAL, A.; MOSCHETTA, P. H. Visibilidade e reputação nos sites de redes sociais. A influência dos dados quantitativos na construção da popularidade a partir da percepção dos usuários. *VIII Simpósio Nacional da ABCiber Comunicação e Cultura na era de tecnologias midiáticas onipresentes e oniscientes*, ESPM, São Paulo, 3-5 dez. 2014. Disponível em: https://www.abciber.org.br/simposio2014/anais/GTs/adriana_da_rosa_amaral_172.pdf. Acesso em: 28 ago. 2017.

ANATEL. *Total de telefones celulares*, maio 2019. Disponível em: http://www.teleco.com.br/ncel.asp. Acesso em: 19 jul. 2019.

ANGELOVSKA, N. As 10 páginas do Facebook e perfis do Instagram mais populares em 2018. *Forbes*, 8 jan. 20919. Disponível em: https://forbes.uol.com.br/listas/2019/01/10-paginas-do-facebook-e-perfis-do-instagram-mais-populares-em-2018/. Acesso em: 13 set. 2019.

ASSOCIAÇÃO BRASILEIRA DE COMUNICAÇÃO EMPRESARIAL (ABERJE). *Pesquisa da Ogilvy Brasil mostra o que consumidor espera das marcas*, 10 out. 2017. Disponível em: http://www.aberje.com.br/pesquisa-da-ogilvy-brasil-mostra-o-que-consumidor-espera-das-marcas/. Acesso em: 9 ago. 2019.

AUGUSTO, A. *Marketing de conteúdo para sites e blogs*. Disponível em: http://agenciacarcara.com.br/servicos/gestao-e-marketing-de-conteudo-para-site-e-blog/. Acesso em: 11 jul. 2019.

AUSTIN, M.; AITCHINSON, J. *Tem alguém aí?* As comunicações no século XXI. São Paulo: Nobel, 2006.

AVAZU. *Global Internet Industry Research*. Disponível em: http://avazuinc.com/wordpress/wp-content/download/en/Global%20Internet%20Industry%20Research%20-%20Brazil(Full%20Edition).pdf. Acesso em: 19 jul. 2017.

AVELINO, R. Pode de ir e vir. *Meio & Mensagem*, Especial Plataformas de Mídia, São Paulo, 31 ago. 2015.

BALOGH, A. M. Cultura e intertextualidade: mídia e transmutações. In: BALOGH, A. M.; ADAMI, A.; DROGUETT, J. C.; HAYDÉE, D. de F. *Mídia, cultura, comunicação*. São Paulo: Arte & Ciência, 2002.

BALOGH, A. M.; ADAMI, A.; DROGUETT, J. C.; HAYDÉE, D. de F. *Mídia, cultura, comunicação*. São Paulo: Arte & Ciência, 2002.

BALTAZAR, M. *Como aumentar o engajamento no seu blog e redes sociais?* 2018. Disponível em: http://marketingdeconteudo.com/como-aumentar-o-engajamento/. Acesso em: 15 jul. 2019.

BARBONI, F. ASO na app store. *ODIG Digital Experts*, 3 set. 2016. Disponível em: https://odig.net/aso-na-app-store-otimizacao/. Acesso em: 19 jul. 2019.

BARRETO, D. *Aprenda a usar mídias sociais*. Disponível em: http://blogdemarketingdigital.com.br/aprenda-usar-midias-sociais-starbucks/. Acesso em: 21 jul. 2019.

BARRETO, D. Use o twitter para se relacionar com seus seguidores. *BMD Blog de Marketing Digital*. Disponível em: https://blogdemarketingdigital.com.br/aprenda-usar-midias-sociais-starbucks/. Acesso em: jul. 2018.

BASTOS, A. *Infográfico*. *GDC*, 2015. Disponível em: http://gestaodecomunidades.com/infograficos/infografico-como-integrar-o-snapchat-na-sua-estrategia-de-marketing. Acesso em: 19 jul. 2019.

Ben & Jerry's. O mundo das marcas, 7 jul. 2007. Disponível em: http://mundodasmarcas.blogspot.com.br/2007/07/ben-jerrys-fun-ice-cream.html. Acesso em: 22 jul. 2019.

BENJERRY. *What's new*, 2016. Diponível em: https://www.benjerry.com/whats-new/2016/38-birthday-fun-facts. Acesso em: out. 2019.

BENJERRY. *What's new*, 2016. Diponível em: https://www.benjerry.com/whats-new/2016/38-birthday-fun-facts. Acesso em: out. 2019.

BIANCHI, G. *Salas de performance*: para ter sucesso, construa sua estratégia com base em dados, 2017. Disponível em: http://iabbrasil.net/artigo/salas-de-performance-para-ter-sucesso-construa-sua-estrategia-com-base-em-dados. Acesso em: 6 set. 2017.

BIGARELLI, B. Dafiti diminui prejuízo em 2016, mas continua no vermelho. *Época Negócios*, 5 abr. 2017. Disponível em: http://epocanegocios.globo.com/Empresa/noticia/2017/04/dafiti-diminui-prejuizo-em-2016-mas-continua-no-vermelho.html. Acesso em: 21 jul. 2019.

BIGARELLI, B. Por que a Ben & Jerry's acredita que toda marca deveria ser ativista. *Época Negócios*, 30 set. 2017. Disponível em: http://epocanegocios.globo.com/Marketing/noticia/2017/09/por-que-ben-jerrys-acredita-que-toda-marca-deveria-ser-ativista.html. Acesso em: 22 jul. 2019.

BIRKINSHAW, J.; FOSS, N. J.; LINDENBERG, S. Propósito e lucro: um sonho possível. *HSM Management*, Dossiê HSM, São Paulo, ed. 123, p. 46-51, jul./ago. 2017.

BMS. *What are the components of IMC / integrated marketing communication?* Disponível em: http://www.bms.co.in/what-are-the-components-of-imc-integrated-marketing-communication/. Acesso em: 9 ago. 2019.

BOA VISTA SCPC. *Pesquisa de hábitos de consumo*, 2016. Disponível em: https://www.boavistaservicos.com.br/wp-content/uploads/2016/03/resultados-pesquisa-dia-mundial-consumidor-2016.pdf. Acesso em: mar. 2017.

BOM DIA BRASIL. Analfabetismo ainda atinge 27% dos brasileiros e desafios são grandes. *G1*, 2016. Disponível em: http://g1.globo.com/bom-dia-brasil/noticia/2016/02/analfabetismo-ainda-atinge-27-dos-brasileiros-e-desafios-sao-grandes.html. Acesso em: 23 jul. 2019.

BRACHTVOGEL, H. R. *A importância de se construir uma boa reputação corporativa na era das mídias sociais*: a estratégia de comunicação da Zappos. 2014. Dissertação (Bacharel em Comunicação Social) – Universidade do Estado do Rio de Janeiro (UERJ). Disponível em: https://pt.slideshare.net/henriquerosa33/monografia-de-henrique-r-brachtvogel-44187088. Acesso em: 18 jul. 2019.

BRADESCO, INSTAGRAM, 2016. Disponível em: https://www.instagram.com/p/BCp_GUZQ7tP/. Acesso em: 19 jul. 2019.

BRAND TARGET. Pontos de contato entre marca e público. Disponível em: https://brandtarget.wordpress.com/2013/07/12/pontos-de-contato-entre-marca-e-publico/. Acesso em: 13 set. 2017.

BRANDWATCH. *B2B social media report*, 2015. Disponível em: https://www.brandwatch.com/wp-content/uploads/2015/04/B2B-Report.pdf. Acesso em: 15 jul. 2019.

BRASIL/SECRETARIA ESPECIAL DE COMUNICAÇÃO (SECOM). *Pesquisa brasileira de mídia*, 2016. Disponível em: http://www.secom.gov.br/atuacao/pesquisa/lista-de-pesquisas-quantitativas-e-qualitativas-de-contratos-atuais/pesquisa-brasileira-de-midia-pbm-2016.pdf/view. Acesso em: 8 ago. 2019.

BRAZIL, J. *Encontrar o tom de voz nas mídias sociais*, 2016. Disponível em: https://www.slideshare.net/jmbrazil/tom-de-voz-64744681. Acesso em: 15 jul. 2019

BRIGGS, A; BURKE, P. *Uma história social da mídia:* de Gutenberg e Internet. Rio de Janeiro: Jorge Zahar, 2004.

BUENO, W. C. Avaliando as organizações nas mídias sociais: muito além das métricas. In.: *Estratégias de comunicação nas mídias sociais*. Barueri: Manole, 2015.

BUENO, W. C. *Blog comtexto*. Disponível em: http://www.comtexto.com.br. Acesso em: 18 jul. 2019.

BUENO, W. C. *Estratégias de comunicação nas mídias sociais*. Barueri: Manole, 2015.

BURLAMAQUI, P. F.; GODOY, R. Fontes de informação do consumidor organizacional: as compras de medicamentos por hospitais. *Revista de Ciências da Administração*, Universidade Federal de Santa Catarina, 2014. Disponível em: https://periodicos.ufsc.br/index.php/adm/article/view/2175-8069.2008v10n20p163/12679. Acesso em: 9 ago. 2019.

CAFÉ COM GALO. Disponível em: https://www.facebook.com/cafecomgalo. Acesos em: 10 set. 2017.

CAMARGO, M. Marketing de conteúdo e a busca pelo sentido dominante através do conceito "Leia para uma criança" da marca Itaú Unibanco. *Revista eletrônica Temática*, Ano XIII, n. 04, abr. 2017. Disponível em: http://periodicos.ufpb.br/index.php/tematica/article/view/33877/17387. Acesso em: 15 ago. 2019.

CANAL COMSTOR. *Fog computing*, 2017. Disponível em: http://blogbrasil.comstor.com/fog-computing-um-novo-paradigma-para-a-iot. Acesso em: 18 jul. 2019.

CANAL COMSTOR. *Fog computing*, 2017. Disponível em: http://blogbrasil.comstor.com/fog-computing-um-novo-paradigma-para-a-iot. Acesso em: 18 jul. 2019.

CARNEIRO LEÃO, I. Z. C. *Reflexões sobre O Império do Efêmero, de Gilles Lipovetsky*. Disponível em: http://www.economiaetecnologia.ufpr.br/revista/25%20Capa/Igor%20Zanoni%20Constant%20Carneiro%20Leao.pdf. Acesso em: 7 jul. 2019.

CARR, A.; WILSON, M. O novo caminho do Facebook: após seis lições aprendidas. *HSM Management*, São Paulo, p. 78-82, ed. 108, 2016.

CARRANÇA, T. Starbucks tem lucro recorde no 4º trimestre fiscal, com alta de 23%. *Valor Econômico*, 3 nov. 2019. Disponível em: http://www.valor.com.br/empresas/4764861/starbucks-tem-lucro-recorde-no-4-trimestre-fiscal-com-alta-de-23. Acesso em: 21 jul. 2019.

CASTELLS, M. *A sociedade em rede*. São Paulo: Paz e Terra, 2009.

CASTILHO, A. *Pinterest anuncia 250 milhões de usuários ativos mensais em todo o mundo*. Disponível em: https://pinterest.prezly.com/pinterest-anuncia-250-milhoes-de-usuarios-ativos-mensais-em-todo-o-mundo. Acesso em: 13 set. 2019.

CASTRO, L. *Cinco marcas de B2B que sabem usar as redes sociais*, 2016. Disponível em: https://www.edialog.com.br/midia-social/5-marcas-de-b2b-que-sabem-usar-as-redes-sociais/. Acesso em: 15 ago. 2019.

CERQUEIRA, M. *TOP 12 incríveis curiosidades que você não sabia sobre o biscoito Oreo*, 21 abr. 2019. Disponível em: http://www.jornalciencia.com/top-12-incriveis-curiosidades-que-voce-nao-sabia-sobre-o-biscoito-oreo/. Acesso em: 21 jul. 2019.

CHAMPANGNATTE, D. M. O.; NUNES, L. C. A inserção das mídias audiovisuais no contexto escolar. *Educ. rev.*, Belo Horizonte, v. 27, n. 3, p. 15-38, dez. 2011. Disponível em: http://www.scielo.br/scielo.php?script=sci_arttext&pid=S0102-46982011000300002&lng=en&nrm=iso. Acesso em: 15 jul. 2019.

CHEMIN, S.; SHIMAHARA, E. Do lado de baixo do equador. *HSM Management*, p. 54-57, Dossiê HSM, n. 123, jul./ago. 2017.

CHETOCHINE, G. *Buzz marketing*: sua marca na boca do cliente. São Paulo: Prentice-Hall, 2006.

CIO. *Fog computing é o novo paradigma para a internet das coisas, diz CISCO*, 2017. Disponível em: https://cio.com.br/fog-computing-e-o-novo-paradigma-para-a-internet-das-coisas-diz-cisco/. Acesso em: 9 ago. 2019.

CITTON, N. P.; RUBLESCKI, A. Marca mundial, comunicação global? A publicidade dos biscoitos americanos Oreo no cenário globalizado. Revista *Contribuciones a las Ciencias Sociales*, jul./set. 2016. Disponível em: http://www.eumed.net/rev/cccss/2016/03/oreo.html. Acesso em: 21 jul. 2019.

COMITÊ GESTOR DA INTERNET NO BRASIL (CGI). *TIC domicílios 2015*. Disponível em: https://cetic.br/media/docs/publicacoes/2/TIC_Dom_2015_LIVRO_ELETRONICO.pdf. Acesso em: 9 ago. 2019.

COMSCORE. *2016 Global digital future in focus*. Disponível em: https://www.comscore.com/por/Insights/Apresentacoes-e-documentos/2016/2016-Global-Digital-Future-in-Focus. Acesso em: 8 ago. 2019.

COMSCORE. *Estudo Comscore*, 2015. Disponível em: http://www.comscore.com/por/Insights/Apresentacoes-e-documentos/2015/Futuro-Digital-Global-em-Foco-2015. Acesso em: 8 jul. 2019.

CONTENT MARKETING INSTITUTE; MARKETING PROFS; SPORONSED BY BRIGHTCOVE. *B2B content marketing* 2017: benchmarks, budgets, and trends–North America. Disponível em: http://contentmarketinginstitute.com/wp-content/uploads/2016/09/2017_B2B_Research_FINAL.pdf. Acesso em: 15 jul. 2019.

CORSARO, A. *Fog computing*, 2014. Disponível em: https://pt.slideshare.net/Angelo.Corsaro/20141210-fog. Acesso em: 18 jul. 2019.

COSTA PINTO, M. *Interação entre marcas e pessoas nas redes sociais*: um estudo inicial, 2012. Disponível em: https://pt.slideshare.net/monzacosta/interaes-entre-marcas-e-pessoas-nas-redes-sociais-um-estudo-inicial. Acesso em: 14 jul. 2019.

COSTA, T. *Métricas básico*: marketing digital. Disponível em: https://pt.slideshare.net/DigiTalks/mtricas-bsico-marketing-digital. Acesso em: 7 set. 2017.

COSTA, T. Quais são as redes sociais mais usadas no Brasil em 2019? *Rockcontent*, 2 set. 2019. Disponível em: https://rockcontent.com/blog/redes-sociais-mais-usadas-no-brasil/. Acesso em: 13 set. 2019.

CRAIDY, G. *Douglas Kellner*: a identidade virou um jogo prazeroso de livre escolha do eu-mercadoria. Disponível em: http://gracacraidy.blogspot.com.br/2011/06/douglas-kellner-identidade-hoje-e.html. Acesso em: 7 jul. 2019.

CRISCUOLO, I.; MONTEIRO, T.; NAVARRO, V. Microinfluenciadores: quem são? *Meio & Mensagem*, 8 ago. 2017. Disponível em: http://www.meioemensagem.com.br/home/midia/2017/08/08/microinfluenciadores-quem-sao.html. Acesso em: 20 jul. 2019.

CUNHA, R. *Microinfluenciadores digitais estão se tornando mais importantes para as marcas do que as celebridades*. Disponível em: http://www.stylourbano.com.br/micro-influenciadores-digitais-estao-se-tornando-mais-importantes-para-as-marcas-do-que-as-celebridades/. Acesso em: 7 set. 2017.

CUSTÓDIO, M. *Google Attribution*, 2017. Disponível em: https://resultadosdigitais.com.br/blog/google-attribution/. Acesso em: 28 jul. 2019.

DA SILVA, J. M. Interfaces: Michel Maffesoli, teórico da comunicação. *Revista Famecos*, 2004. Disponível em: http://revistaseletronicas.pucrs.br/revistapsico/ojs/index.php/revistafamecos/article/view/3283/2541. Acesso em: 6 ago. 2019.

DAMASCENO, S. Bancos reinventam-se no digital. *Meio & Mensagem*, p. 38-39, 26 jun. 2017.

DAMASCENO, S. Metamorfose ambulante. *Meio & Mensagem*, Série Especial CEOs, parte 3, p. 46-59, 31 out. 2016.

DAMASCENO, S. Nada será como antes. *Meio & Mensagem*, p. 22-23, 8 maio 2017.

DAMASCENO, S. O ser físico-digital a caminho da integração: entrevista com Beth Saad. *Meio & Mensagem*, ECA-USP, São Paulo, 27 jul. 2015.

DANTAS, E. A difícil tarefa de engajar seu público B2B nas redes sociais. *TrackMaven*, 20 dez. 2016. Disponível em: http://www.waah.com.br/blog/a-dificil-tarefa-de-engajar-seu-publico-b2b-nas-redes-sociais. Acesso em: 15 ago. 2019.

DANTAS, E. *Porque as marcas B2B estão investindo em branding*, 2017. Disponível em: http://www.waah.com.br/blog/por-que-as-marcas-b2b-estao-investindo-em-branding. Acesso em: 15 jul. 2019.

DANTAS, F. Microinfluenciador: sempre foi a sua vez. *Meio & Mensagem*, 21 jul. 2017. Disponível em: http://www.meioemensagem.com.br/home/opiniao/2017/07/21/microinfluenciador-sempre-foi-sua-vez.html. Acesso em: 20 jul. 2019.

DEAN, J. Spotify e os negócios pós-pirataria. *HSM Management*, São Paulo, ed. 103, p. 84-90, 2016.

DELGADO, M. Estatísticas do Facebook para empresas. *Agêndia Fante*, 2018. Disponível em: http://agenciafante.com.br/blog/2018/estatisticas-do-facebook-para-empresas/. Acesso em: 13 set. 2019.

DIAMANDIS, P. O início da abundância. *HSM Management*, ed. 120, p. 28.31, São Paulo, jan./fev. 2017.

DIAMOND, J. *O mundo até ontem*. Rio de Janeiro: Record, 2014.

DIAS, R. WhatsApp diz ter 38 milhões de usuários no Brasil. *Folha de S.Paulo*, 26 fev. 2014. Disponível em: http://www1.folha.uol.com.br/tec/2014/02/1418158-whatsapp-diz-ter-38-milhoes-de-usuarios-no-brasil.shtml. Acesso em: 9 jul. 2019.

DIAS, T. *Por que nós precisamos falar sobre as métricas de vaidade?*, 2018. Disponível em: https://rockcontent.com/blog/metricas-de-vaidade/. Acesso em: 9 ago. 2019.

DOIS Universos que se retroalimentam. *Meio & Mensagem*, Kantar Ibope Media Insights, p. 36, São Paulo, 21 mar. 2016.

DORES, K. *Starbucks investe 90% da verba em digital*, 2015. Disponível em: http://propmark.com.br/anunciantes/starbucks-investe-90-da-verba-em-digital. Acesso em: 21 jul. 2019.

DROGUETT, J. Vertigem pendular e mídia: cultura dos meios de comunicação. In: BALOGH, A. M.; ADAMI, A.; DROGUETT, J. C.; HAYDÉE, D. F. *Mídia, cultura, comunicação*. São Paulo :Arte & Ciência .2002 ,p.23 .

DUARTE, G. *O que você precisa saber sobre B2B nas redes sociais*. parte I. 19 jul. 2017. Disponível em: https://medium.com/@gabrielaolmosduarte/as-respostas-que-faltavam-sobre-o-uso-e-o-impacto-das-redes-sociais-para-marcas-b2b-parte-i-fa44edd94120. Acesso em: 8 nov. 2019.

DUB SOLUCOES MOBILE. *Estatísticas de uso de aplicativos no Brasil*, 15 maio 2017. Disponível em: https://www.dubsolucoes.com/single-post/estatisticas-de-uso-de-aplicativos-no-Brasil. Acesso em: 14 set. 2017.

EADS, C. L'ombre du 11 septembre sur les images contemporaines. In: BALOGH; ADAMI; DROGUETT; HAYDÉE, 2002, p. 57.

EQUIPE. O lado humano é 70% do big data. *HSM Management*, Dôssie HSM Management, São Paulo, p. 31-52, ed. 110, 2017.

Especial Profissional de Marketing 2009. *Meio & Mensagem*, 30 mar. 2009.

Especial Profissional de Marketing 2010. *Meio & Mensagem*, 29 mar. 2010.

Especial Profissional de Marketing 2011. *Meio & Mensagem*, 30 mar. 2011.

Especial Profissional de Marketing 2012. *Jornal Meio & Mensagem*, 29 mar. 2012.

Especial Profissional de Marketing 2013. *Jornal Meio & Mensagem*, 25 mar. 2013.

Especial Profissional de Marketing 2014. *Jornal Meio & Mensagem*, 31 mar. 2014.

Especial Profissional de Marketing 2015. *Jornal Meio & Mensagem*, 30 mar. 2015.

ESTADÃO CONTEÚDO. Starbucks tem planos de triplicar número de lojas no Brasil. *Revista Exame*, 4 jan. 2017. Disponível em: https://exame.abril.com.br/negocios/starbucks-tem-planos-de-triplicar-numero-de-lojas-no-brasil/. Acesso em: 21 jul. 2019.

ETHERTON, M. *Why B2B marketing isn't working*. Disponível em: https://www.thepartnermarketinggroup.com/marketing-best-practices/why-b2b-marketing-isnt-working/. Acesso em: 9 ago. 2019.

EVANS, N. *Assessing your organization's digital transformation maturity*, 2017. Disponível em: https://www.cio.com/article/3201016/digital-transformation/assessing-your-organization-s-digital-transformation-maturity.html. Acesso em: 18 jul. 2019.

FAJARDO S.; SCHMIDLIN, I. *O uso das mídias sociais pelo mercado B2B com foco em marketing de relacionamento*, 2014. Disponível em: http://www.teses.usp.br/teses/disponiveis/12/12139/tde-02092014-182942/pt-br.php. Acesso em: 19 jul. 2019.

FARACO, F. *H2H marketing*. Disponível em: https://www.scoop.it/topic/h2h-marketing. Acesso em: 11 jul. 2019.

FARIAS, F. *Marketing nas redes sociais*: por que usar cada uma de forma diferente. Disponível em: https://resultadosdigitais.com.br/blog/marketing-redes-sociais/. Acesso em: 23 jul. 2019.

FARINACCIO, R. Snapchat vai apostar na criação de séries e terá estreia até o fim do ano. *Tecmundo*, 23 ago. 2017. Disponível em: https://www.tecmundo.com.br/redes-sociais/121194-snapchat-apostar-criacao-series-tera-estreia-fim-ano.htm. Acesso em: 19 jul. 2019.

FARINACCIO, R. Snapchat vai apostar na criação de séries e terá estreia até o fim do ano. *Tecmundo*, 23 ago. 2017. Disponível em: https://www.tecmundo.com.br/redes-sociais/121194-snapchat-apostar-criacao-series-tera-estreia-fim-ano.htm. Acesso em: 19 jul. 2019.

FEDEX. *O mundo das marcas*, 8 maio 2006. Disponível em: http://mundodasmarcas.blogspot.com.br/2006/05/fedex-world-on-time.html. Acesso em: 22 jul. 2019.

FERNANDES, G. Governos amadurecem no uso de redes sociais. *Meio & Mensagem*, p. 16, São Paulo, 21 nov. 2016.

FERNANDO, M. Atração em foco: entrevista com Igor Puga. *Meio & Mensagem*, São Paulo, p. 6-7, 26 jun. 2017.

FERREIRA LEITE, S. Reflexões sobre comunicação e sociedade: as contribuições de Douglas Kellner. *Revista Eletrônica E-compós/USP*, n. 1, dez. 2004. Disponível em: http://www.compos.org.br/seer/index.php/e-compos/article/viewFile/5/6. Acesso em: 17 jul. 2017.

FERREIRA, P. Brasil ainda tem 11,3 milhões de analfabetos. *O Globo*, 19 jun.2019. Disponível em: https://oglobo.globo.com/sociedade/educacao/brasil-ainda-tem-113-milhoes-de-analfabetos-23745356. Acesso em: 10 ago. 2019.

FIDLER, R. *Mediamorphosis*: understanding new media. Califórnia: Pine Forge Press, 1997.

FIQUE DIVA. Disponível em: http://www.fiquediva.com.br/divadecachos. Acesso em: 18 jul. 2019.

FLORÊNCIO, C. *Redes e mídias sociais*: planejamento de conteúdo. Belo Horizonte: PUC-Minas, 2015. Disponível em: https://pt.slideshare.net/camilaflorencio/puc-redes-e-midias-sociais-contedo-aula-03. Acesso em: 21 jul. 2019.

FOLHA DE S. PAULO. *Twitter registra crescimento em usuários diários e nas receitas*. 23, abr. 2019. Disponível em: https://www1.folha.uol.com.br/mercado/2019/04/alteracoes-na-plataforma-fazem-twitter-melhorar-resultados.shtml. Acesso em: 13 set. 2019.

FORTES, F. *Como construir o funil de vendas perfeito*, 2016. Disponível em: http://marketingcontinuo.com.br/como-fazer-funil-de-vendas/. Acesso em: 11 jul. 2019.

FREITAS, G. *Redes sociais de nicho*, 2018. Disponível em: https://querocriarumblog.com.br/redes-sociais-de-nicho/. Acesso em: 15 jul. 2019.

FURTADO, J. Marketing com crédito. *Meio & Mensagem*, entrevista com Raja Rajammannar, p. 6-7, 31 jul. 2017.

GALANTE, V. *7 tendências para desenvolvimento em mobile em 2019*, 17 abr. 2019. Disponível em: https://usemobile.com.br/7-tendencias-de-desenvolvimento-mobile-em-2019/. Acesso em: 9 ago. 2019.

GALINDO, D. dos S. As organizações e a nova visibilidade público-privada. In. *Estratégias de comunicação nas mídias sociais*. Barueri: Manole, 2015. Cap. 4, p. 53.

GASPARINI, C. Quem é (e como se comporta) o brasileiro no LinkedIn. *Exame*, 26 set. 2016. Disponível em: http://exame.abril.com.br/carreira/quem-e-e-como-se-comporta-o-brasileiro-no-linkedin/. Acesso em: 9 jul. 2019.

GASPARINI, C.; PATI, C. 26 carreiras que têm tudo para fisgar os jovens da geração Z. *Exame*, 13 set. 2016. Disponível em: http://exame.abril.com.br/carreira/26-carreiras-que-tem-tudo-para-fisgar-os-jovens-da-geracao-z/. Acesso em: 18 jul. 2019.

GEOSALES. *Nova tendência do marketing*: H2H. Disponível em: http://www.geosales.com.br/blog/tendencia-do-marketing-h2h-human-to-human/. Acesso em: 10 jul. 2019.

GIACOMELE, S. Marketing B2B para redes sociais: quais são mais efetivas? *Rockin Blog*, 26 maio 2015. Disponível em: https://blog.pmweb.com.br/marketing-b2b-para-redes-sociais-quais-sao-mais-efetivas/. Acesso em: 16 set. 2019.

GIL, A. C. *Métodos e técnicas de pesquisa social*. São Paulo: Atlas, 1999.

GILBERT, K. *A simple tool to guide tone of voice*. Disponível em: https://gathercontent.com/blog/a-simple-tool-to-guide-tone-of-voice. Acesso em: 15 jul. 2019.

GLOBALWEBINDEX. *Nielsen netview 2013*. Disponível em: https://www.slideshare.net/imfnd/twitter-insights-report-by-twitter-will-help-every-marketer-in-2016. Acesso em: ago. 2019.

GOBBI, N. Em nota a clientes, Santander explica encerramento de mostra LGBT em Porto Alegre. *O Globo*, 11 ago. 2017. Disponível em: https://oglobo.globo.com/cultura/artes-visuais/em-nota-clientes-santander-explica-encerramento-de-mostra-lgbt-em-porto-alegre-21807901#ixzz4sU1exkO9. Acesso em: 18 jul. 2019.

GODHIN, S. *HSM Management*, 2010.

GOMES, A. S. O verdadeiro desafio é a transformação cultural. *HSM Management*, São Paulo, ed. 123, p. 8-9, jul./ago. de 2017.

GOMES, H. S. *Brasil tem 116 milhões de pessoas conectadas à internet, diz IBGE*, 21 fev. 2018. Disponível em: https://g1.globo.com/economia/tecnologia/noticia/brasil-tem-116-milhoes-de-pessoas-conectadas-a-internet-diz-ibge.ghtml. Acesso em: 9 ago. 2019.

GONÇALVES, F.; MEDINA FILHO, A. L. *Comunicação, organização e cultura digital*. Rio de Janeiro: EdUERJ, 2015.

GONTIJO, S. *O livro de ouro da comunicação*. Rio de Janeiro: Ediouro, 2004.

GOUAZÉ, J.; FERREIRA, G. O discurso da informação escrita à tela: em busca das bases contratuais de leitura brasileira. In: BALOGH; ADAMI; DROGUETT; HAYDÉE, 2002, p. 227.

GRACIOSO, A. Starbucks. *ESPM Casos*. Disponível em: https://casesdesucesso.files.wordpress.com/2008/07/starbucks.pdf. Acesso em: 21 jul. 2019.

GUIMARÃES, A. F. *Jornalismo "buzzfeed"*: a ascensão de um dos maiores sites de entretenimento da atualidade como mídia e sua consequente contribuição para um novo modelo de webjornalismo, 2016. Disponível em: http://monografias.brasilescola.uol.com.br/comunicacao-marketing/jornalismo-buzzfeed-ascensao-um-dos-maiores-sites-entretenimento-atualidade.htm. Acesso em: 22 jul. 2019.

GUYOT, O. *Adidas investe em impressão 3D para validar sua estratégia de inovação*, 4 jun. 2018. Disponível em: https://br.fashionnetwork.com/news/Adidas-investe-em-impressao-3D-para-validar-sua-estrategia-de-inovacao,984029.html#.XUnA_FVKjIU. Acesso em: 9 ago. 2019.

HELLO RESEARCH. *Papo social 2.0*, 2016. Disponível em: http://helloresearch.com.br/HelloResearch_Papo%20Social%202016_compressed.pdf. Acesso em: 8 jul. 2019.

HENRIQUES, G. Conheça o conceito de marketing humanizado – H2H. *Revista Gestão e Negócios*, 1 jun. 2017. Disponível em: http://revistagestaoenegocios.uol.com.br/radar-coporativo/conheca-o-conceito-de-marketing-humanizado-h2h/3399/

HSM EXPERIENCE. Adidas lança impressão 3D em massa. *HSM Management*, ed. 122, p 14, 2017. Disponível em: https://experience.hsm.com.br/posts/adidas-lanca-impressao-3d-em-massa. Acesso em: 18 jul. 2019.

HSM EXPERIENCE. O valor social da empresa. *HSM Management*. Disponível em: https://experience.hsm.com.br/posts/o-valor-social-da-empresa. Acesso em: 23 jul. 2019.

HUBSPOT. *Resultados digitais*. Disponível em: https://br.hubspot.com/blog/5-ferramentas-planejamento-de-marketing-digital. Acesso em: 23 jul. 2019.

HUNT, T. *O poder das redes sociais*. São Paulo: Gente, 2010.

IAB BRASIL. *Guia métricas de engajamento*, 2016. Disponível em: http://iabbrasil.net/assets/upload/boas_praticas/1475870636.pdf. Acesso em: 16 ago. 2017.

IBRAMERC. *Estudo sobre a utilização das mídias sociais* B2B, 2014. Disponível em: http://www.noticiasenegocios.com.br/wp-content/uploads/2013/05/Estudos-mi%CC%81dias-sociais-B2B.pdf. Acesso em: 15 jul. 2019.

IDGNOW. 60% dos brasileiros utilizam aplicativos de paquera como Happn e Tinder. *Portal Terra*, 19 jun. 2017. Disponível em: http://idgnow.com.br/internet/2017/06/19/60-dos-brasileiros-utilizam-aplicativos-de-paquera-como-happn-e-tinder/. Acesso em: 20 set. 2017.

IINTERATIVA. Como usar o Snapchat para o seu negócio. *Infobase interativa*, 13 fev. 2016. Disponível em: http://www.iinterativa.com.br/infografico-como-usar-snapchat-para-seu-negocio/. Acesso em: 19 jul. 2019.

INSTITUTO BRASILEIRO DE GEOGRAFIA E ESTATÍSTICA (IBGE). *PNAD contínua TIC 2017*: internet chega a três em cada quatro domicílios do país. Disponível em: https://agenciadenoticias.ibge.gov.br/agencia-sala-de-imprensa/2013-agencia-de-noticias/releases/23445-pnad-continua-tic-2017-internet-chega-a-tres-em-cada-quatro-domicilios-do-pais. Acesso em: 9 ago. 2019. FGV. *Mapa da exclusão digital no Brasil*, 2003. Disponível para download em: https://portal.tcu.gov.br/biblioteca-digital/mapa-da-exclusao-digital.htm. Acesso em: 14 set. 2017.

IRAHETA, D. Mundo tem 4,3 bilhões de excluídos digitais, alerta ONU. *Huff Post Brasil*, 24 nov. 2014. Disponível em: http://www.brasilpost.com.br/2014/11/24/excluidos-digitais_n_6214142.html. Acesso em: 23 jul. 2019.

JENKINS, H. *Cultura da convergência*. 2. ed. São Paulo: Aleph, 2009.

JORNAL DO EMPREENDEDOR. Disponível em: https://jornaldoempreendedor.com.br/wp-content/uploads/2012/12/guia-para-redes-sociais.jpg. Acesso em: 13 set. 2019.

JORNALWEB DIGITAL. *Happn apresenta nova ferramenta*: o crushtime. Disponível em: http://jornalwebdigital.blogspot.com/2017/07/happn-apresenta-nova-ferramenta-o.html. Acesso em: 9 ago. 2019.

JULIO, K. B. Em busca da performance perdida. *Meio & Mensagem*, p. 30, São Paulo, 29 maio 2017.

JÚLIO, K. B. Um estranho no feed. *Meio & Mensagem*, p. 30, 31 jul. 2017.

JULIO, K. Fraude no Instagram alerta mercado. *Meio e Mensagem*, 28 ago. 2017. Disponível em: http://www.meioemensagem.com.br/home/marketing/2017/08/28/fraude-entre-microinfluenciadores-no-instagram-alerta-mercado.html. Acesso em: 17 jul. 2019.

JUNQUEIRA, V. H. G. Central do Brasil: o simulacro de uma nacionalidade. In: BALOGH; ADAMI; DROGUETT; HAYDÉE, 2002, p. 87.

KANTAR IBOPE MEDIA. Dois universos que se retroalimentam. *Meio & Mensagem*, p. 36, São Paulo, 21 mar. 2016.

KARNELL, J. *We are more than marketers*, 2012. Disponível em: www.marketingprofs.com/articles/2012/7058/we-are-more-than-marketer-integrating-a-human-centric-approach. Acesso em: 10 jul. 2019.

KAYAK/FINDABILITY. *21 new rules of content marketing*. Disponível em: https://www.kayakonlinemarketing.com/new-rules-of-content-marketing-infographic. Acesso em: 9 ago. 2019.

KELLNER, D. *A cultura da mídia e o triunfo do espetáculo*. Disponível em http://www.revistas.univerciencia.org/index.php/libero/article/viewFile/3901/3660. Acesso em: 17 jul. 2017.

KELLNER, D. *A cultura da mídia*. São Paulo: Edusc, 2001.

KELLNER, K. *Revista Eletrônica E-compós*, USP, n. 1, dez. 2004. Disponível em: http://www.compos.org.br/seer/index.php/e-compos/article/viewFile/5/6. Acesso em: 17 jul. 2017.

KOTLER, P. *Marketing 4.0*: do tradicional ao digital. São Paulo: Sextante, 2017.

KURTZ, J. O que é Snapchat? *Techtudo*, 29 fev. 2016. Disponível em: http://www.techtudo.com.br/dicas-e-tutoriais/noticia/2016/02/o-que-e-snapchat.html. Acesso em: 19 jul. 2017.

KURZWEIL, R. O futuro segundo Kurzweil. *HSM Management*, São Paulo, ed. set./out. 2011.

LAIER, P. A. Grupo Dafiti busca resultado operacional positivo em 2017. *Reuters*, 5 abr. 2017. Disponível em: https://br.reuters.com/article/internetNews/idBRKBN1772UJ-OBRIN. Acesso em: 21 jul. 2019.

LAS CASAS, A. L. *Marketing móvel*: tendências e oportunidades no marketing eletrônico. São Paulo: Saint Paul, 2009.

LEMOS, A. Z. Influenciar e ser corresponsável. *Meio & Mensagem*, p. 3, 7 ago. 2017.

LEMOS, M. *Principais métricas para social listening*, 2016. Disponível em: http://www.dp6.com.br/principais-metricas-para-social-listening/. Acesso em: 14 jul. 2019.

LEVY, P. *O que é o virtual?* São Paulo: Editora 34, 1996.

LIMEIRA, T. M. V. *E-marketing*: o marketing na internet com casos brasileiros. 2ª ed. São Paulo: Saraiva, 2007.

LIPOVETSKY, G. *O império do efêmero*: a moda e o seu destino nas sociedades modernas. São Paulo: Companhia das Letras, 2009.

LONGHI, R. *Earned attention*: a atenção não pode ser comprada. *Meio & Mensagem*, 10 jul. 2017. Disponível em: http://www.meioemensagem.com.br/home/opiniao/2017/07/10/earned-attention-a-atencao-nao-pode-ser-comprada.html. Acesso em: 11 jul. 2019.

LONGO, W. Bem-vindos ao mundo pós-digital. *Galileu*, 5 jan. 2015. Disponível em: http://revistagalileu.globo.com/Revista/noticia/2015/01/bem-vindos-ao-mundo-pos-digital.html. Acesso em: 23 jul. 2019.

LOPES, M. *Mídias sociais digitais*: mundo de opções. Disponível em: http://www.vagas.com.br/profissoes/carreiras/comunicacao/midias-sociais-digitais-mundo-de-opcoes/. Acesso em: 18 jul. 2019.

LOPES, Y. *Oreo Golden com sabor de baunilha será lançado no Brasil*, 5 maio 2017. Disponível em: http://aredacao.com.br/negocios/85355/oreo-golden-com-sabor-de-baunilha-sera-lancado-no-brasil. Acesso em: 21 jul. 2019.

MAIA, L. Paz, amor, sorvete e propagandas que façam sentido. *Blue Bus*, 4 abr. 2019. Disponível em: http://www.bluebus.com.br/paz-amor-sorvete-e-propagandas-que-facam-sentido/. Acesso em: 22 jul. 2019.

MAILCHIMP. *MailShimp Content Style Guide*. Disponível em: http://styleguide.mailchimp.com/. Acesso em: 15 jul. 2019.

MARACY, H. E começou a mudança. *HSM Management*, Dossiê transformação digital, São Paulo, ed. 122, p. 28-54, maio/jun. 2017.

MARACY, H. Fintechs começam a focar o B2B. *HSM Management*, ed. 120, p. 66-69, São Paulo, jan./fev. 2017.

MARACY, H. Novas pressões sobre os CEOs e as soluções. *HSM Management*, Dossiê HSM, São Paulo, ed. 119, p. 34-39, 2017.

MARACY, H. Tecnologia sob medida. *HSM Management*, Dossiê HSM, São Paulo, ed. 119, p. 44-46, 2017.

MARACY, H. X, Y, Z e geração minecraft. *HSM Management*, ed. 117, p. 46-49, São Paulo, 2017.

MARCENES, P. *Métricas em mídias sociais*, 2015. Disponível em: https://estudandosocialmedia.wordpress.com/tag/kpis/. Acesso em: 16 jul. 2019.

MARCONDES, P. Snapchat × Instagram: a batalha mundial pela geração z. *Proxxima*, 17 jan. 2017. Disponível em: http://www.proxxima.com.br/home/proxxima/blog-do-pyr/2017/01/17/snapachat-x-instagram-a-batalha-mundial-pela-geracao-z.html. Acesso em: 19 jul. 2019.

MARINHO, M. H. *Pesquisa video viewers*, set. 2018. Disponível em: https://www.thinkwithgoogle.com/intl/pt-br/tendencias-de-consumo/pesquisa-video-viewers-como-os-brasileiros-estao-consumindo-videos-em-2018/. Acesso em: 9 ago. 2019.

MARKETING IDEAS. *Jornada de compra:* conheça as 4 etapas fundamentais para o sucesso de sua campanha de marketing. Disponível em: https://agenciamktideas.com/tag/jornada-de-compra/. Acesso em: 9 ago. 2019.

MARTI, S. Caso da "Queermuseu" corre o risco de se tornar triste rotina no país. *Folha de S.Paulo*, 12 set. 2012. Disponível em: https://www1.folha.uol.com.br/ilustrada/2017/09/1917632-caso-da-queermuseu-arrisca-se-tornar-triste-rotina-no-pais.shtml. Acesso em: 9 ago. 2019.

MARTINS, C. No B2B a jornada de compra começa digital mas termina offline. *Mundo do Marketing*. Disponível em: https://www.mundodomarketing.com.br/reportagens/38211/no-b2b-jornada-de-compra-comeca-digital-mas-termina-no-offline. Acesso em: 16 set. 2019.

MARTINS, E. *Usando a voz e o tom de voz de sua marca na produção de conteúdo*. Disponível em: https://resultadosdigitais.com.br/blog/tom-de-voz-marca/. Acesso em: 15 jul. 2019.

MARTINS, E. *Usando a voz e o tom de voz de sua marca na produção de conteúdo*. Disponível em: https://resultadosdigitais.com.br/blog/tom-de-voz-marca/. Acesso em: 15 jul. 2019.

MDG. *The birth of a human-centric marketing approach*, aug. 2010. Disponível em: https://www.mdgadvertising.com/marketing-insights/the-birth-of-a-human-centric-marketing-approach/. Acesso em: 9 ago. 2019.

MEDIATRENDS 2019. *Rockcontent*. Disponível em: https://inteligencia.rockcontent.com/social-media-trends-2019-panorama-das-empresas-e-dos-usuarios-nas-redes-sociais/. Acesso em: 3 jun. 2019.

MEIO & MENSAGEM. 15 anos de internet no Brasil. *Meio & Mensagem*, Proxxima Especial, Secao Estudos, São Paulo, 2010.

MEIO & MENSAGEM. A proliferação da televisão. *Meio & Mensagem*, Kantar Ibope Media Insights, São Paulo, p. 38, 29 ago. 2016.

MEIO & MENSAGEM. Após AdServer, Happn cria área de publicidade. *Meio & Mensagem*, 25 abr. 2017. Disponível em: http://www.meioemensagem.com.br/home/ultimas-noticias/2017/04/25/apos-implantar-adserver-happn-cria-area-de-publicidade.html. Acesso em: 20 jul. 2019.

MEIO & MENSAGEM. Brandwatch: o comportamento das empresas B2B nas redes sociais. *Proxxima*, 2015. Disponível em: http://www.proxxima.com.br/home/proxxima/noticias/2015/05/22/brandwatch-o-comportamento-das-empresas-b2b-nas-redes-sociais.html. Acesso em: 17 jul. 2019.

MEIO & MENSAGEM. Buzzfeed Brasil contrata em negócios. *Meio & Mensagem*, 23 ago. 2017. Disponível em: http://www.meioemensagem.com.br/home/gente/acontece_no_meio/2017/08/23/buzzfeed-brasil-contrata-em-negocios.html. Acesso em: 22 jul. 2019.

MEIO & MENSAGEM. *Empresas usam mais Instagram do que Facebook*, Meio & Mensagem, 3 jul. 2017. Disponível em: https://www.meioemensagem.com.br/home/midia/2017/07/03/empresas-usam-mais-instagram-do-que-facebook.html. Acesso em: 8 jul. 2019.

MEIO & MENSAGEM. Inclusão digital ainda é desafio para o Brasil. *Meio & Mensagem*, 3 mar. 2017. Disponível em: http://www.meioemensagem.com.br/home/ultimas-noticias/2017/03/03/inclusao-digital-ainda-e-desafio-para-o-brasil.html. Acesso em: 19 jul. 2019.

MEIO & MENSAGEM. *Marcas que não perdem tempo nas redes sociais*, 2017. Disponível em: http://www.meioemensagem.com.br/home/marketing/2017/07/31/marcas-que-nao-perdem-tempo-nas-redes-sociais.html. Acesso em: 14 jul. 2019.

MEIO & MENSAGEM. Oreo lança primeira promoção no Brasil. *Jornal Meio & Mensagem*, 12 set. 2019. Disponível em: http://www.meioemensagem.com.br/home/ultimas-noticias/2016/09/12/oreo-lanca-primeira-promocao-no-pais.html. Acesso em: 21 jul. 2019.

MEIO & MENSAGEM. Os bastidores da parceria entre Oreo e Android. *Jornal Meio & Mensagem*, 22 ago. 2019. Disponível em: http://www.meioemensagem.com.br/home/marketing/2017/08/22/os-bastidores-da-parceria-entre-oreo-e-android.html. Acesso em: 21 jul. 2019.

MEIO & MENSAGEM. Santo de casa faz milagre. *Meio & Mensagem*, p. 28, São Paulo, 26 out. 2015.

MEIO & MENSAGEM. Snap compra startup que mede eficácia off-line de campanhas on-line. *Revista Proxxima*, 8 jun. 2017. Disponível em: http://www.proxxima.com.br/home/proxxima/noticias/2017/06/08/snap-compra-startup-que-mede-eficacia-offline-de-campanhas-online.html. Acesso em: 19 jul. 2019.

MEIO & MENSAGEM. Um terço da população global usa rede social. *Meio & Mensagem*, 14 jul. 2017. Disponível em: http://www.meioemensagem.com.br/home/midia/2017/07/14/um-terco-da-populacao-global-usa-rede-social.html. Acesso em: 8 ago. 2019.

MEIO&MENSAGEM. Niely lança produtos com influenciadoras. *Meio & Mensagem*, p. 18, 31 jul. 2017.

MEIRELLES, P. *Um mapa de métricas de mídias sociais para os seus objetivos*, 2017. Disponível em: http://www.ibpad.com.br/blog/comunicacao-digital/um-mapa-de-metricas-de-midias-sociais-para-os-seus-objetivos/. Acesso em: 16 jul. 2019.

MELO, L. Os bastidores da produção do biscoito Oreo, da Mondelez. *Revista Exame*, 13 set. 2016. Disponível em: https://exame.abril.com.br/negocios/os-bastidores-da-producao-do-biscoito-oreo-da-mondelez/#. Acesso em: 21 jul. 2019.

MELO, L. Por dentro da Dafiti, em São Paulo e Jundiaí. *Revista Exame*, set. 2016. Disponível em: https://exame.abril.com.br/negocios/por-dentro-da-dafiti-em-sao-paulo-e-jundiai/#. Acesso em: 21 jul. 2019.

MENDES, F. App marketing: um passo além das mídias sociais. *Meio & Mensagem*, Especial Plataformas de Mídia, 31 ago. 2015.

MENDONÇA, C. Dafiti cresce em 2016 e soma mais de R$ 1,2 bilhão em receita. *Portal NoVarejo*, 2017. Disponível em: http://www.portalnovarejo.com.br/2017/04/07/dafiti-cresce-em-2016-e-soma-mais-de-r-12-bilhao-em-receita/. Acesso em: 21 jul. 2019.

MEREL, R. *Ben & Jerry's*: o sorvete engajado. Disponível em: http://www.b9.com.br/74581/ben-jerrys-o-sorvete-engajado/. Acesso em: 2 jul. 2017.
MEREL, R. *Ben & Jerry's*: o sorvete engajado. Disponível em: http://www.b9.com.br/74581/ben-jerrys-o-sorvete-engajado/. Acesso em: 2 jul. 2017.
MICROWARE. *O que é transformação digital?* Disponível em: http://transformacao.digital/. Acesso em: 18 jul. 2019.

MÍDIA DADOS. *Dados de recência (atividades realizadas nos últimos sete dias)*, 2017. Disponível em: www.gm.org.br. Acesso em: 8 jul. 2019.

MITI INTELIGÊNCIA. *Redes sociais*. Disponível em: https://blog.miti.com.br/category/redes-sociais/. Acesso em: 8 nov. 2019.

MOBILITY REPORT. *G1 Tecnologia e games*, Mobile World Congress (MWC), fev. 2015.

MOLLO, M. F. *O que é brand persona? Construa a identidade da sua marca*, 2019. Disponível em: http://www.notopo.com/blog/o-que-e-brand-persona/. Acesso em: 11 jul. 2019.

MORAES, H. Suruba de dados: o troca-troca sem consentimento dos apps de encontros. *LinkedIn*. Disponível em: https://pt.linkedin.com/pulse/suruba-de-dados-o-troca-troca-sem-consentimento-dos-apps-de-moraes. Acesso em: 20 jul. 2019.

MORAIS, C. R. B.; LARA, E. S. Retorno à monografia "A narrativa transmidiática: O público não se vê apenas como um espectador? – Uma análise da campanha Exagerado da VIVO". Disponível em: http://www.portalintercom.org.br/anais/sul2016/resumos/R50-0096-1.pdf. Acesso em: 7 jul. 2019.

MORAZ, E. *Administração de informação com o Google*. São Paulo: Digerati Books, 2005.

MORGAN, N. *A time for human-to-human marketing*, 2016. Disponível em: https://www.linkedin.com/pulse/time-human-to-human-marketing-neil-morgan/. Acesso em: 11 jul. 2019.

MULLER, L. Ações do Snapchat caem 17% depois de relatório fiscal decepcionante. *Tecmundo*, 11 ago. 2017. Disponível em: https://www.tecmundo.com.br/mercado/120720-acoes-snapchat-caem-17-relatorio-fiscaldecepcionante.htm. Acesso em: 19 jul. 2019.

MUNDO DAS MARCAS. *Oreo*, 2013. Disponível em: http://mundodasmarcas.blogspot.com.br/2006/05/oreo-americas-favorite-cookie.html. Acesso em: 21 jul. 2019.

MUNIZ, L. *Como encontrar o tom de voz das suas redes sociais*, 2018. Disponível em: http://marketingdeconteudo.com/como-encontrar-o-tom-de-voz-das-suas-redes-sociais/. Acesso em: 15 ago. 2017.

MUNIZ, L. Dafiti, o fenômeno que ganhou espaço no comércio eletrônico brasileiro. Mundo do Marketing, 5 jun. 2012. Disponível em: https://www.mundodomarketing.com.br/reportagens/digital/23938/dafiti-o-fenomeno-que-ganhou-espaco-no-comercio-eletronico-brasileiro.html. Acesso em: 21 jul. 2019.

MUNIZ, L. *Por que seu tom de voz nas Redes Sociais é importante*. Disponível em: http://marketingdeconteudo.com/como-encontrar-o-tom-de-voz-das-suas-redes-sociais/. Acesso em: 15 jul. 2019.

MURAD, F. IoT: bem-vindos ao presente. *Próxxima*, Especial Proxxima, São Paulo, p. 24-25, 8 maio 2017.

MURAD, F. Vivo lidera indicador de mobilidade. *Proxxima*, 17 ago. 2017. Disponível em: http://www.proxxima.com.br/home/proxxima/noticias/2017/08/17/vivo-lidera-indicador-de-mobilidade.html. Acesso em: 19 jul. 2019.

NÃO AGÊNCIA. *Marketing de conteúdo tem relação direta com investimento em informação e tráfego orgânico*. Disponível em: https://naoagencia.com/marketing-de-conteudo-e-para-os-fortes/. Acesso em: 9 ago. 2019.

NASCIMENTO, L. Brasil tem mais de 200 milhões de celulares com acesso à internet. *Agência Brasil*, 28 jul. 2017. Disponível em: http://agenciabrasil.ebc.com.br/geral/noticia/2017-07/acesso-de-celulares-internet-ultrapassa-200-milhoes. Acesso em: 19 jul. 2019.

NAVARRO, V. Novas gerações, velhos hábitos? *Meio & Mensagem*, p. 26, São Paulo, 21 nov. 2016.

NAVARRO, V. Santo de casa faz milagre. *Meio & Mensagem*, São Paulo, 2016.

NEGROPONTE, N. *A vida digital*. São Paulo: Companhia das Letras, 1995.

NEUMANN, L. T. V. *Desenvolvimento comunitário baseado em talentos e recursos locais*, 2011. Disponível em: http://slideplayer.com.br/slide/2293833/. Acesso em: 28 ago. 2017.

NEVES, E.; LACERDA, R. Parceria de supply chains. *HSM Management*, Dossiê HSM, ed. 119, p. 54-60, São Paulo.

NUNES, A. Os sete tipos de influenciadores. *Alexandria Marketing*, 2017. Disponível em: http://alexandria.marketing/os-tipos-de-influenciadores/. Acesso em: 20 jul. 2019.

O LADO Humano do Big Data. *HSM Management*, Dossiê HSM Management, São Paulo, p. 31-52, ed. 110, 2017.

O MELHOR DO MARKETING. *As 5 melhores ferramentas de gestão das redes sociais de 2016 [infográfico]*. Disponível em: https://omelhordomarketing.com/5-melhores-ferramentas-gestao-redes-sociais-de-infografico/. Acesso em: 9 ago. 2019.

ÖBERG ,B .O Tinder que se cuide :novo aplicativo de paquera cresce rápido em SP *Veja*, 1 jun. 2017. Disponível em: https://vejasp.abril.com.br/consumo/aplicativos-namoro-happn-tinder/. Acesso em: 20 jul. 2019.

OLHAR DIGITAL. *WhatsApp revela número de usuários no Brasil*. Disponível em: https://olhardigital.com.br/noticia/whatsapp-revela-numero-de-usuarios-no-brasil/68604. Acesso em: 21 ago. 2019.

OREO. *Mundo das Marcas*, 2013. Disponível em: http://mundodasmarcas.blogspot.com.br/2006/05/oreo-americas-favorite-cookie.html. Acesso em: 21 jul. 2019

OREO. *Promoção desafio Oreo*, 2017. Disponível em: http://www.acheipromocao.com.br/promocao-desafio-oreo.html. Acesso em: 21 jul. 2019.

PACETE, L. G. Diferenças e similaridades entre Instagram e Facebook. *Meio & Mensagem*, São Paulo, 5 jul. 2017.

PACETE, L. G. Marcas do passado que entenderam o futuro. *Meio & Mensagem*, 22 ago. 2017. Disponível em: http://www.meioemensagem.com.br/home/marketing/2017/08/22/marcas-do-passado-que-entenderam-o-futuro.html. Acesso em: 21 jul. 2019.

PACETE, L. G. Quem são os usuários do YouTube no Brasil. *Meio & Mensagem*, 24 jul. 2017. Disponível em: http://www.mmonline.com.br. Acesso em: 9 jul. 2019.

PANDOLFI, R.; ABREU, P. Me dê motivo. *HSM Management*, Dossiê HSM, ed. 123, p. 40-44, jul./ago. 2017.

PATI, C. Nove redes sociais de nichos voltadas para carreiras. *Exame*, 13 de setembro de 2016. Disponível em: http://exame.abril.com.br/carreira/9-redes-sociais-de-nicho-voltadas-para-carreiras/. Acesso em: 15 jul. 2019.

PEÇANHA, V. *Marketing de conteúdo*, 2018. Disponível em: https://rockcontent.com/marketing-de-conteudo/. Acesso em: 11 jul. 2019.

PINHOL, A. *O poder da publicação no LinkedIn*, 2016. Disponível em: http://blog.webfoco.com/o-poder-da-publicacao-no-linkedin/. Acesso em: 9 jul. 2019.

PORTAL COMUNIQUE-SE. *Público explora mais interesses no Instagram do que em revistas e TV por assinatura*, 2017. Disponível em: http://portal.comunique-se.com.br/publico-explora-mais-interesses-no-instagram-do-que-em-revistas-e-tv-por-assinatura/. Acesso em: 9 jul. 2019.

PORTAL EMPREENDEDOR. *Consumidor contemporâneo busca valores humanos nos produtos*, 3 jan. 2011. Disponível em: https://empreendedor.com.br/noticia/consumidor-contemporaneo-busca-valores-humanos-nos-produtos/. Acesso em: 9 ago. 2019.

PORTIOLLI, M. Criação e criatura. *Próxxima*, Especial Próxxima, São Paulo, p. 39-41, maio 2016.

PRESENTE e futuro da inteligência artificial. *HSM Management*, ed. 122, p. 16-19, São Paulo, maio/jun. 2017.

PUBLIEASY. Casos de sucesso. *Meio & Mensagem*, p. 47, 26 jun. 2017.

PUGA, I. Entrevista com Igor Puga. *Meio & Mensagem*, 26 jun. 2017.

PX/BRASIL. *Marketing de conteúdo. O que é isso?* Disponível em: https://www.pxbrasil.com.br/marketing-conteudo/. Acesso em: 13 set. 2019.

QUELCH, J. *McKinsey Quarterly*, Harvard, p. 88-91, n. 3, 2009. Disponível em: http://www.mckinseyquarterly.com. Acesso em: 13 jul. 2019.

QUELCH, J. Neoconsumidor: o fim do funil e o novo processo de decisão de compra. *McKinsey Quarterly*, Harvard, p. 88-91, n. 3, 2009. Disponível em: http://www.mckinseyquarterly.com. Acesso em: 13 jul. 2019.

QUINTÁS, A. L. Cómo formar hoy a la juventude em creatividad y valores. In: BALOGH; ADAMI; DROGUETT; HAYDÉE, 2002, p. 31.

RAO, J. QI de inovação. *HSM Management*, São Paulo, ed. 102, jan./fev., 2014.

RECLAME AQUI. *Dafiti*. Disponível em: https://www.reclameaqui.com.br/empresa/dafiti/. Acesso em: 21 jul. 2019.

RECUERO, R. *Capital social e redes sociais na internet*, 2009. Disponível em: http://www.raquelrecuero.com/arquivos/capital_social_e_redes_sociais_na_internet.html. Acesso em: 29 ago. 2017.

RECUERO, R. *Reputação, popularidade e autoridade em redes sociais na internet*, 2008. Disponível em: http://www.raquelrecuero.com/arquivos/reputacao_popularidade_e_autoridade_em_redes_sociais_na_internet.html. Acesso em: 18 jul. 2019.

REDAÇÃO. 4 maneiras para aumentar as vendas com snapchat e instagram stories.*Mundo do marketing*, set. 2016. Disponível em: https://www.mundodomarketing.com.br/ultimas-noticias/36770/4-maneiras-para-aumentar-as-vendas-com-snapchat-e-instagram-stories.html. Acesso em: 20 jul. 2019.

REDEAGROSERVICE. Disponível em: https://www.redeagroservices.com.br/. Acesso em: 15 jul. 2019.

RÊGO, A. R. A cultura da participação e a gestão da imagem e da reputação corporativa no ambiente das mídias sociais. In.: *Estratégias de comunicação nas mídias sociais*. Barueri: Manole, 2015.

RESULTADOS DIGITAIS. *ContentTrends2016*. Disponível em: https://resultadosdigitais.com.br/marketing-de-conteudo/. Acesso em: 11 jul. 2019.

RESULTADOS DIGITAIS. *Marketing de conteúdo*, 2019. https://resultadosdigitais.com.br/marketing-de-conteudo/. Acesso em: 11 jul. 2019.

REZ, R. *Estratégias para o mercado B2B*, 2016. Disponível em: http://www.novaescolademarketing.com.br/blog/estrategias-para-o-mercado-b2b/. Acesso em: 15 jul. 2019.

REZ, R. *Marketing de conteúdo para B2B*, 2013. Disponível em: http://www.marketingdeconteudo.com.br/blog/marketing-conteudo-b2b/. Acesso em: 15 jul. 2019.

REZ, R. *Marketing de conteúdo*: a moeda do século XXI. São Paulo: DVS Editora, 2016.

RIBEIRO, I. Colaboração e Construção. *Meio & Mensagem*, Seção Mídias Sociais, p. 25, São Paulo, 19 dez. 2016.

RIBEIRO, I. Espaços a conquistar. *Meio & Mensagem*, p. 24-26, 31 jul. 2017.

RIBEIRO, I. Formalmente informal: entrevista com Pete Blackshaw. *Meio & Mensagem*, p. 26-27, São Paulo, 12 jun. 2017.

RIBEIRO, I. Novos padrões. *Meio & Mensagem*, p. 36-40, São Paulo, 17 abr. 2017.

RIBEIRO, I. O falso milagre. *Meio & Mensagem*, p. 36, São Paulo, 18 fev. 2013.

RIBEIRO, I. Revoadas de dados. *Meio & Mensagem*, p. 25, 19 dez. 2016.

RIBEIRO, M. F. Acerto o alvo. *Próxxima*, Especial Proxxima, p. 74, 2010.

RIOS, G. O poder dos microinfluenciadores. *Marketeer*, 2017. Disponível em: http://marketeer.pt/2017/06/26/o-poder-dos-micro-influenciadores/. Acesso em: 20 jul. 2019.

RMA TRENDS. *Visibilidade, engajamento e influência: as 3 métricas para medir a reputação de uma marca nas redes sociais*, 2014. Disponível em: http://trends.rmacomunicacao.com.br/visibilidade-engajamento-e-reputacao-como-definir-as-metricas-que-interessam-para-a-sua-marca-nas-redes-sociais. Acesso em: 14 jul. 2019.

ROCHA, J. Nas no Brasil o Facebook do agronegócio. *HSM Management*, n. 117, p. 88-94, 2015.

ROCHA, M.; IGNÁCIO, S. *Comunicação integrada de marketing*. São Paulo: Saraiva, 2017 (Coleção Marketing em Tempos Modernos).

ROCHA, M.; IGNÁCIO, S. *Gestão estratégica de marcas*. São Paulo: Saraiva, 2017.

ROCHA, M.; TREVISAN, N. *Comportamento de compra e consumo em B2B*. São Paulo: Saraiva, 2017, p. 160 (Coleção Marketing em Tempos Modernos).

ROCHA, R. Branded Content: parece, mas não é. *Especial Meio & Mensagem*, 16 nov. 2015.

ROCHA, R. Era uma vez na P&G. *Meio & Mensagem*, p. 20, São Paulo, 7 jul. 2014.

ROHIT BHARGAVA. *Influence & behaviour*. Disponível em: https://www.rohitbhargava.com/featured-category/social-media. Acesso em: 8 nov. 2019.

ROMEO, R. *Vendas B2B*: como negociar e vender em mercados complexos e competitivos. São Paulo: Pearson Prentice Hall, 2008.

SAAD NETO, J. Sociais, móveis e finalmente lucrativos. *Meio & Mensagem*, Especial Telas, São Paulo, 27 jul. 2015.

SAAD, B. *Estratégias para a mídia digital*: internet, informação e comunicação. São Paulo: Senac, 2003.

SACCHITIELLO, B. O engajamento é o rei. *Meio & Mensagem*, p. 26-27, São Paulo, 12 jun. 2017.

SACCHITIELLO, B.; CRISCUOLO, I.; PACETE, L. G. Quem compartilha amigo é! *Meio & Mensagem*, p. 36-37, São Paulo, 11 jul. 2016.

SAKSIDA, D. *Perfis digigráficos*: introdução, 5 abr. 2013. Disponível em: https://www.youtube.com/watch?v=nX5no74Lrnw&t=24s. Acesso em: 9 ago. 2019.

SAMARA, B.; MORSCH, M. A. *Comportamento do consumidor*: conceitos e casos. São Paulo: Prentice Hall, 2005.

SAMBA TECH. *As 7 melhores ferramentas para gestão de mídias sociais*, 5 dez. 2017. Disponível em: https://sambatech.com/blog/insights/ferramentas-para-gestao-de-midias-sociais/. Acesso em: 9 ago. 2019.

SAMSUNG. *Samsung Electronics lança nova solução de monetização de dados para a IoT usando a Samsung ARTIK™ Cloud*. Disponível em: https://news.samsung.com/br/samsung-electronics-lanca-nova-solucao-de-monetizacao-de-dados-para-a-iot-usando-a-samsung-artik-cloud. Acesso em: 18 jul. 2019.

SANTAELLA, L. Cultura midiática. In: BALOGH; ADAMI; DROGUETT; HAYDÉE. *Mídia, cultura, comunicação*. Arte & Ciência, 2002.

SANTANA, R. Elas estão fazendo a virada: casos brasileiros mostram na prática, como esse desafio vem sendo enfrentado. *HSM Management*, Dossiê HSM transformação digital, ed. 122, p. 50-54, maio/jun., 2017.

SCHERMANN, D. Opinion Box e Mobile Time pesquisam: uso de apps no Brasil. *Opinion Box*, 23 dez. 2016. Disponível em: http://blog.opinionbox.com/uso-de-apps-no-brasil-quarta-edicao/. Acesso em: 19 jul. 2019.

SCHWAB, K. Começou a 4ª revolução industrial. *HSM Management*, São Paulo, p. 20-25, ed. 120, jan./fev., 2017.

SCHYMURA, C. Elas estão fazendo a virada: casos brasileiros mostram na prática, como esse desafio vem sendo enfrentado. *HSM Management*, Dossiê HSM transformação digital, ed. 122, p. 50-54, maio/jun., 2017.

SCOTT, D. M. *Marketing e comunicação na era digital*: fale diretamente com o cliente. São Paulo: Évora, 2013.

SEGURA, M. *IBM é a marca B2B de maior reconhecimento nas mídias sociais*. Disponível em: http://www.huffpostbrasil.com/mauro-segura/ibm-e-a-marca-b2b-de-maior-reconhecimento-nas-midias-sociais_a_21679878/. Acesso em: 15 jul. 2019.

SILVA, N. *Como construir um diferencial competitivo através da customização de conteúdo*, 2015. Disponível em: http://convergecom.com.br/tiinside/webinside/11/05/2015/como-construir-um-diferencial-competitivo-atraves-da-customizacao-de-conteudo/. Acesso em: 20 ago. 2017.

SILVA, S. D. O estranho mundo de Oreo. *Meio & Mensagem*, 22 ago. 2016. Disponível em: http://www.meioemensagem.com.br/home/marketing/2016/08/22/o-estranho-mundo-de-oreo.html. Acesso em: 21 jul. 2019.

SILVA, S. D. Starbucks e Nutella: casamento por tempo limitado. *Meio & Mensagem*, 5 maio 2017. Disponível em: http://www.meioemensagem.com.br/home/ultimas-noticias/2017/05/09/starbucks-e-nutella-casamento-por-tempo-limitado.html. Acesso em: 21 out. 2019.

SILVA, S. R. Mindset digital é a chave. *HSM Management*, Dossiê transformação digital, ed. 122, p. 36-40, São Paulo, maio/jun., 2017.

SILVEIRA, M. *Web marketing*: usando ferramentas de busca. São Paulo: Novatec, 2002.

SIMON, C. 6 marcas que estão sacudindo as mídias sociais. *Revista Exame*, 6 set. 2016. Disponível em: https://exame.abril.com.br/marketing/6-marcas-que-estao-sacudindo-as-midias-sociais/#. Acesso em: 21 jul. 2019.

SITE.COM.BR. *Linguagem nas redes sociais*: 3 dicas para você nunca mais sair da linha! Disponível em: https://www.site.com.br/linguagem-nas-redes-sociais/. Acesso em: 9 ago. 2019.

SOLOAGA, 2017. Disponível em: https://s-media-cache-ako.pinimg.com/736x/f3/d3/0a/f3d30a29d7ed6fd5e85e706ca4be967d--marketing-digital-content-marketing.jpg. Acesso em: 11 jul. 2019.

SOSNOWSKI, A. Três soluções à brasileira. *HSM Management*, Dossiê HSM, p. 58-66, n. 123, jul./ago. 2017. Disponível em: https://experience.hsm.com.br/posts/tres-solucoes-a-brasileira. Acesso em: 14 jul. 2019.

SOUZA, M. G. *Neoconsumidor*: digital, multicanal & global. São Paulo: GS&MD, 2009.

SOUZA, M. G. Três fronteiras humanas do mundo movido por dados. *HSM Management*, São Paulo, ed. 110, 2014.

SPARVOLLI, R. Dafiti agora tem provador na web. Varejo ESPM, 25 maio 2015. Disponível em: http://varejo.espm.br/13661/dafiti-agora-tem-provador-na-web. Acesso em: 25 maio 2019.

STARBUCKS CO. STARBUCKS IDEAS. Disponível em: https://ideas.starbucks.com/. Acesso em: jul. 2018.

STARBUCKS. Caso de sucesso: Starbucks arquivo. *E-disciplinas*, USP. Disponível em: https://edisciplinas.usp.br/pluginfile.php/3213086/mod_resource/content/0/Aula04-Caso%20de%20Sucesso-Starbucks.pdf. Acesso em: 21 jul. 2019.

STARBUCKS. *Página oficial*. Disponível em: https://www.starbucks.com.br/about-us/company-information/mission-statement. Acesso em: 21 jul. 2019.

STELZNER, M. 2015 *Social media marketing industry report*, 2015. Disponível em: http://www.ssbchamber.com.au/uploads/Social-Media-Marketing-Industry-Part-1.pdf. Acesso em: 18 ago. 2017.

STOCCO, M. Conexões com propósito. *Meio & Mensagem*, p. 29, São Paulo, 16 maio 2016.

STOCCO, M. Parceiros na internet. *Meio & Mensagem*, p. 31, São Paulo, 27 abr. 2017.

TED INSTITUTE. *Bryan Kramer*: why social media is reimagining our future. Disponível em: https://www.youtube.com/watch?v=NCNBciUUO-I. Acesso em: 9 ago. 2019.

TEKOA. *Presença digital*, 2016. Disponível: http://www.tekoa.com.br/o-que-e-presenca-digital/. Acesso em: 14 jul. 2019.

TELES, F. Por que o Brasil pode ser líder no movimento fintech? *HSM Management*, São Paulo, ed. 123, p. 86, jul./ago. 2017.

TERRA, C. F. *Blogs corporativos*: modismo ou tendência? São Caetano do Sul: Difusão, 2008.

THE CONCLAVE. *Best pratices*. Disponível em: http://smmstandards.wixsite.com/smmstandards/engagement-and-conversation. Acesso em: 15 jul. 2017.

TICIANELLI, R. Dafiti é eleita uma das empresas mais inovadoras da América Latina. Disponível em: http://www.segs.com.br/demais/4490-dafiti-e-eleita-uma-das-empresas-mais-inovadoras-da-america-latina.html. Acesso em: 29 set. 2017.

TRACTO CONTENT MARKETING. *Content marketing no brasil benchmarks, orçamentos e tendências em empresas B2B*, 19 dez 2013. Disponível em: https://pt.slideshare.net/tractoBR/content-marketing-no-brasil-benchmarks-oramentos-e-tendncias-em-empresas-b2b. Acesso em: 15 jul. 2019.

TRIVIÑOS, A. N. S. *Introdução à pesquisa em ciências sociais*: a pesquisa qualitativa em educação. São Paulo: Atlas, 1987.

TURLÃO, F. A vida depois do oba-oba. *Meio & Mensagem*, Especial Plataformas de Mídia, São Paulo, 31 ago. 2015.

UNESCO. *Analfabetismo cai, mas mulheres ainda têm menos acesso à educação*, 2013. Disponível em: https://nacoesunidas.org/unesco-analfabetismo-cai-mas-mulheres-ainda-tem-menos-acesso-a-educacao/. Acesso em: 23 jul. 2019.

UOL. *UIT diz que número de celulares no mundo passou dos 7 bilhões*, 2015. Disponível em: https://noticias.uol.com.br/ultimas-noticias/radioonu/2015/05/26/uit-diz-que-numero-de-celulares-no-mundo-passou-dos-7-bilhoes-em-2015.htm?cmpid=. Acesso em: 19 jul. 2019.

VAUGHAMM, P. Guia prático dos fundamentos do marketing. Disponível em: http://docs12.minhateca.com.br/1036240836,BR,0,0,Guia-Pr%C3%A1tico-dos-Fundamentos-da-internet-Marketing.pdf. Acesso em: 12 jul. 2017.

VELOSO, R. *Tecnologia da informação e comunicação*. São Paulo: Saraiva, 2012.

VENTURA, I. As tendências de comportamento e consumo para 2017. *Consumidor moderno*, 2016. Disponível em: http://www.consumidormoderno.com.br/2016/12/28/tendencias-comportamento-consumo-2016/. Acesso em: 14 jul. 2019.

VIANNA, I. Inteligência comporativa rockcontent. *Social Media Trends 2018*: panorama das empresas e usuários nas redes sociais. Disponível em: https://inteligencia.rockcontent.com/social-media-trends-2018/. Acesso em: 13 set. 2019.

VIEGAS, R. *Blue focus marketing*. Disponível em: https://conteudofreela.com.br/infografico-iceberg-das-midias-sociais/. Acesso em: 14 jul. 2019.

VILLAVERDE, L. *Infográfico*: 29 métricas essenciais para o marketing de conteúdo. Disponível em: http://tutano.trampos.co/14071-infografico-metricas-para-marketing-de-conteudo/. Acesso em: 17 jul. 2019.

VIVAN, A. C. M. *Cinco estratégias que o Buzzfeed Brasil utiliza para viralizar as publicações no Facebook*. 2017. Monografia (Iniciação Científica em Comunicação). Universidade Caxias do Sul, Rio Grande do Sul. Disponível em: http://portalintercom.org.br/anais/sul2017/resumos/R55-0207-1.pdf. Acesso em: 22 jul. 2019.

VOLPATO, B. LinkedIn traz novidades para quem busca emprego, recrutadores e muito mais. 14 de maio de 2019. *Blog Marketing Digital*. Disponível em: https://resultadosdigitais.com.br/blog/novidades-no-linkedin/. Acesso em: ago. 2019.

WAAH. *B2B branding*: essencial ou opcional. Disponível em: https://d335luupugsy2.cloudfront.net/cms%2Ffiles%2F11554%2F1483549423whitepaper_b2b_branding_WAAH%21.pdf. Acesso em: 23 jul. 2019.

WALTTRICK. *Pontos de contato entre marca e público*, 2013. https://brandtarget.wordpress.com/2013/07/12/pontos-de-contato-entre-marca-e-publico/. Acesso em: 11 jul. 2019.

WE ARE SOCIAL. *Digital 2019*. Disponível em: https://wearesocial.com/blog/2019/01/digital-2019-global-internet-use-accelerates. Acesso em: 13 set. 2019.

WIPRO. *Mahindra War Room Season 8*, 2017. Disponível em: https://pt.slideshare.net/Versatilevipul/mahindra-war-room-season-8-aaj-k-vijeta-iim-kozhikode-club-mahindra. Acesso em: 9 ago. 2019.

WPP GROUP. *HSM Management*, jan./fev. 2010.

WSI. *Os sete níveis de engajamento em mídias sociais*, 2014. Disponível em: http://www.wsidigitalmkt.com.br/os-7-niveis-de-engajamento-nas-redes-sociais/. Acesso em: 16 ago. 2017.

XAVIER, K. *Branding × identidade visual*, 2015. Disponível em: http://www.administracaoegestao.com.br/marketing-internacional/branding-x-identidade-visual-conheca-as-diferencas/. Acesso em: 11 jul. 2019.

XAVIER, L. 9 coisas que preciso te contar sobre apps. *Próxxima*, 28 jun. 2017. Disponível em: http://www.proxxima.com.br/home/proxxima/how-to/2017/06/28/9-coisas-que-preciso-te-contar-sobre-apps.html. Acesso em: 19 set. 2019.

YOSHIURA, E. V. Comunicação e criatividade na cultura midiática. In: BALOGH; ADAMI; DROGUETT; HAYDÉE, 2002, p. 239.